Marcus Müller

Körperbasiertes Entspannungstraining im Elementarbereich

Entwicklung
Implementierung
Evaluation

Reihe Sport

Geschäftsführende Herausgeber
Prof. Dr. Norbert Fessler und PD Dr. Michaela Knoll

Wissenschaftlicher Beirat
Prof. Dr. Klaus Bös
Prof. Dr. Swantje Scharenberg
Prof. Dr. Volker Scheid
Dieter Schmidt-Volkmar
Prof. Dr. Günter Stibbe

Die Reihe Sport versteht sich als Diskussionsforum für aktuelle Themen des Sports aus theorie- wie praxisbezogener Perspektive. Ergebnisse wissenschaftlicher Projekte, Kongressberichte, aber auch qualifizierte Dissertationen und Habilitationen können so einer breiten Leserschaft zugänglich gemacht werden.
Die Reihe ist offen für eine Vielfalt von Themen. Darüber hinaus werden durch die Herausgeber und die Mitglieder des wissenschaftlichen Beirates thematische Schwerpunkte gesetzt.
Zielgruppe der Reihe Sport sind Sportlehrer, Übungsleiter und Trainer, aber auch Sportwissenschaftler, Sportstudierende und Mitarbeiter in den Sportorganisationen.

Bisher erschienen:

Klaus Bös, Alexander Woll, Lothar Bösing, Gerhard Huber
Gesundheitsförderung in der Gemeinde

Alexander Woll, Klaus Bös
Gesundheit zum Mitmachen

Manfred Schraag, Frank-Joachim Durlach, Christel Mann
Erlebniswelt Sport (3. Auflage)

Michaela Knoll
Sporttreiben und Gesundheit

Jürgen Kozel, Johannes Schmitz, Kurt Wilke (Hrsg.)
Gesund durch Schwimmen

Sergio Ziroli
Kooperation zwischen Schule und Sportverein

Volker Scheid, Joachim Simen (Hrsg.)
Soziale Funktionen des Sports

Gabriele Postuwka
Moderner Tanz und Tanzerziehung

Michael Krüger (Hrsg.)
Innovation aus Tradition

Hermann Rieder (Hrsg.)
Gesundes Altern, Aktivität und Sport

Norbert Fessler, Volker Scheid, Gerhard Trosien, Joachim Simen, Frank Brückel (Hrsg.)
Gemeinsam etwas bewegen!
Schule und Sportverein in Kooperation

Klaus Cachay, Ansgar Thiel, Heiko Olderdissen
Jugendsport als Dienstleistung

Walter Brehm, Klaus Bös, Elke Opper, Joachim Saam
Gesundheitssportprogramme in Deutschland

Herbert Hartmann, Elke Opper, Artur Sudermann
Qualitätsmanagement von Gesundheitssport im Verein

Volker Scheid, Markus Eppinger, Helga Adolph
Talente fördern mit System

Günter Stibbe (Hrsg.)
Standards, Kompetenzen und Lehrpläne

Sascha Creutzburg, Volker Scheid
Qualitätsentwicklung an Partnerschulen des Leistungssports

Axel Schnur, Hermann Schwameder
Praxisorientierte Biomechanik im Sportunterricht – Vom Tun zum Verstehen

Marcus Müller
Körperbasiertes Entspannungstraining im Elementarbereich
Entwicklung – Implementierung – Evaluation

Marcus Müller

Körperbasiertes Entspannungstraining im Elementarbereich

Entwicklung – Implementierung – Evaluation

hofmann.

Bibliografische Information der Deutschen Nationalbibliothek

Die Deutsche Nationalbibliothek verzeichnet diese Publikation in der Deutschen Nationalbibliografie; detaillierte bibliografische Daten sind im Internet über http://dnb.d-nb.de abrufbar.

Bestellnummer 3229

© 2016 by Hofmann-Verlag, 73614 Schorndorf

www.hofmann-verlag.de

Alle Rechte vorbehalten. Ohne ausdrückliche Genehmigung des Verlags ist es nicht gestattet, die Schrift oder Teile daraus auf fototechnischem Wege zu vervielfältigen. Dieses Verbot – ausgenommen die in §§ 53, 54 URG genannten Sonderfälle – erstreckt sich auch auf die Vervielfältigung für Zwecke der Unterrichtsgestaltung. Dies gilt insbesondere für Übersetzungen, Vervielfältigungen, Mikroverfilmungen und die Einspeicherung und Verarbeitung in elektronischen Systemen.

Erschienen in der Reihe Sport als Band 19

Titelbild: Marcus Müller

Druck und Bindung: Medienhaus Plump GmbH, 53619 Rheinbreitbach
Printed in Germany · ISBN 978-3-7780-3229-9

Inhalt

Vorwort 7
Einleitung 9

1 Gesundheitsförderung und Prävention im Elementarbereich 11
1.1 Gesundheitslage im frühen Kindesalter 11
1.2 Gesundheit und Entspannung 13
1.3 Gesundheitsprojekte mit Entspannungsansätzen im Elementarbereich 16
1.4 National und international angelegte Recherche zu körperbasierten Entspannungsmethoden mit dem Fokus ‚Kinder' 32
1.5 Forschungslage zu Entspannungsmethoden im Kindesalter 42
1.6 Systematisierung kindgemäßer Entspannungsmethoden im Elementarbereich .. 77

2 Entspannungselemente in den Erziehungs- und Bildungsplänen 83
2.1 Gemeinsame Rahmenrichtlinien der Bundesländer 83
2.2 Analyse der elementarpädagogischen Erziehungs- und Bildungspläne im Kontext Entspannung 89
    2.2.1 Ergebnisse zu allgemeinen Entspannungsbegriffen 90
    2.2.2 Ergebnisse zu Entspannungsmethoden 95
    2.2.3 Vergleich zu den deutschen Bildungsplänen der Primarstufe 104

3 Entwicklung eines körperbasierten Entspannungstrainings für elementarpädagogische Settings 115
3.1 Philosophie der *ket*-Entspannungsprogramme 115
    3.1.1 Didaktische Leitideen 117
    3.1.2 Methodische Grundlagen 119
3.2 Autogenes Training 122
3.3 Eutonie 125
3.4 Massage 128
3.5 Progressive Muskelrelaxation 130
3.6 Qigong 133
3.7 Yoga 136

4 Methoden 139
4.1 Auswertungsstruktur und Hypothesen 139
    4.1.1 Untersuchungszugang 1: Befragungsmethoden 139
    4.1.2 Untersuchungszugang 2: Projektives Verfahren 142
    4.1.3 Untersuchungszugang 3: Psychophysiologie 143

4.2 Studiendesign und Zeitplan 144
4.3 Stichprobenbeschreibung 148
4.4 Erhebungsmethoden 150
    4.4.1 Befragungsmethoden 150
        4.4.1.1 Interview zur Entspannungsfähigkeit – Kinder 150
        4.4.1.2 Kiddy-KINDL-R® zur gesundheitsbezogenen
                  Lebensqualität –Kinder/Eltern 153
        4.4.1.3 Programmevaluation – Experten 155
    4.4.2 Projektives Verfahren – Körper-Selbstbild-Test – Kinder 157
    4.4.3 Psychophysiologie 160
        4.4.3.1 Neuromuskuläre Kennzeichen 162
        4.4.3.2 Kardiovaskuläre Kennzeichen 167
        4.4.3.3 Respiratorische Kennzeichen 176
        4.4.3.4 Elektrodermale Kennzeichen 178
        4.4.3.5 Körperposition 181
        4.4.3.6 Ablauf einer psychophysiologischen Messung 182

5 Ergebnisse 185

5.1 Befragungsmethoden: Schriftliche und mündliche Befragung der
     unterschiedlichen Zielgruppen 185
    5.1.1 Programmevaluation – Experten 186
    5.1.2 Programmevaluation – Kinder 196
    5.1.3 Gesundheitsbezogene Lebensqualität 204
        5.1.3.1 Selbsteinschätzung der Kinder 205
        5.1.3.2 Fremdeinschätzung der Eltern 208
        5.1.3.3 Vergleich der Selbst- und Fremdeinschätzungen 212
5.2 Projektives Verfahren – Körper-Selbstbild-Test 216
5.3 Psychophysiologie 224
5.4 Weiterführende Ergebnisse 258
    5.4.1 Entspannungstypen 259
    5.4.2 Geschlecht 265
    5.4.3 Alter 268

6 Perspektiven 271

Literatur 278

Abbildungs- und Tabellenverzeichnis 308

Vorwort

Gesundheitsförderung ist eine zentrale gesellschafts- und bildungspolitische Aufgabe. Angesichts veränderter und gesundheitsriskanter Aufwachsens- und Lebensbedingungen von Heranwachsenden darf nicht erst in der Schule, sondern muss bereits in Krippen, Kitas und weiteren elementarpädagogischen Einrichtungen mit der Stärkung personaler Ressourcen, dem Aufbau gesundheitlicher Kompetenzen und mit der Erziehung eines gesundheitsförderlichen Lebensstils begonnen werden. Handlungsleitend für die Ausbildung protektiver Gesundheitsressourcen sind in der frühkindlichen Förderung keineswegs objektivierende Positionen eines präventiven Trainings, vielmehr subjektivierende Ansätze der Befindlichkeitsverbesserung. Sich in Selbsterfahrungsprozessen entwickelndes und individuell verfügbares Handlungswissen setzt beim lustvollen und zugleich bewussten Umgang mit dem Körper an. Aus körperbildender und bewegungspädagogischer Sicht ist deshalb nicht nur die Ermöglichung eines Mindestmaßes an körperlicher Aktivität entscheidend, wie es die Leitlinien der Europäischen Union mit mindestens 60 Minuten körperlicher Betätigung mittlerer bis höherer Intensität pro Tag für Kinder und Jugendliche empfehlen. Vielmehr müssen körperliche Aktivitäten sehr frühzeitig mit einer Körperarbeit verknüpft werden, die Körpererfahrungsansätze auf Basis von Achtsamkeitsthematiken wie Anspannung, Entspannung und Erholung als zentrale, individuell verfügbare Gesundheitsressourcen für den Einzelnen einbezieht.

Hier setzt die Arbeit von Dr. Müller an, die als Dissertationsschrift an der Pädagogischen Hochschule Karlsruhe 2014 angenommen wurde. Sie befasst sich zentral mit Fragestellungen zu Möglichkeiten der Implementierung und Evaluation von Kurzentspannungsprogrammen in vorschulischen Settings, wie sie im Karlsruher Entspannungstraining (vgl. www.entspannung-ket.de) seit 2010 entwickelt werden.

Die in der Sportwissenschaft vorfindbare defizitäre Forschungslage im Themenfeld Körperbildung, Stressmanagement und Entspannung erforderte eine eigenständige und explorative Entwicklung des Projekts. Dies ist hervorragend gelungen: Der Autor geht von einer systemisch-strukturellen Modellierung aus, indem er Macroebene (elementarpädagogisches Bildungssystem), Mesoebene (Kindertageseinrichtungen) und Microebene (Akteure in den Kindertagesstätten) unterscheidet und damit akteurtheoretische Konstellationen in den Blick nimmt. Die empirische Studie basiert auf einem Treatment-Kontrollgruppen-Design mit entsprechenden Pre-Post-Messungen, ist methodenpluralistisch (neben Fragebogen- und Interviewverfahren insbesondere eine parametergestützte psychophysiologische Diagnostik) angelegt und bezieht die wichtigsten Akteurkonstellationen (Kinder, Betreuer, Eltern) und deren Rahmenbedingun-

Vorwort

gen im Sinne eines umfassenderen Setting-Ansatzes ein. Für die Evaluation der eingesetzten evidenzbasierten Entspannungsprogramme werden statistische Verfahren zur Prüfung der Untersuchungshypothesen auf Basis des Drei-Ebenen-Modells komplex verknüpft. Einzelne Verfahren wie die psychophysiologische Diagnostik, die sehr anspruchsvoll und nur aufwendig umsetzbar sind, werden souverän eingesetzt und die Interpretationspotentiale differenziert ausgeschöpft.

Ich wünsche dieser Arbeit die ihr angemessene Beachtung, da sie als originärer Beitrag zu einer evidenzbasierten Gesundheitsförderung angesehen werden kann. Sie zeigt nicht nur Forschungsdesiderata zur Entspannungsthematik im Elementarbereich auf, sondern wartet auf Basis eines durchdachten methodischen Designs und einer beachtlichen Probandenzahl mit einer Fülle von Ergebnissen auf, die nicht nur zu einem deutlichen Erkenntnisgewinn innerhalb der Sportwissenschaft geführt haben, sondern auch die interdisziplinär-fachwissenschaftliche Diskussion befördern werden.

Prof. Dr. Norbert Fessler

Dank

Um solch ein Projekt zu realisieren, bedarf es der tatkräftigen Mithilfe vieler Menschen. Aus meinem persönlichen Umfeld danke ich meinen Eltern sowie meiner Lebenspartnerin Nancy Sorwat, die mir über den gesamten Zeitraum in jeder Lebenssituation zur Seite standen.

Zu besonderem Dank verpflichtet bin ich Herrn Prof. Dr. Norbert Fessler für seine intensive Unterstützung und sein Vertrauen in mich und meine Tätigkeit. Er ermöglichte mir eine wissenschaftliche Karriere, ließ mir im Projektzeitraum alle verfügbaren Mittel zukommen und gab mir die notwendigen kreativen Freiräume bei der Umsetzung dieser Arbeit. Ebenso danke ich Prof. Dr. Günter Stibbe für die Zweitbegutachtung der Arbeit als Dissertationsschrift.

Mit Rat und Tat haben mich während meiner Studie insbesondere Privatdozentin Dr. Michaela Knoll, Jun.-Prof. Dr. Rolf Schwarz, Dipl.-Psych. Philip Santangelo, Dipl.-Päd. Tobias Rathgeber, M.A. Alexia Weiler und Katrin Berger unterstützt. Nicht zuletzt danke ich den Leitungen und dem Fachpersonal der besuchten Kindertageseinrichtungen für ihre Mitarbeit, aber vor allem für ihr Interesse und ihre Aufgeschlossenheit gegenüber dem Thema Entspannung.

Dr. Marcus Müller

Einleitung

Stresserleben als Folge belastender beruflicher wie auch privater Situationen vereinnahmen in der heutigen Zeit unvermeidlich das Leben der Menschen. Daher fühlen sich auch immer mehr Menschen überdreht, erschöpft und ausgebrannt. Aus diesem Grund nehmen psychophysiologische Symptome, die sich in übermäßiger Verspanntheit, erhöhtem Blutdruck, chronifizierten Schmerzzuständen oder Magenbeschwerden äußern, zu. Beobachtungen in elementarpädagogischen Settings zeigen, dass sich dieser Lebenswandel mit seinen vielfältigen Belastungen auch auf die jüngste Bildungsgeneration übertragen hat und Kinder unter verschiedenen gesundheitlichen Beeinträchtigungen leiden.

Vor diesem Hintergrund kommt auf elementarpädagogische Einrichtungen die Aufgabe zu, ein ganzheitlich ausgerichtetes biopsychosoziales Gesundheitsverständnis mit Schutz- und Resilienzfaktoren in ihre alltägliche Arbeit zu integrieren. Verschiedene Initiativen, Vereine und Stiftungen wie die Bertelsmann Stiftung (2008) mit dem Projekt „Kitas bewegen" unterstützen dieses Vorhaben, indem sie sich zum Ziel gesetzt haben, Kindern Bildungs- und Gesundheitschancen zu schaffen, die Voraussetzung für eine gelingende Lebenskarriere sind. Vor allem im Kontext Gesundheit können durch eine frühzeitige Erkennung von Risikofaktoren und rechtzeitige Aktivierung von Gesundheitspotenzialen sowie -kompetenzen individuelle Verhaltensdispositionen und Lebensweisen schon im Kindesalter nachhaltig beeinflusst werden (z.B. Bergmann & Bergmann, 2004).

Nach Auffassung des *ket*-Forschungsteams[1] ist im Kontext Gesundheitsförderung dem Faktor *Entspannung* besondere Beachtung zu schenken, bedenkt man, „dass (1) für die physische und psychische Gesundheit des Menschen eine angemessene Abfolge von Anspannung und Entspannung infolge zivilisatorisch-künstlicher Alltagsbedingungen zunehmend verlernt wird und (2) körperlich basierte Zugänge zu Entspannungsmethoden für Kinder attraktiv sind" (Fessler, 2013, S. 21).

Das hier vorgestellte Dissertationsprojekt greift diesen Entspannungsansatz des *ket*-Teams auf und intendiert, das Thema *Entspannung* im Elementarbereich hinsichtlich der Macro-, Meso- und Microebene aufzuarbeiten. Der Macroebene obliegt das elementarpädagogische Bildungssystem, die Mesoebene steht für das Setting Kindertageseinrichtung (Kita), während die Akteurkonstellationen in den Kindergartengruppen die Microebene kennzeichnen.

---

[1] Das **K**arlsruher **E**ntspannungs-**T**raining (*ket*) ist eine Akademie für „Körperbildung, Stressbewältigung & Entspannung", die am Institut für Bewegungserziehung und Sport der Pädagogischen Hochschule Karlsruhe unter der Leitung von Prof. Dr. Fessler (www.entspannung-ket.de) angesiedelt ist.

Einleitung

Der Fokus liegt in den beiden ersten Kapiteln auf der Macroebene, denn hier wird untersucht, inwieweit *Entspannung* im elementarpädagogischen Bildungssystem bereits verankert ist: In **Kapitel 1** wird auf die aktuelle Forschungslage zur Kindergesundheit im frühkindlichen Bildungssystem eingegangen. Anschließend werden Schnittstellen zwischen *Entspannung* und theoretischen Gesundheitsmodellen veranschaulicht. Danach knüpft sich eine Recherche zu Gesundheitsprojekten mit dem Schwerpunkt *Entspannung* im Elementarbereich an, um herauszufinden, in welchem Umfang dementsprechende Maßnahmen bereits durchgeführt worden sind. Vergleichende Analysen zu den ermittelten Projekten – vor allem in Bezug auf die Prozess- und Ergebnisqualität – schließen diesen Recherchevorgang ab. Darauf aufbauend wird der Frage nachgegangen, ob Wirksamkeitsnachweise aus national und international angelegten Recherchen zu körperbasierten Entspannungsmethoden mit dem Fokus ‚Kinder' vorzufinden sind; dies ermöglicht wiederum, Bezüge zur Gesundheitslage herzustellen. Im Anschluss werden die resultierenden Entspannungsmethoden und deren Forschungslage präsentiert. Zuletzt erfolgt eine Kategorisierung kindgemäßer Entspannungsverfahren. Im Mittelpunkt des **Kapitels 2** steht eine quantitativ-qualitative Analyse der elementarpädagogischen Erziehungs- und Bildungspläne anhand explorativ entwickelter Deskriptoren im Kontext *Entspannung*, um die ermittelten Ergebnisse aus Kapitel 1 mit den Richtlinien aus den Bildungsplänen zu überprüfen. Vergleiche mit den Bildungsplänen der Primarstufe beenden dieses Kapitel.

In **Kapitel 3** wird – mit Blick auf die Mesoebene – die Entwicklung eines didaktisch-methodischen Entspannungstrainings mit einzelnen Programmen zu verschiedenen Entspannungsmethoden für elementarpädagogische Settings dargestellt.

Kapitel 4-5 fokussieren sich auf die Microebene, d.h. auf einzelne Kindergartengruppen; dabei sollen erste Ergebnisse zur Wirksamkeit des durchgeführten Entspannungstrainings aus Kapitel 3 geliefert werden: Ein Überblick über Hypothesen, Studiendesign, Zeitrahmen, Stichprobenbeschreibung und Erhebungsmethoden im Kontext *Entspannung* wird in Kapitel 4 geboten. Nachfolgend werden in Kapitel 5 die generierten Hypothesen mit den empirisch gewonnenen Ergebnissen der Untersuchung aus verschiedenen Perspektiven – Kinder-, Eltern- und Expertenansicht – und aus den drei methodischen Zugängen (Befragungsmethoden, Projektives Verfahren und Psychophysiologie) verifiziert.

In den Perspektiven in **Kapitel 6** wird skizzenhaft Bezug auf gesundheitsbildende Maßnahmen in Kitas genommen. Zudem werden Verzahnungsmöglichkeiten zwischen dem Kontext *Entspannung* und existierenden Kita-Konzepten beleuchtet sowie Forschungsdesiderate aufgezeigt, die sich aus den Ergebnissen dieser Studie ableiten lassen.

1 Gesundheitsförderung und Prävention im Elementarbereich

In diesem Kapitel wird zunächst ein Überblick über die gesundheitliche Lage im frühen Kindesalter gegeben. Im Anschluss werden Schnittstellen zwischen *Entspannung* und theoretischen Gesundheitsmodellen offen gelegt. Danach folgt eine bundesweite Recherche zu Gesundheitsprojekten mit dem Schwerpunkt *Entspannung* im Elementarbereich: Ziel ist es, aufzuzeigen, in welchem Umfang dementsprechende Maßnahmen bereits realisiert wurden. Vergleichende Analysen zu den recherchierten Projekten runden diesen Abschnitt ab. Darauf aufbauend schließt sich eine national und international angelegte Recherche zu körperbasierten Entspannungsmethoden mit dem Fokus ‚Kinder' an, um festzustellen, ob Entspannungsmethoden mit spezifischen Programmen und Wirksamkeitsstudien für dieses Alter vorliegen. Zuletzt wird eine Kategorisierung kindgemäßer Entspannungsmethoden vorgestellt.

1.1 Gesundheitslage im frühen Kindesalter

Nach Kliche et al. (2008, S. 19) zählen Kinder einerseits zur gesündesten Altersgruppe der Gesellschaft, andererseits aber auch zur sensibelsten, denn während der frühkindlichen Entwicklung findet eine Adaption der Organsysteme, der neuronalen Vernetzungen, des Immunsystems sowie der Verhaltensweisen an die Umweltbedingungen statt. Schädigende Einflüsse wie mangelnde Bewegung, stressinduzierte Angstzustände oder Verhaltensauffälligkeiten hinterlassen bleibende Spuren, die das Fundament für viele Krankheiten im Jugend- und Erwachsenenalter legen können. Laut Bundesministerium für Familie, Senioren, Frauen und Jugend (Bundesministerium für Familie, Senioren, Frauen und Jugend, 2009) hat sich die Kindergesundheit in den letzten Jahrzehnten in Industriegesellschaften deutlich verbessert. Entscheidend dazu beigetragen haben die allgemein besseren Lebensbedingungen der Kinder sowie der Ausbau der medizinischen Versorgung. Folglich ist ein Rückgang der Säuglingssterblichkeit von rund 21% zu Beginn des vorherigen Jahrhunderts auf 0,5% und damit auf weniger als 1/40 zu konstatieren. Außerdem hat sich die Mortalität von Kindern im Alter von 1-15 Jahren von 1% auf 0,02% reduziert (vgl. Hoffmann, Bergmann, Brecht, Schäfer, Schneider, Schräder & Thiele, 1998; Schlack, Kurth & Hölling, 2008).

Im Gegensatz dazu sind Krankheiten und Entwicklungsstörungen in den Vordergrund gerückt, die grundsätzlich zwar nicht neuartig sind, sich aber in ihrer Prävalenz deutlich ausgebreitet haben. Diese Veränderung des Krankheitsspektrums lässt sich als eine Verschiebung von den akuten zu den chronischen Erkrankungen und von den somatischen zu den psychischen Störungen charakterisieren (vgl. Schlack et al., 2008). Dieser Paradigmenwechsel wird seit den 1990er Jahren unter dem Begriff

„Neue Morbidität" (American Academy of Pediatrics, 1993; Fegeler & Jäger-Roman, 2013; Schlack et al., 2008) diskutiert. Bei den neuen Kinderkrankheiten sind vor allem Verhaltens- und Entwicklungsstörungen aufzulisten, die einen enormen Zuwachs erfahren haben. Hierunter sind motorische Schwächen, verzögerte Sprachentwicklung, Hyperaktivität und weitere psychische Auffälligkeiten wie Depressionen oder Aggressivität zu nennen (vgl. Schlack, 2004).

Wie Beobachtungen des fachpädagogischen Personals im Elementarbereich sowie nationale Studien (vgl. u.a. Gesundheitsberichterstattung des Bundes, 2009; Hölling, Schlack & Kurth, 2010; Schlack, Hölling & Petermann, 2009; Schlack & Hölling, 2009), Früherkennungsuntersuchungen und Schuleingangsdiagnostiken (vgl. u.a. BMFSFJ, 2009; Kurth & Schaffrath Rosario, 2010; Schlaud, Atzpodien & Thierfelder, 2007) bereits bestätigen, ist eine beträchtliche Zunahme von Verhaltensstörungen wahrzunehmen, die sich in externalisierende und internalisierende Formen untergliedern lassen. Zu den zuerst genannten sind hyperkinetische Verhaltensweisen, wie z.B. Zappeligkeit, hohe Ablenkbarkeit, Impulsivität sowie aggressives Verhalten (bspw. Schlagen, Treten von Personen, Beschädigen von Gegenständen) zu zählen. Zu den internalisierenden Formen werden Trennungsängste, Kontaktvermeidung, Überängstlichkeit und ängstlich-depressives Verhalten gerechnet (vgl. Textor, 2004). Der Unterschied zwischen den beiden Formen liegt darin, dass internalisierende Verhaltensprobleme weniger auffallend sind, sich jedoch ebenso nachteilig auf die kindliche Entwicklung auswirken.

Auch die Rahmenbedingungen des kindlichen Aufwachsens beeinflussen die gesundheitliche Entwicklung und haben sich im Zuge der Auswirkungen der ‚Veränderten Kindheit' erheblich umstrukturiert (vgl. Hartinger, Bauer & Hitzler, 2008; Kliche et al., 2008; Kurth, 2006). Grundsätzlich ist der Schonraum der Kindheit beispielsweise durch Diskontinuität in der Familienbiographie, flexible Arbeitszeiten der Eltern, zunehmende Kinderarmut, umweltinduzierte Gesundheitsstörungen und das Aufwachsen in verschiedenen Kulturen verlorengegangen (vgl. Hartinger et al., 2008; Hurrelmann, 1994; Schlack, Hölling & Petermann, 2009; Wehrmann, 2006). Dadurch ist in erster Linie der Freiraum von Kindern zur ungestörten Entfaltung, der als Voraussetzung zum Lernen und zur erfolgreichen Leistungserbringung existentiell ist, eingeschränkt. Überdies belegen Studien (vgl. Fasthoff, Petermann & Hampel, 2003; Lohaus & Klein-Heßling, 2003), dass Kinder bereits früh Konkurrenzdenken und Leistungsdruck verspüren, der von Elternseite ausgeübt wird, und Beanspruchungssymptome auf psychophysiologischer Ebene zeigen, die sich in Unkonzentriertheit, Kopf- und Bauchschmerzen, Aggressionen, Lern- und Leistungsstörungen äußern (vgl. Engel & Hurrelmann, 1989). Trotz dieser Vielzahl an Stressquellen verfügen Kinder in der Regel über die Fähigkeit, ihr Stresserleben durch personale oder soziale Ressourcen zu kompensieren; problematisch wird die Situation jedoch, wenn eine Kumulation sowie sukzessive Steigerung vielfältiger Stressoren im Alltag auftreten, die das innere Gleichgewicht stören und zu den bereits erläuterten psychischen und physischen Störungen führen können (vgl. Lohaus, Domsch & Fridrici, 2007, S. 12f.; Lohaus & Klein-Heßling, 2003, S. 97).

Im folgenden Abschnitt werden überblicksartig Bezüge zwischen *Entspannung* und theoretischen Gesundheitsmodellierungen vorgestellt, um aufzeigen, inwieweit *Entspannung* im Rahmen der Gesundheitsförderung und Prävention einen Beitrag leisten kann.

1.2 Gesundheit und Entspannung

Mit Blick auf die interdisziplinär ausgerichteten Gesundheitswissenschaften ist heutzutage von einem ganzheitlich ausgerichteten biopsychosozialen Verständnis von Gesundheit auszugehen, das insbesondere psychologische und soziologisch-ökologische Gesundheitsfaktoren impliziert. In diesen Kontext lassen sich bei der Gesundheitsförderung nach Fessler (2006, S. 290-291) Entspannungsmethoden mit ihren „heilkundlich-ganzheitlichen Lehren […] als zeitlich begrenzten Ausstieg oder als Innehalten hinsichtlich anspannender Handlungs- und Gedankenaktivitäten" einspuren. Außerdem postuliert er (ebd., 2006, S. 291), dass ...

- „... im Kontext neuerer ganzheitlich-integrativer Gesundheitsmodelle wie Saluto-Genese-Modelle bzw. Anforderungs-Ressourcen-Modelle (vgl. Antonovsky, 1979, 1987, 1997; Becker, 1992; Becker, Bös & Woll, 1994) Entspannung und Entspannungsfähigkeit als Ressourcen gewertet werden können, die auf dem Kontinuum Krankheit/Gesundheit gesundheitserhaltend und gesundheitsfördernd wirksam sein können,
- ... die für die körperliche und seelische Gesundheit des Menschen angemessene Abfolge von Spannung und Entspannung infolge zivilisatorisch-künstlicher Alltagsrhythmen zunehmend verlernt wird,
- ... Entspannungsmethoden im Rahmen verschiedener Gesundheitspraktiken Anwendung finden und Entspannung sich im Kontext der Neuentdeckung und Neuinterpretation pädagogisch geleiteter diätetischer Gesundheitsmodelle neben Bewegung, Ernährung und Körperpflege als wichtiger Faktor darstellt (vgl. z.B. Balz, 1995, 1997),
- ... nicht zuletzt auch Entspannungsthematiken, die ganzheitlich ausgerichteten Gesundheitskonzepten des fernöstlichen Kulturkreises entstammen, zunehmend in Gesundheitsprogramme des westlichen Kulturkreises integriert werden."

In Bezug auf die Gesundheitsförderung ermöglichen Entspannungsmethoden nach Fessler (2006, S. 299) nachfolgende global-präventive Indikationsfelder:

- „Unterstützung der Salutogenese durch den Aufbau von Entspannungskompetenz als Gegengewicht zur körperlichen und seelischen Spannung im Sinne einer allgemeinen gesundheitsfördernden Prävention,
- Verbesserung differentieller Reaktionen auf Belastungen und Erhöhung der Belastbarkeit des biologischen und psychischen Systems einer Person zwecks Förderung einer inneren Balance und Verbesserung des Wohlbefindens,
- Stärkung persönlicher Ressourcen durch die Entwicklung von Fähigkeiten der Selbststeuerung, damit einhergehender Selbstregulierung vegetativer Funktionen und Sensibilisierung der Wahrnehmung von Körpervorgängen,
- Lebensstiländerungen mit Blick auf ein gesundheitsförderndes Alltagsverhalten."

Zu den spezifisch-präventiven Indikationsfeldern zählen meist Aspekte wie „Stressabbau, Erhöhung der Stressresistenz mit daraus resultierender Prophylaxe gegen Stressfolgen und psychosomatische Erkrankungen sowie eine günstige Beeinflussung der kognitiv gelenkten Stressverarbeitung" (ebd., 2006, S. 299).

Die eben beschriebenen Indikationsfelder beziehen sich in erster Linie auf das Erwachsenenalter, denn im Elementarbereich verfügen Kinder nicht über die entsprechenden entwicklungspsychologischen Voraussetzungen, um z.B. eine Lebensstiländerung selbstinstruktiv herbeizuführen. Bei Erwachsenen wird durch eine Implementierung von Entspannungssequenzen und -einheiten die „Kunst des Maßhaltens in der Lebensführung" wiederentdeckt respektive erlernt; außerdem können eingeübte Entspannungsfertigkeiten „in individuell belastenden Situationen durch unmittelbaren Einsatz des Erlernten" selbstinstruktiv (ebd., 2006, S. 292) umgesetzt werden. Auf der psychophysiologischen Ebene soll ein „kontrollierter, relativ stabiler Erregungszustand, dessen Niveau unterhalb des normalen Wachzustandes liegt, bewirkt werden, um zur Reduktion der Zustände physischer wie auch psychischer Anspannungen beizutragen, die sich zum Teil gegenseitig bedingen" (Kent, 1998; Lange, 1992; Lenninger, 1995; Scholz, 1993 zitiert nach Fessler, 2006, S. 192).

Im Gegensatz dazu liegt im frühen Kindesalter die Interdependenz zwischen *Entspannung* und Gesundheitsförderung in erster Linie darin, dass über ein fremdinstruktiv angeleitetes Entspannungstraining eine Entschleunigung im Kinderalltag – in Form von Entspannungsinseln – hervorgerufen wird, d.h. Kinder werden für eine angemessene Balance zwischen Spannung und *Entspannung* sensibilisiert. Dieser Entschleunigungsvorgang soll zunächst durch angeleitete, körperbasierte Programme (vgl. Kap. 3) forciert werden, denn über eine differenzierte Körperwahrnehmung, die über Körperachtsamkeit und -bewusstsein zur Körperbildung führt, wird der gesamte Körper

‚durchgearbeitet', wodurch gleichermaßen psychische Anspannungszustände gelöst werden können. Denn vielfach erlebte Stressmomente, die in der frühen Kindheit erfahren worden sind, können sich in den „neuronalen Netzwerken des emotionalen Gedächtnisses manifestieren, wodurch frühtraumatisierte Kinder zukünftig gesehen stressempfindlicher und anfälliger für psychosomatische Erkrankungen sind" (Hollmann, 2004, S. 35). Dies lässt sich auch durch empirische Untersuchungen (vgl. Weber, 2010; Werner & Smith, 1982, 1992, 2001) untermauern: Kinder, die bereits als Säugling wenig Verhaltensauffälligkeiten zeigen, setzen einen „positiven transaktionalen Zirkulationsprozess" (vgl. hierzu im Detail Bronfenbrenner, 1981) mit ihrer Umwelt in Gang, der letztlich ein Gefühl der Selbstwirksamkeit, ein realistisches Selbstkonzept und eine nachvollziehbare Kausalattribution bewirkt (vgl. Weber, 2010, S. 37). Vor diesem Hintergrund sollen Kinder möglichst früh gesundheitsbezogene Einstellungen und gesundheitsrelevante Verhaltensweisen mit ressourcenorientierten Lösungsstrategien kennenlernen, womit auch ein Beitrag in Bezug auf die derzeitige epidemiologische Ausbreitung von Burnout-Raten[1] und der vielfach angestrebten Work-Life-Balance[2] im Erwachsenenalter geleistet werden kann.

Auf dieser Folie ist zu erwähnen, dass sich Ansätze in Form von ressourcenorientierten Entspannungssequenzen neben dem bereits erwähnten Salutogenese- sowie Anforderungs-Ressourcen-Modell auch im Resilienz-Modell integrieren lassen (vgl. Wustmann, 2005, 2011). Resilienz beschreibt die Widerstandsfähigkeit von Kindern gegenüber „ökologisch bedingten biologischen, sozialen und psychischen Entwicklungsbedrohungen" (vgl. Leypold, 2013). Aus der neueren Resilienzforschung ist abzuleiten, dass sich Kinder trotz des dauerhaften Einwirkens pathogener Faktoren und der veränderten Lebensbedingungen durch gesundheitserhaltende und stabilisierende Faktoren in einem Gesundheitsgleichgewicht halten können (vgl. Bengel, Meinders-Lücking & Rottmann, 2009; Weber, 2010, S. 35). Außerdem können sie bereits in der frühen Kindheit Schutzfaktoren auf der personalen, familiären und sozialen Ebene ausbilden (vgl. u.a. Bengel et al., 2009; Bergmann & Bergmann, 2004; Klasse 2000, 2010; Noeker & Petermann, 2008). Alle drei Ebenen von Schutzfaktoren spielen eine gewichtige Rolle und dürfen nicht isoliert voneinander betrachtet werden; viel-

---

[1] Der Begriff *Burnout* geht auf den Psychoanalytiker Freudenberg (1974) zurück und bezeichnet das Resultat einer chronischen Arbeits- und interpersonellen Stressbelastung, die sich auf drei Ebenen auswirkt: (1) emotionale Erschöpfung, (2) Depersonalisation/Zynismus, (3) verminderte subjektive Leistungsbewertung (vgl. hierzu im Detail Freudenberg, 1974; Maslach, 1976; Maslach & Jackson, 1981; Nil et al., 2010).
[2] Nach Abele (2005) ist unter *Work-Life-Balance* das Zusammenspiel zwischen Arbeitswelt und Privatleben zu verstehen, d.h. die zeitliche Einteilung, potenzielle Konflikthaftigkeit oder auch Bereicherung durch das Zusammenwirken der beiden Bereiche und die Art der Regulation von Arbeit und Privatleben (Überblicke dazu sind u.a. bei folgenden Quellen vorzufinden: Clark, 2000; Eby et al., 2005; Vaskovics & Mattstedt, 2001; Wiese & Freund, 2000).

mehr sind sie als Konglomerat von protektiven Einflüssen zu verstehen, die sich gegenseitig bedingen und beeinflussen, z.B. nehmen sozioökonomisches Umfeld, Bildungsniveau und andere Sozialmerkmale entscheidende Prädiktoren für die Gesundheit ein. Eine wesentliche Funktion haben die Eltern und deren Erziehungsstil inne. Neben den Eltern kommt diese Aufgabe z.B. auch Peergroups oder Lehrpersonen zu (vgl. Petermann, Kusch & Niebank, 1998). Laut Wulfhorst und Hurrelmann (2009, S. 14 zitiert nach Fessler & Knoll, 2013, S. 167f.) sollte daher eine „Health Education" neben einer Verbesserung der individuumsbezogenen Verhaltensorientierung auch eine Verhältnisorientierung auslösen, d.h. eine Veränderung der gesellschaftlichen Verhältnisse bzw. des Settings.

Im nächsten Abschnitt wird untersucht, inwieweit *Entspannung* bereits als gesundheitsförderliche und präventive Maßnahme im Setting Kindertageseinrichtungen umgesetzt wurde.

1.3 Gesundheitsprojekte mit Entspannungsansätzen im Elementarbereich

Gesund aufwachsen zählt gegenwärtig – auch mit Blick auf die Gesundheitslage im Kindesalter (vgl. Kap. 1.1) – zu den nationalen Gesundheitszielen von Bund, Ländern und Akteuren des Gesundheitswesens[3] und spiegelt sich auch auf der Ebene elementarpädagogischer Institutionen in Form von vielfältigen bundesweiten Gesundheitsprojekten (vgl. BMFSFJ[4], 2005; Lasson, Ulbrich & Tietze, 2009) wider.

Aufgrund der aktuellen Inanspruchnahme der Kindergartenplätze von 97 % der Drei- bis Sechsjährigen (vgl. Pressemitteilung Statistisches Bundesamt[5], 2012) und dem derzeitigen U3-Ausbau[6] können neben den Kindern auch die Eltern für Gesundheitsverhaltensweisen sensibilisiert werden. Zur Realisierung gesundheitsspezifischer Programme oder Einzelmaßnahmen in den Kitas müssen grundlegende Prämissen wie Wirksamkeit, Realitätsbezug, Praktikabilität und günstige Kosten-Nutzen-Verhältnisse beachtet werden. Auch das pädagogische Fachpersonal ist in Anbetracht der zunehmenden Anforderungen beispielsweise durch Aus- und Fortbildungen zu unterstützen, um Umsetzungshürden möglichst auszuschließen.

Laut einer Studie von Kliche et al. (2008, S. 108f.) an 643 Kitas zu den Determinanten von Gesundheitsförderung und Prävention wurden in den Jahren 2005-2006 vielfältige

---

[3] Zugriff im Mai 2012 unter www.gesundheitsziele.de.
[4] Zugriff im Juli 2012 unter www.bmfsfj.de/BMFSFJ/Service/Publikationen/publikationen,did=128950.html.
[5] Zugriff im März 2012 unter https://www.destatis.de/DE/PresseService/Presse/Pressemitteilungen/2012/0 2/PD12_039_225pdf.pdf?__blob=publicationFile.
[6] Ausbau der Kinderbetreuungsplätze für unter Dreijährige

gesundheitsbezogene Interventionen umgesetzt, mit dem Ziel, einen Beitrag zur beschriebenen Gesundheitslage in Kap. 1.1 zu liefern. Nachfolgend werden diese in Kürze vorgestellt: Zum Beispiel wurden vorrangig Aktivitäten zur Bewegungsförderung (97 %), Ernährung (75,3 %) oder Stressverminderung (44,2 %) verwirklicht. Neben den alltäglichen Routineaktivitäten im Gesundheitssektor führten 62,5 % der Kitas mindestens ein abgegrenztes Einzelprojekt zu einem speziellen Gesundheitsthema durch. Im Vordergrund standen hierbei Projekte zu Ernährungsangeboten bzw. zum Ernährungsverhalten (35,3 %) sowie zur Bewegung (16,8 %). Interventionen zur Stressbewältigung[7] (1,8 %) fanden dagegen nur marginale Berücksichtigung. Der Fokus lag in erster Linie auf der Zielgruppe Kinder (86 %). Das familiäre Umfeld wurde hingegen nur zu 45 % integriert. Die Arbeitsweise erfolgte meist (52 %) an strukturierten Programmen, implizierte 43 % externe Fachkräfte und beruhte auf Fortbildungen (26 %) und Beratungen (30 %).

Um einen Überblick über den aktuellen Stand zu Gesundheitsprojekten mit dem Schwerpunkt *Entspannung* im Elementarbereich zu erhalten, wird nachstehend eine bundesweite interdisziplinäre Recherche anhand verschiedener Datenbanken mit explorativ generierten Deskriptoren vorgenommen. Für diese Recherche werden neben der sportwissenschaftlichen „Datenbank BISp-Recherchesystem Sport" mit SPOFOR, SPOLIT, SPOMEDIA, SPONET auch allgemeine Suchmaschinen wie „google" und „google scholar" sowie folgende Datenbanken herangezogen:

- Datenbank ProKiTa des Deutschen Jugendinstituts,
- Praxisdatenbank der Plattform Gesundheitsförderung bei sozial Benachteiligten der Bundeszentrale für gesundheitliche Aufklärung und der Gesundheit Berlin e.V.,
- Projektdatenbank der Plattform Ernährung und Bewegung e.V.,
- Fachportal-Pädagogik auf dem Deutschen Bildungsserver,
- Projektdatenbank der Deutschen-Diabetes-Stiftung,
- Datenbank zur Präventionsforschung des Bundesministeriums für Bildung und Forschung.

Diese Auswahl an Datenbanken intendiert zu überprüfen, inwieweit das Thema *Entspannung* (1) innerhalb der Sportwissenschaft schon wissenschaftlich aufgearbeitet sowie bei bundesweiten Projekten berücksichtigt wurde, und (2) ob in den interdisziplinären Projektdatenbanken – in Anbetracht der Kindergesundheit (vgl. Kap. 1.1) – bereits Projektinitiativen umgesetzt wurden oder sich im Planungsstadium befinden. Als Hauptdeskriptor[8] diente der morphologische Wortstamm *kinder*. Dadurch konnten

---

[7] *Entspannung* wird in diesem Zusammenhang nicht explizit erwähnt.
[8] Die Recherche fand auch mit dem Hauptdeskriptor ‚Vorschule' und ‚Elementar' statt; Ergebnisse zeigen jedoch, dass alle Treffer auch beim Hauptdeskriptor *kinder* verortet sind.

Gesundheitsförderung und Prävention im Elementarbereich

Projekte gefunden werden, die mit diesem Wortstamm beginnen (z.B. Kindergarten, Kinderkrippe, Kindertagesstätte) oder die vor diesem Wortstamm einen weiteren Wortteil aufweisen (z.B. Vorschulkinder). Bei den neun explorativen[9] Subdeskriptoren wurden ebenfalls morphologische Wortstämme zur Recherche angewandt: *entspann* (z.B. Entspannung, entspannt, Entspannungstraining, Entspannungsphase, Ruheentspannung, Muskelentspannung), *resilienz* (z.B. Resilienz, Resilienzförderung, Resilienzentwicklung), *gesundheit* (z.B. Gesundheitsförderung, Gesundheitserziehung, Gesundheitsmaßnahmen, Gesundheitsverhalten, psychische Gesundheit), *körper* (z.B. Körpererfahrungen, Körperbild, Körperachtsamkeit), *bewusstsein* (z.B. Körperbewusstsein), *stress* (z.B. Stressbewältigung, Stressbewusstsein), *prävention* (z.B. Prävention, Präventionsmaßnahmen, Gesundheitsprävention), *angst* (z.B. Angstbewältigung) und *aggress* (z.B. Aggressionsbereitschaft, aggressiv).

Als Ergebnis der interdisziplinären Recherche ist festzuhalten, dass insgesamt fünf Projekte den Schwerpunkt *Entspannung* beinhalten[10] (vgl. Tab. 1.3-1). Bei den Projekten handelt sich um je ein bundesweites („TigerKids – Kindergarten aktiv'), ein länderübergreifendes („gesunde kitas • starke kinder') sowie drei bundeslandspezifische Projekte, die wiederum in die kommunalen Projekte „Ich bin ich – Gesundheitsförderprogramm für Kindergärten', „Fair sein – Projekt der Stadt Leipzig' und „Starke Wurzeln – Gesunde Lebensstile im Setting Kita' untergliedert werden können.

Tab. 1.3-1: Überblick zu Gesundheitsprojekten mit dem Schwerpunkt Entspannung im Elementarbereich

Bundesland	Projekttitel
bundesweit	TigerKids – Kindergarten aktiv
länderübergreifend	gesunde kitas • starke kinder (Nordrhein-Westfalen, Bayern)
Niedersachsen	Ich bin Ich – Gesundheitsförderprogramm für Kindergärten
Sachsen	Fair sein – Projekt der Stadt Leipzig
	Starke Wurzeln – Gesunde Lebensstile im Setting Kita

---

[9] Die explorativen Subdeskriptoren wurden durch verschiedene ‚Wordcruncher' mithilfe des Software-Programms Atlas-ti generiert.

[10] Zu den weiteren recherchierten Projekten gehören ‚Springmaus – Kindergarten in Bewegung', ‚Kindergesundheit, Agenda 21 – Projekt der Stadt Karlsruhe', ‚Bewegter Kindergarten Stuttgart', ‚Gesund groß werden', ‚Pfiffikus durch Bewegungsfluss', ‚Hüpfdötzchen – Kindergarten in Bewegung' und ‚Lott Jonn – Kindergarten in Bewegung'. Diese integrieren zwar Entspannungselemente in ihren Konzepten, aber lediglich in kleineren Modulen. Da sie ihren Schwerpunkt demzufolge nicht auf *Entspannung* gesetzt haben, werden sie hier nicht näher erläutert.

Der Überblick über die Bundesländer ist aufschlussreich, da sich in Kap. 2 eine Bildungsplanrecherche zum Kontext *Entspannung* anschließt; dadurch können Rückschlüsse zwischen den Projekten und Bildungsplänen bzw. Bundesländern gezogen werden. Um diese gesundheitsbezogenen Projekte einer qualitativen Analyse – insbesondere in Bezug auf *Entspannung* – zu unterziehen, ist eine wirkungsbezogene Qualitätsprüfung erforderlich. Dafür wird das Kategoriesystem der Bundeszentrale für gesundheitliche Aufklärung (BZgA; 2005) „Qualitätsraster für Präventionsmaßnahmen" (vgl. Tab. 1.3-2) verwendet[11], das bereits von Lasson et al. (2009, S. 17f.) im edukativen bzw. elementarpädagogischen Bereich zur qualitativen Analyse von Gesundheitsprojekten eingesetzt wurde.

Tab. 1.3-2: Kategoriensystem zur Bewertung von elementarpädagogischen Präventionsprogrammen (Lasson et al., 2009, S. 18)

1	Rahmenbedingungen				
1.1	Name		1.6	Ort / Region	
1.2	Projekttyp		1.7	Anzahl teilnehmender Einrichtungen	
1.3	Projektträger		1.8	Projektlaufzeit	
1.4	Projektsteuerung		1.9	Finanzierung	
1.5	Projektpartner		1.10	Informationsquellen	
2	**Strukturqualität**	**3**	**Konzeptqualität**	**4**	**Prozessqualität**
2.1	Zielgruppe	3.1	Zielbereiche / Interventionsbereiche	4.1	Programmablauf
2.2	Adressaten der Intervention	3.2	Einzelziele	4.2	Durchführung
2.3	Interventionszeitraum	3.3	Wissenschaftlicher Begründungszusammenhang		
2.4	Qualifikation der Leistungserbringer				
2.5	Material für die Zielgruppe / Adressaten	3.4	Implementierungsstrategie		
2.6	Netzwerk				
5	**Ergebnisqualität**				
	Evaluation des Programms				
6	**Dissemination**				
6.1	Replikation & Verbreitung				
6.2	Weitere Begleitung / weitere Evaluation				

Es setzt sich aus sechs Hauptkategorien (Rahmenbedingungen, Struktur-, Konzept-, Prozess- und Ergebnisqualität sowie Dissemination) mit insgesamt 25 Subkategorien zusammen: Unter der Hauptkategorie *Rahmenbedingungen* finden beispielsweise Kriterien ihre Berücksichtigung wie Projektname, Projekttyp (z.B. Modell-, Pilot- oder Forschungsprojekt), Projektträger[12], Projektpartner[13], Projektlaufzeit und Finanzierung. Bei der *Strukturqualität* werden Zielgruppen und Adressaten der Intervention aufgeführt. Unter Zielgruppen sind Personen aufzufassen, die eine direkte oder indirekte Maßnahme erhalten. Bei den Adressaten der Intervention handelt es sich z.B. um das

---

[11] Zur weiteren Auswahl standen noch: (1) „Kindergarten-Einschätz-Skala" (Tietze, Schuster, Rossbach & Grenner, 2005), (2) „Wie gut sind unsere Kindergärten?" (Tietze, Töppich, Lehmann & Koch, 1998) sowie (3) „Qualitätsinformationssystem für Prävention und Gesundheitsförderung" (vgl. Kliche et al., 2007). Die beiden ersten Verfahren werden in der vorliegenden Arbeit nicht in Betracht gezogen, da z.B. zum Bereich *Strukturqualität* Übersichten zum Personal, zu Räumen oder zur baulichen und finanziellen Situation erforderlich sind; letzteres wird nicht gewählt, weil es in erster Linie für medizinische Projekte ausgelegt ist.
[12] Der Projektträger ist der Rechtsträger, der vom Auftraggeber mit der Ausführung des Werkes betraut ist.
[13] Unter Projektpartner sind z.B. Institutionen zu verstehen, die das Projekt in einer bestimmten Art und Weise unterstützt haben.

pädagogische Fachpersonal, die Eltern oder Multiplikatoren/innen, die die Projektinhalte den Zielgruppen vorführen. Interventionszeitraum, Qualifikation der Leistungserbringung, Materialien für die Zielgruppe/Adressaten sowie der Ausbau von Netzwerken komplettieren diese Kategorie. In der Qualitätskategorie *Konzeptqualität* werden übergeordnete Ziel- bzw. Interventionsbereiche sowie Einzelziele vorgestellt. Der wissenschaftliche Begründungszusammenhang erläutert den theoretischen Rahmen der zentralen Module des Projekts. Durch die Implementierungsstrategie wird abgebildet, wie das Projekt in der Öffentlichkeit dargestellt wurde. Die Hauptkategorie *Prozessqualität* geht auf den Programmablauf (z.B. Inhalte und Methoden) und auf die konkrete Durchführung ein. In der Hauptkategorie *Ergebnisqualität* werden die Ergebnisse zu den Wirkungen präsentiert. Hierbei ist zwischen verschiedenen Evaluationsformen (z.B. formativer oder summativer Evaluation) zu unterscheiden. Die *Dissemination* mit den Unterkategorien Replikation und Verbreitung zeigt an, welche Verbreitung das Projekt zu Beginn und nach Abschluss gefunden hat.

Die nachstehende Analyse der fünf Projekte (vgl. Tab. 1.3-1, S. 18) mit dem Schwerpunkt *Entspannung* konzentriert sich zunächst auf deren kurze Vorstellung[14] und vor allem auf die Hauptkategorien *Konzept-, Prozess-* und *Ergebnisqualität*, weil dadurch ein differenzierter Abgleich der Projekte im Kontext *Entspannung* ermöglicht wird.

Rahmenbedingungen

Während ‚Ich bin Ich – Gesundheitsförderprogramm für Kindergärten' in den ‚Projekttyp' Pilotprojekt einzuspuren ist, zählen die anderen vier Projekte zu den Modellprojekten. Alle hatten das Ziel, optimierende Schritte nach der Durchführung und anschließenden Evaluation einzuleiten, um eine zukünftige Fortführung zu erwägen. An dieser Stelle sind vor allem die vier Modellprojekte zu nennen: ‚TigerKids – Kindergarten aktiv' etablierte sich von einem regionalen zu einem bundesweiten Projekt; aus ‚gesunde kitas • starke kinder' entwickelte sich das Folgeprojekt ‚Prima Leben'. Im Anschluss an das Modellprojekt ‚Fair sein – Projekt der Stadt Leipzig' wurde das Netzwerk ‚Entspannte Kindertagesstätten' generiert. Das Projekt ‚Starke Wurzeln – Gesunde Lebensstile im Setting Kita', das durch die Förderinitiative ‚Aktionsbündnisse Gesunde Lebensstile und Lebenswelten' des Bundesministeriums für Gesundheit unterstützt wurde, erreichte mit seinem Konzept eine relativ große Verbreitung in Nordsachsen. Als ‚Projektträger' fungiert bei ‚Ich bin Ich – Gesundheitsförderprogramm für Kindergärten' die Forschungseinrichtung des Pädagogischen Seminars an der Georg-August-Universität in Göttingen; im Gegensatz dazu stehen hinter den restlichen Projekten folgende Auftraggeber: ‚TigerKids – Kindergarten aktiv' (Stiftung Kindergesundheit); ‚Starke Wurzeln – Gesunde Lebensstile im Setting Kita' (Bundesministerium für

---

[14] Hier wird auf ausgewählte Kriterien der Hauptkategorie *Rahmenbedingungen* eingegangen.

Gesundheit); ‚Fair sein – Projekt der Stadt Leipzig' (Fachstelle Extremismus und Gewaltprävention der Stadt Leipzig); ‚gesunde kitas • starke kinder' (Verein ‚Plattform Ernährung und Bewegung').

In der Subkategorie ‚Projektsteuerung' zeigt sich, dass alle fünf Projekte ‚gesunde kitas • starke kinder' (Hammerbacher GmbH – Beratung und Projekte), ‚TigerKids – Kindergarten aktiv' (Institut für soziale Pädiatrie und Jugendmedizin an der Ludwig-Maximilians-Universität München; Staatsinstitut für Frühpädagogik in München; Forschungszentrum für den Schulsport und den Sport von Kindern und Jugendlichen in Karlsruhe), ‚Starke Wurzeln – Gesunde Lebensstile im Setting Kita' (Institut und Poliklinik für Arbeits- und Sozialmedizin – Medizinische Fakultät der Technischen Universität Dresden, Lehrstuhl für Pädagogische und Rehabilitationspsychologie der Universität Leipzig), ‚Fair sein – Projekt der Stadt Leipzig' (Lehrstuhl für Pädagogische und Rehabilitationspsychologie der Universität Leipzig) und ‚Ich bin Ich – Gesundheitsförderprogramm für Kindergärten' (Stadt Leipzig, Pädagogisches Seminar an der Georg-August-Universität in Göttingen) die Projektsteuerung an forschende Institute ausgelagert haben, wodurch wissenschaftliche Gütekriterien zugrunde lagen.

Konzeptqualität

Bei den vier Projekten ‚gesunde kitas • starke kinder', ‚Fair sein – Projekt der Stadt Leipzig', ‚TigerKids – Kindergarten aktiv' und ‚Starke Wurzeln – Gesunde Lebensstile im Setting Kita' findet *Entspannung* in Kombination u.a. mit Bewegung, Stressregulation, Aggressionsabbau und Ernährung explizit im ‚Ziel- und Interventionsbereich' Erwähnung. Beim Projekt ‚Ich bin Ich - Gesundheitsförderprogramm für Kindergärten' bildet das salutogenetische Konzept von Antonovsky mit der Förderung von Schutz- bzw. Gesundheitsfaktoren den Schwerpunkt.

In der Subkategorie ‚Einzelziele' werden vielfältige Zielsetzungen aufgeführt, die sich in den meisten Projekten wiederfinden. Eine Akzentuierung auf den Entspannungsbereich wird vor allem in den Einzelzielen deutlich: ‚Ich bin Ich - Gesundheitsförderprogramm für Kindergärten' (Entwicklung von Stressbewältigungsstrategien, Schulung von Körpererfahrungen sowie das Erleben und Erproben von Entspannungsübungen), ‚TigerKids – Kindergarten aktiv' (Rhythmisierung des Kinderalltags durch den bewussten Umgang von aktiven Bewegungen in Kombination mit entspannten Phasen), ‚gesunde kitas • starke kinder' (Eruierung der Basisanforderungen im Bereich Entspannung, Verknüpfung von Entspannung mit Erziehungs- und Bildungszielen, Gesundheitsdialoge zwischen den pädagogischen Fachkräften und Eltern, Verankerung der Gesundheitsförderung in der Organisations- und Personalentwicklung), ‚Fair sein – Projekt der Stadt Leipzig' (Stressabbau durch das „Entspannungstraining mit Yogaelementen für Kinder"-Programm [EMYK®], Lebenskompetenzförderung), ‚Starke

Wurzeln – Gesunde Lebensstile im Setting Kita' (Abbau von Stressoren durch Lebenskompetenzförderung u.a. in Form des EMYK®-Programms).

Beim ‚theoretischen Hintergrund' wird sichtbar, dass die Projekte auf verschiedenen Ausgangspunkten gründen. Die Projekte ‚gesunde kitas • starke kinder', ‚Starke Wurzeln – Gesunde Lebensstile im Setting Kita' und ‚TigerKids – Kindergarten aktiv' basieren auf interdisziplinären Hintergrundrecherchen zu ernährungswissenschaftlichen und motorischen Untersuchungen, während sich ‚Ich bin Ich - Gesundheitsförderprogramm für Kindergärten' auf das salutogenetische Konzept von Antonovsky und ‚Fair sein – Projekt der Stadt Leipzig' auf gewaltpräventive Ansätze stützen.

Die Subkategorie ‚Implementierungsstrategie' erweist sich erneut als heterogen. ‚Ich bin Ich - Gesundheitsförderprogramm für Kindergärten', ‚TigerKids – Kindergarten aktiv' und ‚Fair sein – Projekt der Stadt Leipzig' werden über Fortbildungsveranstaltungen für pädagogische Fachkräfte implementiert; zusätzlich werden bei ‚TigerKids – Kindergarten aktiv' noch Workshops zur Motivation, eine Begleitung im Internet sowie Elternabende angeboten. Eine sehr differenzierte Implementierungsstrategie ist bei ‚gesunde kitas • starke kinder' und ‚Starke Wurzeln – Gesunde Lebensstile im Setting Kita' erkennbar: Bei ‚gesunde kitas • starke kinder' werden auf der ersten Ebene überregional das Projekt und die Thematik vorgestellt, gefolgt von der zweiten Ebene, in der lokale Netzwerke zur Unterstützung des Projekts gebildet werden. Auf der dritten Ebene erfolgt letztlich die Implementierung in den Kindertageseinrichtungen u.a. mit Workshops, Maßnahmen zu einem strukturierten Ablaufkonzept sowie zu Coaching-Prozessen. Das Projekt ‚Starke Wurzeln – Gesunde Lebensstile im Setting Kita' beruht auf der Leipziger Konzeptstruktur, d.h. auf der Integration einer Bewegungs- und Esskultur, die eine Multiplikatorenausbildung zu Bewegung, Stress, *Entspannung* und Ernährung sowie Organisationsentwicklung und Supervision vor Ort vorsieht.

Prozessqualität

Alle Projekte liefern detaillierte Angaben über den ‚Programmablauf' in Form von Leitfäden für pädagogische Fachkräfte. Die Projekte ‚gesunde kitas • starke kinder' und ‚Starke Wurzeln – Gesunde Lebensstile im Setting Kita' nehmen dabei jedoch eine Sonderstellung ein, denn beide verfolgen bei der Durchführung den Coaching-Ansatz. Dadurch sollen dem fachpädagogischen Personal nicht nur Inhalte vermittelt, sondern auch deren Denk- und Handlungsstrukturen verändert werden.

Bei der Subkategorie ‚Durchführung' wird auf jedes Projekt separat eingegangen, da sich hier jeweils eine kritische Betrachtung in kursiver Schrift anschließt:

Die beiden Projekte[15] ‚Starke Wurzeln – Gesunde Lebensstile im Setting Kita' und ‚Fair sein – Projekt der Stadt Leipzig' fußen auf dem von Stück (2009) konzipierten EMYK® von 3-6 Jahren. Dieses stellt ein bewegungsorientiertes Entspannungsprogramm für den Elementarbereich dar, das auf einer Ausbildung als EMYK®-Kursleiter gründet und in zwei Variationen durchgeführt werden kann:

- *Variation I (Kursangebot):* 15 Sitzungen à 45 min mit einer geschlossenen Gruppe von ca. 10 Kindern

Die Struktur des Kursangebots sieht eine dreigliedrige Struktur mit Anfangsentspannung (ca. 10 min), Yoga-Teil (ca. 20 min) und Abschlussteil (ca. 15 min) vor. Die Anzahl von 15 Sitzungen, die zweimal wöchentlich stattfinden sollen, ist damit begründet worden, um Vergessenseffekten und Motivationseinbußen entgegenzuwirken und ein intensives Training zu ermöglichen. In der Anfangsentspannung wird die Fokussierung auf das Körperinnere, u.a. durch Körperreisen, angestrebt, um Außenreize auszublenden und auf die anschließenden Yoga-Übungen vorzubereiten. Das Kernstück des Übungsprogramms, der Yoga-Teil, besteht aus insgesamt 38 Asanas und Yogareihen mit in sich geschlossenen Bewegungszyklen, die zuerst von einem ausgebildeten Yoga-Lehrer vorgemacht, dann mit den Kindern eingeübt, schließlich in Geschichten wiederholt und als Hausaufgaben vertieft werden. Die erste Yoga-Sitzung wird durch eine Einführungsgeschichte eingeleitet und beinhaltet die Gleichgewichtsübung „Krähe", wodurch die Kinder die vier goldenen Regeln der Yoga-Übungen kennenlernen sollen: „(1) Konzentration bei den Asanas, (2) Konzentration auf den Atem, (3) Asana soll stabil, fest und angenehm sein sowie (4) nach der Asana Zeit zur Entspannung geben" (Stück, 2009, S. 40). Danach werden die Kinder über die Gruppenregeln sowie das Anlegen eines Ordners mit allen Asanas für die Hausaufgaben aufgeklärt. Der Abschlussteil setzt sich aus verschiedenen nicht-bewegungsorientierten (Phantasiereisen, meditativen Übungen etc.) und aktiv-bewegungsorientierten Entspannungsmethoden (z.B. spielerischen Massagen) zusammen.

- *Variation II (Kurzintervention):* situative, aktive und passive Übungen zur Autoregulation und Entspannung während des Tages (Dauer: ca. 5 min) mit einer offenen Gruppe im Gruppenraum (unbegrenzte Teilnehmerzahl)

Die Kurzintervention des EMYK® bietet die Möglichkeit, situativ auf die vorherrschenden Kontextbedingungen (z.B. Konfliktsituationen in der Gruppe) einzuwirken. Dabei können nicht-bewegungsorientierte (z.B. Phantasiereisen, meditative Übungen, Atemübungen) und aktiv-bewegungsorientierte Entspannungsmethoden (z.B. PMR, Yoga-

---

[15] Detaillierte Informationen zu beiden Projekten sind unter www.in-form.de/fileadmin/user_upload/profi_dokumente/PDF/Abschlussbericht_A_02102.pdf (‚Starke Wurzeln – Gesunde Lebensstile im Setting Kita') und www.bildungsgesundheit.de/ (‚Fair sein – Projekt der Stadt Leipzig') vorzufinden.

Übungen, spielerische Massagen) ausgewählt werden. Die Übungsdauer ist auf ca. fünf min festgelegt, mit dem Ziel der Autoregulation und einhergehenden *Entspannung*.

Beide EMYK®-Übungsprogramme Variation I und II stehen mit ihren Kernelementen im Einklang mit den elementarpädagogischen Erziehungs- und Bildungsplänen (z.B. der Sprachförderung und Bewegungserziehung; vgl. Kap. 2.2.1) und stützen sich auf ein wissenschaftlich fundiertes Grundkonzept von Bewegung bzw. Wahrnehmung, Wissenserwerb sowie *Entspannung* und Lernen.

Bei näherer Analyse des EMYK®-Kursprogramms wird offensichtlich, dass eine eindeutige und nachhaltige didaktisch-methodische Struktur nicht zu erkennen ist. Deutlich wird dieser Sachverhalt schon zu Beginn des Programms: Zum einen ist ein sukzessiv ansteigender Schwierigkeitsgrad der einzelnen Asanas nicht gegeben, d.h. Auswahl und Abfolge der selektierten Übungen werden nicht erläutert. Beispielsweise werden bei der 1. Sitzung im Yoga-Teil fünf Asanas (Krähe, Kerze, Stille, Fisch, Frosch) den Kindern vorgestellt, während in der 2. Sitzung nur die Asanas Krähe und Frosch wiederholt und vier neue Asanas (Schmetterling, Baum, Blume und Sonne im Stand) eingeführt werden. Innerhalb der Geschichte „Frühlingssonne und Blumenduft" (Stück, 2009, S. 46), in die die sechs Yoga-Übungen kindgemäß eingebettet wurden, tauchten dann die Asanas Hase und Blatt auf, die zuvor nicht beschrieben und eingeübt wurden. Bei der 4. Sitzung, die eigentlich eine Wiederholung der 2. Sitzung darstellen soll, findet die Körperübung Hase wiederum ihre Erwähnung; die Asana Blatt bleibt jedoch unberücksichtigt. Auch bei den darauffolgenden Sitzungen, bei denen immer mehr Yogareihen hinzugefügt werden, ist die Systematik für die Auswahl nicht nachvollziehbar. Nachteilig erweisen sich auch fehlende Regeln bei den nicht-bewegungsorientierten und aktiv-bewegungsorientierten Entspannungsmethoden. Darüber hinaus fehlt eine inhaltliche Bindung zwischen den Abschlussteilen und dem Yoga-Teil, d.h. abgestimmte Geschichten zwischen den einzelnen drei Teilen ‚Anfangsentspannung, Yoga-Teil und Abschlussentspannung' würden dem EMYK® noch einen zusätzlichen ganzheitlichen Charakter verleihen.

Das Projekt ‚TigerKids – Kindergarten aktiv', das ein Entspannungsheft unter der Leitung von Bös und Opper (2011) vorgelegt hat, beinhaltet 20 Entspannungsstunden aus verschiedenen Entspannungsmethoden (z.B. Qigong, Massage, Yoga, Stilleübungen, Traum- und Phantasiereisen, Progressive Muskelrelaxation und Autogenes Training). Laut des Leitfadens sind für die Durchführung keine Vorkenntnisse vonseiten des pädagogischen Fachpersonals notwendig, denn die einzelnen Methoden gehen nicht in die Tiefe, sondern greifen einfache Elemente aus den Entspannungsmethoden heraus. Für deren Durchführung können verschiedene Zeitpläne in Betracht gezogen werden; empfohlen wird eine zehnwöchige Intervention einmal pro Woche für 45 Minuten. Zudem werden Hinweise zu Zielsetzungen, Gruppengrößen, Ritualen, Materialien, einzelnen Phasen (Aufwärm-, Entspannungs- und Rückholphasen) sowie zur Vorbereitung des Raumes oder Tipps aus der Praxiserprobung gegeben. Folgende Umsetzungskriterien sind hier positiv zu erwähnen: (1) Die Rubrik ‚Thema des Tages' widmet sich u.a. Problemen des Kindergartenalltags, wie z.B. Wutausbrüchen oder Streitigkeiten, die in Gruppendiskussionen besprochen werden können. (2) Das Sammeln der Energie durch das Auflegen der Hände über dem mittleren Dantien[16] sowie die Reime bei den Phantasiereisen, "Ich bin still, weil ich ins Tigerland will', ermöglichen ein gutes Einprägen bei den Kindern für zukünftige, stressige Situationen. (3) Ebenso hervorzuheben sind die Wunschstunden zur 10. und 20. Entspannungseinheit, bei denen die Kinder ihre persönlichen Lieblingsentspannungsmomente selbst zusammenstellen. Durch diese fühlen sich die Kinder ernst genommen und können aus ihrem bisherigen Entspannungsrepertoire die Übungen ausführen, die sie präferieren und dementsprechend auch für ihr eigenes Stressmanagement nutzen.

Bei näherer Betrachtung sind didaktisch-methodische Lücken beim ‚Tigerkids-Konzept' zu erkennen, die eine kritische Bewertung notwendig erscheinen lassen. Der Aufbau der Einheiten stellt eine additive Aneinanderreihung von Entspannungsmethoden dar, bei denen kein sukzessiv ansteigender Schwierigkeitsgrad ersichtlich ist. Außerdem werden bspw. bei der Progressiven Muskelrelaxation (PMR) innerhalb der Geschichten Ungereimtheiten deutlich wie „Stelle dir vor, du hast eine dicke, gelbe Zitronenhälfte in der Hand und möchtest für deinen Tiger Zitronensaft auspressen" (Bös & Opper, 2011, S. 22) oder „Unser Tiger hat einen Kaugummi gefunden – so was kennt er ja gar nicht. Stelle dir vor, du bist ein Tiger und beißt erst einmal mit deinen Zähnen zusammen. Nun stelle dir vor, dass du einen riesigen Kaugummi in deinem Mund hast: es ist wirklich sehr anstrengend, darauf zu kauen. [...] Zerbeiße ihn zwischen deinen Zähnen" (ebd., 2011, S. 23). Zunächst ist bei diesen Beispielgeschichten anzumerken, dass sie aufgesetzt wirken und Fragen hinterlassen wie: Warum trinkt ein Tiger Zitronensaft? Frisst der Tiger das Kaugummi oder spuckt er es aus? Zudem werden aus methodischer Sicht Identifikations-, Beobachterperspektive wie auch subjektive Perspektive miteinander kombiniert und können beim Kind zu einem Ausstieg aus der Entspannungsübung führen. Beim ersten Beispiel ist das Kind noch selbst aktiv, während es beim zweiten Beispiel zuerst von der Beobachter- in die Identifikationsperspektive wechselt. Außerdem fehlen in den PMR-Geschichten das Anspannen großer

---

[16] In den Lehren des Qigong werden unter ‚Dantien' energetische Schwerpunkte im menschlichen Organismus verstanden. Übersetzt werden kann der Begriff mit Vitalität oder Energie. Im Qigong geht es darum, den Energiepunkten, z.B. unterer, mittlerer, oberer Dantien, besondere Aufmerksamkeit bei der Übungsausführung zu schenken, um anschließend den Körper wieder mit Lebensenergie (Qi) zu füllen (vgl. Reik, 2007, S. 15).

Muskelgruppen wie Gesäß- oder Beinmuskeln, obwohl diese explizit im Vorspann erwähnt werden (vgl. ebd., 2011, S. 20). Zu hinterfragen ist auch die Behauptung, dass sich durch das Runzeln der Nase das ganze Gesicht anspannt (vgl. ebd., 2011, S. 23). Zweifelhaft bleibt ebenso, ob aus entwicklungspsychologischer Sicht Themen wie Bauchatmung (vgl. ebd., 2011, S. 53) oder mentales Training (vgl. ebd., 2011, S. 34) im elementarpädagogischen Bereich schon implementiert werden sollten.

Wie anhand des Leitfadens erkennbar wird, widmet sich auch das Projekt ‚Ich bin Ich – Gesundheitsförderprogramm für Kindergärten' sehr detailliert der *Entspannung* (vgl. Krause, 2009). Das Programm ist für Kinder zwischen 5-6 Jahren konzipiert, sollte einmal pro Woche stattfinden und lässt sich vom pädagogischen Fachpersonal ohne konkrete Vorkenntnisse realisieren. Alle Module (z.B. Bewegung, Kommunikation, Kreatives Spielen, Entspannung) werden im Manual durch didaktisch-methodische Hinweise stichwortartig erläutert, laufen nach einem ritualisierenden Ablauf ab und basieren auf dem Prinzip der Selbsttätigkeit. Blitzlicht-Reflexionen nach den einzelnen Einheiten, das Führen einer Gesundheitsmappe wie auch der „So-fühle-ich-mich-Behälter" unterstreichen den Aufbau des Programms. Ebenfalls bedeutsam ist, dass die Entspannungsübungen immer auf einer Bewegungsphase aufbauen, wodurch die Kinder den Unterschied zwischen An- und Entspannung bewusst wahrnehmen können.

Mit Blick auf die Konzeption des Projekts ‚Ich bin Ich - Gesundheitsförderprogramm für Kindergärten' werden einige Unklarheiten erkennbar: Zum Modul ‚Entspannung', das sich aus Atem- und Stilleübungen sowie aus den Entspannungsmethoden Massage, Phantasiereise, PMR und Yoga zusammensetzt, ist grundsätzlich zu kritisieren, dass didaktisch-methodische Hinweise zur konkreten Umsetzung der Entspannungsübungen (u.a. Regeln, Tipps, Hinweise) fehlen: Beispielsweise findet bei den Atemübungen eine Fokussierung auf die Brust- und Bauchatmung statt; hierbei fällt allerdings auf, dass mit der schwieriger einzustufenden Bauchatmung angefangen wird und danach erst die Brustatmung erfolgt. Weitaus kritischer zu betrachten sind die PMR-Übungen; denn hier liegen für das pädagogische Fachpersonal keinerlei didaktisch-methodische Hinweise vor, wie etwa zur Dauer und Intensität der Muskelanspannung, oder welche Muskeln bzw. Muskelgruppen bereits im Körperschema von Vorschulkindern verankert sind und daher umgesetzt werden können.

Auch beim Projekt ‚gesunde kitas • starke kinder' zählt das Thema *Entspannung* zu den Schwerpunkten des Projektkonzepts. *Entspannung* wird dabei nicht als Zusatzelement der pädagogischen Arbeit verstanden, sondern als ritualisierende Verankerung im Alltag und Verzahnung mit den Inhalten aus den Erziehungs- und Bildungsplänen. Als Entspannungsangebote werden zum Beispiel kurze Entspannungsübungen, Traum- und Phantasiereisen, Atmungsübungen, Massagen, Yoga, Meditation sowie Wellness-Wochen aufgeführt (vgl. Lasson et al., 2009, S. 75).

Hinweise zur Umsetzung werden lediglich in Coaching-Seminaren sowie Fortbildungsmaßnahmen vermittelt und entsprechend des jeweiligen Settings situationsadäquat angepasst. Demnach ist eine detaillierte, kritische Sichtung des didaktisch-methodischen Konstrukts nicht möglich.

Ergebnisqualität

Nur die drei Projekte ‚gesunde kitas • starke kinder', ‚Starke Wurzeln – Gesunde Lebensstile im Setting Kita' und ‚Fair sein – Projekt der Stadt Leipzig' befassen sich bei der ‚Evaluation' mit dem Kontext *Entspannung*. Die Evaluation dieser Projekte ‚gesunde kitas • starke kinder' (PädQUIS GmbH), ‚Starke Wurzeln – Gesunde Lebensstile im Setting Kita' (u.a. Institut für Poliklinik für Arbeits- und Sozialmedizin, Lehrstuhl für Pädagogische und Rehabilitationspsychologie der Universität Leipzig) und ‚Fair sein – Projekt der Stadt Leipzig'(u.a. Zentrum für Bildungsgesundheit) erfolgte extern durch forschende Institutionen.

Die Überprüfung des Projekts ‚gesunde kitas • starke kinder' mit Treatment-Kontrollgruppendesign[17] bezog sich auf die Pilotphase und fokussierte sich vor allem auf zwei Zielsetzungen: einerseits auf die simultane Umsetzung der vier Komponenten Ernährung, Bewegung, *Entspannung* und den Gesundheitsdialog mit den Eltern, andererseits auf die Selbstevaluation der Implementierungsstrategie des Programms durch die pädagogischen Leiter/innen und Mitarbeiter/innen der Piloteinrichtungen. Zusätzlich wurden externe Evaluationsteams eingesetzt, die in den Kindertageseinrichtungen Begehungen durchführten. Der Bereich *Entspannung* wurde schließlich mit vierzehn Einzelkriterien, die eine interne Konsistenz von $\alpha=.74$ aufwiesen, mehrperspektivisch durch vier Zielgruppen mit verschiedenen Instrumentarien untersucht (vgl. Lasson et al., 2009, S. 42f.): Leiterinnen (Selbstevaluationsfragebogen), pädagogische Fachkräfte (Selbstevaluationsfragebogen), Begehungsteams (Begehungsinstrument: Kindergarten-Einschätz-Skala nach Tietze et al., 2005) und Eltern (Fragebogen). Die Ergebnisse zum Bereich *Entspannung* deuten darauf hin, dass die Treatment- im Gegensatz zu den Kontrolleinrichtungen u.a. aus Sicht der pädagogischen Fachkräfte und Eltern im sozialen Verhalten deutlich besser abgeschnitten haben (vgl. Lasson et al., 2009, S. 36f.). Des Weiteren sahen die pädagogischen Fachkräfte in den Piloteinrichtungen die Umsetzung der Einzelkriterien für die Bereiche Ernährung, Bewegung, *Entspannung* und Gesundheitsdialog mit den Eltern nach Abschluss des Programms

---

[17] **Treatmentgruppe**: n=46; Leiterinnen (n=46), päd. Fachkräfte (n=236), Begeherinnen (n=46), Eltern (n= 1025); **Kontrollgruppe**: n=23 Kitas; n=23; Leiterinnen (n=46), päd. Fachkräfte (n=117), Begeherinnen (n=23)

als in hohem Grade erreicht an. Bezogen auf alle vier Bereiche hatten sie die zugrundeliegenden Kriterien im Kindergartenalltag besser umgesetzt, als das in den Vergleichseinrichtungen der Fall war.

Die Ergebnisse des Projekts ‚gesunde kitas • starke kinder' sind bzgl. der Wirksamkeit von Entspannungsansätzen nur wenig aussagekräftig; denn dass sich durch positiv bewertete Interventionen im Kontext Entspannung auch soziale Verhaltensweisen verändern respektive verbessern, ist anzunehmen. Hier wäre es dienlich, das Untersuchungsdesign mit Methoden zu erweitern, mit denen eine qualitative Begleitforschung in Form von Wirksamkeitsnachweisen im Kontext Entspannung erfolgen kann.

Das Projekt ‚Starke Wurzeln – Gesunde Lebensstile im Setting Kita' setzte sich aus einem Pre-Post-Design (n=22 Kitas; pädagogisches Fachpersonal: n=160; Kinder= n=1800) und vielfältigen Testinstrumentarien zusammen; zusätzlich wurden verschiedene Perspektiven wie Kinder, Eltern und pädagogisches Fachpersonal berücksichtigt. Bei der *formativen Evaluation* fand z.B. eine Überprüfung der Zielstellungen des Projekts zu folgenden Bereichen statt: Wissen, Motivation, Verhalten und Verhältnisse aus der Perspektive des pädagogischen Fachpersonals: Hierbei wurden zentrale Fortbildungen (z.B. zu Bewegung, Stress und Ernährung) und Multiplikatorenausbildung (u.a. zu Stressreduktionstraining mit Yogaelementen für Pädagogen - STRAIMY®; Entspannungstraining mit Yogaelementen für Kinder EMYK®; TANZPRO®-Kinder) – ausgehend vom Ebenen-Modell der Evaluation nach Kirckpatrick und Kirckpatrick (2006) – nach Trainingserfolg, Lernerfolg, Transfer und Alltags-/Organisationserfolg bewertet. Aber auch psychophysiologische, psychische und biologische Parameter (z.B. Pulsuhr, SMARDWatch, Stress Pilot Plus, Speicheltest) wurden bei dieser Probandengruppe in Form einer *summativen Evaluation* (Effektevaluation) erhoben. Bei den Kindern wurden bei der Effektevaluation u.a. Verfahren wie Konzentrations-Handlungsverfahren für Vorschulkinder (KHV-VK), Verhaltensbeurteilungsbogen für Vorschulkinder (VBV-EL 3-6), Pulsuhr, Stress Pilot Plus, Speicheltests eingesetzt. Statistisch zeigt sich, dass für die Zielgruppe des fachpädagogischen Personals die im Vorfeld formulierten Ziele in allen drei Bereichen zusammenfassend „sehr gut" bis „gut" realisiert werden konnten. Allerdings schätzte ein Großteil der Kitas die Wirkungen der Programme für die Stressregulation/Entspannung bei den Kindern als nur „befriedigend" ein. Zuletzt betont das Forschungsteam, dass die Integration verschiedener Ansätze der Gesundheitsförderung im Setting Kita und der systembezogene Zugang sowie Setting-Ansatz entscheidend war, um bei allen Beteiligten Verhaltens- und Einstellungsänderungen zu erzielen. Ebenso konnten Synergieeffekten zwischen den Interventionselementen in diesem Projekt erstmals erfolgreich umgesetzt werden.

Hinsichtlich der Ergebnisse im Abschlussbericht des Projekts ‚Starke Wurzeln – Gesunde Lebensstile im Setting Kita' ist zu bilanzieren, dass sich das Untersuchungsdesign dieses Projekts als sehr detailliert und umfangreich gestaltet. Neben verschiedenen Perspektiven (u.a. Kinder, Eltern, pädagogisches Fachpersonal) werden auch formative und summative Evaluationsformen eingebunden. Darüber hinaus werden auch Durchführungen und Wirkungen von Programmen mithilfe von Treatment- und Kontrollgruppen miteinander verglichen, z.B. bei den Erwachsenen wird der Effekt von STRAIMY® (Versuchsgruppe) und Tanzpro-Gesundheit® (Kontrollgruppe) oder bei den Kindern der Vergleich zwischen den EMYK®- (Versuchsgruppe) und TANZPRO®-Kindern (Kontrollgruppe) untersucht. Obwohl im Untersuchungsdesign psychophysiologische, psychische und biologische Untersuchungen für die Adressatengruppen „Fachpersonal" und „Kinder" aufgelistet sind, finden diese Ergebnisse im Abschlussbericht keinen Eingang, wodurch dieses Projekt in Bezug auf die empirische Wirksamkeit von Entspannungstraining im Elementarbereich an Aussagekraft verliert.

Das Projekt ‚Fair sein – Projekt der Stadt Leipzig' berücksichtigte bei der Evaluation zwei Probandengruppen: pädagogisches Fachpersonal (n=58) und Kinder (n=63; Treatmentgruppe: ♂: n=21; ♀: n=10; Kontrollgruppe=♂: n=18; ♀: n=14). Mit Fokus auf die Ergebnisse der Kindergruppe ist zu bemerken, dass das Untersuchungsdesign einen achtmonatigen Interventionszeitraum mit fünfzehn Sitzungen sowie ein Treatment-Kontrollgruppen-Pre-Post-Design aufwies. Als Testinstrumentarien dienten Interviews, Beobachtungen, psychophysiologische wie auch endokrinologische Analyseverfahren. Im Ergebnis wird deutlich, dass einerseits eine Reduktion bezüglich aggressiver Verhaltensweisen erzielt werden konnte; andererseits wurden von den Kindern neu erworbene Konfliktstrategien angewandt. Interviews und Beobachtungen belegten bei den Probandengruppen allerdings erhebliche Differenzen bei der Umsetzung der erlernten Fähigkeiten (vgl. Stück, 2009, S. 23). Psychophysiologische Untersuchungen konnten über den Verlauf der fünfzehn Sitzungen eine Pulsfrequenzreduzierung und Senkung des systolischen Blutdrucks nachweisen. Bei drei Sitzungen wurden Speichelproben zum Cortisol sowie zur Immunglobulin-A-Konzentration im Pre-Post-Test erhoben, die signifikante Pre-Post-Verbesserungen ($p=.007$) erzielten (vgl. Stück, 2011, S. 70-71).

Bezüglich der Aussagekraft dieser Evaluationsergebnisse ist zu akzentuieren, dass das Forschungsdesign mit den eingesetzten Evaluationsmethoden überzeugend wirkt. Die Ergebnisse lassen vermuten, dass das EMYK®-Programm im Sinne der Gewaltprävention als Grundlage von Empathiefähigkeit beitragen kann. Die Wirksamkeitsnachweise basieren auf dem EMYK®, das aus verschiedenen Entspannungsmethoden besteht, während Yogaelemente den Schwerpunkt des Programms bilden; daher können die Forschungsergebnisse ausschließlich auf das EMYK®-Programm in Gänze und nicht auf die Yogaelemente bezogen werden. Aus Forschersicht wären bei den endokrinologischen Messungen einerseits nach jedem Treatment Messanalysen wünschenswert gewesen; andererseits hätten endokrinologische Tagesprofile noch Aufschluss über Nachhaltigkeitsfaktoren des EMYK® geben können.

Die beiden anderen Projekte ‚TigerKids – Kindergarten aktiv' und ‚Ich bin Ich - Gesundheitsförderprogramm für Kindergärten' wählten als Erhebungsmethoden vor allem standardisierte Motorik- und Entwicklungstests sowie qualitative Befragungen, die im Rahmen universitärer Begleitforschung durch Pre-Post- und Treatment-Kontrollgruppendesign durchgeführt werden.

Beim Projekt ‚TigerKids – Kindergarten aktiv' geht die Projektleitung von einer Wechselwirkung zwischen Entspannungsfähigkeit und motorischen Fähig- und Fertigkeiten aus. Diese angenommene Prämisse findet allerdings im Untersuchungsdesign und in den statistischen Berechnungen keinerlei Berücksichtigung. Außerdem wären bei beiden Projekten ‚TigerKids – Kindergarten aktiv' sowie ‚Ich bin Ich – Gesundheitsförderprogramm für Kindergärten' Wirksamkeitsstudien in dem Sinne problematisch, da die Ergebnisse aufgrund der Vielzahl an eingesetzten Entspannungsmethoden nicht stringent einer Methode zugewiesen werden können.

Zwischenfazit (Kap. 1.1-1.3)

Nach der Studie von Kliche et al. (2008, S. 108f.) sind in den Jahren 2005-2006 vielfältige gesundheitsbezogene Interventionen umgesetzt worden. Gesundheitsprojekte mit dem Schwerpunkt *Entspannung* sind – wie die interdisziplinäre Recherche belegt hat – bislang noch defizitär vertreten. Eine mögliche Ursache könnte darin zu vermuten sein, dass didaktisch-methodische Entspannungsprogramme sowie empirische Wirkungsweisen im Elementarbereich nur vereinzelt (vgl. ‚Fair sein – Projekt der Stadt Leipzig') vorliegen und deren wissenschaftliche Aussagekraft – durch teilweise unsystematische Durchführungs- und Auswertungsprozesse – noch nicht die gewünschte Durchschlagskraft besitzen, damit diese Projekte von den Bildungsbehörden oder Gesundheitsinitiativen durch Fördergelder entsprechend unterstützt werden.

Die Analyse aus Tab. 1.3-1 (S. 18) zeigt, dass fünf nationale Projekte im Elementarbereich existieren, die *Entspannung* als inhaltlichen Schwerpunkt integriert haben: ‚Ich bin Ich – Gesundheitsförderprogramm für Kindergärten', ‚TigerKids – Kindergarten aktiv', ‚gesunde kitas • starke kinder', ‚Fair sein – Projekt der Stadt Leipzig' und ‚Starke Wurzeln – Gesunde Lebensstile im Setting Kita'. Von diesen fünf Projekten stellt ‚Ich bin Ich – Gesundheitsförderprogramm für Kindergärten' ein Pilotprojekt dar, während die anderen vier Projekte zu den Modellprojekten zählen und eine Fortführung erfahren haben: Aus dem zunächst regional durchgeführten ‚TigerKids – Kindergarten aktiv' entwickelte sich ein bundesweites Projekt; ebenso generierte sich aus ‚gesunde kitas • starke kinder' das Folgeprojekt ‚Prima Leben'; im Anschluss an das Modellprojekt ‚Fair sein – Projekt der Stadt Leipzig' wurde das Netzwerk ‚Entspannte Kindertagesstätten' implementiert. Das Projekt ‚Starke Wurzeln – Gesunde Lebensstile im Setting Kita', das durch die Förderinitiative ‚Aktionsbündnisse Gesunde Lebensstile und Lebenswelten' des Bundesministeriums für Gesundheit unterstützt wurde, erreichte mit seinem Konzept eine relativ große Verbreitung in Nordsachsen.

In der Kategorie *Prozessqualität* bleiben genaue Einblicke in die Konzeption des Projekts ‚gesunde kitas • starke kinder' verwehrt; bei den restlichen Projekte entstanden die didaktisch-methodischen Programme unter universitärer Leitung (z.B. ‚TigerKids – Kindergarten aktiv' am KIT Karlsruhe unter der Leitung von Bös und Opper, 2011) und bestehen aus einem Konglomerat von nicht-bewegungsorientierten und aktiv-bewegungsorientierten Entspannungsübungen, die teilweise unsystematisch aufgearbeitet worden sind und Lücken in ihrer inhaltlichen Struktur aufweisen: Beispielsweise wurden didaktisch-methodische Prinzipien wie ein sukzessiv ansteigender Schwierigkeitsgrad in der Übungsabfolge der Entspannungseinheiten nicht stringent eingehalten wurden. Auffallend ist ebenso, dass die zur Motivation anregenden, eingebetteten Phantasiegeschichten/-reisen in ihrer Binnenstruktur „Einleitung-Hauptteil-Schluss" nicht aufeinander abgestimmt waren; dadurch besteht die Gefahr, dass Kinder aufgrund dessen aus ihrer Entspannungsphase gerissen werden und letzlich aus dem Programm aussteigen. Zudem wird nicht auf die Übungsauswahl in den entsprechenden Programmen eingegangen; infolgedessen ist für einen „Fachlaien" oder „Nicht-Entspannungspädagogen" nicht ersichtlich, warum diese speziellen Entspannungsformen für das Kindesalter selektiert wurden. Außerdem lassen fast alle Projektteams Tipps im Umgang mit den jeweiligen Entspannungsmethoden bzw. mit der entsprechenden Altersstufe vermissen, wodurch es einer der *Entspannung* gegenüber aufgeschlossenen Lehrperson an Unterstützung fehlen könnte.

Ein Blick auf die *Ergebnisqualität* belegt, dass trotz des Schwerpunkts *Entspannung* Wirksamkeitsstudien in Form von psychophysiologischen oder endokrinologischen Tests nur im Projekt ‚Fair sein – Projekt der Stadt Leipzig' vorzufinden sind. Allerdings beinhaltet das EMYK®-Programm trotz des Schwerpunkts auf Yogaelementen verschiedene Entspannungsmethoden. Aufgrund dessen können die Forschungsergebnisse lediglich auf das EMYK®-Programm in Gänze und nicht auf die Yoga-Übungen transferiert werden. Als Forschungsdesiderat ist zu betonen, dass bei den durchgeführten endokrinologischen Messungen nach jeder Treatment-Einheit

Messanalysen wünschenswert gewesen wären; ebenso hätten Tagesprofile mit Cortisol noch Aufschluss über die Nachhaltigkeit des EMYK®-Programms geben können.

Aus Forschersicht ist schließlich darauf hinzuweisen, dass es den Projekten – trotz der Berücksichtigung verschiedener Perspektiven wie Eltern, Kinder, pädagogisches Fachpersonal sowie diverser Methoden (u.a. Befragungen, Verhaltensbeobachtungen und motorische Testverfahren) – an Aussagekraft mangelt, da ‚objektive' Daten zu Treatmenteffekten in Bezug auf die Entspannungsfähigkeit nur rudimentär berücksichtigt wurden. Basierend auf diesen Ergebnissen wird in Kap. 2 eine quantitativ-qualitative Bildungsplananalyse durchgeführt, um festzustellen, inwieweit ein Zusammenhang zwischen den bereits erläuterten Rechercheergebnissen und den vorgegebenen strukturellen Rahmenrichtlinien der Bundesländer besteht.

Im nächsten Abschnitt erfolgt eine Recherche zu Entspannungsmethoden im Kindesalter, um herauszufinden, ob (1) Programme mit Wirksamkeitsnachweisen vorliegen und ob (2) diese Studien mit den bereits bundesweit durchgeführten Gesundheitsprojekten quantitativ und qualitativ in Relation zueinander stehen.

1.4 National und international angelegte Recherche zu körperbasierten Entspannungsmethoden mit dem Fokus ‚Kinder'

Die systematisch angelegte Recherche zu körperbasierten Entspannungsmethoden mit dem Fokus ‚Kinder' unterteilt sich in fünf Arbeitsschritte:

1. Schritt: Auswahl der Fachgebiete und Datenbanken

Der Fokus liegt auf deutsch-, englisch- und französischsprachigen Quellen. In einem ersten Schritt werden in einem Screeningverfahren 54 Fachgebiete[18] mit insgesamt 5229 wissenschaftlichen Datenbanken (Stand: Oktober 2012) auf ihre quantitative und qualitative Relevanz im Hinblick auf *Entspannung* mit zunächst allgemeinen Suchbegriffen wie ‚*Entspannung*' bzw. ‚*relaxation*' untersucht. Zu den 54 Fachgebieten, die mit dem Kontext *Entspannung* in Verbindung zu bringen sind, zählen u.a. Musikwissenschaft (z.B. *Entspannung* durch Musiktherapie) oder Pharmazie (Einnahme von Stimulanzien, um psychophysiologische Entspannungszustände hervorzurufen). Aufgrund der hierbei resultierenden Trefferquoten konzentriert sich der weitere Recherchegang auf die in Tab. 1.4-1 angegebenen Fachgebiete Medizin, Pädagogik, Psychologie, Soziologie und Sport.

---

[18] Zugriff im Oktober 2012 unter http://rzblx10.uni-regensburg.de/dbinfo/fachliste.php?bib_id=hsbka&colors=%2031&ocolors=0&lett=l.

Tab. 1.4-1: Anzahl und Auswahl der Datenbanken in Abhängigkeit der Fachgebiete
(alphabetische Reihenfolge; Stand: Oktober 2012)

Fachgebiete	Datenbanken Gesamt		Datenbanken Auswahl
Medizin	209	12	Acubase** BioMedSearch.com* CAMbase Careum-Explorer* Dissertationen der Med. Fak. Uni. Münster Forschungsdatenbank des Fachbereichs Medizin/Uni. Mainz GoPubMed* Intute/Health & Life Sciences* MEDPILOT Old Medline PEDro: Physiotherapy Evidence Database* Virtuelle Videothek für Medizin
Pädagogik	75	3	Fachportal Pädagogik Lehrerbibliothek.de Sonderpädagogische Datenbanken
Psychologie	35	16	BIDOK DIMDI Datenbankrecherche Diplomarbeiten im Fach Psychologie ERIC* Find a Psychologist* Lawrence Erlbaum Associates* Pflegewiki PsycARICLES* PsychINFO* Psychology* Psychonomic Society Publications* PsychSpider PsycJournals* PsyDok PSYNDEX* WISO
Soziologie	149	6	Infoconnex/Sozialwissenschaften Intern. Bibliographie der geistes- und sozialwissenschaftl. Literatur Gesundheitsberichterstattung des Bundes Labordoc* sowiport.de WHO Statistical Information System*
Sport	26	6	DigitalArchive/LA84 Foundation* BISp-Recherchesystem Sport (SPOLIT, SPOFOR, SPOMEDIA) HERACLES** Online Contents-SGG* SPORTIF virtuelle Fachbibliothek der Sportwissenschaft Videokatalog (ZB)
GESAMT	494	43	

*englischsprachige Datenbanken; ** französischsprachige Datenbanken

Dies führt zu dem Ergebnis, dass im Weiteren 43 Datenbanken aus den ersichtlichen Fachgebieten als Grundlage intensiver Recherchen dienen. Die anderen Fachgebiete können trotz der bestehenden Schnittstellen[19] zum Kontext *Entspannung* keine weiter zu verwertenden Ergebnisse liefern.

2. Schritt: Quantitative Übersichten zu ausgewählten Entspannungsmethoden und Datenbanken zu den einzelnen Fachgebieten mit ihren jeweiligen Datenbanken

Im zweiten Schritt werden die 43 ausgewählten Datenbanken aus Tab. 1.4-1 hinsichtlich verschiedener Entspannungsmethoden beleuchtet. Aufgrund der Vielzahl an Methoden wie Zilgrei, F.M. Alexander-Technik, Feldenkrais oder Fünf Tibeter, die jedoch im Kindesalter in Form von Ratgeberbroschüren nur wenig Verbreitung finden, konzentriert sich dieser Arbeitsschritt auf nachstehende: Autogenes Training (AT), Eutonie, Massage, Phantasiereise (PhR), Progressive Muskelrelaxation (PMR), Qigong, Tai Chi und Yoga. Die zunächst quantitative Sichtung hat unterschiedliche Recherchearbeiten zur Folge: Aus Effizienzgründen erfolgt zu AT, PMR, Yoga und Massage aufgrund der sehr hohen Anzahl an Quellen eine Sichtung durch Schlagwortkategorien mit ihren jeweiligen Subkategorien, wie z.B. Zielgruppen, Form des Beitrags. Eutonie wird hingegen einer Vollrecherche unterzogen, da deren Quantitäten in Bezug auf eine inhaltliche Prüfung leistbar sind. Die quantitativen Suchergebnisse dieser Recherche, bezogen auf die Trefferzahlen der jeweiligen Methoden, sind aus Übersichtsgründen[20] in den Tab. 1.4-2a-b dargestellt: Tab. 1.4-2a bildet die westlichen, Tab. 1.4-2b die fernöstlichen Entspannungsmethoden ab.

Tab. 1.4-2a: Ergebnisse zu den westlichen Entspannungsmethoden innerhalb der ausgewählten Datenbanken (*Autogenes Training, **Phantasiereise, ***Progressive Muskelrelaxation)

Fachgebiete	AT *	Eutonie	PhR **	PMR ***
Medizin	4.259	19	3	6.852
Pädagogik	131	16	319	47
Psychologie	11.991	133	136	2.115
Soziologie	159	5	2	50
Sport	521	45	232	123
GESAMT	**17.061**	**218**	**692**	**9.187**

---

[19] Analysen bspw. im Fachgebiet ‚Musikwissenschaften' zeigen, dass *Entspannung* häufig mit Musik- und Klangtherapien – u.a. zur Tinnitus-Behandlung oder als Einschlafhilfe – vorkommt; auch sind Treffer in Bezug auf spezielle Entspannungsmusik in Snoezelenräumen vorzufinden. Da sich der Fokus der Recherche auf körperbasierte Entspannungsmethoden richtet, wird hier auf vertiefende Recherchen verzichtet.

[20] Die Einteilung in westliche und fernöstliche Entspannungsmethoden resultierte aufgrund des Ursprungslandes der jeweiligen Methode. Bei der Massage ist – aufgrund der Vielzahl an Massageformen – eine eindeutige Einteilung nicht möglich (vgl. hierzu im Detail Kap. 1.6, S. 78).

Tab. 1.4-2b: Ergebnisse zu den fernöstlichen Entspannungsmethoden innerhalb der ausgewählten Datenbanken

Fachgebiete	Massage	Qi Gong	Tai Chi	Yoga
Medizin	32.438	4.621	8.719	4.486
Pädagogik	71	12	48	99
Psychologie	2.179	1.118	2881	7.492
Soziologie	1.137	256	608	994
Sport	1.793	291	642	1.823
GESAMT	**37.618**	**6.298**	**12.898**	**14.894**

3. Schritt: Qualitative Sichtung der Suchergebnisse

In einem weiteren Schritt werden die quantitativen Suchergebnisse einer qualitativen Sichtung unterzogen. Dabei findet eine Orientierung an der Schlagwortkategorie ‚Form des Beitrags' (vgl. Tab. 1.4-3) mit den jeweiligen Subkategorien statt. Die Fokussierung auf diese Schlagwortkategorie intendiert, aus den Datenbanken wissenschaftliche Quellen zu filtern, da sich bei einigen Fachgebieten u.a. auch zahlreiche Homepages und Werbeanzeigen subsumieren. Dabei werden die Subkategorien an die jeweils in den Datenbanken auffindbaren Deskriptorensysteme mit den Schlagwortkategorien angepasst. Als Ergebnis kann eine Vorauswahl relevanter Quellen zu den einzelnen Entspannungsmethoden getroffen werden.

Tab. 1.4-3: Schlagwortkategorie ‚Form des Beitrags' mit jeweiligen Subkategorien

Form des Beitrags
Fachzeitschrift
Sonstige Zeitschrift
Diplom-/ Magisterarbeit
Dissertation
Sonstige Qualifikationsarbeit[21]
Sachbuch
Fachbuch
Sammelband
Sammelband-Beitrag
Sonstige

Anhand der Tab. 1.4-4a und 1.4-4b wird deutlich, dass insgesamt 1127 qualitativ selektierte Quellen digital vorliegen (Stand Oktober: 2012). Diese Verringerung ergibt sich u.a. aufgrund von Treffern, die nicht in einem wissenschaftlichen Zusammenhang stehen, wie z.B. Homepages einzelner Physiotherapeuten, die bei der Erstellung einer wissenschaftlich fundierten Datenbank unberücksichtigt bleiben; andere Quellen können nicht aufgenommen werden, da eine Einsicht in die Daten verwehrt wurde (z.B. nicht bestellbar oder vergriffen). Yoga weist zu allen Lebensspannen die meisten Treffer (240)

---

[21] Hierzu zählen u.a. studentische Hausarbeiten bzw. Abschlussarbeiten oder BA-Arbeiten.

auf und verzeichnet auch die größte Anzahl an wissenschaftlichen Beiträgen (153 Treffer zu Fachzeitschriftenartikeln, Diplom-/Magisterarbeiten, Dissertation und sonstigen Qualifikationsarbeiten). Während überwiegend die Fachzeitschriftenartikel in englischer Sprache vorherrschen, beruhen die Diplom-/Magisterarbeiten, Dissertationen sowie sonstige Qualifikationsarbeiten mehrheitlich auf nationalen Forschungsarbeiten.

Tab. 1.4-4a: Qualitative Ergebnisse zu den westlichen Entspannungsmethoden innerhalb der ausgewählten Datenbanken

Fachgebiete	AT	Eutonie	PhR	PMR
Fachzeitschrift	52	84	33	81
Diplom-/ Magisterarbeit	12	11	0	6
Dissertation	60	5	3	16
Sonstige Qualifikationsarbeit	3	5	1	1
Fachbuch	8	21	2	9
Sachbuch	27	16	55	13
Sammelband	2	1	0	2
Sammelband-Beitrag	7	8	2	20
Sonstige	4	45	0	5
GESAMT	175	196	96	153

Tab. 1.4-4b: Qualitative Ergebnisse zu den fernöstlichen Entspannungsmethoden innerhalb der ausgewählten Datenbanken

Fachgebiete	Massage	Qi Gong	Tai Chi	Yoga
Fachzeitschrift	116	18	33	125
Diplom-/ Magisterarbeit	2	1	1	12
Dissertation	4	4	1	12
Sonstige Qualifikationsarbeit	2	1	0	4
Fachbuch	3	5	0	12
Sachbuch	48	11	4	33
Sammelband	0	1	7	2
Sammelband-Beitrag	0	4	0	21
Sonstige	0	1	0	19
GESAMT	175	46	46	240

Danach folgen in Bezug auf fachwissenschaftlich auffindbare Texte die Methoden AT (127), Massage (124), Eutonie (105), PMR (104) und Phantasiereise (37). Überraschend ist nicht, dass bei den in Europa bzw. Deutschland weniger bekannten Entspannungsmethoden Tai Chi (35) und Qigong (24) die Trefferanzahl meist englischsprachig und im Gegensatz zu den anderen Methoden deutlich geringer ausfällt.

Die Sichtung der englischsprachigen Quellen zu den drei Methoden Qigong, Tai Chi und Yoga führte wiederum auf Homepages von Instituten und Zentren, die weitere Datenbanken mit Forschungsarbeiten subsumierten. Diese Treffer werden aus Übersichtsgründen in den Tabellen 1.4-5a und 1.4-5b nicht berücksichtigt, werden jedoch in Kap. 1.5 (vgl. Forschungslage für das Kindesalter) aufgeführt, da sie für den Aufbau einer internationalen Datenbank zu körperbasierten Entspannungsmethoden mit dem Fokus ‚Kinder' unentbehrlich sind:

Wissenschaftliche Wirksamkeitsnachweise von Qigong werden primär in Qigong-Instituten und Zentren[22] vorgenommen. Hierzu gehören u.a. ‚The Qigong Institute' in Kalifornien (http://www.qigonginstitute.org/), das die Förderung des wissenschaftlichen Verständnisses von Qigong durch Forschung und Bildung verfolgt. Es liefert in erster Linie Forschungsergebnisse[23] zu Erwachsenen und Senioren mit speziellen Krankheitstypen, eine Forschungsdatenbank[24] und wissenschaftliche Fakten zu Forschern, Qigong-Praktikern und -Lehrern. Ebenfalls noch zu erwähnen ist ‚The Qigong Sensory Training Institute' (QSTI): Das Forschungsinteresse dieses Instituts besteht hauptsächlich darin, spezielle Trainingsformen für autistische Kinder zu entwickeln, durchzuführen und anschließend die Wirkungen empirisch[25] festzuhalten.

Wissenschaftliche Untersuchungen zu den Wirkungsweisen von Tai Chi sind neben dem Ursprungsland China – vorwiegend liegen diese Forschungsarbeiten in der Amtssprache vor – auch in Amerika vorzufinden. Zu den größten amerikanischen Tai Chi-Instituten zählen „Inner Research Institute" in San Francisco (http://www.iritaichi.org/) und ‚Oregon Research Institute'[26] (http://www.ori.org/). Beide stellen der Öffentlichkeit digitale Datenbanken zu Wirksamkeitsnachweisen zur Verfügung. Forschungsschwerpunkte bilden Erwachsene und Senioren; Untersuchungen zum Kindesalter sind hingegen nur randständig. Neben diesen Instituten existieren auch noch verschiedene

---

[22] Zugriff im November 2012 unter http://www.qigonginstitute.org/html/links.php.
[23] Zugriff im November 2012 unter http://www.qigonginstitute.org/html/dissertations.php.
[24] Zugriff im November 2012 unter http://www.qigonginstitute.org/html/database.php.
[25] Zugriff im November 2012 unter http://www.qsti.org/QST_research.html.
[26] Die Forschungsarbeiten sind in der Rubrik „Scientists" (http://www.ori.org/scientists) entsprechend dem Forschungsschwerpunkte des Dozierenden unter „publications" hinterlegt.

Online-Datenbanken[27] oder Zentren wie ‚National Center for Complementary and Alternative Medicine' (NCCAM: http://nccam. nih.gov/health/taichi), bei denen gezielt nach Altersstufen oder Krankheitstypen Forschungsergebnisse abgerufen werden können.

Bei Yoga ist vor allem auf die Homepage der indischen Yoga-Universität[28] ‚Swami Vivekananda Yoga Anusandhana Samsthana' (S-vyasa) zu verweisen. Bei dieser Universität handelt es sich um eine gemeinnützige Institution, die sich mit der erzieherischen, spirituellen, moralischen und kulturellen Weiterentwicklung des Yoga in Indien beschäftigt. Hierbei steht insbesondere die wissenschaftliche Validierung von Kurz- und Langzeit-Yoga-Programmen im Fokus des Forschungsinteresses. Laut Homepage werden die Ergebnisberichte, die im Rahmen von verschiedenen Projekten umgesetzt werden, in 231 Zeitungen publiziert, wozu u.a. auch Medline, Psyc Lit, Psyc INFO aus Tab. 1.4-1 (S. 33) zählen. Eine digitale Bibliothek[29] ermöglicht Interessierten einen umfassenden – chronologisch nach dem Erscheinungsjahr geordnet – empirischen Überblick zu Fachzeitschriftenartikeln[30], die in Form von Abstracts wiederum nach Forschungszweigen differenziert werden, wie z.B. Yoga und Spiritualität (23 Treffer), Yoga und Naturwissenschaft (120 Treffer) oder Yoga und Körperwissenschaft (17 Treffer) sowie Dissertationen[31] zu verschiedenen Altersstufen und Themenschwerpunkten. Neben dieser Yoga-Universität gibt es noch diverse Yoga-Institute in Indien, die sich ebenfalls der wissenschaftlichen Untermauerung des Yoga verschrieben und ihre Ergebnisse veröffentlicht haben; hierzu anzuführen sind u.a. das ‚Kaivalyadhama'[32]- oder ‚Kundalini'[33]-Institut.

Wie eben skizziert, konnten zu den drei Entspannungsmethoden verschiedene Strömungen mit digital hinterlegten Datenbanken aufgedeckt werden. Einblicke in Forschungsdatenbanken bzw. Originalausgaben, die in indischer und chinesischer Amtssprache verfasst worden sind, blieben hingegen verwehrt; hierdurch kann dem Problem einer selektiv-westlichen Sichtung nicht gänzlich entgangen werden.

---

[27] Zugriff im November 2012 unter http://www.chentaiji.com/research/taijireferences.html; http://www.taichi-research.com, http://www.patiencetaichi.com/public/department78.cfm.
[28] Zugriff im November 2012 unter http://svyasa.org/.
[29] Zugriff im November 2012 unter http://www.libraryofyoga.com/.
[30] Zugriff im November 2012 unter http://svyasa.org/research/research-publications/.
[31] Hierbei wird zwischen Master of Science (Anzahl der Arbeiten von 2003-2013: 212 Treffer) und Medical Students (Anzahl der Arbeiten von 2007-2013: 21 Treffer) unterschieden.
[32] Zugriff im November 2012 unter http://kdham.com/research/scientific/.
[33] Zugriff im November 2012 unter http://www.kundaliniresearchinstitute.org/research.htm.

4. Schritt: Qualitative Sichtung der Suchergebnisse im Hinblick auf die Lebensspanne ‚Kindheit'

In einem weiteren qualitativen Schritt werden die Ergebnisse aus den Tab. 1.4-4a und 1.4-4b mit der Schlagwortkategorie ‚Zielgruppe' sowie der Subkategorie ‚Kindheit' und deren jeweiligen Deskriptoren[34] ‚Säugling(e), Baby, Kind, Kleinkind, Kindheit, Kindergarten, frühpädagogische Förderung und Kinderkrippe' untersucht.

Tab. 1.4-5a: Qualitative Ergebnisse zu den westlichen Entspannungsmethoden in Bezug auf die Schlagwortkategorie ‚Form des Beitrags'

Form des Beitrags	AT	Eutonie	PhR	PMR
Fachzeitschrift	24	13	8	21
Diplom-/Magisterarbeit	2	0	0	1
Dissertation	13	0	0	2
Sonstige Qualifikationsarbeit	1	1	2	0
GESAMT	**40**	**14**	**10**	**24**

Tab. 1.4-5b: Qualitative Ergebnisse zu den fernöstlichen Entspannungsmethoden in Bezug auf die Schlagwortkategorie ‚Form des Beitrags'

Form des Beitrags	Massage	Qigong	Tai Chi	Yoga
Fachzeitschrift	62	20	1	41
Diplom-/Magisterarbeit	1	0	0	3
Dissertation	0	2	0	7
Sonstige Qualifikationsarbeit	1	0	0	5
GESAMT	**64**	**22**	**1**	**56**

Die Fokussierung auf die Schlagwortkategorie ‚Kindheit' zielt vor allem darauf ab, aus den Datenbanken wissenschaftliche Quellen für das Kindesalter zu erhalten. Bei der Altersstruktur (vgl. Findeisen, Linke & Pickenhain, 1980) handelt es sich um das Säuglings- und Kleinkindalter sowie frühe Schulkindalter (0-10 Jahre). Diese Altersrange wird vor allem deswegen präferiert, um die

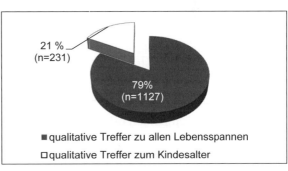

Abb. 1.4-1: Prozentuale Übersicht zu den Treffern Entspannung in allen Lebensspannen im Vergleich zu den Treffern speziell für das Kindesalter

---

[34] Englischsprachige Deskriptoren: preterm(s), infant(s), baby, neonates, kids, children usw.

Anzahl an durchgeführten Studien im Elementar- und Primarstufenbereich miteinander zu vergleichen. Demzufolge werden auch Beiträge hinzugenommen, bei denen die Stichprobe eine Altersspanne z.B. von 9-17 Jahren innehat.

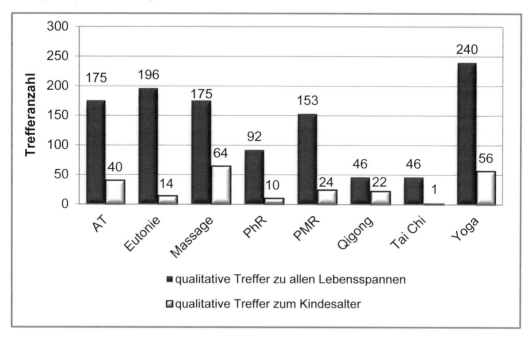

Abb. 1.4-2: Vergleich der qualitativen Entspannungstreffer: alle Lebensspannen vs. Kindesalter

Einen Überblick über die resultierenden Quantitäten differenziert nach Fachzeitschrift, Diplom-/Magisterarbeit, Dissertation und sonstigen Qualifikationsarbeiten bieten Tab. 1.4-5a und 1.4-5b. Die anderen Beitragsformen, wie z.B. Fach- oder Sachbücher, werden in diesen Tabellen nicht mehr aufgenommen; dies ist mit deren ständig ansteigenden Publikationen zu begründen, die aus ökonomischen Gesichtspunkten nicht leistbar ist. Wie anhand beider Tabellen offensichtlich wird, verringert sich im Gegensatz zu den qualitativen Treffern aus den Tab. 1.4-4a und 4b die Trefferanzahl um 79 % (vgl. Abb. 1.4-1). Diese Reduktion war jedoch aufgrund der noch relativ jungen Forschungshistorie im Kindesalter zu erwarten. Immerhin zeigt sich, dass schon eine Datenlage von 231 empirisch orientierten Treffern existiert. Abb. 1.4-2 stellt nochmals die qualitativen Treffer aller Lebensspannen denen im Kindesalter gegenüber.

5. Schritt: Qualitative Sichtung der Ergebnisse bezüglich der empirischen Untersuchungen im Kindesalter

Letztlich werden die Ergebnisse zum Kindesalter aus Abb. 1.4-2 erneut einer qualitativen Sichtung unterzogen, und zwar mit Blick auf die empirischen Forschungsergebnisse. Hierbei wird deutlich (Abb. 1.4-3), dass von den zuvor 206 Treffern zu den Entspannungsmethoden AT, Massage, Phantasiereise, PMR, Qigong und Yoga letztlich noch 127 Treffer, davon 36 nationale und 91 internationale, zu Wirksamkeitsstudien im Kindesalter übrig bleiben.

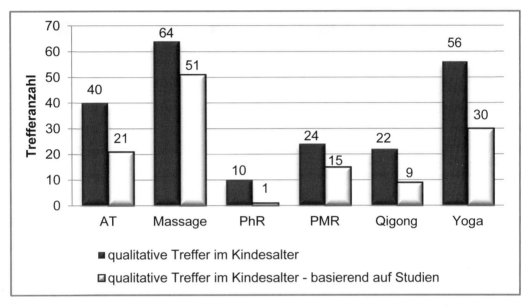

Abb. 1.4-3: Anzahl der gesamten qualitativen Treffer im Kindesalter vs. Treffer im Kindesalter in Bezug auf empirische Studien

Wie ebenfalls aus Abb. 1.4-3 zu entnehmen ist, sind zu den Methoden Eutonie und Tai Chi in dieser Altersstufe keine Wirksamkeitsstudien mit Treatment- und Kontrollgruppen- oder Pre-Post-Design zu verzeichnen. Es wurden zwar nationale und internationale Forschungsarbeiten im Erwachsenenbereich, wie z.B. zur Eutonie (vgl. Dubey, 1987; Gauthier, 2009; Horstmann, 2005; Maeda[35], 2005) oder zu Tai Chi (vgl. z.B. Duckstein, 2010) veröffentlicht; der Nachweis beispielsweise angenommener Wirkungen der Eutonie im Kindesalter beruht jedoch meistens auf Falldokumentationen, die wiederum auf nicht empirisch validierten Beobachtungskriterien basieren. Zudem gründen die Zielsetzungen häufig auf Beobachtungen und Praxiserfahrungen, die Testgütekriterien vernachlässigen und somit einer Augenscheinvalidität unterliegen

---

[35] Zugriff im Mai 2012 unter www.biomedsearch.com/sci/Eutonia-life-quality-in-patients/0009310276.html.

(vgl. z.B. Biermann, 1996; Bobinger, 1998; Klose, 2007; Windels, 1984). Bei Tai Chi liegen zwar für das Erwachsenen- und Seniorenalter empirische Forschungsarbeiten vor (vgl. hierzu im Detail z.B. Moegling, 2006, 2009); kindgerechte Tai Chi-Programme in Form von Fach- und Sachbüchern finden auf dem ‚Entspannungsmarkt' hingegen bislang nur wenig Berücksichtigung (vgl. hierzu Reik, 2007; Sauer, 2004).

Um nähere Einblicke in die Forschungsdaten der einzelnen Methoden, die für das Kindesalter geeignet sind, zu erhalten, werden diese im folgenden Abschnitt nach bestimmten Kriterien dargestellt.

1.5 Forschungslage zu Entspannungsmethoden im Kindesalter

In diesem Abschnitt werden die nationalen und internationalen Treffer zu AT, Massage, Phantasiereise, PMR, Qigong und Yoga (vgl. Abb. 1.4-3) aufgearbeitet. Obwohl derzeit für Eutonie noch keine empirisch gesicherte Forschungslage im Kindesalter nachzuweisen ist – jedoch vielfältige Programme für Kinder (z.B. Anders, 1985; Biermann, 1996; Bobinger, 1998; Klose, 2007; Windels, 1984) im Gegensatz zu Tai Chi vorliegen –, wird sie mit den nachstehenden Entspannungsmethoden, die Wirksamkeitsstudien vorweisen können, vorgestellt.

Bei jeder Methode wird zunächst auf (1) den geschichtlichen Hintergrund eingegangen, dann der (2) Fokus auf das Säuglings- und Kleinkindalter sowie frühe Schulkindalter gelegt und schließlich der (3) empirische Forschungsstand aufgezeigt.

Autogenes Training

Geschichtlicher Hintergrund

Das Autogene Training (AT) wurde von Schultz (1884-1970) im Rahmen seiner Hypnoseforschung entwickelt und zählt im deutschsprachigen Raum zu den Entspannungsverfahren, die die größte Akzeptanz und Verbreitung gefunden haben (vgl. Schultz, 1932/2003). Begrifflich setzt sich das AT aus den Silben „auto" (selbsttätig) und „gen" (erzeugen, hervorbringen) zusammen und lässt sich als ein im „Selbst" entstehendes und den gesamten Organismus einbeziehendes Beeinflussungstraining übersetzen (vgl. Brenner, 2004).

Innerhalb der psychotherapeutischen Verfahren ist das AT in den Bereich der entspannenden Ganzkörpertherapie einzuordnen, weil die Ausgangslage zunächst auf einer muskulären Ruhetönung beruht, letztlich jedoch die geistige, gefühlsmäßige sowie körperliche Ebene beeinflusst (vgl. ebd., 2004). Nach Schultz (1932/2003) gründet das Verfahren auf dem Prinzip der Selbstsuggestion bzw. Selbsthypnose, mit der Intention, über bestimmte physiologisch-rationale Übungen eine konzentrative Selbstentspannung und organismische Gesamtumschaltung hervorzurufen. Darunter ist der willentliche Wechsel vom ergotropen Wachzustand in einen der Erholung dienenden trophotropen Zustand zu verstehen. Zu Trainingsbeginn wird die *Entspannung* zunächst durch einen Therapeuten oder Tonträger von außen induziert. Dabei bleibt die praktizierende Person stets in bewusstem Kontakt mit ihrer Umwelt und reguliert den autogenen Zustand vollkommen selbstbestimmt (vgl. Krampen, 2012). Angestrebtes Ziel ist jedoch, die Entspannung von innen heraus ohne äußeres Zutun und Unterstützung zu bewirken.

Das AT unterteilt sich in ein Unter- und Oberstufentraining, das jeweils durch eine Rückholung beendet wird. Die Unterstufe, die sechs standardisierte Übungen (Schwere-, Wärme-, Herz-, Atem-, Sonnengeflechts- und Stirnkühlungsübung) beinhaltet, beabsichtigt, über die Konzentration auf bestimmte sprachliche Formeln, wie z.B. „Der rechte Arm ist (ganz) schwer!" (Schwereübung), Veränderungen von Körperfunktionen und -empfindungen zu generieren (Schultz, 1932/2003).

Die Anwendung der Oberstufen-Übungen erfordert eine sichere Beherrschung der Unterstufen-Übungen. Während die Übungen der Unterstufe vor allem der *Entspannung* dienen, werden in der Oberstufe im hypnoiden Zustand meditative Vorstellungsübungen, wie beispielsweise die Visualisierung von Farberlebnissen bzw. konkreten und abstrakten Objekten, eingesetzt, um Selbsterkenntnis und Charakterbildung zu schulen (vgl. ebd., 1932/2003).

Lebensspanne ‚Kinder'

Trotz des originären Einsatzes im klinischen Kontext bei Erwachsenen führte Oles (1956) in den 50er Jahren eine der ersten wissenschaftlichen Studien zum AT für Kinder (ab neun Jahren) mit dem Ergebnis durch, dass auch Kinder in der Lage sind, von der Wirksamkeit des AT zu profitieren. Begründet wurde dies mit der besseren Verarbeitung bildhafter Vorstellungen. Dessen ungeachtet verbreitete sich nach Friedrich und Friebel, Erkert und Friedrich (1998) sowie Winkler (1998, S. 90) das AT für Kinder nur ansatzweise – wahrscheinlich der Tatsache festgeschriebener Meinungen in den Lehrbüchern dieser Zeit geschuldet. Zu Beginn der 90er Jahre entstand eine sukzessiv zunehmende Veröffentlichungsflut. Diese resultierte aufgrund der pädagogischen Weiterentwicklung des AT in Form einer kindgemäßen Vermittlung in den 60er bis 80er Jahren.

Diese Konzeptionen betreffend ist zu erwähnen, dass zwischen einer Gesamtvermittlung, die sich an dem klassischen Verfahren von Schultz orientiert, und einer Teilvermittlung, die vornehmlich von pädagogischen Lehrkräften realisiert wird und sich hauptsächlich auf Schwere- und Wärmeübungen fokussiert, zu unterscheiden ist. In diesem Zusammenhang postulieren verschiedene Autoren (vgl. Eberlein, 1985; Eberlein, 1991; Müller, 1984), dass Phantasiegeschichten oder Randaktivitäten wie Malen oder kleine Spiele zwar geeignete kindgerechte Methoden zur Hinführung seien, jedoch klar von der Form des klassischen AT zu trennen sind (vgl. Friedrich & Friebel, 1999).

Hinsichtlich der Implementierung lässt sich das AT nach Hochmuth (1992, S. 27) generell in allen Altersstufen anwenden, bei denen bewusstes Lernen erwartet werden kann. Die Ergebnisse bereits vorhandener Forschungsberichte und Veröffentlichungen sind bezüglich des Alters jedoch sehr heterogen: Habersetzer und Schuth (1976), Langenkamp, Steinacker und Kröner (1981), Obermann (2003), Polender (1982b) sowie Riebe (1988) begründen ihre Fokussierung auf ältere Kinder zwischen acht und fünfzehn Jahren damit, dass erst in diesem Alter die kognitive Fähigkeit zur richtigen Umsetzung der Übungen vollständig entwickelt ist und eine entsprechende Konzentrationsfähigkeit vorausgesetzt werden kann. Laut Polender (1982a) und Eberlein (1991) ist schon ab dem Alter von vier Jahren eine Realisierung möglich, weil Kinder aufgrund ihrer Unvoreingenommenheit in der Lage sind, über entsprechende Imaginationen Körperempfindungen in Form von Schwere oder Wärme zu provozieren.

Forschungsstand im Kindesalter

In Bezug auf Wirksamkeitsstudien verfügt das AT über einen Forschungsstand von 21 Treffern, davon sind 19 national und zwei international. Die meisten Autoren bzw. Forschungsgruppen verwenden komplexe Untersuchungsdesigns und Themen wie Konzentrationsstörungen (Krampen, 2008; Kröner & Langenbruch, 1982), atopisches Ekzem (Strehlow, 1995), Diabetes (Göhr, 1994), Verhaltensstörungen (Lischke-Naumann et al., 1981), Asthma bronchiale (Gröller, 1991), geistige Behinderungen (Polender, 1982a), Schmerzzustände (Labbe, 1995; Riebe, 1988), Stottern bei Kindern (Schenk, 1984) oder Neurotizismus (Kröner & Langenbruch, 1982; Kröner & Steinacker, 1980; Langenkamp et al., 1981). Andere Studien untersuchten eine Implementierung des AT in der Unterstufe in verschiedenen Settings (Eberlein, 1991; Habersetzer & Schuth, 1976; Kruse, 1978; Oles, 1956; Polender, 1982b; Sühling, 2004) oder bei Eltern-Kind-Gruppen (Hochmuth, 1992).

Im Folgenden wird auf die nationale Arbeit von Polender (1982b) näher eingegangen, weil einzig diese die Wirksamkeit im Elementarbereich erforschte.

Polender (1982b): „Eine Modifikation des Autogenen Trainings für Kleinkinder"

Polenders Studie bestand aus den zwei standardisierten aus der Unterstufe stammenden Schwere- und Wärmeübungen, die in Märchen mit Tierfiguren eingebettet sind. Durch diese Konzeption sollten die Kinder zur emotional-identifikatorischen Nachahmung motiviert werden und spielerisch einen Zugang zur Entspannung erfahren. Einen Einsatz des AT in der Altersstufe 5-6 Jahre begründete sie damit, dass Kinder erst ab dem 5. Lebensjahr über die Fähigkeit verfügen, Wortinstruktionen kognitiv verarbeiten und externe Reize ausschalten zu können. Schließlich wurde eine willkürliche Aufmerksamkeit seitens der Kinder auf die Wortinstruktionen intendiert; auf die „Innensprache" der Kinder wurde dabei nicht zurückgegriffen (ebd., 1982b, S. 16). Anhand erster Beobachtungsergebnisse konnte belegt werden, dass ein modifiziertes AT in Märchenform zu authentischen Entspannungsprozessen in Form der Armhebeprobe und von entspannten Körperhaltungen, z.B. waren die Beine während der AT-Übungen nach außen gedreht, führte.

Die Ergebnisse des Forschungsberichts lassen zwar treatmentkonforme Wirkungen vermuten; sie sind jedoch aufgrund des fehlenden Untersuchungsdesigns und Zeitrahmens – damit liegt auch keine Stichprobenanzahl vor – sowie der nicht ersichtlichen Beobachtungskriterien als nicht aussagekräftig anzusehen. Aufgrund dieser Datenlage ist festzuhalten, dass repräsentative Wirksamkeitsstudien mit Pre-Post- oder Treatment-Kontrollgruppen-Design im Elementarbereich zum AT noch ausstehen.

Eutonie

Geschichtlicher Hintergrund

Eutonie setzt sich aus den griechischen Wörtern *eu* (harmonisch, wohl) und *tonus* (Spannung) zusammen und kann mit *Wohlspannung* übersetzt werden. Sie ist den westlichen, körperbasierten, ganzheitlich-pädagogischen Methoden zuzuordnen und zielt auf die Gestaltung somatopsychischer Lernprozesse ab. Genau betrachtet stellt Eutonie keine reine Entspannungsmethode dar – *Entspannung* ist vielmehr ein Teilaspekt dieser Methode in Form der Tonusregulierung, die durch die achtsame Wahrnehmung der Körperstrukturen und Anwendung der eutonischen Prinzipien hervorgeht (vgl. Gerhardt & Müller, 2013, S. 117f.). Je nach Autor gibt es Unterschiede in deren Anzahl und Bezeichnung (vgl. Alexander, 2012, S. 149; Schaefer, 2005, S. 612ff.; Windels, 1984, S. 27ff.).

Zu den eutonischen Hauptprinzipien, die anhand eines explorativen Systematisierungsmodells (vgl. Abb. 1.5-1; in Anlehnung an Gerhardt, 2010) dargestellt werden, zählen – ausgehend von einer achtsamen bzw. präsenten Wahrnehmung der Körperstrukturen – vor allem ‚Berührung' und ‚Kontakt', da jeder Mensch von der Geburt an ‚Berührung' und ‚Kontakt' zum Existieren in der Umwelt benötigt. ‚Berührung' ist gegenüber dem ‚Kontakt' noch grundlegender, da der Mensch über seine Haut als lebendige Hülle die Barriere zwischen Innen- und Außenwelt erfährt. Dement-

Abb. 1.5-1: Systematischer Aufbau der Eutonie-Prinzipien (in Anlehnung an Gerhardt, 2010)

sprechend gehört es zu den ersten Aufgabenstellungen der Eutonie, eine über die ganze Hautoberfläche erstreckende Sensibilität zu generieren, um das Körperbild zu entdecken und zu überprüfen. ‚Kontakt' ist eine Erweiterung des Prinzips der ‚Berührung'. Hierbei wird bewusst ein Kontakt zwischen dem Subjekt und der Umwelt hergestellt (vgl. Schaefer, 2010). Angestrebt wird eine Aufmerksamkeit über die Körpergrenze hinaus, wie z.B. zum Boden oder zu anderen Personen; hierbei werden Körpererfahrungen und Entspannungszustände jedoch nicht kontemplativ, sondern aktiv durch eine Erweiterung des Bewusstseins in ‚Präsenz' erfahren. Dabei umgreift der ‚haptische Sinn' das Objekt und begreift etwas von seiner Beschaffenheit sowie Qualität (vgl. Steinmüller, Schaefer & Furtwängler, 2009). Diese Voraussetzungen befähigen schließlich, die weiteren Eutonie-Prinzipien zu erlernen:

Transport: Beim Transport folgt das Körpergewicht der Schwerkraft und übt dementsprechend Druck gegen den Boden aus. Der Boden gibt Widerstand und wirkt entsprechend dem Gesetz der Kraftübertragung auf den Körper zurück. Diese Kraft transportiert sich gemäß dem mechanischen Gesetz durch die statische Struktur der Knochen und Gelenke. Sie erzeugt wiederum Druck auf die Mechanorezeptoren, und diese innervieren die Anteile der reflektorischen Muskulatur, die an der Aufrichtung beteiligt sind. Die tragende Kraft des Bodens erlaubt ihrerseits eine ökonomische Aufrichtung und freie Bewegung (vgl. Schaefer, 2005).

Innenraum: Durch das Prinzip des Innenraums soll die leibliche Dreidimensionalität bewusst gemacht werden; Skeletterfahrungen und Propriozeptoren spielen dabei eine wichtige Rolle, um den inneren Raum einzunehmen bzw. die innere Weite und Enge zu erleben (vgl. Kjellrup, 2006, S. 21).

Zeichnen: Beim Zeichnen gehen bewusst die Bewegungen von einem fokussierten Körperteil aus. Dadurch sollen Fixierungen gelöst und Beweglichkeit entwickelt werden (vgl. ebd., 2006, S. 78f.).

Verlängerung: Bei der Verlängerung wird der Körper über die Körpergrenze hinaus erspürt, z.B. wird der Oberschenkel über das Knie und einen Stab in den Raum verlängert. Hierbei gilt es, den Bezug zum eigenen Körper nicht zu verlieren (vgl. ebd., 2006, S. 37f.).

Durch Eutonie soll das Individuum in die Lage versetzt werden, Spannung auf- und abzubauen sowie innerhalb des Organismus umzuverteilen. Auftretende Störungen des Tonus werden als Hyper- oder Hypotonus bezeichnet, also ein Zuviel oder Zuwenig an Spannung. Tonusfixierung bzw. extreme Tonusschwankungen wirken sich ebenfalls ungünstig auf den Organismus aus, indem sie u.a. die Beweglichkeit beeinträchtigen sowie den Aktionsspielraum und die Erlebnisfähigkeit des Menschen einschränken. Die Adaptionsfähigkeit des Spannungszustandes an eine Situation verdeutlicht, wie flexibel der Psycho- wie auch der Muskeltonus eines Menschen ist. Demzufolge wird ein Tonus anvisiert, der sich an die situativen Kontextbedingungen anpasst. Folglich existiert *der* gute Tonus nicht, stattdessen steht er immer in Bezug zur aktuellen Situation und im Dialog zwischen Mensch und Umwelt. Der tonusregulierende Effekt stellt sich dabei über eine konzentrative Aufmerksamkeit auf den Körper ein (vgl. Gerhardt & Müller, 2013, S. 117; Schaefer, 2009, S. 59; Schaefer, 2010, S. 100; Winkler, 1998, S. 74f.).

Eutonie wurde von Gerda Alexander aus ihrer gegen Mitte des 20. Jahrhunderts betriebenen Entspannungspädagogik sukzessiv weiterentwickelt. Die Methode beruht auf der Wahrnehmung sensomotorischer und kinästhetischer Reize in Ruhe und Bewegung sowie deren Auswirkungen auf Körper und Wohlbefinden. Hierbei wird der Körper ganzheitlich über das bewusste, qualitative Erleben in Achtsamkeit erfahren und entdeckt (vgl. Gerhardt & Müller, 2013, S. 117). Nach Schaefers Auffassung ist sie eine fokussierte Form der Körperwahrnehmungsschulung, bei der „der Übungsweg [...] die sinnlich erfahrbare Realität des Körpers mit seinen Strukturen, Funktionen und Gesetzen [vermittelt]" (Schaefer, 2010, S. 92).

Die Methode steht heute in engem Bezug zu Feldenkrais und zur F. M. Alexander-Technik, wobei sich die beiden letzteren bei der Umsetzung eher auf das Erwachsenenalter fokussieren und daher nicht näher erläutert werden. Die Gemeinsamkeiten der drei Methoden zeigen sich darin, dass alle drei den somatopsychischen Lernmethoden zugeordnet werden und sich aus ähnlichen Wurzeln entwickelten, wie z.B. Atem- und Leibpädagogik, Reformpädagogik, Leibeserziehung, Gymnastikbewegung und Rhythmikerziehung. Ebenso verfolgen sie nach Steinmüller, Schaefer und Fortwängler (2009) gemeinsam das Ziel, das menschliche Potenzial zu fördern, individuelle Lernprozesse zu initiieren, die Gesundheit im Sinne der Prävention zu erhalten sowie zur persönlichen, kreativen Entwicklung beizutragen. Sie verknüpfen sensomotorische Prozesse mit der Entwicklung des Körperbildes und der Persönlichkeit des Menschen in Bezug zu seiner sozialen Umwelt. In der Praxis werden diese Zielsetzungen über die „objektive Selbst-Beobachtung" und „subjektive Selbst-Wahrnehmung" in Bewegung realisiert. Unterschiede werden jedoch bei den fachlichen Termini sichtbar. Während bei Feldenkrais „awareness" mit Bewusstheit übersetzt wird, spricht Gerda Alexander von „Präsenz" und F. M. Alexander von „bewusster Steuerung".

Trotz der unterschiedlichen Bezeichnungen beabsichtigen alle Verfahren eine gleichzeitige konzentrative Aufmerksamkeit auf den Körper und die Umwelt. Während Feldenkrais und F. M. Alexander sich vor allem den funktionellen Zusammenhängen von Bewegung widmen, steht bei der Eutonie die Körperwahrnehmung auf Grundlage der Prinzipien im Vordergrund. Neben den eben erwähnten Methoden lanciert auch die Psychomotorik die drei Lernbereiche Wahrnehmung, Bewegung und emotionalsoziale Entwicklung (vgl. Fischer, 2009, S. 57ff.; Zimmer, 2010, S. 39). Während bei Eutonie der Schwerpunkt auf der sensomotorischen Wahrnehmung in Ruhe und Bewegung liegt, beschäftigt sich die Psychomotorik besonders mit der Erfahrung vielfältiger Bewegungsmöglichkeiten auf der Grundlage verschiedener handlungsanleitender Konzepte (vgl. Zimmer, 2010, S. 40ff.). Verknüpfungspunkte zwischen Eutonie und Psychomotorik werden bei der didaktisch-methodischen Vorgehensweise deutlich, bei der die Selbsttätigkeit, Kreativität und Selbststeuerung grundlegend sind. Darüber hinaus hat sich die Psychomotorik in verschiedenen europäischen Ländern mit unterschiedlichen Schwerpunkten generiert. Hierbei ist erwähnenswert, dass in Dänemark und Frankreich verschiedene Entspannungsmethoden systematisch in die Anwendungsfelder der Psychomotorik implementiert wurden, wozu u.a. auch die von Gerda Alexander entwickelte Eutonie zählt. Im Gegensatz dazu werden Entspannungsmethoden in der psychomotorischen Praxis in Deutschland nur marginal eingesetzt (vgl. Camus, 1983, S. 1; Fischer, 2009, S. 39).

Lebensspanne ‚Kinder'

Eutonie im Kindesalter ist noch den relativ jungen und unbekannten Körperverfahren zuzuordnen. Erste Programme für Kinder in der Grundschule und Förderschule, vor allem bei Kindern mit körperlichen oder geistigen Einschränkungen, wurden in den

1970er und 80er Jahren von Windels (1984) konzipiert und deren Wirksamkeit in Form von Falldokumentationen analysiert.

Grundsätzlich gibt es für den Einsatz der Eutonie keine Altersbeschränkungen, wodurch auch schon Kurse für Babys mit dem Ziel der Bewegungsförderung im Sinne eines ganzheitlichen Leib-Verständnisses angeboten werden (vgl. Bobinger, 1998; Joraschky, Loew & Röhricht, 2009). Die Durchführung eutonischer Übungen mit Kindern, bei denen es nach Bobinger (1998, S. 10) hauptsächlich vier Kernbereiche – (1) Körperübungen in Ruhe und Bewegung, (2) Begegnung mit Boden und dessen Tragkraft, (3) Einbeziehen von Materialien und (4) Wahrnehmung des umgebenden Raums – zu unterscheiden gibt, intendiert neben der Initiierung von Wahrnehmungs- und Bewusstseinsprozessen auch die Kreativitätsförderung. Außerdem sollen die Kinder vielfältige Einflussfaktoren wie Umweltbedingungen, eigene Körperreize sowie emotionale Aspekte zunächst aufnehmen, um diese in einem nächsten Schritt zu filtern und letztlich angemessen auf diese zu reagieren. Des Weiteren sollen sich Praxiseinheiten in ihrem didaktisch-methodischen Aufbau nach den entwicklungsspezifischen Voraussetzungen und Bedürfnissen der Adressatengruppe, den örtlichen Gegebenheiten sowie auch nach den zur Verfügung stehenden Materialien richten.

Forschungsstand im Kindesalter

Die Datenlage bei der Entspannungsmethode Eutonie umfasst hauptsächlich Fachzeitschriftenartikel (z.B. Anders, 1985; Biermann, 1996) sowie Sach- und Fachbücher (z.B. Bläsius, 2009; Bobinger, 1998; Maschwitz, 2001; Windels, 1984). Zu den Zielsetzungen bereits vorliegender Eutonie-Programme im Kindesalter zählen u.a.: Sensibilisierung der Sinne (vgl. Alexander, 2012; Bobinger, 1998; Schaefer, 2005), Aufbau des Körperschemas[36] und -bildes (vgl. Alexander, 1992; Windels, 1984), Regulation des Muskel- und Psychotonus (vgl. Alexander, 2012; Schaefer, 2005), Regulierung von Haltung und Atmung (vgl. Alexander, 1992; Kjellrup & Koenen, 1995), positive Auswirkungen auf das vegetative Nervensystem, wie z.B. Stressregulation, Verminderung von Schlafproblemen (vgl. Kiphard, 1989; Kjellrup, 2000) sowie Erhöhung der Konzentrationsfähigkeit (vgl. Bobinger, 1998; Schaefer, 2005). In Bezug auf die empirische Forschungslage wird deutlich, dass Eutonie im Kindesalter ein bislang noch wenig wissenschaftlich erforschtes Gebiet darstellt. Ihre theoretische Fundierung erhält sie ähnlich wie die Psychomotorik und andere praxeologisch entstandene Methoden aus allgemeinen Theorien der Neurowissenschaften und Motorikforschung, aus bewegungserzieherischen und -pädagogischen Modellen sowie aus systemischen Konzepten des Lernens (vgl. z.B. Fischer, 2009, S. 13ff.; Joraschky, Loew & Röhricht,

---

[36] Körperschema wird hier im Sinne der „Wahrnehmung von Gestalt und Raum, Ausdehnung und Orientierung am eigenen Körper" verstanden (Joraschky et al., 2009, S. 34).

2009, S. 1ff.; Klose, 2007, S. 10ff.; Schaefer, 2005, S. 609). Treatmentkonforme Wirkungen eutonischer Übungen im Kindesalter beruhen vor allem auf Falldokumentationen, die an Regel- und Förderschulen geleistet wurden, jedoch komplexe Untersuchungsdesigns vermissen lassen (vgl. z.B. Klose, 2007; Windels, 1984). Aufgrund dieses defizitären Forschungshintergrunds möchte die vorliegende Arbeit anhand eines im *ket*-Team entwickelten Eutonie-Programms (vgl. Kap. 3.3) erste Wirksamkeitsnachweise (vgl. Kap. 5) liefern.

Massage

Geschichtlicher Hintergrund

Massage stellt wohl die älteste aller Heilkünste dar. Fachwissenschaftlich herrscht allerdings wenig Klarheit über die sprachliche Herkunft des Begriffs und seine Definition. Aus etymologischer Sicht verorten namhafte Experten (vgl. Kolster, 2003; Muschinsky, 1992; Sachse, 1987) den Ursprung des Wortes Massage (massain, massein oder massev = kneten, reiben, betasten) im Griechischen; weitere Ursprünge sind im Hebräischen, Arabischen sowie im Sanskrit zu finden. Hinsichtlich der Definition ist festzuhalten, dass eine universell anerkannte Definition zur Massage nicht existiert. Allerdings kann vom semantischen Standpunkt aus eine Übereinkunft konstatiert werden, die in folgender Begriffserklärung mündet: Massage zählt zu den manuellen Reiztherapien und repräsentiert eine einfache sowie wirksame mechanische Methode zur körperlichen und seelischen Entspannung. Dabei nehmen die Hände als heilsame Werkzeuge eine entscheidende Rolle ein. Mittels verschiedener Handgriffe werden Organismus und Psyche energetisiert sowie gesundheitserhaltende Kräfte bzw. Selbstheilungskräfte gestärkt. Neben den psychophysiologischen Wirkungen erfüllt die Massage einerseits durch die Körperkommunikation einen sozialen Aspekt bzw. interpersonalen Kontakt; andererseits ermöglicht sie durch die Selbstmassage einen intrapersonalen Kontakt – damit wird sie zur Kunst der Berührung (vgl. u. a. Hüter-Becker & Dölken, 2007; Kolster, 2003; Muschinsky, 1992; van der Berg, 2007).

Im Vergleich zu anderen Entspannungsmethoden sind bei der Massage zwei Ursprungstheorien anzuführen: Einige Autoren (vgl. u.a. Saile, 1968; Maxwell-Hudson, 2007) gehen davon aus, dass sich Massage aus dem Urinstinkt aller Lebewesen ableiten lässt. Diese Annahme wird mit dem Verhalten der Affen untermauert, die sich bei der Fellpflege oder beim Lecken und Streicheln ihrer Wunden massageähnlicher Griffe bedienen. Andere Autoren (vgl. z.B. Kirchberg, 1926; Kolster, 2003) sprechen demgegenüber von einem Massagereflex beim Menschen, indem sie feststellen, dass jeder Mensch instinktiv eine schmerzende Stelle seines Körpers reibt oder drückt und somit versucht, den Schmerz zu lindern.

Lebensspanne ‚Kinder'

Massage ist zu den Entspannungsmethoden einzugruppieren, die selbst- (Selbstmassage) und fremdinstruktiv (Partnermassage) ausgeführt werden kann und somit in jedem Alter umzusetzen ist, d.h. sie reicht beispielsweise von der fremdinstruktiv durchgeführten Babymassage mittels eines Elternteils oder Therapeuten bis hin zur selbstinstruktiv verlaufenden Massage, die bereits im Elementarbereich spielerisch realisiert werden kann.

Der Ursprung der Babymassage liegt vor allem in Indien. Sie wird dort mit dem Namen ‚Kumara Abhyanga' bezeichnet und beruht auf einer langen Tradition (vgl. Walker, 1989, S. 32). Aber auch in Russland, Afrika und Asien ist die Babymassage als Kulturgut vorzufinden. In den 70er Jahren wurde sie vom französischen Arzt Leboyer, der sie als „Nahrung für die Säuglinge" (Kavanagh, 2006, S. 6) betitelte, aufgrund ihrer positiven Wirkung in Europa weiterverbreitet. Die Babymassage stellt keine direkte medizinische Massagetherapie dar, weil alle Bewegungsausführungen sanft erfolgen. Ihre Grundtechniken entsprechen der Klassischen Massage[37] und finden immer fließend sowie rhythmisch statt. Velten und Walter (2007, S. 37f.) unterscheiden bei der Ausführung dieser Griffe zwischen ‚häufig' ausgeführten Massagegriffen (30-40-malige Durchführung) und „Specials" (3-4-malige Durchführung). Die Babymassage verläuft in mehreren Schritten: Zunächst müssen die Hände des Masseurs als Handwerkszeug sehr warm sein und anschließend eingeölt werden. Danach werden Arme und Hände, dann Beine und Füße des Babys sanft im Uhrzeigersinn massiert. Im Anschluss folgen Brust und Bauch. Zum Schluss wird der Rücken behandelt, indem sanft vom Nacken bis hin zum Po über den Rücken gestreichelt wird. Diese Handgriffe führen zu einem Eltern-Kind-Wechselspiel von Geben und Nehmen, das in einer Interaktion mündet und die Eltern-Kind-Bindung unterstützt. Auch ermöglicht sie dem Kind, Sinneserfahrungen zu sammeln, um damit das seelische und körperliche Wohlbefinden zu fördern. Die Babymassage erzielt neben den psychophysiologischen Wirkungen auf den Körper des Kindes auch die Funktion der wichtigen Mutter-Kind-Bindung; denn durch diese regelmäßige liebevolle Zuwendung, den Haut- und Blickkontakt, wird die Bindung gestärkt. Zahlreiche Studien (vgl. Forschungsstand zur Massage in diesem Abschnitt) belegen, dass das regelmäßige Massieren von Babys einen positiven Einfluss auf deren neurologische und physiologische Entwicklung hat. Überdies zeigt

---

[37] Die Klassische Massage, früher auch als Schwedische Massage bezeichnet, ist wissenschaftlich und medizinisch anerkannt. Sie stellt *„eine mit der Hand ausgeführte lokale, mechanische, adäquat dosierte Therapie der Muskulatur und Körperdecke"* (Sachse, 1987, S. 34) dar. Zu ihren applizierten Grundtechniken gehören z.B. Effleurage, Petrissage, Tapotement, Friktion und Vibration; diese sind in einer festgelegten Schrittfolge durchzuführen (vgl. Muschinksy, 1992, S. 5). Zu den empirischen Nachweisen zählen u.a. lokale Steigerung der Durchblutung, Senkung des Blutdrucks und der Pulsfrequenz, Schmerzlinderung (Maxwell-Hudson, 2007, S. 19).

sich auch, dass wenn die Babys die Massage jeden Tag zur etwa gleichen Zeit als festes Ritual in ihrem Tagesablauf verinnerlicht haben, ihnen ein Zurechtfinden im Tag-Nacht-Rhythmus leichter fällt. Zu den Auswirkungen der Massage auf den kindlichen Organismus sind nach Burchardt (1997, S. 6) u.a. Stimulierung der Herz- Kreislauf-Funktion, Animierung des Verdauungstraktes, Unterstützung der Atmung, lokale Steigerung der Durchblutung, Lockerung von verspannter Muskulatur und Aktivierung der Sinneswahrnehmung der Haut zu nennen.

Erste selbst- und fremdinstruktiv ausgerichtete Massageformen finden oft im Elementar- und Grundschulbereich ihre Umsetzung, und zwar in Form von Selbst-, Partner- oder Kleingruppenmassagen. Während Partner- und Kleingruppenmassagen ein sorgsames Miteinander-Umgehen und die Schulung des interpersonalen Kontakts anvisieren, intendieren Selbstmassagen, den eigenen Körper über Betasten kennenzulernen. Meist werden einfach auszuführende Handgriffe aus der Klassischen Massage sowie aus den Klopfmassage- oder Akupressurtechniken verwendet.

Forschungsstand im Kindesalter

Wie die Recherchen offen gelegt haben, liegen bei der Massage insgesamt 51 Treffer im Kindesalter vor, wobei alle auf internationalen Studien beruhen. Die Anhäufung an Quellen geht vor allem auf die Studien des ‚Touch Research Institute' von Miami[38] zurück. Field, Gründerin und Leiterin des Instituts, stellte Ende des 20. Jahrhunderts eine Forschungsgruppe zusammen, die ihren Schwerpunkt auf Frühgeborene bzw. Neugeborene, aber auch Kinder und Jugendliche legte. Diese Datenlage basiert jedoch ausschließlich auf therapeutischen Massagen, die eine mehrjährige Ausbildung voraussetzen.

Nachstehend werden die Wirksamkeitsstudien entsprechend ihres Stichprobenalters im Elementarbereich von 0-3 und 3-6 Jahren skizzierend dargestellt (vgl. Tab. 1.5-1, S. 77). Zu den auserwählten Studien zählen – in diesem besonderen Falle der Massage – auch diejenigen, bei denen es sich um die Altersstufe 0-3 und damit um die allgemeine Gesundheitsförderung sowie Gesunderhaltung (vgl. Kap. 1.1) im frühen Kindesalter handelt; begründbar ist diese Vorgehensweise mit den Studiennachweisen von Hollmann (2004) aus Kap. 1.2, der postuliert, dass im frühen Kindesalter erlebte Traumata respektive Krankheitsverläufe sich in den neuronalen Vernetzungen der Kinder manifestieren können, die zu einer Beeinflussung im Erwachsenenalter führen können.

---

[38] Quelle: Zugriff im Februar 2011 unter http://www6.miami.edu/touch-research/; http://www6.miami.edu/touch-research/Research.html.

Kindesalter: 0-3 Jahre

Mittels randomisierter und kontrollierter Studien mit Treatment-Kontrollgruppen-Designs konnte bei Frühgeborenen nachgewiesen werden, dass durch eine therapeutisch durchgeführte, moderate Druck-Massagetherapie[39], bestehend aus taktiler und kinästhetischer Stimulation (Beugungen und Streckungen) der oberen und unteren Extremitäten, eine signifikante Gewichtszunahme[40] mit bis zu 21-28 %, eine erhöhte psychophysiologische Aktivität sowie ein 3-6 Tage kürzerer Krankenhausaufenthalt abzuleiten war (vgl. u.a. Diego et al., 2005; Dieter et al., 2003; Field et al., 1986; Scafidi et al., 1986, 1990; Wheeden et al., 1993). Diego et al. (2005) diagnostizierten neben der Gewichtszunahme zusätzlich noch eine erhöhte vagale Aktivität über die Herzratenvariabilität und eine Stimulation der Magenmotilität. Die vagale Aktivität verhielt sich während der Massagetherapie signifikant zur Gewichtszunahme ($r=0.66$; $p<.01$) und Magenmotilität ($r=0.55$; $p<.01$).

Diese Ergebnisse zu den Frühgeborenen wurden von verschiedenen unabhängigen Forschergruppen in Replikationsstudien bestätigt (vgl. z.B. De-Roiste et al., 1996; Goldstein-Ferber et al., 2002). Eine aus Indien stammende Gruppe wies zum Beispiel eine Gewichtszunahme von 4.24 Gramm pro Tag sowie höhere Werte beim Brazelton-Test bzw. bei der NBAS-Scale[41] nach (vgl. Mathai et al., 2001).

Neben der moderaten Druck-Massagetherapie konnten andere Forschungsteams, wie etwa Moyer-Mileur et al. (2000) oder Nemet et al. (2002), ebenso eine Gewichtszunahme bei Frühgeborenen durch eine spezifische Bewegungstherapie (passive limb movements) belegen, bei der einzelne Körperglieder gedehnt und gestreckt wurden. Diese Massageform ähnelt der kinästhetischen Stimulation der Druck-Massagetherapie, dauert kürzer als fünfzehn Minuten und wird nur einmal täglich durchgeführt. Anhand der Forschungsergebnisse ist ersichtlich, dass diese Vorgehensweise sogar zu einer Gewichtszunahme von bis zu 38 % führte. Zudem förderten die passiven Bewegungen noch das Knochenwachstum, das über die erhöhten Werte der alkalischen Phosphate nachzuweisen war (vgl. Nemet et al., 2002). Moyer-Mileur et al. (2000) dokumentierten darüber hinaus noch einen vergrößerten Knochen- und Körperumfang anhand der DXA[42]-Knochendichtemessungen.

---

[39] Interventionszeitraum: 5-10 Tage, 2-3-mal täglich, Dauer: 10-15 min; Kontrollgruppen erhielten nur eine ‚standard care' (vgl. Field, 2010).
[40] Die Treatmentgruppe konsumierte nicht mehr Kalorien als die Kontrollgruppe.
[41] Die Neonatal Behavioral Assessment Scale wurde von Brazelton und seinem Team entwickelt, um individuelle Unterschiede beim Verhalten von Neugeborenen zu untersuchen und ist für Kleinkinder bis zu zwei Monaten geeignet. Die Skala enthält 28 Verhaltens- und 18 Reflexelemente. Das Testverfahren beurteilt die Fähigkeiten des Babys über verschiedene Entwicklungsbereiche (u.a. vegetative, motorische und soziale Systeme) und beschreibt wie Kinder diese Bereiche sowie ihre neue Umgebung annehmen.
[42] dual energy X-ray absorptiometry=Doppelröntgenabsorptiometrie

Weitere Studien beschäftigten sich mit den Wirkungen verschiedener Massageöle (z.B. Mandel-, Kokosnuss-, Distelöl) bei Frühgeborenen. Hier wurde offensichtlich, dass beim Kokosnussöl der signifikant größte Effekt in Bezug auf die Gewichtszunahme zu konstatieren war: Diesen Effekt legitimierten beispielsweise Sankaranarayanan et al.[43] (2005) in einer Studie. Solanki et al.[44] (2005) verglichen mit Blutproben und Fettsäureprofilen (Gaschromatographie) die Wirkung und Aufnahme von Distel- und Kokosöl bei neugeborenen Säuglingen. Durch diese Verfahren konnte nachgewiesen werden, dass im Pre-Post-Vergleich die Triglycerid-Werte beider Treatmentgruppen signifikant im Gegensatz zur Kontrollgruppe erhöht waren. Fettsäureprofile bestätigten überdies in beiden Treatmentgruppen einen deutlichen Anstieg der essentiellen Fettsäuren (Linolsäure und Arachidonsäure). Demzufolge konnten beide Ölsorten von Neugeborenen wahrscheinlich zu ernährungsphysiologischen Zwecken absorbiert werden. Die Fettsäure-Bestandteile des Öls können somit die Fettsäure-Profile der massierten Säuglinge beeinflussen.

Im Zusammenhang zur *Entspannung* stellten Field, Schanberg, Davalos und Malphurs (1996) bei Frühgeborenen fest, dass durch Ölmassagen u.a. weniger Abwehrverhalten in Form von Grimassen schneiden und Kopf drehen sowie weniger Stressverhalten (z.B. geballte Fäuste) zu erkennen war. Ferner ist eine größere Zunahme der vagalen Aktivität über die Herzratenvariabilität und eine stärkere Abnahme bei Cortisolmessungen festzustellen, wodurch Rückschlüsse des Massage-Treatments auf das Entspannungsverhalten der Kinder zu schließen sind.

Kindesalter: 3-6 Jahre

Escalona, Field, Singer-Strunck, Cullen & Hartshorn (2001): „Massage bei Kindern mit Autismus"

Escalona et al. (2001) untersuchten anhand eines Treatment-Kontrollgruppen- sowie Pre-Post-Designs, inwiefern sich das Einschlafverhalten von N=20 autistischen Vorschulkindern im Alter von 3-6 Jahren durch tägliche Massagebehandlungen der Eltern – diese wurden von Therapeuten trainiert – fünfzehn min vor dem Einschlafen über einen Zeitraum von einem Monat verändert. Die Kontrollgruppe erhielt hingegen Dr. Seuss-Geschichten vor dem Einschlafen. Zur Überprüfung der Wirksamkeit dienten hauptsächlich Schlaftagebücher und Verhaltensbeobachtungen (Eltern, Erzieher,

---

[43] 29-tägige Intervention (4-mal täglich von einem Therapeuten bis zur Entlassung; danach von der Mutter, bis die Kinder 31 Tage alt waren) mit zwei verschiedenen Treatments (Gruppe 1: Massage mit Kokosnussöl; Gruppe 2: Massage mit Mineralöl) bei Frühgeborenen; Kontrollgruppe erhielt Massage mit Pulver.
[44] 5-tägige Intervention (4-mal täglich unter kontrollierten Temperatur- und Nahrungsaufnahmebedingungen) mit zwei verschiedenen Treatments (Gruppe 1: Massage mit Kokosnussöl; Gruppe 2: Massage mit Distelöl) bei Frühgeborenen; Kontrollgruppe erhielt Massage ohne Öl.

Therapeuten), die zu Beginn und gegen Ende der Studie eingesetzt wurden. Die Ergebnisse untermauern, dass gegen Ende des Messzeitraums bei der Treatmentgruppe im Vergleich zur Kontrollgruppe weniger Einschlafprobleme und während des Alltags eine Abnahme des Stereotypenverhaltens in Bezug auf Hyperaktivität sowie deutliche Verbesserungen im sozialen Bereich zu konstatieren waren.

Die Studie beruhte allerdings in erster Linie auf Beobachtungsergebnisse verschiedener Erwachsenengruppen (Eltern, Therapeuten, Erzieher), die mit unterschiedlichen Kompetenzen ausgestattet waren; daher ist das Treatment hinsichtlich der empirischen Aussagekraft – auch in Bezug auf die geringe Stichprobenanzahl – nicht als allgemeingültig anzusehen.

Hernandez-Reif, Field, Largie, Hart, Redzepi, Nierenberg & Peck (2001): „Massage bei Kindern mit Verbrennungen"

In der Studie von Hernandez-Reif et al. (2001) wurde anhand einer Probandengruppe von N=24 Vorschulkindern (Durchschnittsalter: 2,5 Jahre) mithilfe eines Treatment-Kontrollgruppen-Designs überprüft, ob sich das Stressverhalten beim Verbandswechsel von Kindern mit Verbrennungen durch Massagebehandlungen[45] ändert. Die Kontrollgruppe erhielt dagegen kein Treatment. Als Evaluationsinstrumentarium wurden u.a. Verhaltensbeobachtungen (Eltern, Therapeuten) verwendet. Im Ergebnis ist festzuhalten, dass die Treatmentgruppe weniger Stressanzeichen und weniger motorische Bewegungen beim Verbandswechsel zeigte als die Kontrollgruppe. Bei der Kontrollgruppe fielen insbesondere Mimikveränderungen (z.B. Fratzen schneiden), Torsobewegungen sowie heftige Beinbewegungen auf.

Die Aussagekraft dieser Studie stützt sich, wie auch die Studie von Escalona et al. (2001), vor allem auf Verhaltensbeobachtungen und lässt „harte" Fakten, wie psychophysiologische oder endokrinologische Untersuchungen, bei denen u.a. ein Anstieg bzw. eine Reduktion des Cortisol- oder Serotoninwerts vor und nach dem Verbandswechsel interessant wären, vermissen.

Von Knorring, Söderberg, Austin & Uvnäs-Moberg (2008): „Massage bei Kindern mit Aggressionen und Verhaltensauffälligkeiten"

Von Knorring et al. (2008) erforschten über einen Treatmentzeitraum von einem Jahr N=110 Vorschulkinder (Alter: 4-5 Jahre; Treatmentgruppe: n=60; Kontrollgruppe: n= 50) anhand eines Treatment-Kontrollgruppen- sowie Pre-Post-Designs, ob sich das Verhalten von aggressiven Kindern durch tägliche Massagebehandlungen, die von ei-

---

[45] Die Massagebehandlungen wurden nicht auf den Hautverbrennungspartien durchgeführt.

nem Therapeuten durchgeführt wurden (Dauer: 5-10 min), beeinflussen lässt. Die Kontrollgruppe bekam im Vergleich dazu Geschichten erzählt. Als Evaluationsinstrumentarium diente die Child Behavior Checkliste (CBDL für Eltern und pädagogisches Fachpersonal). Die Ergebnisse dokumentieren eine signifikante Abnahme der Aggressionswerte nach drei Monaten bei beiden Gruppen und nach sechs Monaten nur noch bei der Treatmentgruppe; Eltern- und Erzieherbeurteilungen bekräftigen diese Ergebnisse: Nicht nur die Eltern der Treatmentgruppe stellten eine signifikante Abnahme somatischer Probleme der Kinder fest, sondern auch das fachpädagogische Personal erkannte eine Verbesserung im Sozialverhalten. Erneute Messungen nach einem Jahr wiesen eine kontinuierliche Abnahme des aggressiven Verhaltens und der somatischen Probleme bei der Treatmentgruppe nach.

Auch diese Studienergebnisse fußen erneut auf Verhaltensbeobachtungen, berücksichtigen aber drei Messstadien (nach drei, sechs und zwölf Monaten), wodurch die Nachhaltigkeit des implementierten Treatments einer Überprüfung unterzogen wurde. Einen gesicherten Schluss auf die Allgemeinheit lassen die Daten bzw. das Treatment – auch vor dem Hintergrund des Stichprobenumfangs, der eher einer Pilotstudie gleicht – allerdings nicht zu.

Die eben aufgeführten Ergebnisse der 3-6-jährigen Probandengruppen sind zum einen dem Kindergartenalter, zum anderen dem Kontext *Entspannung* zuzuordnen, da Einschlafprobleme, Stressanzeichen bei Verbandswechsel in Form von Torsobewegungen und aggressiven Verhaltensauffälligkeiten unweigerlich mit spannungs- und entspannungsinduzierenden Momenten in Verbindung zu bringen sind. Insgesamt stützt sich die dargestellte Datenlage auf therapeutische Massagen, die mit Softskill-Daten, wie z.B. Verhaltensbeobachtungen, erhoben wurden und objektive Ergebnisse, wie zu den 0-3-jährigen Kindern, vermissen lassen. Ebenfalls liegen noch keine Wirksamkeitsnachweise von Kind-zu-Kind-Massagen vor. Demgegenüber existieren nur wenige empirische Daten über Eltern-Kind-Massagen (vgl. Feijo et al., 2006; Goldstein-Ferber et al., 2002): Untersuchungen konnten aufdecken, dass Massageanwendungen von Müttern ebenso wie von Therapeuten zu einer Gewichtszunahme Frühgeborener führten. Darüber hinaus wurde bestätigt, dass die Mütter aufgrund der Massagedurchführungen an ihren eigenen Kindern weniger depressive und ängstliche Symptome zeigten als Mütter der Kontrollgruppe.

Phantasiereise

Geschichtlicher Hintergrund

Die Datierung des Ursprungs der Phantasiereise ist nicht exakt zu bestimmen. Erste Hinweise sind bereits bei C. G. Jung vorzufinden, der das konkrete Vorstellen von

Traumbildern für die Persönlichkeitsentwicklung in seiner psychiatrischen Arbeit verwendete. Ebenso fand die Phantasiereise in Form von Vorstellungsbildern in den 50er Jahren des 20. Jahrhunderts bei den Verhaltenstherapeuten Zuspruch. In den 60er Jahren erfolgte ihre Weiterverbreitung durch die humanistische Psychologie, insbesondere durch die Gestalttherapie. Anfangs der 70er Jahre wurde sie vom amerikanischen Arzt Simonton als begleitendes Verfahren bei der Krebstherapie eingesetzt, damit Patienten eine aktive Haltung gegenüber der Krankheit einnehmen; denn die Anregung der Vorstellungskraft diente der Unterstützung und Mobilisierung körperlicher Selbstheilungskräfte (vgl. Simonton, Simonton & Creighton, 2001). Zur gleichen Zeit gewann sie im erzieherischen Bereich an Bedeutung, besonders im Bereich der Gestaltpädagogik und des Superlearnings. Einen wichtigen Stellenwert nahm sie auch in den 80er Jahren beim Ganzheitlichen Lernen ein. Eine enge Verbindung ist ebenfalls zum AT vorhanden, da auch hier über Formeln das Herabsetzen des Muskeltonus sowie eine körperlich-seelische Entspannung anvisiert werden. Heutzutage wird ebenfalls mit Vorstellungsbildern in der Psychotherapie gearbeitet, wie z.B. mit dem Katathymen Bilderleben oder mit der Katathymen-Imaginativen Psychotherapie (vgl. hierzu im Detail Wilke & Leuner, 2004). Definitorisch besteht Konsens darüber, dass Phantasiereisen bzw. -geschichten den imaginativen Entspannungsverfahren zuzuordnen sind und symbolisch mit „Reise ins Innere" (Schneider & Schneider, 1999) oder „Reise in das Unbewusste" (Hartmann, 2010) in Verbindung gebracht werden können.

Lebensspanne ‚Kinder'

Die Phantasiereise kann im Kindesalter verschiedenartig implementiert werden: Aus therapeutischer Sicht ermöglicht sie eine Arbeit am Unbewussten, um den eigenen Ideenreichtum zu aktivieren und neue Kräfte für die anstehenden Ereignisse zu generieren. Dabei wird die Angstsituation (z.B. eine Testsituation) über eine Phantasiereise nochmals durch innere Wahrnehmungsbilder abgerufen und anschließend vom Therapeuten durch geführte Bilder ausgetauscht. Nach mehrmaligen Wiederholungen kann hiermit nachweislich eine Angstreduktion bis hin zur Löschung und zu aktiven Verhaltensänderungen erzielt werden (vgl. Hartmann, 2010; Schneider & Schneider, 1999).

Aus erzieherischer und pädagogischer Perspektive stellen Phantasiereisen grundsätzlich eine geeignete Methode dar, um Kinder in Entspannungsthematiken einzuführen. Denn über die vorgetragenen Geschichten, die bestimmte Entspannungselemente beinhalten müssen, können Kinder spielerisch in eine Art meditativen Zustand versetzt werden. Die Geschichte als Hilfestellung kann dazu beitragen, einen Entspannungszustand zu induzieren, da Kinder teilweise nicht in der Lage sind, sich durch rein kognitive Techniken, wie z.B. Meditation, gezielt zu entspannen (vgl. z.B. Müller, 2004; Teml & Teml, 1999; Zimmer, 2002). Eine Implementierung ist nach Fessler und Müller

(2013a, S. 85f.) in dreierlei Hinsicht möglich, und zwar zur (1) Lernförderung, (2) Entspannung und (3) Persönlichkeitsentwicklung: Häufig findet sie in Form von „Hirnübungen zur Lernförderung" ihre Berücksichtigung. Nach Müller (2004) werden hierbei linke und rechte Gehirnhälften gleichermaßen angesprochen, wodurch „Wort- und Bilddenken, logisches und intuitives Denken, sprachliche und symbolische Anlagen, intellektuelle und kreative Prozesse gleichermaßen gefördert" (ebd., 2004, S. 37) werden, z.B. „Laß ein Symbol auftauchen, das zum heutigen Thema paßt" (Teml & Teml, 1999, S. 39). Im Entspannungskontext dagegen erfüllt sie die Aufgabe, dass sich Kinder faktisch nicht vorhandene Dinge wie Landschaften, Figuren oder Personen ausdenken und ausgestalten, um damit den Alltagsproblemen zu entfliehen und sich in der Traumwelt zu entspannen (vgl. Lendner-Fischer, 2002), wie z.B. „Stell dir vor, wie du am Strand liegst und dich dort wohlfühlst" (ebd., 2002, S. 39). Nach Teml und Teml (1999) schult sie bei Kindern neben den beiden eben genannten Aspekten noch die Persönlichkeitsentwicklung; hierbei werden meist positive und aufbauende Bilder für das persönliche Wachsen in die Phantasiereise integriert („Stell dir vor, du begegnest einem alten Weisen und fragst ihn um einen Rat" (ebd., 1999, S. 39)). Phantasiereisen zur Lernförderung hingegen zielen darauf ab, die Konzentrationsfähigkeit der Kinder an konkretisierten Lerninhalten zu fördern. Phantasiereisen zur Entspannung oder zur Persönlichkeitsentwicklung arbeiten mit viel Spielraum und vielen Leerstellen, um eigene Vorstellungen und Bilder entwickeln zu können.

Fessler und Müller (2013a, S. 85f.) systematisieren Phantasiereisen nach folgenden Kriterien: *Themen, Typen, Formen, Perspektiven, Komplexität* und *Dauer*.

Phantasiereisen und -geschichten basieren vor allem auf drei *Themenkreisen*. Grundlegend beruhen sie auf Sehnsüchten der Menschen, die als „Urbilder" (Mittermeier, 2005, S. 8) oder „Naturbilder" (Quante, 1999, S. 26) betitelt werden können. Hierzu zählen Symbole wie Fluss, Meer, Strand, Sonne, Weg, Baum, Wald, Höhle und Berg. Zu den weiteren Themenkreisen gehören Tiergeschichten und Phantasieabenteuerreisen.

In Bezug auf die *Typen* ist zwischen integralen und nicht-integralen Phantasiegeschichten zu differenzieren. Integral bedeutet, dass Phantasiereisen gezielt Entspannungsmethoden wie AT, PMR oder Yoga integrieren; nicht-integrale Phantasiereisen dagegen finden ohne systematischen Input einer bestimmten Methode statt und leiten grundsätzlich eine Entspannungswirkung ein. Integrale Phantasiereisen ermöglichen generell einen tieferen und intensiveren Entspannungszustand als nicht-integrale. Im Kindesalter haben sich meist Übungen oder Entspannungsmethoden mithilfe eines Überbaus von Phantasiereisen bewährt (vgl. z.B. Fessler & Müller, 2013a, S. 85f.; Neuburger, 1998; Petermann, 2007; Salbert, 2006).

Bei Phantasiereisen gilt es grundsätzlich, zwischen den *Formen* „frei geführt" vs. „voll geführt" (vgl. Lendner-Fischer, 2002, S. 147), „offen" vs. „geschlossen" (Teml & Teml, 1999, S. 15) oder „frei" vs. „gelenkt" (Müller, 2004, S. 18f.) zu unterscheiden, wobei auch Mischformen auftreten können. Aufgrund der Tatsache, dass sich das Begriffspaar offen/geschlossen mit didaktisch-methodischen Prinzipien überschneidet (offener vs. geschlossener Unterricht) und frei/gelenkt zu unpräzise scheint, ist eher eine Differenzierung zwischen eher geführt und weniger geführt zu präferieren (vgl. Fessler & Müller, 2013a, S. 85f.).

Phantasiereisen können aus zwei *Perspektiven* auf den Reisenden einwirken, und zwar aus der „Beobachterphantasie" und „Identifikationsphantasie" (Teml & Teml, 1999, S. 41). In der „Beobachterperspektive" kann zum Beispiel ein Gegenstand, ein Tier oder eine Situation vorgestellt und ausgestaltet werden, während in der „Identifikationsphantasie" sich ein Kind beispielsweise mit der Tierfigur identifizieren soll, um mit den Augen der Tierfigur die Umwelt zu betrachten. Im ersten Fall ist der Teilnehmer als Betrachter einbezogen, im zweiten Fall ist er Teil des Geschehens (vgl. Zimmer, 2002, S. 33).

Die beiden letzten Systematisierungskriterien sind *Komplexität* und *Dauer*. Phantasiereisen sollten hierbei immer mit Entspannungsmethoden verknüpft und in überschaubaren Geschichten aufgeteilt werden, denen wiederum eindeutige Übungen zugewiesen werden können. Der Zeitrahmen einer solchen Geschichte mit entsprechenden Entspannungsübungen sollte 1-3 Minuten aufweisen; letztlich ist eine Reisedauer von ca. zehn Minuten anzusetzen, die somit aus 3-6 Geschichten bestehen kann. Auch die Wahl des Musikeinsatzes bzw. des Einsatzes von verschiedenen Hilfsmaterialien ist für den Reiseführer je nach Alter, Gruppe und Gruppengröße unterschiedlich einsetzbar (vgl. Fessler & Müller, 2013a, S. 89).

Eine spezifische Altersbeschränkung liegt bei der Phantasiereise nicht vor. Sie muss jedoch den kognitiven und sprachlichen Fähigkeiten der teilnehmenden Kinder entsprechen, Freude und Spaß bereiten sowie einen hohen Aufforderungscharakter besitzen (vgl. Neuburger, 1998, S. 14). Prinzipiell ist es wichtig, früh mit dieser kindgemäßen Methode zu beginnen, um Kindern in jungen Jahren, Möglichkeiten der psychischen und physischen Entspannung anzubieten; denn Kinder sind im Gegensatz zu Erwachsenen viel experimentierfreudiger und abenteuerlustiger sowie speziell gegenüber der Phantasie viel aufgeschlossener (vgl. Vopel, 1994).

Forschungsstand im Kindesalter

In Bezug auf Fachzeitschriftenartikel kann die Phantasiereise – da sie im Elementar- und Primarstufenbereich zu den klassischen kindgemäßen Methoden zu zählen ist – vielfache Treffer (z.B. Bernhardt, 1995; Hotte, 1999) mit diversen Zielen aufweisen;

jedoch wurden diese empirisch noch nicht überprüft: Zusammenwirken von Körper und Geist (vgl. Maaß & Ritschl, 2006; Teml & Teml, 1999); Gesundheitsförderung (vgl. Maaß & Ritschl, 2006); Psychohygiene, insbesondere Angst- und Stressabbau (vgl. Christiansen, 2008; Müller, 2004; Petermann, 2010); Lern- und Konzentrationsförderung (vgl. Müller, 2004; Teml & Teml, 1999); Entwicklung personaler Kompetenzen wie Selbstkonzept, Identitätsfindung, Selbstwertgefühl (Christiansen, 2008; Maaß & Ritschl, 2006; Teml & Teml, 1999) sowie Entwicklung der Vorstellungskraft (vgl. Teml & Teml, 1999).

Aus empirischer Sicht kann auf eine nationale Pilotstudie von Krampen (2008) verwiesen werden. Hierbei nahmen insgesamt N=54 Erst- und Zweitklässler teil. Die Treatmentgruppe erhielt einmalig eine zehnminütige Phantasiereise („Die Reise eines Blattes"; Friebel, Erkert & Friedrich, 1998), während die Kontrollgruppe kein spezielles Training durchführte. Anhand der Kassler-Konzentrationsaufgabe (KKA) konnte bei beiden Gruppen zwar eine Verbesserung festgestellt werden, signifikant wurden die Ergebnisse bzgl. Effektstärken jedoch nicht.

Aufgrund der nur einmaligen Umsetzung und des geringen Stichprobenumfangs haben diese Ergebnisse keine Aussagekraft auf die Wirksamkeit und die Forschungslage der Phantasiereise im Kindesalter. Somit liegen zu dieser Methode noch keine repräsentativen Wirksamkeitsstudien mit komplexen Untersuchungsdesigns vor.

Progressive Muskelrelaxation

Geschichtlicher Hintergrund

Die Progressive Muskelrelaxation[46] (PMR) basiert auf der gedanklichen Konzeption, der methodischen Entwicklung und den überprüften Erkenntnissen von Edmund Jacobson (1934/2006). In seinen Studien konnte er belegen, dass eine wechselseitige Abhängigkeit zwischen emotionalem Spannungszustand und erhöhtem Muskeltonus besteht. Darauf aufbauend generierte er eine Methode, bei der durch systematisches An- und Entspannen verschiedener Muskelgruppen und durch Wahrnehmung der dabei produzierten körperlichen Effekte ein gesamtorganismischer Entspannungseffekt hervorgerufen wird (vgl. Kohl, 1997, S. 190; Petermann & Vaitl, 2009, S. 487). Aus definitorischer Sicht bedeutet PMR wörtlich übersetzt fortschreitende oder sich entwickelnde (Muskel-) Entspannung und intendiert nach Jacobson drei Zielsetzungen: (1)

---

[46] Im Kindesalter wird die Bezeichnung Progressive Muskelrelaxation (PMR) präferiert, weil der Wahrnehmungsfokus zunächst einmal auf der Muskulatur, dann, davon ausgehend, auf dem individuellen und persönlichen Entspannungsempfinden des einzelnen Individuums liegt. Weitere synonyme Bezeichnungen lauten: Progressive Relaxation (PR), Progressive Entspannung (PE), Progressive Muskelentspannung (PME) und Muskelentspannung (ME). Zudem wird häufig der Begriff Tiefenmuskelentspannung (TME) verwandt (vgl. Fessler, Müller & Standop, 2013, S. 101).

zeitlich begrenzte, sukzessiv tiefer werdende Entspannung einer bestimmten Muskelgruppe, (2) aufeinanderfolgende Anspannung und Entspannung bestimmter Muskelgruppen mit gleichzeitig einhergehender Entspannung der bereits trainierten Muskelgruppen, (3) gewohnheitsmäßige entspannte Muskulatur durch Trainingseffekte.

Heutzutage gehört die PMR zu den am häufigsten eingesetzten Entspannungsmethoden; meist wird sie in ein umfassendes psychologisches Therapiekonzept eingebunden, um bereits bestehenden Störungen oder Schmerzzuständen entgegenzuwirken, wie z.B. bei aggressiven Verhaltensauffälligkeiten, Angst- und Schlafstörungen sowie bei Rücken- oder Spannungskopfschmerzen (vgl. z.B. Ohm, 2001, S. 9).

Im Zuge der Popularisierung dieser Methode entwickelten sich in den letzten Jahrzehnten verschiedene Konzeptionen. Während die ursprünglich von Jacobson beschriebene Methode das Training von 30 Muskelgruppen, 56 Trainingseinheiten sowie eine tägliche, häusliche Übungszeit von 1-2 Stunden umfasste, nahm Wolpe[47] bereits 1958 neben einer deutlichen zeitlichen Verkürzung (5-7 Trainingseinheiten) und einer verringerten Anzahl der trainierten Muskelgruppen (ca. 20) im Vergleich zur Originalform von Jacobson noch prozedurale Veränderungen vor, indem er gezielt suggestive Formeln einsetzte. Eine noch intensivere Entspannung sollte damit erreicht werden. Bernstein und Borkovec (1973) wiederum modifizierten Wolpes Vorgehensweise; sie reduzierten die zu trainierenden Muskelgruppen zunächst auf 16 und verwendeten Zyklen von kurzer Anspannung (5-7 Sekunden) und Entspannungsintervalle von 45-60 Sekunden. Zudem konzipierten sie Kurzformen, bei denen der Fokus nur noch auf sieben bzw. vier Muskelgruppen lag. Beide Weiterentwicklungen gingen von der Theorie eines Pendeleffekts aus: je stärker die muskuläre Kontraktion, desto tiefer die Entspannung (Fessler, Müller & Standop, 2013, S. 101f.). Lehrer et al. (1988) sind allerdings der Auffassung, dass die Sensibilität der Muskelsinne eher durch minimale Kontraktionen als durch maximale Muskelanspannung erhöht wird.

Lebensspanne ‚Kinder'

Die PMR im Kindesalter hat gegenüber der Umsetzung im Erwachsenenbereich eine kurze Tradition, denn sie setzte mit Blick auf die Forschungsergebnisse überwiegend in den 80er Jahren ein, obwohl bereits Jacobson unter der Prämisse von einfachen Bewegungsanweisungen von einer Praktikabilität der PMR in dieser Altersstufe ausging. Bernstein und Borkovec (1973) lehnten indessen eine Implementierung in dieser Altersstruktur ab, weil Kinder nicht über die entwicklungspsychologischen Vorausset-

---

[47] Seine Vorgehensweise basierte auf der Intention, PMR mit der Lernpsychologie zu verbinden; hierbei fokussierte er sich vor allem auf Angstzustände, die über eine gestufte kurze Reizkonfrontation (systematische Desensibilisierung) gelöst werden sollten (vgl. Kohl, 1997).

zungen, wie das Halten der Konzentrationsfähigkeit über einen längeren Zeitraum oder die Kompetenz, einzelne Muskeln differenziert anzuspannen, verfügen würden (vgl. Winkler, 1998, S. 101). Grundsätzlich herrscht zwischen den einzelnen Autoren Uneinigkeit über das Einstiegsalter: Gies-Gross (2003), Ohm (2001) und Salbert (2006) vertreten die Auffassung, dass gegen Ende des Elementarbereichs eine Umsetzung mit Kindern möglich ist, verweisen jedoch darauf, dass dies abhängig von der individuellen kognitiven und affektiven Entwicklung des Kindes ist. Nach Petermann und Menzel (1997) eignet sich die PMR erst ab einem Alter von 10 Jahren und belegen dies mit Bernsteins und Borkovecs Begründung.

Die Zielsetzungen betreffend ist festzuhalten, dass Ohm (2001) von den drei Wirkungsebenen ausgeht, die sich auf der somatischen, motorischen und kognitiv-affektiven Ebene widerspiegeln. Zur somatischen Ebene zählen u.a. Schmerzstörungen, akute oder chronische Schmerzen sowie Schlafstörungen; auf der motorischen Ebene können externalisierende Verhaltensstörungen wie hyperkinetische Störungen oder aggressives Verhalten behandelt werden; bei der kognitiv-affektiven Ebene handelt es sich um internalisierende Verhaltensstörungen, wie beispielsweise Angststörungen, soziale Unsicherheit, Schulangst oder Konzentrationsstörungen. Andere Autoren streben noch Zielsetzungen wie folgt an: Senkung des Spannungsniveaus und allgemeine Gesundheitsprophylaxe (Falk, 2002), Verbesserung der Körperwahrnehmung oder Verbesserung der Selbstkontrolle und Selbstwirksamkeit (Speck, 2005) sowie Stressbewältigung (Klein-Heßling & Lohaus, 2000).

Forschungsstand im Kindesalter

Die nationale (4) und internationale (11) Forschungslage basiert vor allem auf Studien im Grundschulalter. Hierbei wurden Treatment-Kontrollgruppen sowie Pre-Post- und Follow-up-Studien eingesetzt, um allgemeine (Engelbrecht, 2000; Klein-Heßling & Lohaus, 2000; Klein-Heßling & Lohaus, 2002; Lohaus et al., 2001; Taucher, 1982) sowie spezifische Zielsetzungen wie bei Asthma bronchiale (Gröller, 1991), Spannungskopfschmerz (Kröner-Herwig & Ehlert, 1992; Kröner-Herwig, Mohn & Pothmann, 1992; Kröner-Herwig, Plump & Pothmann, 1992), Spannungskopfschmerz mit kombiniertem Kopfschmerz (Womack et al., 1988; Werder & Sargent, 1984), Migräne (Masek et al., 1984; Fentress et al., 1986; Richter et al., 1986; McGrath et al., 1988; Engel & Rapoff, 1990; Sartory et al., 1998) zu erwirken. Insgesamt steht eine empirisch abgesicherte Forschung zum Einsatz der PMR im Elementarbereich noch aus, obwohl kindgemäße PMR-Programme (vgl. hierzu Behnk-Müller, 2007; Falk, 2002; Kirkcaldy & Thomé, 1984; Klein-Heßling & Lohaus, 2000; Salbert, 2006; Schmitt, 2005; Speck, 2005) bereits vorliegen.

Qigong

Geschichtlicher Hintergrund

Der Begriff Qigong stammt aus China und zählt – neben Akupunktur und Heilmittelkunde – zu den drei großen Teilgebieten der Traditionellen Chinesischen Medizin (TCM; vgl. Bock-Möbius, 1993, S. 11). Qigong steht für eine Vielfalt von Methoden, wie z.B. Meditations-, Konzentrations-, Atem- und Bewegungsübungen, die in China im Laufe von Jahrtausenden entwickelt wurden und sich an den Konzepten Yin und Yang sowie an den Fünf Wandlungsphasen orientieren (vgl. Kaltwasser, 2008, S. 68). Klassifizierungskategorien gibt es zahlreiche, u.a. ist eine Einteilung in die Übungsabsicht möglich: Hierbei wird zwischen einem ‚Weichen' und ‚Harten' Qigong differenziert (vgl. Bölts, 2003, S. 133): Während ‚Hartes Qigong' den Kampfkünsten zuzuordnen ist, widmet sich das ‚Weiche Qigong' der Gesundheitserhaltung und -pflege und kann nochmals in ‚Übungen in Ruhe' (Jinggong), ‚Übungen in Ruhe und Bewegung' (Jingdonggong) sowie ‚Übungen in Bewegung' (Donggong) untergliedert werden. Jede Übungsform aus dem ‚Weichen Qigong' impliziert die Grundelemente: Regulierung des Geistes, der Haltung, der Bewegung sowie der Atmung. Alle Qigong-Übungssysteme zielen grundlegend auf eine Gesunderhaltung, Persönlichkeitsentfaltung und Bewusstseinsschulung ab und gründen auf dem aus der TCM stammenden Konzept des Qi, das mit Lebensenergie, Lebenskraft und Vitalität übersetzt werden kann. Gong hingegen bedeutet Pflege, Arbeit oder beharrliches Üben. Qigong kann somit als beharrliche Pflege der Lebenskraft aufgefasst werden.

Das wohl älteste überlieferte medizinische Werk Chinas von Huang Di Nei Jing (Klassiker der inneren Medizin des Gelben Kaisers, erschienen zwischen 475-221 v. Chr.) belegt bereits den jahrtausendealten Ursprung des Qigong und dessen Therapieform zur Krankheitslinderung und -heilung. Das grundlegende Wissen dafür entstand aus der Beobachtung von Tier- und Naturphänomenen sowie dem Erkennen körpereigener Vorgänge (vgl. Meindl, 2007, S. 3). Qigong wurde von verschiedenen philosophischen Strömungen (z.B. Daoismus, Buddhismus) beeinflusst, woraus zahlreiche Übungen resultierten. Da der Ärztestand laut Bock-Möbius (1993, S. 13) während der Huang Di Nei Jing-Zeit bis über die Neuzeit hinaus wenig Ansehen genossen hatte, wurden die Weisheiten meist Huang-Di zugeschrieben, um kritischen Meinungsäußerungen zu entgehen. Demzufolge gibt es nur wenige schriftlich überlieferte Werke, da die geheimen Gesundheitslehren oft nur mündlich an Auserwählte weitergegeben wurden. Nach Opper (2013, S. 163f.) stammt eines der wenigen Fundstücke (1973) – ein Seidenbild mit zahlreichen Qigong-Übungen – aus einem Grab aus der Han-Dynastie (206 v. Chr. - 220 n. Chr.). Hua Tuo generierte bspw. in dieser Zeitepoche die heute vielfach praktizierte Methode „Das Spiel der fünf Tiere". Zu Zeiten der südlichen und nördlichen Dynastien (420-581 n. Chr.) wurde Qigong für Heilzwecke und in der Sui-

sowie Tang-Dynastie (581-907 n. Chr.) zur Behandlung spezieller Krankheiten verwendet. Zwischen 960 und 1368 n. Chr. erfuhr es durch spezielle taoistische Methoden eine Ergänzung, und in den Ming- und Qing-Dynastien (1368-1911 n. Chr.) wurde es von Ärzten wieder mehr als Heilmethode angewandt.

Zur Zeit der Kulturrevolution wurden Qigong und viele weitere Traditionen in China als revanchistisch verboten; im Anschluss daran erlebte Qigong jedoch eine Renaissance, die sich darin widerspiegelte, dass die Methode wieder in das chinesische Gesundheitssystem aufgenommen wurde und deswegen heutzutage vielfältige wissenschaftliche Untersuchungen vorliegen (vgl. Bock-Möbius, 1993, S. 14). Weiterhin bedeutend war im Jahre 1978 die Entscheidung der chinesischen Regierung, Qigong öffentlich und staatlich zu unterstützen, wodurch in vielen Städten Qigong-Forschungszentren und in Krankenhäusern Qigong-Abteilungen implementiert wurden. Ein weiterer Meilenstein für die gesellschaftliche Manifestierung des Qigong ist auf das Jahr 2003 zu datieren: Hier stellte das chinesische Sport-Ministerium in Kooperation mit der „Chinese Health QiGong Association[48]" (CHQA) das neustrukturierte Gesundheits-Qigong vor. Dieses setzt sich aus den vier Formen Yi Jin Jing, Wu Qin Xi, Liu Zi Jing und Ba Duan Jin zusammen und wurde von der Sportuniversität Peking sowie von medizinischen Fachleuten evaluiert und standardisiert. Nach einer dreijährigen Vorbereitungszeit wurde 2012 schließlich in Hangzhou (China) die International Health Qigong Federation als internationale Vereinigung für das Gesundheits-Qigong gegründet. Zu den Mitgliedern zählen Zentren und Gesellschaften für Qigong und Tai Chi aus der ganzen Welt (vgl. Meindl, 2007, S. 2)[49]. Auch in Deutschland findet das Gesundheits-Qigong Resonanz: Zum einen ist auf den Verein der Deutschen Gesellschaft für Gesundheits-QiGong[50] zu verweisen, der Ausbildungen, Tagungen, Kongresse und Workshops anbietet; zum anderen existiert seit über zwanzig Jahren an der Universität Oldenburg[51] ein zweijähriges Kontaktstudium Qigong, das bei der Psychotherapeutenkammer in Niedersachsen akkreditiert ist. Innerhalb des Projektes „Traditionelle Chinesische Heilmethoden und Heilkonzepte (PTCH)" nimmt es einen festen Platz in Lehre und Forschung ein. Zu den Dozierenden gehören anerkannte Fachleute aus dem Bundesgebiet und Gastdozierende aus universitären nationalen und internationalen (u.a. aus China) Einrichtungen. In der Ausbildung werden die grundlegenden Prinzipien des Qigong und seine medizinisch-philosophischen Kontexte vermittelt. Neben der theoretischen Durchdringung der Fachgebiete (u.a. TCM, Theorie und Praxis des Qigong) findet eine Fokussierung auf die Verfeinerung der eigenen Qigong-Übepraxis statt,

---

[48] Zugriff im Februar 2012 unter http://jsqg.sport.org.cn/en/.
[49] Homepage Arbeitskreis Dachverband Qigong: Zugriff im Oktober 2012 unter http://www.qigong.tai-chi-qigong.org/gesundheits-qigong/gesundheits-qigong.htm.
[50] Zugriff im Oktober 2012 unter http://www.gesundheit-qigong.de/.
[51] Zugriff im November 2012 unter http://www.ptch.uni-oldenburg.de/index.html.

denn Übungssicherheit und Übungsfertigkeit bilden die Basis für die professionelle Anwendung des Erlernten.

Lebensspanne ‚Kinder'

Der Bekanntheitsgrad von Qigong nahm in der westlichen Hemisphäre erst in den 80er Jahren zu. Zur Adressatengruppe gehörten aufgrund der eher in Ruhe ausgeführten Bewegungstechniken vorwiegend Erwachsene, da die Ansicht vertreten wurde, dass diese Übungsformen für Kinder nicht geeignet seien. Verschiedene Qigong-Lehrende entschlossen sich allerdings mit der Begründung, dass Kinder in den 90er Jahren wieder innere Ruhe und Entschleunigung benötigen, Kinderprogramme zu konzipieren und diese in elementarpädagogischen und schulischen Settings umzusetzen. Zu diesen Vertretern zählen nach Bölts (2003) insbesondere Rohrmoser, Sebková-Thaller und Hofmann: Rohrmoser (1993, 1996, 1998) führte Qigong-Übungen mit lerngestörten Kindern (Legasthenie) durch; sie konnte nachweisen, dass das mangelnde Selbstwertgefühl, das bei der Legasthenie häufig durch motorische Störungen und Konzentrationsdefizite entsteht, verbessert werden konnte. Sebková-Thaller (1998a/b, 2002) richtete ihre in den 90er Jahren entstandenen Qigong-Übungen mit Übe-Prinzipien hauptsächlich auf das Kindesalter aus, indem sie spielerisch Qigong-Bewegungsabläufe generierte, die in kindgemäße Geschichten eingebettet waren. Zu den ersten Protagonisten, die Qigong systematisch in der Schule umgesetzt haben, zählt Hofmann (1998, 2001). Er implementierte Qigong-Übungen in den Jahrgangsklassen 5-13 als Erholungsphase 20-25 Minuten nach Beginn der Stunde für etwa drei bis fünf Minuten ein. Dadurch erzielte er einen Stressabbau sowie eine verbesserte Lernatmosphäre, die sich im Lernverhalten und Leistungsvermögen widerspiegelte. Forschungsberichte zeigten, dass auch Lehrpersonen von den Qigong-Einheiten profitierten, indem sie die Zeit bei der Durchführung zur eigenen Regeneration nutzten.

Zu Beginn des 21. Jahrhunderts wurde von einer amerikanischen Forschungsgruppe das Qigong Sensory Trainings-Institut[52] in Oregon gegründet. Die Intention des Forschungsinstituts bestand darin, das Qigong Sensory Trainingsprogramm für Kinder mit Autismus zu entwickeln und evaluieren (vgl. hierzu z.B. Silva, Ayres, Bunse & Budden, 2009; Silva, Ayres & Schalock, 2008; Silva & Cignolini, 2005), um dieses anschließend Eltern und Fachleuten zugänglich zu machen. Diese Programme beruhen vorwiegend auf Klopfmassagen auf dem Meridiansystem und Dehnungsübungen, die an die Heilslehren des Qigong angelehnt sind, wodurch motorische Fähigkeiten geschult, soziale und sprachliche Fähigkeiten gefördert und Selbstregulationsprozesse in Kraft gesetzt werden.

---

[52] Homepage des Qigong Sensory Trainings-Instituts: Zugriff im August 2011 unter http://www.qsti.org/.

Zu den Zielsetzungen im Qigong gehören: Prävention und allgemeine Gesundheitsförderung, z.B. durch Blutdruck- und Herzfrequenzsenkung, Atemregulation, Verbesserung der Entspannungsfähigkeit (vgl. Bölts, 2003; Hildebrand, Geißler & Stein, 1998; Sebková-Thaller, 1998a/b, 2002), Verbesserung emotionaler Faktoren und Selbstregulation (vgl. Sandleben & Schläpfer, 1997), Verbesserung der Konzentrations- und Aufmerksamkeitsfähigkeit (vgl. Becker, 2002; Hofmann, 1998, 2001; Witt et al., 2005), Steigerung der motorischen Leistungsfähigkeit (vgl. Opper & Schreiner, 2009, 2010), Haltungsschulung und Verbesserung der Körperwahrnehmung sowie Förderung der Koordination und Beweglichkeit (vgl. Eckert, 2004; Engel & Chen, 2008; Hofmann, 1998; Opper & Schreiner, 2009, 2010; Sebková-Thaller, 1998a/b, 2002). Qigong-Übungen in Form von Massagen und Abklopftechniken können z.B. nach Sebková-Thaller (2000) schon nach der Geburt bei Säuglingen umgesetzt werden. Ab dem Alter von zwei bis drei Jahren sind auch schon Zweierübungen (Kind und Eltern bzw. Kind und Übungsleiter) und mit ansteigendem Alter Einzelübungen ausführbar.

Forschungsstand im Kindesalter

Der Forschungsstand beruht auf insgesamt neun Treffern; davon sind vier nationale und fünf internationale Studien. Die nationalen Studien beschäftigten sich vorwiegend mit der Implementierung und Evaluierung verschiedener Qigong-Übungen in erzieherischen Kontexten (Kindergarten und Schule), um diese hinsichtlich Konzeption und Wirksamkeit (u.a. in Bezug auf Parameter der Gesundheit und Motorik) zu überprüfen (vgl. hierzu Becker, 2002; Opper & Schreiner, 2011; Witt et al., 2005). Die internationalen Studien obliegen ausschließlich der Forschungsgruppe des ‚Qigong Sensory Trainings-Instituts' in Oregon, die sich vor allem autistischen Kindern zuwendete (vgl. Silva & Cignolini, 2005; Silva et al., 2008; Silva et al., 2009). Derzeit wird von der Forschungsgruppe (vgl. Silva, Schalock, Garberg & Lammers Smith, 2012) eine Längsschnittstudie über drei Jahre (2012-2015; N=120) mit dem Ziel umgesetzt, Familien mit autistischen Kindern (3-11 Jahre) die Möglichkeit zu geben, eine kostenlose Behandlung und Einführung in die Qigong Sensory Massage zu erhalten, womit sie täglich ihren Kindern helfen können.

Nachstehend wird auf die Forschungsarbeiten eingegangen, die sich auf den Elementarbereich fokussiert haben:

Opper & Schreiner (2011): „Studie über die Wirkung von Qigong auf die Motorik und Konzentration bei Kindergartenkindern"

Die Studie von Opper und Schreiner (2011) im Pre-Post-Design wurde an N=86 Kindergartenkindern im Alter von 4-6 Jahren an zwei unterschiedlichen Austragungsorten (München und Zwingenberg) umgesetzt. Die Intervention hatte zum Ziel, die Wirksamkeit eines Qigong-Programms, bestehend aus sechs Einheiten mit je 45 Minuten, hinsichtlich der Motorik und Konzentration zu überprüfen. Jede der Qigong-Einheiten erfolgte nach einem ritualisierten Ablauf, der sich in fünf Phasen untergliederte: (1) Ankommen und Begrüßung, (2) Einstiegsritual mit Gongschlag, (3) Aufwärmphase mit Mobilisations-/ Gleichgewichtsübungen und einer Einführungsgeschichte, (4) Hauptteil mit Qigong-Übungen aus dem Tierreich und gegenseitiger Massage sowie (5) Abschluss mit Gongschlag. Zum Diagnostikinventarium zählten: Elternfragebogen zur körperlichen und sportlichen Aktivität der Kinder sowie eine Motorik-Testbatterie (9 Übungen) aus dem Motorik-Modul (vgl. Bös, Worth, Opper, Oberger & Woll, 2009). Die Ergebnisse aus dem Elternfragebogen zeigten, dass aus Elternsicht sowohl eine motorische Verbesserung der Kinder als auch eine positive Verhaltensänderung in Bezug auf ein erhöhtes Interesse am Sport sowie am Qigong am Ende des Treatmentzeitraums erreicht wurde. In Bezug auf die Konzentration haben 68 % der Eltern keine Veränderung festgestellt, während 32 % eine Verbesserung wahrgenommen haben. Bei den Motorik-Tests konnten signifikante Verbesserungen nur bei den koordinativen Übungen (Seitliches Hin- und Herspringen, Einbeinstand) und bei der feinmotorischen Übung (MLS Linie nachfahren) nachgewiesen werden.

Die Aussagekraft dieser Studie ist vor dem Hintergrund fehlender Signifikanzangaben beim Pre-Post-Test, einer nicht eingesetzten Kontrollgruppe sowie dem Einsatz der Eltern als ‚Experten-Rater', die die Konzentration ihrer Kinder einschätzen sollten, mit Vorsicht einzustufen; lediglich sind Tendenzen aus den Daten abzuleiten. Allerdings können keine eindeutigen Rückschlüsse – wie die Autorinnen eigens erwähnen – auf Verbesserungen durch die Qigong-Einheiten geschlossen werden, da die Kinder in dieser Lebensphase vielfältige motorische Erfahrungen u.a. in der Freizeit und in Sportvereinen sammeln, die zu den Pre-Post-Differenzen bzw. zum Lernfortschritt geführt haben könnten.

Silva & Cignolini (2005): „Qigong-Massage mit autistischen Kindern"

Durch die im Pre-Post-Design angelegte neunwöchige Treatmentstudie von Silva und Cignolini (2005) wurden die Wirkungen von Qigong-Massagen an N=8 autistischen Kindern untersucht. In den ersten fünf Wochen des Treatmentzeitraums wurden die Qigong-Massagen von einem Therapeuten (2-mal pro Woche) und im Anschluss vier Wochen von den Eltern der Probandenkinder (tägliche Umsetzung der Massage) ausgeführt. Als Evaluationsinstrumentarium dienten Verfahren wie Childhood Autism Rating Scale (CARS), Autism Behavior Checklist (ABC), Sprachtests, Elternfragebogen, Motorik-Tests. Die Ergebnisse machten deutlich, dass sich alle Kinder signifikant bei den Testverfahren CARS und ABC verbesserten: Zum Beispiel konnten beim ABC-($t_{(df=7)}$=4.60; p<.001) und CARS-Test ($t_{(df=7)}$ =5.86; p<.001) deutliche Verbesserungen erzielt werden. Verbesserungen waren ebenfalls bei den sprachlichen Fähigkeiten und motorischen Tests feststellbar. Zudem berichteten Eltern u.a. von Verbesserungen beim Einschlafen, beim Sozialverhalten sowie bei den sozialen Fähigkeiten.

Konzeption, Durchführung und Auswertung der Studie überzeugen. Die erzielten Wirkungen können weitgehend der Qigong-Massage zugeordnet werden; aufgrund der geringen Probandenanzahl und der fehlenden Kontrollgruppe sind jedoch keine generalisierenden Aussagen zur Qigong-Massage bei autistischen Kindern zu treffen.

Silva, Cignolini, Warren, Skowron-Gooch & Budden (2007): „Qigong-Massage mit autistischen Kindern"

Silva et al. (2007) evaluierten über einen Zeitraum von fünf Monaten N=15 Vorschulkinder (Alter: 3-6 Jahre; Treatmentgruppe: n=8; Kontrollgruppe: n=7) anhand eines Treatment-Kontrollgruppen- sowie Pre-Post-Designs, ob sich das Verhalten von autistischen Kindern durch tägliche Massagebehandlungen, die von einem Therapeuten durchgeführt wurden (Dauer: 20 min), beeinflussen lässt; die Kontrollgruppe erhielt dagegen kein Treatment. Zu den Evaluationsinstrumentarien zählten u.a.: Videoaufzeichnungen, Batelle Developmental Inventory: Cognitive Domain Screening Test, Sensory Profile, Vineland Adaptive Behavior Scales: Interview Edition und Autism Behavior Checklist (ABC). Als Resultat ist festzuhalten, dass eine signifikante Verbesserung bei der Treatmentgruppe hinsichtlich der Sensorik ($Z=7.85$; $p<.01$), sozialen Kompetenzen ($Z=4.44$; $p<.04$) und lebenspraktischen Fertigkeiten ($Z=5.69$; $p<.02$) im Vergleich zur Kontrollgruppe zu verzeichnen waren. Nach dem Elternfragebogen schliefen die Kinder außerdem in der Treatmentgruppe besser ein und zeigten eine höhere Darmtätigkeit als die Kontrollgruppe.

Insgesamt betrachtet wirken Untersuchungsdesign mit Methodenauswahl und Auswertung der Studie überzeugend und schlüssig; Einschränkungen in der Aussagekraft dieser Pilotstudie liegen jedoch wieder vor allem im geringen Stichprobenumfang.

Silva, Schalock, Ayres, Bunse & Budden (2009): „Qigong-Massage mit autistischen Kindern"

Die Studie von Silva et al. (2009) nahm einen Zeitraum von fünf Monaten ein und überprüfte anhand eines Treatment-Kontrollgruppen- sowie Pre-Post-Designs (N=46 Kinder im Alter von 3-6 Jahren; Treatmentgruppe: n=23; Kontrollgruppe: n=23), inwieweit sich das autistische Verhalten von Kindern durch eine duale Massagebehandlung verändert, d.h. sowohl der Therapeut (20-malige Durchführung; Dauer: 20 min) als auch die Eltern (tägliche Intervention) massierten das Kind. Die Kontrollgruppe erhielt hingegen kein Training. Zur Überprüfung der Wirksamkeit dienten u.a. Pervasive Developmental Disorders Behavior Inventory[53] (PDDBI für Lehrer und Eltern), Sense & System Checklist[54] (SSC), Autism Parenting Stress Index (APSI), Autism Behavior Checklist (ABC). Aus den Ergebnissen lässt sich ableiten, dass die Kinder aus Sicht der Lehrer im Vergleich zur Kontrollgruppe signifikant besser abschnitten, wie z.B. der ABC-Test ($Z=-14.6$; $p<.001$) nachweisen konnte. Auch aus Elternsicht waren deutliche Verbesserungen bei der Treatmentgruppe im Vergleich zur Kontrollgruppe zu konstatieren: PDDBI (sensory score: $Z=-6.9$; $p<.001$; maladaptive behavior: $Z=-11.2$; $p<.001$; social/language/communication abilities: $Z=3.0$; $p<.01$). Zudem zeigten sich bei der Treatmentgruppe im Vergleich zur Kontrollgruppe signifikante Werte beim SSC ($Z=-5.6$; $p<.001$).

Aus Forschersicht ist anzumerken, dass das Untersuchungsdesign mit vielfältigen Erhebungsmethoden besonders breit aufgestellt ist; hierbei berücksichtigt die Forschungsgruppe verschiedene Perspektiven wie Eltern, Lehrer und Instruktoren bzw. Therapeuten, um eine Mehrperspektivität zu gewährleisten. Trotz des umfangreichen Messinstrumentariums und des Treatment-Kontrollgruppen-Designs können die erzielten Effekte lediglich Tendenzen zwischen Qigong-Massage und Autismus aufzeigen, da für eine repräsentative Studie die Qualität, Kompetenz und Objektivität der beurteilenden Akteure, wie z.B. Eltern und Lehrer, fragwürdig erscheint, sowie die Stichprobengröße eher einer Pilotstudie gleicht.

Silva, Schalock, Garberg & Lammers Smith (2012): „Qigong-Massage bei Kindern mit cerebralen Bewegungsstörungen und Down-Syndrom"

Die Pre-Post-Follow-up-Erhebung von Silva et al. (2012) bei Kindern mit cerebralen Bewegungsstörungen (n=14) und Down-Syndrom (n=14) erstreckte sich über einen Interventionszeitraum von zehn Monaten. Als Treatment wurden Qigong-Massagen in Form eines Dual-Programms (Therapeuten mit Kind vs. Eltern mit Kind) durchgeführt. Zu den Evaluationsinstrumentarium zählten u.a. der Motorik-Test Peabody Gross Motor Scale (PGMS). Bei beiden Treatmentgruppen war das Treatment wirksam und erzielte signifikante Verbesserungen bei den motorischen Tests nach fünf Monaten (z.B. PGMS: $p<.01$). Bei der Follow-up-Studie nach zehn Monaten konnten darüber hinaus bei beiden Gruppen kontinuierliche Verbesserungen nachgewiesen werden.

Die Studienergebnisse lassen die Vermutung zu, dass das Programm mit der täglichen Qigong-Massage bei beiden Krankheitstypen Verbesserungen in den motorischen Fähigkeiten der Kinder hervorgerufen hat. Dies wird durch die Ergebnisse der Pre-Post-

---

[53] Der PDDBI stellt eine Ratingskala dar, um die Entwicklungsstörungen feststellen, z.B. werden hier Sprachtests oder Verhaltensweisen im Rollenspiel getestet.
[54] Beim SSC handelt es sich um eine Checkliste zur Sensorik und Selbstregulation.

und Follow-up-Studie untermauert. Die geringe Stichprobenanzahl lässt erneut keine allgemeingültigen Aussagen zu.

Anhand der vorgestellten Qigong-Studien mit ihren jeweiligen Ergebnissen ist grundlegend abzuleiten, dass sich nur die Studie von Opper und Schreiner (2011) auf eine Realisierung von Qigong-Übungen im Kindergartenalltag fokussiert hat. Die erzielten Resultate können allerdings aufgrund der bereits erläuterten Schwächen im Untersuchungsdesign lediglich Tendenzen aufzeigen. Zudem wurden keine speziellen Verfahren angewandt, um die Entspannungsfähigkeit bei den Kindern „pre-post" zu erheben. Insgesamt gleichen alle Forschungsarbeiten in ihrem Stichprobenumfang eher Pilotstudien und verlieren demzufolge – trotz komplexer Untersuchungsdesigns – an Aussagekraft. Repräsentative Resultate liegen darüber hinaus bislang noch nicht vor. Außerdem basiert die Forschungslage – bis auf die Studie von Opper und Schreiner (2011) – hauptsächlich auf therapeutischen Qigong-Massagen bei autistischen Kindern; diese Form der Behandlung ist allerdings vom regulären fachpädagogischen Personal in den Kitas nicht realisierbar.

Yoga

Geschichtlicher Hintergrund

Der Begriff Yoga stammt ursprünglich aus der altindischen Sanskritsprache und lässt sich aus der Verbwurzel yuj (=anjochen, zusammenbinden, vereinigen) herleiten (vgl. z.B. Fuchs, 2009, S. 3; Iyengar, 2009, S. 13). Daraus folgernd sind zwei Belange des Yoga ersichtlich: Vereinigung und Beherrschung (vgl. u.a. Fuchs, 2009, S. 3). Eine Vereinigung erfolgt, wenn im Yoga Körper, Geist und Seele miteinander verbunden sind. Hierbei werden vom Individuum – bei der Ausübung des Yoga – jedoch Anstrengungen zur Beherrschung des Willens, Denkens, Bewusstseins und der Empfindungen verlangt (vgl. Fuchs, 1990, S. 11; Iyengar, 2009, S. 13).[55]

Ursprünge und Wurzeln des Yoga sind jedoch nicht exakt definierbar, da aus den frühesten Zeiten indischer Kulturgeschichte keine schriftlichen Quellen existieren. Erste yogaähnliche Praktiken bzw. Ursprungstexte sind jedoch in den Veden (vgl. Ruben, 1955) um 1000 v. Chr., den Upanishaden (vgl. Hanefeld, 1976), die im Verlauf von ca. 800 Jahren bis zu Christi Geburt entstanden sind, den Yogasutren des Patanjali (vgl. Feuerstein, 1979), deren Entstehung vor etwa 2.000 Jahren angenommen wird, und in der etwa zeitgleich datierten Bhagavadgita vorzufinden (vgl. Sankara & Riemann, 1989). Nach Dittrich (2008, S. 32) und Fuchs (2009, S. 9) lassen sich im traditionellen

---

[55] Auf religiöse bzw. spirituelle Ansätze wie die Vereinigung des eigenen Willens mit dem Willen Gottes (vgl. Iyengar, 2009, S. 13) wird in dieser Arbeit nicht näher eingegangen. Im Setting Elementarbereich geht es in erster Linie um die funktional verstandene Wirkungsweise des Yoga.

Yoga vier klassische, stark geistig und religiös geprägte Yoga-Richtungen unterscheiden, und zwar Jnana-Yoga, Karma-Yoga, Bhakti-Yoga und Raja-Yoga. In der westlichen Hemisphäre wird Yoga meist mit einer erst vor ca. 1.000 Jahren durch Einflüsse des Tantrismus entstandenen Yoga-Richtung, dem Hatha-Yoga, gleichgesetzt, der mit körperlichen Übungen (Asanas), Atemübungen (Pranayamas) und meditativen Praktiken arbeitet (vgl. Fessler, Müller, Salbert & Weiler, 2013, S. 193f.).

Lebensspanne ‚Kinder'

Auch das Kinderyoga stammt ursprünglich aus Indien, spielt dort aber im Gegensatz zum Yoga für Erwachsene noch eine untergeordnete Rolle. Trotz der Popularität und Implementierung an dortigen Schulen liegen bislang keine ausgesprochenen Yogaprogramme für diese Altersstufe vor. Demzufolge ist die Datenlage bis auf wenige Ausnahmen (vgl. Bharati, 1999[56]) als defizitär einzustufen, da viele Yoga-Lehrer meist intuitiv arbeiten und ihre Programme nicht veröffentlichen (vgl. Stück, 1998, S. 82). In der westlichen Welt dagegen gewinnt Kinderyoga in den letzten Jahrzehnten, insbesondere auch in Deutschland, immer mehr Anerkennung. Grund dafür könnte sein, dass auf dem derzeitigen Wellnessmarkt nicht nur für Erwachsene, sondern auch für Kinder vielfältige Kinderyoga-Kurse angeboten werden, z.B. Baby-Yoga, Eltern-Kind-Yoga, die auf gesellschaftliche Resonanz stoßen. Über das Einstiegsalter in das Kinderyoga wird kontrovers diskutiert. Nach Maheswarananda (1992) und Satyananda (1985) können einfache Übungen schon ab dem zweiten Lebensjahr realisiert werden. Pilguj (2002) sieht einen möglichen Beginn bereits ab dem Alter von drei Jahren vor. Desikachar (1997) geht davon aus, dass Kinder mit dem Yoga beginnen können, sobald sie in der Lage sind, selbstständig zu essen. Nach Sumar (1998) können yogaähnliche Übungen bei Kindern mit Down-Syndrom sogar schon ab dem dritten Lebensmonat umgesetzt werden. Der Berufsverband der Yoga Vidya Gesundheitsberater (BYVG) nimmt grundsätzlich keine Altersbeschränkung vor, verweist jedoch auf eine altersentsprechende Umsetzung.

Mit dem Kinderyoga werden vielfältige Zielsetzungen verfolgt. Vorwiegend beabsichtigen die meisten Autoren (vgl. z.B. Bannenberg, 2005; Chanchani & Chanchani, 2002; Duneman-Gulde, 2003, 2005) eine Verbesserung der Körpererfahrung, die hauptsächlich über Anspannungs- und Entspannungszustände hervorgerufen werden soll, oder ein Herstellen von Harmonie mit der Umwelt, wodurch ein starker Bezug zum Erwachsenenyoga erzeugt wird. Auch bei den angenommenen Wirkungsweisen zeigt sich, dass diese nicht auf wissenschaftlichen Standards basieren. Oft beziehen sich die Effekte der einzelnen Übungen teils aus den Praxiserfahrungen und obliegen somit einer

---

[56] Die Studie wurde von U. Lüdtke auf der 1. Tagung der Society for Meditation and Meditation Research vom 24.05.-25.05.2001 in Heidelberg vorgestellt (Augenstein, 2003, S. 110).

Augenscheinvalidität, teils werden diese aus dem Yoga für Erwachsene transferiert wie nachstehende Beispiele belegen: Entwicklung des bewussten Lebensgefühls und der Lebensfreude, Verbesserung der Konzentrationsfähigkeit, Anregung der kreativ-schöpferischen Fähigkeiten und ‚meditativen' Entspannung (vgl. Hari-Dass, 1989), Beseitigung von Ängsten und Verbesserung des Selbstbewusstseins (Hannsz & Schlecht, 1992), Entspannung der Muskulatur mit einhergehendem Loslassen von Anspannungen im seelisch-geistigen Bereich (vgl. Rücker-Vogler, 2001, S. 14).

Forschungsstand im Kindesalter

Laut Weishaupt und Dinges (2008) weist Deutschland mit Indien die meisten wissenschaftlichen Arbeiten bei der Kinderyoga-Forschung auf. Zurückzuführen ist dies vor allem auf die empirischen Forschungsarbeiten von Luchs (1970), Bürmann (1976), Reno-Schiffel (1981), Unger und Hoffmann (1984), Stück (1998, 2009), Augenstein (2002) sowie Goldstein (2002), die sich verstärkt mit dem Yoga für Kinder und Jugendliche im Setting Schule beschäftigt haben. Insgesamt liegen acht nationale und 22 internationale Arbeiten im Kindesalter vor, die meist auf das Grundschulalter[57] (vgl. Braun, 2007; Brinkmann, 2008; Goldstein, 2002; Kömhoff, 1995; Winkler, 1993) zurückzuführen sind.

Nachstehend wird auf die nationale Studie von Chang (2010) eingegangen, die sich speziell dem elementarpädagogischen Setting gewidmet hat. Die Studienergebnisse von Stück (2009, 2011) fanden bereits in Kap. 1.3 bei den Projekten ‚Fair sein – Projekt der Stadt Leipzig' und ‚Starke Wurzeln – Gesunde Lebensstile im Setting Kita' Berücksichtigung, sodass sie hier nicht noch einmal aufgeführt werden.

Chang (2010): „Die Frühförderung durch das Programm Kleine Schritte und Yoga bei Kindern mit Autismus"

In Changs (2010) quasi-experimentellen Studie, die einen Zeitrahmen von neun Monaten einnahm, wurde ein Crossover-Design gewählt, d.h. im Mittelpunkt stand ein Vergleich zwischen den zwei Interventionen ‚Kleine Schritte' (n=14; davon n=7 in Taiwan und n=7 in Deutschland) und ‚Yoga mit Kleinkindern' (n=19; davon n=9 in Taiwan und n=10 in Deutschland) im Ländervergleich Deutschland-Taiwan mithilfe eines Pre-Post-Test-Designs. Beide Interventionen waren für autistische Kinder und deren Eltern konzipiert worden und intendierten, dass die Eltern – nach einer entsprechenden Einführung – die Programme mit ihren Kindern durchführten. Zu den Evaluationsinstrumentarien zählten u.a. Leiter R, Parentin Stress Index (PSI), Vineland Adaptive Behavior Scale (für die Kinder in China) und ein Entwicklungstest für die Kinder in Deutschland von sechs Monaten bis zu sechs Jahren. Die Ergebnisse verdeutlichen, dass

---

[57] Schwerpunkt der Studien im Grundschulalter sind Kinder mit Behinderungen.

beide Programme wirksam waren: Beim Programm ‚Kleine Schritte' wurden bei den Kindern Verbesserungen in der Motorik, Sprache, Kognition und beim Verhalten festgestellt; beim ‚Yoga-Programm' wurden erhöhter Blickkontakt und vermehrte Kontaktfreude, Verbesserung in der Wahrnehmung und Sprache sowie ein Fortschritt in der Motorik der Kinder verzeichnet. Aus Sicht der Mütter ist zu erwähnen, dass eine Korrelation zwischen vermindertem Erziehungsstress und Fortschritten der Kinder in den beiden Programmen zu beobachten war. Jedoch hat sich der Stress der Mütter im Bereich der Erziehungskompetenz nur beim Programm ‚Kleine Schritte'-Gruppe in Deutschland statistisch signifikant (Eltern: $p=.047$; Kinder: $p=.028$ und PSI-Total, $p=.021$) verringert. Letztlich ist anzumerken, dass beide Interventionsmethoden in Taiwan und Deutschland Unterschiede in ihrer Effektivität zeigten. Laut Chang (2010, S. 185) sind diese Unterschiede möglicherweise auf die verschiedenartigen Durchführungen des Trainings und der Begleitung in beiden Ländern zurückzuführen.

Die Forschungsergebnisse sind vor dem Hintergrund einer nicht eingesetzten Kontrollgruppe und der geringen Stichprobenanzahl nur begrenzt aussagekräftig; denn es ist nicht genau zu eruieren, ob die Ergebnisse im Post-Test durch das Treatment oder andere Faktoren entstanden sind; somit sind lediglich Tendenzen aus den Daten abzuleiten. Des Weiteren ist auf die fehlenden gemeinsamen Messinstrumentarien für die Kinder beider Länder im Bereich angewandten Verhaltens – wie die Autorin eigens erwähnte – hinzuweisen, die einen Vergleich erschweren.

Die Forschungslage zu Yoga im Elementarbereich macht deutlich, dass hier durch Stück (vgl. Kap. 1.3) schon Ansätze zu Wirksamkeitsstudien mit Pre-Post- und Treatment-Kontrollgruppen-Designs vorliegen. Allerdings sind diese Daten noch mit Vorsicht zu interpretieren, denn bezüglich deren Aussagekraft ist zu betonen, dass die Wirksamkeitsnachweise nur auf dem EMYK®-Programm basieren, das aus verschiedenen Entspannungsmethoden besteht, und demnach die Treatmenteffekte nicht auf die Yogaelemente übertragbar sind.

Zusammenfassend ist aus den recherchierten Ergebnissen zu entnehmen, dass – wie auch bei den bundesweiten Gesundheitsprojekten mit dem Schwerpunkt *Entspannung* – nur eine geringe Anzahl von dreizehn Wirksamkeitsstudien zu AT (1), Massage (3), Qigong (6) und Yoga (3) im Elementarbereich vorliegt (vgl. Tab. 1.5-1, S. 74). Zu den Methoden Phantasiereise, Progressive Muskelrelaxation und Eutonie steht eine Forschungslage im Elementarbereich hingegen noch aus. Fokussiert man sich ausschließlich auf Studien, die vom Fachpersonal – ohne entsprechende Zusatzqualifikationen (z.B. Entspannungspädagoge/in) durchgeführt werden können, – so verbleiben nur die beiden Studien von Polender (1982b) sowie Opper und Schreiner (2011), die allerdings Schwächen im Untersuchungsdesign und in der Auswertung aufzeigen.

Tab. 1.5-1: Forschungslage zu den sechs kindgemäßen Entspannungsmethoden im Elementarbereich im Alter von 3-6 Jahren; *die in der Klammer angegebene Zahl stellt die Studien dar, die dem Alter 0-3 Jahre (Frühchen/Neugeborene) zuzuordnen sind

Entspannungs-methode	Forschungslage					
	Elementarbereich* (0-6 Jahre)			Kindesalter (ab 7 Jahre)		
	insgesamt	national	international	insgesamt	national	international
AT	1	1	-	21	19	2
Eutonie	-	-	-	-	-	-
Massage	3 (30)	-	3 (30)	51	-	51
PhR	-	-	-	1	1	-
PMR	-	-	-	15	4	11
Qigong	6	1	5	9	4	5
Yoga	3	2	-	30	8	22
GESAMT	13 (30)	4	8 (30)	127	36	91

Zwischenfazit zum Forschungsstand (Kap. 1.4-1.5)

Das Zusammentragen empirischer Forschungsergebnisse zu Entspannungsmethoden im Kindesalter mithilfe einer nationalen und internationalen Recherche ist aus zwei Aspekten grundlegend: Einerseits soll dadurch eine Mystifizierung fernöstlicher und westlicher Methoden vermieden werden; andererseits müssen aus den empirisch gesicherten Forschungsdaten weitere gesundheitsrelevante didaktisch-methodische Entspannungskonzepte entwickelt werden, um gezielte Maßnahmen zur Gesundheitsförderung im Kindesalter zu generieren.

Wie aus den recherchierten Ergebnissen zu folgern ist, liegt nur eine rudimentäre Anzahl von dreizehn Wirksamkeitsstudien zu AT (1), Massage (3), Qigong (6) und Yoga (3) im Elementarbereich vor (vgl. Tab. 1.5-1, S. 74). Zur Phantasiereise, Progressiven Muskelrelaxation und Eutonie ist bislang keine Forschungslage vorhanden. Ausschlaggebend für die geringe Anzahl an Studien könnte die bisher vertretene Annahme sein, dass das systematische Erlernen von Entspannungsmethoden erst ab dem 6./7. Lebensjahr realisierbar sei; ein Blick auf die Forschungslage im

Grundschulalter[58] bekräftigt diese Vermutung. Des Weiteren kann nicht davon ausgegangen werden, dass bisher ein uneingeschränkter Transfer der fernöstlichen Forschung in die westliche Hemisphäre stattgefunden hat. Dies könnte Ursachen haben, wie z.B. das erst kürzlich entstandene wissenschaftliche Interesse des Westens in Bezug auf *Entspannung* im Kindesalter, das erst noch schrittweise transferiert wird; außerdem könnten auch sprachliche, kulturelle oder politische Barrieren Grund für die rudimentär vorliegenden Wirksamkeitsnachweise sein.

Insgesamt kann den Forschungsergebnissen im Elementarbereich, betreffend auf die Entspannungswirkung, nur eine begrenzte Aussagekraft zugesprochen werden. Auf die einzelnen Ursachen wird nachstehend kurz eingegangen:

Wie bereits angedeutet, sind beim **Autogenen Training** beispielsweise die Ergebnisse zur Pilotstudie von Polender (1982b) aufgrund des fehlenden Untersuchungsdesigns, Zeitrahmens und der nicht vorliegenden Stichprobenanzahl als nicht generalisierbar anzusehen.

Zu den **Massage**-Studien ist anzumerken, dass die Trefferanzahlen internationalen Studien zuzuschreiben sind, und zwar hier dem Touch Research Institute in Miami, das unter der Leitung von Field den Forschungsschwerpunkt auf das Kindesalter gelegt hat. *Entspannung* steht hierbei nicht im ‚direkten' Fokus des Forschungsinteresses. Die aufgeführten Ergebnisse, insbesondere der 3-6-jährigen Probandengruppen, sind jedoch in den Kontext *Entspannung* einzuspuren, da Einschlafprobleme, Stressanzeichen bei Verbandswechsel in Form von Torsobewegungen oder aggressiven Verhaltensauffälligkeiten unweigerlich mit spannungs- und entspannungsinduzierenden Situationen zu koppeln sind. Aber auch anhand dieser Forschungsberichte können keine generalisierenden Aussagen zu den Wirkungen der Massage im Elementarbereich getroffen werden, da die Studien auf Therapeut-Kind-Massagen ausgerichtet sind und somit eine Implementierung im Kindergartenalltag ohne entsprechende Ausbildung verhindern. Untersuchungen zu Kind-Kind-Massage liegen bislang noch nicht vor; dies könnte möglicherweise der Ansicht von Physiotherapeuten geschuldet sein, die davon ausgehen, dass durch kindlich ausgeführte Massagegriffe Wirkungsweisen ausbleiben.

Bei den Wirkungsnachweisen von **Qigong** ist in erster Linie auf die nationale Studie von Opper und Schreiner (2011) zu verweisen; hier fokussierten sich die beiden Forscherinnen auf die Wirkungen von Qigong-Übungen auf die Motorik und Konzentration bei Kindergartenkindern. Angesichts fehlender Signifikanzangaben beim Pre-Post-Test und der nicht vorhandenen Kontrollgruppe sowie dem Einsatz der

---

[58] Die Studien beziehen sich nicht explizit auf den Grundschulbereich; jedoch finden dort die Altersstufen 6-10 Jahre ihre Berücksichtigung.

Eltern als ‚Experten-Rater', die die Konzentration ihrer Kinder einschätzen sollen, lassen die Forschungsdaten nur Vermutungen über die Wirksamkeit des Qigong-Trainings zu. Zudem können keine eindeutigen Rückschlüsse auf Verbesserungen durch die Qigong-Einheiten geschlossen werden, da die Kinder in dieser Lebensphase vielfältige motorische Erfahrungen u.a. in der Freizeit und in Sportvereinen sammeln, die zu den Pre-Post-Differenzen bzw. dem Lernfortschritt geführt haben können. Die anderen Forschungsarbeiten beruhen wie bei der Massage vorwiegend auf internationalen Studien und Therapeut-Kind-Behandlungen des Qigong Sensory Trainings-Instituts in Oregon, das vor allem mit autistischen Kindern arbeitet; hierdurch bleibt allerdings ein Transfer der Wirksamkeit von Qigong-Übungen in den Kindergartenalltag verwehrt.

Der Erforschung von **Yoga** im Elementarbereich geht im nationalen Bereich vor allem auf Stück und sein Forschungsteam zurück (vgl. Kap. 1.3). Bei beiden Projekten - ‚Starke Wurzeln – Gesunde Lebensstile im Setting Kita' und ‚Fair sein – Projekt der Stadt Leipzig' konnten u.a. erste Wirkungsweisen mithilfe des EMYK®-Programms konstatiert werden. Neben Pre-Post und Treatment-Kontrollgruppen-Tests wurden auch verschiedene Perspektiven (z.B. Eltern, Kinder, pädagogisches Fachpersonal) und Testinstrumentarium wie Interviews, Beobachtungen, psychophysiologischen und endokrinologische Analyseverfahren eingesetzt. Die Ergebnisse des Projekts ‚Fair sein – Projekt der Stadt Leipzig' weisen bspw. darauf hin, dass zum einen eine Reduktion bezüglich aggressiver Verhaltensweisen dokumentiert werden konnte; zum anderen wurden von den Kindern neu erworbene Konfliktstrategien angewandt. Psychophysiologische Untersuchungen konnten über den Verlauf der fünfzehn Sitzungen eine Pulsfrequenzreduzierung und Senkung des systolischen Blutdrucks nachweisen. Bei drei Sitzungen wurden Speichelproben zum Cortisol sowie zur Immunglobulin-A-Konzentration im Pre-Post-Test erhoben, die signifikante Pre-Post-Verbesserungen ($p=.007$) erzielten (vgl. Stück, 2011, S. 70-71). Hinsichtlich der Aussagekraft dieser Ergebnisse ist darauf aufmerksam zu machen, dass Yoga beim EMYK® zwar den Schwerpunkt bildet, das Programm jedoch aus verschiedenen Entspannungsmethoden besteht, womit die Forschungsergebnisse nicht konkret auf die Yogaelemente bezogen werden können. Aus Forschersicht wären bei den endokrinologischen Messungen einerseits nach jedem Treatment Messanalysen wünschenswert gewesen; andererseits hätten endokrinologische Tagesprofile noch Aufschluss über Nachhaltigkeitsfaktoren des EMYK®-Programms geben können. Changs (2010) erzielte Treatmenteffekte sind aus zweierlei Hinsicht für die Wirksamkeit von Yoga im Elementarbereich nicht zu verwenden: (1) Das eingesetzte Untersuchungsdesign zeigt vor allem Schwächen in der Methodenauswahl, denn hier wurden aufgrund der sprachlichen Differenz (chinesisch vs. deutsch) unterschiedliche Testverfahren angewandt, womit die Ergebnisse in Frage zu stellen sind; darüber hinaus fehlt eine Kontrollgruppe, um die Effekte der Programme zu überprüfen. (2) Überdies handelt es sich bei der Stichprobe um Kinder mit Autismus, womit das Übungsprogramm und die damit erhobenen Daten nicht auf Regelkindergärten übertragbar sind.

Richtet man den Blick nur auf die Studien, die vom fachpädagogischen Personal in Eigenregie ohne entsprechende Zusatzqualifikationen (z.B. Entspannungspädagoge/in) durchgeführt werden können, – auch bei Stück (2009, 2011) ist eine EMYK®-Kursleiterausbildung erforderlich – so verbleiben nur die beiden Studien von Polender (1982b) sowie Opper und Schreiner (2011), die beide jedoch Schwächen im Untersuchungsdesign und in der Auswertung aufzeigen: So existieren zum Beispiel bei Polender (1982b) kein Untersuchungsdesign und Zeitrahmen, während bei Opper und Schreiners Studie (2011) die Kontrollgruppe fehlt und der Auswertungsschwerpunkt nicht auf die Entspannungsfähigkeit, sondern auf motorische Fertigkeiten und Konzentration gelegt wurde.

1.6 Systematisierung kindgemäßer Entspannungsmethoden im Elementarbereich

In diesem Abschnitt werden die eben vorgestellten kindgemäßen Entspannungsmethoden (vgl. Kap. 1.4-1.5), aus denen sich das körperbasierte Entspannungstraining aus Kap. 3 zusammensetzt, zunächst klassifiziert und im Anschluss zu diesen ein entsprechender Körperbezug hergestellt.

Bei der Klassifizierung der Entspannungsmethoden findet eine Ausrichtung am Klassifikationsmodell[59] (vgl. Abb. 1.6-1) von Fessler (2013, S. 22f.) statt.

---

[59] Neben diesem Klassifikationsschema von Fessler (2013, S. 22f.), das eine grundlegende Strukturierung der Entspannungsverfahren ermöglicht, generierten auch Petermann (2010, S. 70f.) und Vaitl (2000, S. 30) Klassifikationsmodelle. Petermann (2010, S. 70f.) entwickelte ein Schema, das zwischen der Art der Entspannungsinstruktion (selbst- vs. fremdinstruktiv bzw. aktiv vs. passiv) und der Entspannungsreaktion (physisch vs. psychisch) differenziert. Entsprechend diesen beiden Kategorien werden die Entspannungsmethoden nochmals in imaginative (z.B. Phantasiereisen), kognitiv-behaviorale (z.B. Autogenes Training) und sensorische (z.B. Eutonie, Massage, PMR, Qigong und Yoga) Verfahren untergliedert. Vaitls (2000, S. 30) Klassifikationsschema nimmt einerseits eine Unterteilung in Art der Entspannungsinduktion vor (autoinstruktiv vs. heteroinstruktiv bzw. aktiv vs. passiv), andererseits setzt er den Schwerpunkt der Entspannungsreaktion auf somatische vs. psychische Wirkungen. Insgesamt verzichtet er auf eine detaillierte Untergliederung der einzelnen Methoden. Im Gegensatz zu diesen beiden Klassifizierungen, die sich vorwiegend auf die Entspannungsinstruktion und -reaktion fokussieren, erlaubt Fesslers Modell einen differenzierten Blick auf die einzelnen Kategorien, indem er z.B. die Entspannungsziele aufschlüsselt und in funktionale sowie kontemplative Ziele eingruppiert. Ebenso werden Kriterien wie Entspannungsauslösung, Entspannungsinduktion, Entspannungsaktivität minuziös berücksichtigt, um genaue Einblicke in die Wirkungsweisen von *Entspannung* zu gewähren. Aufgrund dieser aufgefächerten Klassifizierung wurde sich an Fesslers Modell orientiert.

Alle Entspannungsmethoden obliegen grundsätzlich einer *Entspannungsbasis*, die sich in religiös-philosophisch und weltanschaulich-neutral differenzieren lässt. Zu den religiös-philosophischen zählen fernöstliche Methoden wie Massage[60], Qigong oder Yoga, während Autogenes Training, Eutonie, Phantasiereise oder Progressive Muskelrelaxation den westlichen Methoden zuzuordnen sind. Für öffentliche Institutionen wie Kindertageseinrichtungen gilt es, bei der Umsetzung beider Ursprünge, diese von „Heilsversprechen oder esoterischen Schleiern zu entkoppeln" (ebd., 2013a, S. 22). Angestrebt wird ein protektives Entspannungstraining, das die Kinder mit zunehmender Übungsfrequenz befähigt, Kompetenzen zu generieren, die ihnen ermöglichen, eigenständig und situationsspezifisch aus einem „protektiven Entspannungs-Entspannungs-Kompendium" Übungen auszuwählen, um gezielt einen Effekt zu bewirken.

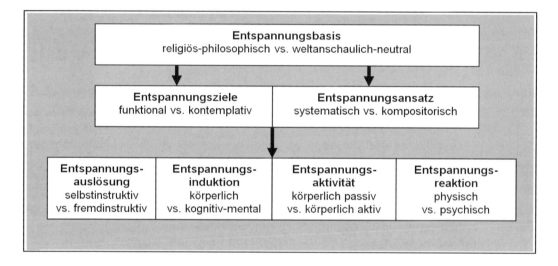

Abb. 1.6-1: *Klassifikationsmodell zur schematischen Verortung von Entspannungsmethoden (Fessler, 2013, S. 22)*

Bei den *Entspannungszielen* ist zwischen funktionalen und kontemplativen Zielen zu unterscheiden. Kontemplative Ziele sind meist den fernöstlichen Methoden zuzuweisen und intendieren u.a. über die Meditation, einen mystischen Weg einzuschlagen,

---

[60] Bei der Massage ist – aufgrund der Vielzahl an Massageformen – eine eindeutige Einteilung in religiös-philosophisch und weltanschaulich-neutral nicht möglich. Während die religiös-philosophischen Massageformen auf den Heilslehren der Traditionellen Chinesischen (TCM) und Indischen Medizin (TIM) basieren (z.B. Thai-Massage oder Ayurvedische Massagen) und bei diesen Völkern als Kulturgüter gelten, beruhen die weltanschaulich-neutralen Massageformen (z.B. Klassische Massage, Rhythmische Massage) auf der westlich modernen Schulmedizin und kennzeichnen sich durch eine späte Entwicklungsgeschichte (19. Jh.), die aufgrund der Körper- und Berührungsfeindlichkeit christlicher und westlicher Kulturen entstanden ist (vgl. Kolster, 2003, S. 2; Montagu, 2004). Zudem sind die westlichen Massageformen meist auf einzelne Personen oder Personengruppen des europäischen (z.B. Klassische Massage auf Ling; vgl. Kolster, 2003) oder amerikanischen Kulturkreises (Esalen-Massage) zurückzuführen.

um eine Bewusstseinserweiterung und einen Entspannungszustand zu erfahren. Im elementarpädagogischen Setting ist eine funktionale Ausrichtung sowohl fernöstlicher (z.B. Qigong, Yoga) als auch westlicher Methoden (z.B. Eutonie, Progressive Muskelrelaxation) anzustreben, d.h. z.B. in Form einer Einbindung in Gesundheitskontexte, um primärpräventive Gesundheitsziele zu realisieren (ebd., 2013a, S. 22ff.).

Außerdem kann ein Entspannungstraining einen systematischen (beruhend auf ein in sich geschlossenes Entspannungssystem, z.B. Autogenes Training oder Eutonie) oder kompositorischen *Entspannungsansatz* (Zusammensetzung aus verschiedenen Entspannungsmethoden, z.B. Kombination aus Autogenem Training und Progressiver Muskelrelaxation) verfolgen. Für die frühe Kindheit eignen sich vor allem kompositorische Ansätze mit Phantasiegeschichten (vgl. Kap. 3), denn das Vorstellen von Bewegungen durch beispielsweise Märchenfiguren in Form von Phantasiegeschichten innerhalb einer spezifischen Entspannungsmethode steht im Einklang mit den motorischen, kognitiven und motivationalen Voraussetzungen der Kinder (ebd., 2013a, S. 22ff.).

Für eine kindgerechte Umsetzung spielen die nachfolgenden Klassifikationskriterien eine besondere Rolle (ebd., 2013a, S. 23-24):

Bei der *Entspannungsauslösung* sollten im Kontext von Gesundheit, Bewegung und Entspannung Methoden präferiert werden, die in pädagogischen Institutionen fremdinstruktiv angeleitet und umgesetzt sowie zukünftig selbstinstruktiv von den Kindern in Alltagssituationen integriert werden können. Zu diesen gehören vor allem die in Kap. 1.4-1.5 aufgezeigten Methoden, die den Erwachsenenprogrammen entsprechend für Kinder (vgl. Kap. 3) adressatengerecht zu verändern sind.

Unter *Entspannungsinduktion* sind körperbasierte Methoden zu favorisieren, die die Aufmerksamkeit auf körperliche Prozesse richten (z.B. Schwereübungen beim AT). Daher werden im Anschluss an die Beschreibung des Klassifikationsmodells Körperbezüge zu den auserwählten Entspannungsmethoden im Elementarbereich dargestellt.

Entspannung durch real ausgeführte Körperarbeit verdeutlicht das Kriterium *Entspannungsaktivität*; hier lassen sich körperlich passive (z.B. Autogenes Training, Massage bzw. Partnermassage) von körperlich aktiven Methoden (z.B. Eutonie, PMR, Qigong oder Yoga) separieren.

Aus bewegungsthematischer Sicht ist letztlich das Kriterium *Entspannungsreaktion* anzuführen, mit dem selektiert werden kann, ob eine physische und/oder psychische Wirkung hervorgerufen werden soll. Diese Kategorie ist nur auf der Theorieebene aufzuschlüsseln. Praktisch sind beide Reaktionsweisen eng miteinander verbunden und spielen im Elementarbereich eine besondere Rolle, da Kinder in dieser Altersstufe mit vielfältigen körperlichen und emotionalen Prozessen beschäftigt sind, auf die ein Entspannungstraining gleichermaßen einwirken kann.

Mit Blick auf das körperbasierte Entspannungstraining in Kap. 3 wird nachstehend zu den einzelnen Methoden ein Körperbezug hergestellt (in Anlehnung an Fessler, 2013, S. 24ff.):

Das *Autogene Training* ist prinzipiell in die Kategorie der passiven Tätigkeiten einzuordnen. Aufgrund ihres körpererspürenden Charakters und durch die Kombination von Entspannungsgeschichten/-reisen mit AT-Entspannungsformeln fokussiert das Kind die Aufmerksamkeit auf seine Körperempfindungen und befreit sich damit vom Alltagsgeschehen mit eventuellen Problembereichen. Erzielt wird dieser Vorgang u.a. mittels Schwere-, Wärme- und Ruheformeln bezogen auf bestimmte Körperteile.

Die Arbeitsweise der *Eutonie*, die auf der intuitiven Erkenntnis basiert, dass sich verschiedene Funktionssysteme des Körpers gegenseitig bedingen und sich in ständigem Austausch mit der Umwelt befinden, gründet auf einem unmittelbaren Körperbezug, wodurch sie in besonderem Maße der Prämisse eines körperbasierten Entspannungstrainings entspricht; denn der Fokus liegt auf der Grundspannung der Muskulatur (Tonus). Aufgrund der schon im Kindesalter vorliegenden Verspannungen und Fehlhaltungen intendiert die Eutonie einerseits, Tonusveränderungen am eigenen Körper zu beobachten und wahrzunehmen, andererseits auf den Tonus zielgerichtet einzuwirken. Zudem kann die Methode mit Körperwahrnehmungsdidaktiken und -methoden (z.B. Psychomotorik) kombiniert werden. Hierbei dienen einfache und zugleich vielfältige Übungen in Ruhe wie auch in Bewegung, um den Körper zu spüren und systematisch zu ergründen.

Die Entspannungsmethode *Massage* zählt im Elementarbereich bzw. Kindesalter zu den klassischen Verfahren und ist ebenfalls den körperbasierten Methoden zuzuweisen. Durch die Selbstmassage wird ein Bezug zum eignen Körper bzw. ein intrapersonaler Kontakt hergestellt, während durch die Partnermassage interpersonale Aspekte in den Vordergrund rücken. Beide Massagedurchführungen finden zudem konzentriert, fokussiert und entschleunigt statt, wodurch die Massage einen wichtigen Beitrag für körpermeditative Zugänge bei den Kindern ermöglicht.

Die *Progressive Muskelrelaxation* (PMR) ist prädestiniert für ein körperbasiertes Entspannungstraining, denn es greift die Wechselbeziehung von Psyche und Körper auf. Aufgrund des intensiven Körperbezugs, bei dem der ganze Körper nach einer bestimmten Reihenfolge ‚bearbeitet' wird, lassen sich einfache Bewegungsanweisungen in direkte bewegungsorientierte Bezüge herstellen. Die Wirkungen sind darüber hinaus direkt am Körper spür- und ableitbar, wodurch die Kinder eine schnelle Rückmeldung auf das Entspannungstraining erfahren.

Qigong beinhaltet vielfältige Verfahren wie Meditations-, Bewegungs- und Atemtechniken, womit auch ein enger Körperbezug hergestellt werden kann; durch die Bewegungsanteile, die zeitlupenartig und in Ruhe ausgeführt werden, kann zum einen eine Körpermeditation hervorgerufen, zum anderen regulierend auf das vegetative Nervensystem eingewirkt und das kosmische Qi durch die Atmung in den Körper gelenkt werden.

Die Entspannungsmethode *Yoga* stellt körperliche Prozesse in den Fokus der Aufmerksamkeit, indem sie das Zusammenspiel zwischen Körperteilen und Muskulatur bewirkt. Dieses körperliche Training ermöglicht Bewusstseinserfahrungen, die wiederum zu einer verbesserten Wahrnehmung und Steuerung der Körperfunktionen führen.

Im nächsten Kapitel werden die elementarpädagogischen Erziehungs- und Bildungspläne quantitativ-qualitativ analysiert, um zu prüfen, ob in diesen Plänen Entspannungsthemen und -ansätze sowie die eben beschriebenen Entspannungsmethoden verortet sind.

2 Entspannungselemente in den Erziehungs- und Bildungsplänen

In diesem Kapitel werden die elementarpädagogischen Erziehungs- und Bildungspläne quantitativ-qualitativen Analysen unterzogen. Mithilfe dieses Recherchevorgangs soll geprüft werden, ob in diesen Plänen Entspannungsthemen, -methoden und -ansätze verankert sind, bzw. welche Möglichkeiten Kindertageseinrichtungen von Seiten des Bundes und der Länder angeboten werden, um Gesundheitsförderung und Prävention im Elementarbereich umzusetzen. Diese Ergebnisse ermöglichen wiederum Rückschlüsse auf die recherchierten Gesundheits-/Entspannungsprojekte im Elementarbereich (vgl. Kap. 1.3) sowie Forschungslage zu den Entspannungsmethoden im Kindesalter (vgl. Kap. 1.4.-1.5). Zunächst werden in diesem Kapitel jedoch grundlegende Entwicklungsprozesse, Rahmenbedingungen und Strukturen der Bildungspläne im Elementarbereich vorgestellt.

2.1 Gemeinsame Rahmenrichtlinien der Bundesländer

In den letzten Jahren herrschte eine intensive bildungspolitische Diskussion um das frühkindliche Bildungssystem, die zu umbruchartigen Veränderungen im System Kindertagesbetreuung führte: „Die (frühe) Kindheit steht derzeit hoch im Kurs von Politik und Öffentlichkeit. […] Der Ehrgeiz greift um sich, Deutschland auf den ‚richtigen Weg' zu bringen. […] ‚Kitazeit ist Bildungszeit' – dieses Gebot trägt erste Früchte" (Barthelmes & Vontz, 2007, S. 3). Der „Länderreport Frühkindliche Bildungssysteme 2013" der Bertelsmann Stiftung (vgl. Bock-Famulla & Lange, 2013) und der OECD-Bericht ‚Starting Strong: Early Childhood Education and Care'[1] (Organisation für wirtschaftliche Zusammenarbeit und Entwicklung [OECD], 2001) konstatierten, dass die frühkindliche Bildung, Betreuung und Erziehung in Deutschland grundlegenden Transformationsprozessen unterliegt und derzeitig auf dem Prüfstand steht. Grund für diese in den Fokus rückende frühkindliche Bildungspolitik war u.a. das schwache Abschneiden bei europäischen und internationalen Schulleistungserhebungen (z.B. PISA, TIMSS,

---

[1] Durch den OECD-Bericht ‚Starting Strong: Early Childhood Education and Care' gewann die frühkindliche Erziehung und Betreuung weltweit zunehmendes politisches Interesse. 12 Länder nahmen freiwillig an der ersten Evaluationsrunde (1998-2000) teil. Dabei wurde untersucht, wie frühkindliche Entwicklung und frühkindliches Lernen durch Politikmaßnahmen, Frühkindliche Betreuung, Bildung und Erziehung-Dienste, Familien und Gemeinden unterstützt werden können, um Chancengleichheit für ein lebenslanges Lernen zu ermöglichen. Der zweite Evaluationsdurchgang ‚Starting Strong II' im Jahre 2004 dokumentierte die Fortschritte, die die teilnehmenden Länder seit der Veröffentlichung von Starting Strong I erzielt hatten. Der OECD-Länderbericht 'Starting Strong II' (2006) stellte fest, dass – gemessen an den internationalen Standards – die Qualitätsanforderungen der deutschen Kindertageseinrichtungen zu niedrig seien. Eng damit zusammen hängen nach Ansicht der Experten/innen die erforderlichen höheren Ausbildungsstandards für das fachpädagogische Personal (vgl. Henry-Hutmacher, 2005; Zimmer, 2008, S. 212).

IGLU), das auch auf eine unzureichende Frühförderung im Elementarbereich schließen ließ (vgl. Tietze, Schuster, Roßbach & Grenner, 2005, S. 272). Das Postulat, dass das deutsche frühkindliche Bildungssystem reformiert werden soll, ist auch eine Reaktion auf tiefgreifende gesellschaftliche Entwicklungen, neuere Erkenntnisse der Entwicklungspsychologie, Neurobiologie und Säuglingsforschung: Zum einen belegen internationale Wirksamkeitsstudien, wie zum Beispiel ‚Effective Provision of Pre-School Education' (vgl. Sammons, 2007; Sylva et al., 2004), ‚European Child Care and Education Study' (vgl. ECCE-Study-Group, 1997, 1999) oder ‚Wie gut sind unsere Kindergärten?' (vgl. Tietze, 1998), dass das bildungsförderliche Interaktionsgeschehen zwischen Erwachsenem und Kind als Schlüsselelement pädagogischer Prozesse anzusehen ist, woraus sich nachweisbare kurz- und langfristige Effekte bei der sprachlichen, kognitiven und sozial-emotionalen Entwicklung zeigen; teilweise können dadurch auch Kompensationseffekte, insbesondere bei bildungsfernen und sozioökonomisch benachteiligten Kindern hervorgerufen werden (vgl. Bolz, Wetter & Wustmann, 2010, S. 13). Zum anderen untermauern Erkenntnisse aus der Säuglingsforschung, dass bereits nach der Geburt von einem kompetenten, weltoffenen und bildungshungrigen Säugling auszugehen ist (vgl. Dornes, 2001), d.h. von einem interaktionsfähigen, initiativen, differenzierten und mit Gefühlen ausgestatteten Wesen, bei dem die Spuren und Netzwerke im Gehirn angelegt sind und Erfahrungen bzw. Erlebnisse über lustbetontes, spielerisches Lernen sukzessiv integriert werden. Dementsprechend beginnt das spielerische Lernen nicht erst mit Beginn des Schuleintritts, sondern bereits in der frühkindlichen Bildung und ist Ausdruck von Neugier, Kreativität, Lernlust und Wissensdurst des Kindes (vgl. Dornes, 2001; Hüther, 2007; Leu et al., 2007, S. 39).

Diese Entwicklungen führten 2004 zur Generierung eines gemeinsamen Rahmens der sechzehn Bundesländer für die frühe Bildung. Auf der Trägerkonferenz im März 2004 wurde beschlossen, gemeinsam mit dem Sozialministerium, den kommunalen Landesverbänden, den Kirchen und anderen Trägerverbänden der Kindertageseinrichtungen – im Gegensatz zu dem zuvor vorherrschenden unverbindlichen Bildungsauftrag (vgl. Bartl, 2010[2]) – einen Rahmen- bzw. Orientierungsplan zu entwerfen, auf dessen Basis schließlich die Erziehungs- und Bildungspläne für den Elementarbereich erstellt werden sollten. Hierbei handelt es sich jedoch um kein Curriculum, sondern um einen Orientierungsplan, der sich an Kindergärten und Eltern gleichermaßen richtet. Dieser Plan war angesichts einer föderalistisch geprägten Bildungslandschaft somit als eine breite Verständigung aller Bundesländer über die Grundsätze der elementarpädagogischen Bildungsarbeit zu verstehen.

---

[2] Zugriff im Mai 2013 unter http://www.mathematik.tu-dortmund.de/ieem/cms/media/BzMU/BzMU2010/BzMU10_BARTL_Mirco_Bildungsplan.pdf.

Die Grundsätze bestehen nach Beschluss der Kultusministerkonferenz darin, die Kinder in folgenden sechs Bildungsbereichen in ihren Kompetenzen zu fördern: (1) Sprache, Schrift, Kommunikation; (2) personale und soziale Entwicklung, Werteerziehung/religiöse Bildung; (3) Mathematik, Naturwissenschaften, (Informations-)Technik; (4) musische Bildung/Umgang mit Medien; (5) Körper, Bewegung, Gesundheit sowie (6) Natur und kulturelle Umwelten. Zu diesen Bildungsbereichen werden zusätzlich noch entsprechende Querschnittsaufgaben hinzugefügt, wie lernmethodische Kompetenz, interkulturelle Bildung, geschlechterbewusste Arbeit, Förderung von Kindern mit Entwicklungsrisiken und besonderen Begabungen (vgl. Jugendministerkonferenz & Kultusministerkonferenz [JMK], 2004, S. 2).

Bei der didaktisch-methodischen Gestaltung dieser Bildungsbereiche wird vom Rahmenplan der Kultusministerkonferenz die Entwicklungsangemessenheit betont, weil Bildungsangebote der sozialen, kognitiven, emotionalen und körperlichen Entwicklung des Kindes entsprechen müssen. Ebenso existieren Vereinbarungen u.a. über die ganzheitliche Förderung, die Grundlagen pädagogischer Arbeit und Qualitätsentwicklung sowie eine grundlegende Verständigung über die Optimierung der Transition von Kindergarten und Grundschule (vgl. ebd., 2004, S. 6-7). Des Weiteren wurde vom Bund akzentuiert, dass bei der frühen Bildung trotz der Kompetenzorientierung nicht das Ziel anvisiert wird, eine Verschulung des frühkindlichen Bildungssystems mit ‚Lektionen- oder Fächerunterricht' vorzunehmen. Stattdessen soll das pädagogische Fachpersonal als Entwicklungsbegleiter fungieren, die die Kinder in ihrer sich selbst bildenden Phase unterstützen, indem sie ihnen anregungsreiche Umgebungen zur Verfügung stellen, in denen die Kinder und Lernprozesse sammeln können. Aufgrund der Beobachtung erschließen sich dann weitere herausfordernde Aufgaben für die Kinder.

Diese gemeinsamen Rahmenrichtlinien kommen laut Schneider (2010, S. 17f.) auf drei Ebenen zum Tragen, und zwar vom Bund über die Länder und kommunalen Träger hin zu den Kindertageseinrichtungen. Diese Verantwortungsübertragung verfolgt die Intention, den Kindertageseinrichtungen entsprechend ihrer lokalen Gegebenheiten, träger- und/oder einrichtungsspezifischen Konzeptionen die Chance zu geben, praxisnahe Bildungsziele zu erstellen, indem sie sich mit den bundesweiten Vorgaben auseinandersetzen können. Rückblickend ist festzuhalten, dass die Grundsätze des Rahmenplans der Kultusministerkonferenz in den Bundesländern sehr unterschiedlich umgesetzt wurden, wie die Synopse von Diskowski[3] (2007) belegt.

---

[3] Zugriff im Februar 2012 unter www.ktk-bundesverband.de/aspe_shared/form/download.asp?nr=193044&form_typ=115&acid=0F19F0D33D1144C2B818 89122658E0AAC926&ag_id=6405.

Entspannungselemente in den Erziehungs- und Bildungsplänen

Nachstehend werden Gemeinsamkeiten und Unterschiede der elementarpädagogischen Erziehungs- und Bildungspläne[4], die als Konkretisierung des Bildungsauftrags verstanden werden, skizzierend aufgezeigt:

Bezeichnung

Auf den ersten Blick wird deutlich, dass innerhalb der Bundesländer für den Elementarbereich keine einheitliche Bezeichnung bezüglich der Pläne existiert: Das Bundesland Baden-Württemberg betitelt seinen Erziehungs- und Bildungsplan als „Orientierungsplan für Bildung und Erziehung für die baden-württembergischen Kindergärten". Dieser Titel ähnelt auch der Bezeichnung in Niedersachsen „Orientierungsplan für Bildung und Erziehung im Elementarbereich niedersächsischer Tageseinrichtungen für Kinder". In Bremen und Mecklenburg-Vorpommern wird von einem „Rahmenplan" gesprochen, in Berlin, im Saarland und in Sachsen hingegen von einem „Bildungsprogramm". Weitere Bezeichnungen erstrecken sich von „Vereinbarungen" in Nordrhein-Westfalen über „Leitlinien" in Schleswig-Holstein und „Grundsätze" in Brandenburg bis hin zu „Empfehlungen" in Hamburg und Rheinland-Pfalz. Vier Bundesländer (Bayern, Hessen, Sachsen und Thüringen) vergeben den Titel „Bildungs- und Erziehungsplan" (vgl. Diskowski, 2007).

Verfahren der Erarbeitung

Die Heterogenität in den Betitelungen basiert wiederum auf deren unterschiedlichen Entstehungsgeschichten. Größtenteils sind diese von Wissenschaftlern verschiedener Universitäten konzipiert worden oder entstanden durch Entwürfe, die auf wissenschaftlich begleiteten Gutachten beruhen und nach einer Erprobungs- und Überarbeitungszeit in den praktischen Alltag implementiert wurden. Aufgrund der Tatsache, dass einige Wissenschaftsgruppen gleichzeitig für mehrere Länder zuständig waren, ergaben sich z.B. bei Bayern und Hessen sowie in Berlin, Hamburg und beim Saarland ähnliche oder identische Inhalte. Von jeweils verschiedenen wissenschaftlichen Beratungsgruppen wurden die Grundlagen als Gutachten in Sachsen, Sachsen-Anhalt, Mecklenburg-Vorpommern und Brandenburg erarbeitet. Für die Bearbeitung des Niedersächsischen Bildungsplans wurden zusätzlich Elternvertreter und Träger herangezogen. Kirchen und kommunale Spitzenverbände halfen bei der Bearbeitung des Bildungsplanes in Rheinland-Pfalz ergänzend mit (vgl. Stoltenberg, 2008, S. 12).

---

[4] Grundlage für die Analyse bilden die online zugänglichen elementarpädagogischen Erziehungs- und Bildungspläne der Bundesländer. Zugriff im April 2012 unter www.bildungsserver.de/Bildungsplaene-der-Bundeslaender-fuer-die-fruehe-Bildung-in-Kindertageseinrichtungen-2027.html.

Konzeption

Grundsätzlich sind zwei Kategorien der Pläne zu unterscheiden, nämlich die der ersten und zweiten Generation. Die Pläne der ‚ersten' Generation zielen auf die Institution Kindertageseinrichtungen ab, wie z.B. der Bayerische oder Sächsische Erziehungs- und Bildungsplan, und beziehen sich somit ausschließlich auf die Elementarbildung. Der Vorteil dieser Pläne liegt darin, dass bei der Konzeption nicht auf schulische Themen wie Noten, Fächer oder Versetzung Bezug genommen wird. Die Trennung von Kindergarten und Grundschule führt aber dazu, dass die festgelegten Bildungsbereiche in den Plänen nicht institutionsübergreifend angelegt sind. Die Pläne der ‚zweiten' Generation, wie sie in Hessen, Thüringen, Sachsen-Anhalt, Schleswig-Holstein oder Rheinland-Pfalz vorliegen, sind dagegen für eine größere Altersspanne vorgesehen (z.B. 0 bis 10 Jahre) und berücksichtigen – neben der bedeutsamen Transition und weiterer Lernorte wie Familie, Medien, Peergroup – auch das Kind selbst (vgl. Textor, 2007; Zimmer, 2008, S. 225). Im Jahr 2010 hat auch der Bildungsplan von Mecklenburg-Vorpommern eine Erweiterung hinsichtlich des Geltungsbereiches erfahren, sodass dieser nun von der Geburt bis zum zehnten Lebensjahr ausgelegt ist (vgl. Schneider 2010, S. 20). Die Bildungspläne in den Bundesländern Baden-Württemberg, Brandenburg und Hamburg weisen ebenfalls eine institutionsübergreifende Altersspanne auf, wobei das Hauptaugenmerk hier jedoch auf die Elementarbildung gerichtet ist.

Aufbau

Der inhaltliche Aufbau der Pläne ist ebenfalls von Heterogenität geprägt. In der Regel wird auf folgende Aspekte eingegangen: den gesellschaftlichen Rahmen, die Leitgedanken, das Bildungsverständnis, das zugrundeliegende Bild vom Kind sowie die Bildungs- und Erziehungsziele. Das Kernstück der Pläne stellen die Bildungsbereiche sowie Lern- und Erfahrungsfelder dar; hier sind auch didaktische Anleitungen und methodische Hinweise vorzufinden. Ebenso tauchen Themen wie Transition, demokratische Teilhabe, Integration von Migrantenkindern und Kindern mit besonderen Bedürfnissen auf. Im letzten Teil der Pläne lassen sich Aussagen über Anforderungen an die Fachkräfte, Qualitätsentwicklung und -sicherung, Selbst- und Fremdevaluation sowie Aufgabe des Trägers finden; in einigen sind auch Praxisbeispiele, Reflexionsfragen und Kriterienkataloge enthalten (vgl. Textor, 2007).

Bildungsbereiche

Die als Kernstück ausgewiesenen sechs Bildungsbereiche sind für die Länder als Orientierung anzusehen (vgl. S. 85). Anhand der Synopse Diskowskis (2007) wird allerdings offensichtlich, dass sich diese in ihrer Benennung, Ausgestaltung und Anzahl zum Teil erheblich unterscheiden. Beispielsweise wurden folgende Bezeichnungen verwendet: Bildungsbereiche (u.a. Berlin, Brandenburg, Bremen), Bildungs- und Erziehungsbereiche (Bayern, Mecklenburg-Vorpommern), wichtige Bereiche (Thüringen), Querschnittsdimensionen und Bildungs- und Entwicklungsfelder (Baden-Württemberg). Auch bei der Ausgestaltung der Bildungsbereiche sind Unterschiede erkennbar, wie etwa der Bildungsbereich ‚Sprache, Schrift, Kommunikation' in Baden-Württemberg (Sprache), Berlin (Kommunikation: Sprachen, Schriftkultur und Medien) oder Sachsen (Kommunikative Bildung „Dialog") offenlegt. In Bezug auf deren Anzahl differieren diese ebenso, weil die Bundesländer Ergänzungen oder Abweichungen in ihren Plänen vorgenommen haben. Baden-Württemberg fokussiert sich im Vergleich zu anderen Bildungsplänen auf nur vier Bildungsbereiche (Sprache, Denken, Sinne und Körper), orientiert sich zusätzlich noch an elementaren Formen wie Gefühl und Mitgefühl, Sinn, Werte und Religion, und basiert auf einem mehrperspektivischen Verständnis von Bildung. Der Bayerische Bildungsplan geht zunächst auf die Basiskompetenzen (z.B. Personale Kompetenzen, Kompetenzen zum Handeln im sozialen Kontext) ein und widmet sich im Anschluss u.a. den themenbezogenen Bildungs- und Erziehungsbereichen: Sprache und Literacy, Bewegung, Rhythmik/Tanz/Sport und Gesundheit. Außerdem erfahren sie eine Erweiterung durch Bereiche wie Wertorientierung und Religiosität, Informations- und Kommunikationstechnik/Medien und Emotionalität, soziale Beziehungen und Konflikte (vgl. ebd., 2007). Neben Abgrenzungen sind aber auch Tendenzen der Annäherung in Form gemeinsamer Felder ersichtlich. Der Bildungsbereich ‚Körper, Bewegung und Gesundheit' ist in allen Plänen verortet; die Bezeichnungen weichen allerdings voneinander ab, z.B. Körper (Baden-Württemberg), Bewegung, Rhythmik, Tanz, Sport und Gesundheit (Bayern), Körper, Bewegung und Gesundheit (u.a. Berlin) oder Somatische Bildung „Wohlfühlen" (Sachsen). Zudem finden Bildungsbereiche Berücksichtigung, die mit schulischen Fächern übereinstimmen wie: Mathematik, Naturwissenschaften, Musik, Gestalten, Bewegung, Religion und Werteerziehung (vgl. Stoltenberg, 2008, S. 21f.).

Umfang

Uneinigkeit herrscht auch im Umfang der Pläne vor: Einige wurden ausdrücklich als vorläufig bezeichnet und haben bis heute Erweiterungen bzw. neue Auflagen erfahren. Andere Bundesländer dagegen erstellten neben ihren Plänen *Handreichungen* zur Praxis (z.B. Saarland), andere wiederum (wie beispielsweise Bayern oder Thüringen) integrierten diese in ihren Plänen. Der von der Seitenanzahl kürzeste Bildungsplan mit insgesamt 19 Seiten wurde von Sachsen generiert. Im Gegensatz dazu beinhaltet der Bayerische Bildungs- und Erziehungsplan insgesamt 488 Seiten und weist somit den größten Umfang auf. Da nicht alle Bildungspläne in Form bebilderter Buchdrucke vorliegen, muss an dieser Stelle angefügt werden, dass sich einige der Unterschiede zum Umfang aus diesem Grund relativieren lassen (vgl. Schneider, 2010, S. 22).

Generell ist zu bemerken, dass die Pläne im Elementarbereich mit unterschiedlichem Arbeitsaufwand bzw. Engagement erarbeitet wurden und dadurch erhebliche Qualitätsunterschiede sichtbar werden. Dies ist auch der Tatsache geschuldet, dass einige Bundesländer detaillierte Programme, die in der Praxis umgesetzt, erprobt und anschließend evaluiert und ggf. überarbeitet wurden, entwickelten, während andere wiederum nur grobe Leitlinien formuliert haben (vgl. Zimmer, 2008, S. 222). Bayern und Sachsen richteten z.B. unterstützend zur Implementierung der Pläne sogenannte Modellkindergärten ein, während Niedersachsen, Rheinland-Pfalz und Thüringen Konsultationskindertagesstätten installierten. Sachsen dagegen baute Kindertageseinrichtungen zu Kompetenzzentren aus. Hessen bildete für die Erprobungsphase Tandems aus Kindergarten, Schule und weiteren Lernorten (vgl. Stoltenberg, 2008, S. 12f.). Vor diesem Hintergrund ist die Frage zu stellen, ob es die richtige Vorgehensweise war, ausgehend vom gemeinsam geschaffenen Rahmen des Bundes, die Verantwortung zur Konkretisierung den Ländern zu übergeben. Die Konzipierung der Pläne per se wurde von den Wissenschaftlern, den Eltern sowie vom pädagogischen Fachpersonal als positiv angesehen, ebenso wie der große pädagogische Freiraum für die Kindertagesstätten bei der Realisierung der Inhalte. Leider ist zu beobachten, dass die Bildungspläne trotz ihres positiven Anklangs nicht in allen Kindertageseinrichtungen verankert wurden. Gründe dafür könnten die teilweise sehr umfangreichen Exemplare mit hoher Seitenzahl oder auch der wissenschaftliche Schreibstil sein (vgl. Textor, 2007). Aus sportwissenschaftlicher Sicht ist anzumerken, dass trotz der Entwicklungen zur Stressgesellschaft bei der aktuellen Diskussion um frühkindliche Bildung die Trias ‚Bewegung, Gesundheit und Entspannung' gegenüber den sprachlichen, kognitiven und lernmethodischen Kompetenzen in den Hintergrund gerückt sind. Dies wird u.a. darin deutlich, dass in der Dokumentation des Modellversuchs „Zum Bildungsauftrag von Kindertageseinrichtungen" der Bereich Bewegung überhaupt keine Berücksichtigung fand (vgl. Laewen & Andres, 2002).

2.2 Analyse der elementarpädagogischen Erziehungs- und Bildungspläne im Kontext Entspannung

Bevor die elementarpädagogischen Bildungspläne[5] unter dem Aspekt der *Entspannung* beleuchtet werden, ist ins Bewusstsein zu rufen, dass Bildungsplananalysen komplexen Prozessen unterliegen. Nach Stibbe und Aschebrock (2004, S. 33) wird der Schwerpunkt in der sportdidaktischen Lehrplanforschung meist auf drei Aufgaben-

---

[5] Grundlage für die Analyse bilden wieder die online zugänglichen elementarpädagogischen Pläne der Bundesländer: Zugriff im April 2012 unter http://www.bildungsserver.de/Bildungsplaene-der-Bundeslaender-fuer-die-fruehe-Bildung-in-Kindertageseinrichtungen-2027.html.

felder gelegt: (1) Konzeption und Strukturanalyse, (2) Entstehung und Implementierung sowie (3) Rezeption, Verwendung und Wirkung der Pläne. In dieser Arbeit werden die elementarpädagogischen Pläne hinsichtlich der *Entspannung* vor allem in Bezug auf die Konzeption und Strukturanalyse untersucht:

In einem ersten explorativen Schritt werden anhand des Datenanalyseprogramms atlas.ti 5.0 und dessen Funktion ‚Wordcruncher' Deskriptoren für die Analyse bestimmt. Diese Funktion listet alle in den Plänen vorkommenden Wörter auf und zählt diese. Aus dieser Liste mit insgesamt ca. 50.000 Begriffen sind schließlich diejenigen ausgewählt geworden, die mit *Entspannung* in Verbindung gebracht werden können. Mithilfe der Funktion ‚Wordcruncher' ist somit sichergestellt, dass die ausgewählten Deskriptoren auch originär aus den ausgewählten Dokumenten stammen.

In einem zweiten Schritt werden mit der Funktion ‚Auto-Coding' diese entspannungsaffinen Deskriptoren quantitativ erfasst, um diese anschließend in ihrem Kontext einer qualitativen Analyse zu unterziehen. Im Hinblick auf die vorliegende Fragestellung werden in den nachstehenden Abschnitten die Pläne zunächst mit allgemeinen Entspannungsbegriffen (vgl. Kap. 2.2.1) und anschließend mit spezifischen Entspannungsmethoden (vgl. Kap. 2.2.2) untersucht. In einem letzten Auswertungsschritt werden die erzielten Ergebnisse zur *Entspannung* im Elementarbereich mit denen aus den Lehrplänen der Primarstufe (vgl. Kap. 2.2.3) verglichen. Ziel dieses letzten Schrittes ist es, zu überprüfen, inwieweit erstens die beiden Bildungsinstitutionen in Bezug auf *Entspannung* respektive Gesundheitserziehung und -bildung inhaltlich aufeinander aufbauen und zweitens, ob es zwischen den Bildungsplankommissionen des Elementarbereichs und der Primarstufe personale Überschneidungen gibt.

2.2.1 Ergebnisse zu allgemeinen Entspannungsbegriffen

Die Analyse mithilfe des Datenanalyseprogramms atlas.ti und dessen Funktion ‚Wordcruncher' führt zu denen in der Tab. 2.2.1-1 aufgelisteten Entspannungsbegriffen. Um diese Begriffe quantitativ zu erheben, wird der morphologische Wortstamm *entspann* ausgewählt, den alle Bezeichnungen in sich tragen. Daher können sowohl diejenigen Wörter gefunden werden, die mit diesem Wortstamm beginnen (z.B. Entspannung, entspannt), als auch diejenigen, die vor diesem Wortstamm einen weiteren Wortteil aufweisen (z.B. Ruheentspannung, Muskelentspannung). In der Spalte *entspann* in Tab. 2.2.1-2 (S. 92) werden sowohl die qualitativen (122) als auch die quantitativen (134) Treffer aus den allgemeinen Beschreibungen[6] und einzelnen Bildungsbereichen[7] der Pläne dargestellt.

---

[6] Dazu zählen u.a. Grundlagen, Leitziele, Leitgedanken, Bild des Kindes.
[7] Da nach Diskowski (2007) die Bildungsbereiche in den Bundesländern in ihrer Bezeichnung differieren, wurden die Betitelungen aus dem gemeinsam erstellten Rahmen des Bundes verwendet.

Unter den quantitativen Treffern, die sich in Klammern befinden, sind diejenigen Treffer zu verstehen, die nicht in den Kontext eines Entspannungstrainings einzuspuren sind. Als Beispiel hierfür dient das Bundesland Mecklenburg-Vorpommern, das *Entspannung* im Bildungsbereich ‚Sprache, Schrift und Kommunikation' wie folgt erwähnt: „Spielen ist eine grundlegende Form des Lernens. Kinder erwerben dabei vielfältige Kompetenzen. Deshalb ist diesem Erfahrungsfeld, das aktive, selbstständige und entdeckende Lernprozesse schult, besondere Aufmerksamkeit zu schenken. Kinder erleben Spaß und Vergnügen in einer entspannten Atmosphäre" (Mecklenburg-Vorpommern, 2010, S. 77).

Tab. 2.2.1-1: Deskriptoren zu allgemeinen Entspannungsbegriffen

Deskriptor *entspann*	
ENTSPANNUNGSÜBUNGEN	ENTSPANNUNGSFORMEN
ENTSPANNEN	ENTSPANNUNGSGESCHICHTEN
ENTSPANNEND	ENTSPANNUNGSMETHODEN
ENTSPANNT	ENTSPANNUNGSPHASE
ENTSPANNUNG	ENTSPANNUNGSPROGRAMME
ENTSPANNUNGSMUSIK	ENTSPANNUNGSREISEN
ENTSPANNUNGSAKTIVITÄTEN	ENTSPANNUNGSTECHNIKEN
ENTSPANNUNGSAUFGABE	MUSKELENTSPANNUNG
ENTSPANNUNGSFÄHIGKEIT	RUHEENTSPANNUNG

Auffallend ist die hohe Trefferanzahl in den Bundesländern Bayern (53 Treffer), Hessen (8 Treffer), Mecklenburg-Vorpommern (18 Treffer), Sachsen (14 Treffer) und Thüringen (9 Treffer). Diese Bündelung an Entspannungsthemen beruht auf folgenden Aspekten: Die Erarbeitung dieser Pläne basierte zum Teil auf den gleichen wissenschaftlichen Beratungs- und Bildungskommissionen. Zum Beispiel generierte das Staatsinstitut für Frühpädagogik (IFP) die Pläne für Bayern wie auch für Hessen. Bayern[8], das Bundesland mit den meisten Treffern, orientierte sich bei der Erstellung der Pläne darüber hinaus auf der einen Seite an internationalen Plänen im Elementarbereich (u.a. an Neuseeland, Schweden), die der Gesundheit und *Entspannung* mehr Beachtung schenkten, sowie an internationalen[9] und nationalen Gesundheits- und Entspannungsprojekten im Kindesalter, wie z.B. ‚gesunde kitas • starke kinder' (Verein ‚Plattform Ernährung und Bewegung'; vgl. Kap. 1.3) oder ‚Kitas bewegen' (Bertelsmann Stiftung, 2008).

---

[8] Telefonische Auskunft durch Frau Direktorin des Staatsinstituts für Frühpädagogik (IFP) Prof. Dr. Fabienne Becker-Stoll aus München.

[9] Genaue Auskünfte zu den internationalen Projekten, auf die sich dabei die Bayerische Bildungsplankommission bezog, konnten durch Frau Direktorin des Staatsinstituts für Frühpädagogik (IFP) Prof. Dr. Fabienne Becker-Stoll nicht gegeben werden.

Entspannungselemente in den Erziehungs- und Bildungsplänen

Tab. 2.2.1-2: Quantitative/qualitative Zählung von allgemeinen Entspannungsbegriffen innerhalb der Bildungsbereiche der elementarpädagogischen Pläne mit quantitativen Angaben in Klammern

Erziehungs- und Bildungspläne im Elementarbereich	*entspann*	allgemeine Beschreibungen (Grundlagen, Leitziele, Leitgedanken, Bild des Kindes)	Bildungsbereiche					
			Sprache, Schrift, Kommunikation	Personale und soziale Entwicklung, Werteerziehung, religiöse Bildung	Mathematik, Naturwissenschaften, (Informations-)Technik	Musische Bildung/ Umgang mit Medien	Körper, Bewegung, Gesundheit	Natur und kulturelle Umwelten
Baden-Württemberg	1 (2)	0 (1)	-	-	-	-	1 (1)	-
Bayern	53 (57)	3 (3)	-	8 (10)	2 (2)	5 (5)	34 (34)	1 (3)
Berlin	0 (0)	-	-	-	-	-	-	-
Brandenburg	3 (3)	-	-	-	-	1 (1)	2 (2)	-
Bremen	3 (3)	-	-	-	-	-	3 (3)	-
Hamburg	2 (3)	1 (1)	-	-	-	-	1 (2)	-
Hessen	8 (9)	3 (4)	-	-	-	2 (2)	3 (3)	-
Mecklenburg-Vorp.	18 (20)	0 (1)	0 (1)	-	-	15 (15)	3 (3)	-
Niedersachsen	3 (3)	1 (1)	-	-	-	-	2 (2)	-
NRW	6 (6)	3 (3)	-	-	-	1 (1)	2 (2)	-
Rheinland-Pfalz	1 (1)	-	-	-	-	-	1 (1)	-
Saarland	1 (2)	1 (2)	-	-	-	-	-	-
Sachsen	14 (14)	1 (2)	-	-	-	3 (3)	9 (9)	-
Sachsen-Anhalt	0 (0)	-	-	-	-	-	-	-
Schleswig-Holstein	0 (0)	-	-	-	-	-	-	-
Thüringen	9 (11)	-	1 (2)	5 (5)	-	-	3 (4)	-
GESAMT	122 (134)	13 (18)	1 (3)	13 (15)	2 (2)	27 (27)	64 (66)	1 (3)

Auf der anderen Seite nahm es die praktischen Vorschläge zur *Entspannung* aus den zahlreichen Modellkindergärten, die unterstützend zur Implementierung eingerichtet wurden, auf. Die Thüringer Bildungsplankommission[10] begründete z.B. die Anhäufung von Entspannungsthematiken mit den Merkmalen moderner Kindheit (Virtualität, Beschleunigung etc.), wodurch sich *Entspannung* zu einem wichtigen Faktor etabliert hat. Ähnlich wie in Bayern richtete sich auch die Bildungskommission in Sachsen[11] nach regional umgesetzten Modellprojekten wie ‚Starke Wurzeln – Gesunde Lebensstile im Setting Kita' oder ‚Fair sein – Projekt der Stadt Leipzig', um einen Beitrag zur Kindergesundheit zu liefern (vgl. Kap. 1.3).

Wie diese Ergebnisse belegen, sind interessanterweise in den Bundesländern viele Entspannungstreffer zu verzeichnen, in denen auch Gesundheitsprojekte mit dem Schwerpunkt *Entspannung* durchgeführt und dazu Ergebnisse publiziert worden sind (vgl. Kap. 1.3 und Kap. 1.5). Daraus ist die Folgerung anzustellen, dass bereits diese wenigen Resultate zur entsprechenden Resonanz in den Bildungsplankommissionen geführt haben, dass Mehrfachnennungen an Entspannungsthemen und -ansätze in den Bildungsplänen verankert wurden.

Differenzierte Analysen zeigen, dass mehr als die Hälfte der Treffer (64) im Bildungsbereich ‚Körper, Bewegung und Gesundheit' (vgl. Abb. 2.2.1-1) vorliegen. Diese große Bandbreite an inhaltlichen Verankerungen ist vor dem Hintergrund nicht überraschend, da die Einzelkomponenten des Bildungsbereichs eine große Affinität zu Entspannungsansätzen bieten. Bayern thematisiert *Entspannung* u.a. in einem eigenen Subkapitel „Ausgleich und Entspannung" (Bayern, 2012, S. 374) und gibt dabei konkrete Hinweise zu Entspannungsmethoden und deren Einsatzmöglichkeiten zur

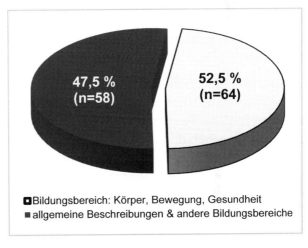

Abb. 2.2.1-1: Vorkommen von Entspannungsthemen in den Bildungsbereichen

---

[10] Telefonische Auskunft durch Elke Michalek vom Thüringischen Institut für Lehrerfortbildung, Lehrplanentwicklung und Medien (Thillm) – Arbeitsbereich Lehrplan- und Fachentwicklung.
[11] Telefonische Auskunft durch die Fachreferentin Berit Lahm vom Zentrum für demokratische Bildung (Fachstelle und Koordinierungsstelle Kommunale Gesamtstrategie ‚Leipzig – Ort der Vielfalt').

Stressregulation, um das seelische Wohlbefinden zu stärken und eine Form der Lebenstherapie kennenzulernen. Außerdem werden Projektvorschläge angeboten, wie z.B. „Wir kommen zur Stille – Meditation mit Kindern von 0-6 Jahren" (ebd., 2012, S. 374), bei denen das fachpädagogische Personal über die Entstehung des Projekts sowie den Rahmen und Ablauf informiert wird. Entspannungsthemen finden zudem Erwähnung in Kontexten wie: „Kennenlernen eines ausgewogenen Verhältnisses von Spannung und Entspannung" oder „Entspannungsübungen als Ausklang von Bewegungsstunden" (ebd., 2012, S. 352) sowie „Entspannungsmöglichkeiten in passiver Haltung u.a. in selbst gebauten Höhlen aus Matten oder Tischen" (ebd., 2012, S. 351).

In Thüringen wird *Entspannung* innerhalb der motorischen und gesundheitlichen Bildung unter „Wissen über Zusammenhänge zwischen Ernährung, Bewegung, Belastung und Entspannung" oder „gesundheitsfördernde Rituale im Alltag (Entspannungsübungen)" verortet (Thüringen, 2010, S. 75). Sachsen greift Entspannungsthemen im Zusammenhang mit einer angemessenen Rhythmisierung des Alltags auf – „Kinder brauchen Bewegung & Entspannung" (Sachsen, 2007, S. 45) – und möchte die Kinder dahingehend schulen, dass sie einen Lebensrhythmus entwickeln, der ihnen signalisiert, wann der Akku leer ist (vgl. ebd., 2007, S. 45). In Mecklenburg-Vorpommern wird *Entspannung* mit Körperkontrolle in Verbindung gebracht und unter dem Meta-Thema „Die Ganzheitlichkeit des Körpers erfahren" (Mecklenburg-Vorpommern, 2010, S. 187) aufgeführt.

Ein Bezug zur *Entspannung* ist verhältnismäßig oft im Bildungsbereich „musische Bildung/Umgang mit Medien" vorzufinden. Musik berührt das Innerste und wirkt dadurch laut dem Bayerischen Erziehungs- und Bildungsplan (2012, S. 321f.) als Quelle der *Entspannung*, Aufmunterung und Ausgeglichenheit. Brandenburg (2006, S. 17) betont wiederum, dass das Erlernen von Rhythmen eine überaus wichtige Komponente darstellt und mit den Grundstrukturen des menschlichen Lebens in Verbindung steht: „Der Mensch handelt rhythmisch im Sinne von Wechseln und Gegensätzen (z.B. Einatmen/ Ausatmen, Spannung/Entspannung), und er ist Teil der Natur". Bei den Bundesländern Bayern und Thüringen finden Entspannungsansätze auch im Bildungsbereich ‚personale und soziale Entwicklung, Werteerziehung/religiöse Bildung' Berücksichtigung: Bayern (2012, S. 75) möchte, dass Kinder resiliente Verhaltensweisen erlernen, wie z.B. der Einsatz von Entspannungs- und Ruhephasen im Alltag, die für ein gesundes Aufwachsen unentbehrlich sind. Für Thüringen (2010, S. 150f.) ist es bedeutsam, dass Kinder bewusst den Wechsel zwischen Ruhe und Bewegung kennenlernen sowie bewusst entspannen können; ebenso sollen Kinder ein eigenes Lerntempo unter der Prämisse von An- und Entspannungsphasen entwickeln.

Eine Verbindung von *Entspannung* mit dem Bildungsbereich ‚Sprache, Schrift und Kommunikation' offeriert nur das Bundesland Thüringen (2010, S. 58), und zwar unter der Rubrik ‚Pädagogisches Setting'. *Entspannung* erfolgt dabei durch Spaziergänge und Gesprächsanlässe in Parks und Gärten. Bayern (2012, S. 219) erwähnt als einziges Bundesland Entspannungsansätze einerseits im Bildungsbereich ‚Mathematik, Naturwissenschaften, (Informations-)Technik' im Subkapitel ‚Hörmedien und Hörspiel' und verweist dabei auf den Umgang mit Hörspielen und -medien, die neben der Konzentrationsfähigkeit auch die Entspannungsfähigkeit schulen. Andererseits sind Entspannungsbezüge auch im Bildungsbereich ‚Natur und kulturelle Umwelten' rubriziert, und zwar unter „Kennenlernen und Erforschen der Elemente der Natur: Kinder sollen hinsichtlich des Themas Luft Atemübungen durchführen und dabei Entspannungsmomente und Wohlbefinden erfahren" (ebd., 2012, S. 290f.).

Nicht nur quantitativ, sondern auch qualitativ schenkt die Bayerische Bildungsplankommission – im Vergleich zu den anderen Bundesländern – dem Thema *Entspannung* die größte Aufmerksamkeit. Dies wird darin offensichtlich, dass sie sich wie bereits erwähnt an national und international durchgeführten Gesundheitsprojekten und -initiativen orientierte und darüber hinaus konkrete Beispiele für Entspannungsansätze und -projekte (z.B. „Wir kommen zur Stille – Meditation mit Kindern von 0-6 Jahren") für den Kindergartenalltag dem fachpädagogischen Personal anbietet, bei denen das Personal über den strukturellen Rahmen und Beobachtungen sowie Reflexionen Hintergrundinformationen erhält.

Aus methodischem Blickwinkel sind über die gesamten Bundesländer hinweg weitgehend bildungsplanübergreifende Ansätze erkennbar, d.h. es werden Verankerungspunkte zwischen dem Bildungsbereich ‚Körper, Bewegung, Gesundheit' und anderen Bereichen wie ‚musische Erziehung', ‚personale und soziale Entwicklung, Werteerziehung/religiöse Bildung', ‚Mathematik, Naturwissenschaften, (Informations-) Technik' und ‚Natur und kulturelle Umwelten' geknüpft, um das fachpädagogische Personal für die Vielzahl an Implementierungsmöglichkeiten zu sensibilisieren. Mit Blick auf die qualitative Dimension der erzielten Treffer ist nochmals zu betonen, dass umfangreiches Material zur Umsetzung mit entsprechenden Tipps und spezifischen Hinweisen zu Ratgeberbroschüren bzw. Quellen, die beim tätigen Fachpersonal wichtig wären, keine Berücksichtigung finden. Meist handelt es sich bei den Treffern um eine stichwortartige Auflistung von Umsetzungsmöglichkeiten im Kindergartenalltag, die in der Praxis allerdings nachhaltige Entspannungsprozesse vermissen lassen und somit eher naiven Entspannungsverfahren (wie z.B. ein Buch lesen, schlafen, Musik hören) zuzuordnen sind.

2.2.2 Ergebnisse zu Entspannungsmethoden

Um die einzelnen Entspannungsmethoden quantitativ zu erfassen, werden wieder zu den einzelnen Methoden Deskriptoren generiert (vgl. Tab. 2.2.2-1). Eine quantitative

Tab. 2.2.2-1:   Deskriptoren zu den Entspannungsmethoden

Deskriptoren zu Entspannungsmethoden	
Autogenes Training	*autogen*
Eutonie	*eutonie*
Massage	*massag*, *massie*
Phantasiereise	*fantasie*, *phantasie*, *traum*, *geschichte*
Progressive Muskelrelaxation	*progressiv*, *muskel*, *spannung*, *relaxation*
Qigong	*qi-*, *chigong*, *qigong*
Tai Chi	*taichi*, *tai*, *thai*
Yoga	*yoga*

Analyse in den Erziehungs- und Bildungsplänen im Elementarbereich ergibt, dass diese nur in sechs Bundesländern mit insgesamt 23 Treffern verortet sind (vgl. Tab. 2.2.2-2). Die Angaben in Klammern zeigen zusätzlich noch die Treffer an, die im Bildungsbereich ‚Körper, Bewegung und Gesundheit' (14 Treffer) vorkommen.

Der Bayerische Erziehungs- und Bildungsplan nimmt bei diesem Analyseschritt wieder eine Sonderstellung ein, denn er beinhaltet die größte Anzahl an Entspannungsmethoden (vgl. Tab. 2.2.2-2); sie sind vor allem im Bildungsbereich ‚Körper, Bewegung, Gesundheit' platziert, und hier unter dem Subkapitel „Ausgleich und Entspannung" (Bayern, 2012, S. 374). Massage und Progressive Muskelrelaxation werden dabei der sensorischen, Phantasiereise der imaginativen und AT der kognitiven *Entspannung* zugeordnet. Eine Ausnahme bildet Yoga; es wird im Subkapitel „Gemeinwesen – Kooperation mit fachkundigen Stellen" erwähnt, womit partnerschaftliche Kooperationen mit Sportvereinen anvisiert werden, um den Kindern möglichst vielfältige Bewegungsangebote zu ermöglichen (vgl. ebd., 2012, S. 350). Im Bundesland Hamburg findet die Massage im Bildungsbereich ‚Körper, Bewegung, Gesundheit' ihre Berücksichtigung. In der Rubrik ‚Beispiele für Aufgaben der Erzieherinnen' werden als alltägliche Aufgaben „Streicheln und Massieren" (Hamburg, 2011, S. 83) aufgelistet. In Mecklenburg-Vorpommern taucht die Phantasiereise einerseits im Bildungsbereich ‚Sprache, Schrift und Kommunikation' unter dem Thema „Fantasiereisen entwickeln" (Mecklenburg-Vorpommern, 2010, S. 79) auf. Andererseits werden Phantasiereisen, Yoga und Qigong im Bereich „musische Bildung/Umgang mit Medien" unter dem Aspekt „Entspannen mit Musik" rubriziert (ebd., 2010, S. 157).

Nordrhein-Westfalen listet zunächst die drei Entspannungsmethoden Phantasie-/Traumreise, Massage und AT im Bildungsbereich ‚Körper, Bewegung, Gesundheit' unter „Entspannungsphasen gestalten" auf (NRW, 2003, S. 55). Genauer wird jedoch nur auf die Massage und deren Massagematerialien (Igelbälle, Tennisbälle, Pinsel usw.) eingegangen (vgl. ebd., 2003, S. 60).

Tab. 2.2.2-2: Vorkommen von Entspannungsmethoden in den Erziehungs- und Bildungsplänen im Elementarbereich in allen Bereichen und im Bildungsbereich ‚Körper, Bewegung, Gesundheit' (Angaben in Klammern); AT=Autogenes Training; PhR=Phantasiereise; PMR=Progressive Muskelrelaxation

Erziehungs- und Bildungspläne im Elementarbereich	Entspannungsmethoden						GESAMT
	AT	Massage	PhR	PMR	Qigong	Yoga	
Bayern	1 (1)	1 (1)	1 (1)	1 (1)	-	1 (1)	5 (5)
Hamburg	-	1 (1)	-	-	-	-	1 (1)
Mecklenburg-Vorp.	-	-	6 (0)	-	1 (0)	1 (0)	8 (0)
NRW	1 (1)	2 (2)	1 (1)	-	-	-	4 (4)
Schleswig-Holstein	-	2 (2)	-	-	-	-	2 (2)
Thüringen	-	2 (1)	1 (1)	-	-	-	3 (2)
GESAMT	2 (2)	8 (7)	9 (3)	1 (1)	1 (0)	2 (1)	23 (14)

Schleswig-Holstein (2009, S. 29-30) beinhaltet als Entspannungsmethode nur Massage im Bildungsbereich „Körper, Bewegung, Gesundheit", und zwar zum Thema „Entdecke deinen eigenen Körper" durch gegenseitiges Massieren und unter der Kategorie „Vielfältige Anlässe für Bewegung und Körperwahrnehmung schaffen".

Bildungsbereichsübergreifende Hinweise sind ebenfalls vorzufinden: Zum Beispiel verankert das Bundesland Thüringen (2010, S. 76) Massage zum einen im Bildungsbereich ‚Körper, Bewegung, Gesundheit' in Form eines gesundheitsförderlichen Rituals im Alltag; hierbei wird explizit auf die Bürstenmassage verwiesen. Zum anderen sollte die Massage im Bildungsbereich ‚personale und soziale Entwicklung, Werteerziehung/religiöse Bildung' zur Körpererfahrung beitragen (vgl. ebd., 2010, S. 145). Phantasie- bzw. Traumreisen werden ebenso im Bildungsbereich ‚Körper, Bewegung, Gesundheit' stichwortartig erwähnt (vgl. ebd., 2010, S. 72).

Die Anzahl der in Tab. 2.2.2-2 aufgeführten Treffer hätte größer ausfallen können, wenn zusätzlich indirekte Verweise mithinzugenommen worden wären, wie folgende Beispiele aus Mecklenburg-Vorpommern zur Progressiven Muskelrelaxation verdeutlichen: Anspannen-Entspannen: „Luftmatratze", „Versteinern" oder „Muskelspannung regulieren" (Mecklenburg-Vorpommern, 2010, S. 186).

Letztlich ist zu bemerken, dass die beiden Entspannungsmethoden Massage (8 Treffer) und Phantasiereise (9 Treffer) mit Abstand am häufigsten aufgeführt werden. Beide Methoden zählen zu den klassischen und leicht erlernbaren, kindgemäßen Entspannungsmethoden. Während Massage größtenteils in den Bildungsbereich ‚Körper, Bewegung, Gesundheit' eingeordnet wird, findet bei Phantasiereise – sie stellt eine kreative Methode dar, die neben Entspannungseffekten auch zur Entwicklung und

Schulung der Kreativität eingesetzt wird – eine bildungsbereichsübergreifende Zuordnung statt. Zudem lassen sich Phantasiereisen problemlos an vielfältige Kontexte anpassen, wie die obigen Beispiele aus den Bildungsbereichen belegen.

Wird der Blick auf die Qualitätsdimension gelegt, so scheint es, dass die beiden Methoden Massage[12] und Phantasiereise – trotz fehlender nationaler und internationaler Forschungslage (vgl. Kap. 1.4 und Kap. 1.5) in Bezug auf Wirksamkeitsnachweise – möglicherweise deswegen Mehrfachnennungen erzielten, weil diese aus der Perspektive der Bildungsplankommissionen vom fachpädagogischen Personal ohne besondere Qualifikationen im Kindergartenalltag zu realisieren sind und sich in der Praxis schon über mehrere Jahrzehnte bewährt haben. So lässt sich eine Partnermassage mit Igelbällen – ohne entsprechende Vorqualifikation im Kontext *Entspannung* – einfacher umzusetzen als eine Qigong- oder Yoga-Einheit. Daher wird auch in den Bildungsplänen bei der Implementierung von Yoga auf externe Kooperationspartner verwiesen (vgl. Bayern, 2012, S. 350). Dieser Sachverhalt überrascht nicht, da auch die beiden Projekte in Sachsen (vgl. Kap. 1.3) ausdrücklich mittels ausgebildeter EMYK®-Experten realisiert wurden. AT (NRW und Bayern) und Qigong (Mecklenburg-Vorpommern) tauchen – ohne explizite Erläuterungen – lediglich stichwortartig auf, wodurch eine praktische Umsetzung durch das Fachpersonal mehr als unwahrscheinlich erscheint. Entspannungsmethoden wie beispielsweise Eutonie oder Tai Chi finden – wie auch bei der Forschungslage im Kindesalter (vgl. Kap. 1.4 und 1.5) – aufgrund ihres Bekanntheitsgrades hingegen keine Erwähnung.

Grundsätzlich zeigen die Ergebnisse aus Kap. 2.2.1 und Kap. 2.2.2, dass die Kultusbehörden, auch im Hinblick auf die Gesundheitslage im Kindesalter (vgl. Kap. 1.1), in den neuen elementarpädagogischen Bildungsplänen erste Impulse im Form von Entspannungsansätzen und -methoden gesetzt haben, wodurch der *Entspannung* ein hohes Maß an Verbindlichkeit durch die administrative Lenkung verliehen wurde bzw. wird. Aufgrund der föderalen Struktur kann allerdings nicht von einer einheitlichen Berücksichtigung von Entspannungsinhalten ausgegangen werden wie auch in den länderspezifischen Analysen (vgl. Tab. 2.2.1-2, S. 92; Tab. 2.2.2-2, S. 97) ersichtlich wurde. Versucht man die Neuerungen auf die wesentlichen Punkte zu reduzieren, so ist hauptsächlich eine stichwortartige Auflistung von Entspannungsansätzen und -methoden erkennbar. Kritikpunkt hierbei ist, dass es an nachhaltigen didaktisch-methodischen Konzeptionen und konkreten Umsetzungsbeispielen (ebd., 2012, S. 374) ohne Zusatzqualifikationen im Kontext *Entspannung* für das Fachpersonal mangelt. Ausschlaggebend dafür könnte insbesondere sein, dass *Entspannung* in der Sportdidaktik bzw. in den sportdidaktischen Konzeptionen bisher nur wenig Eingang gefunden hat.

---

[12] Kind-zu-Kind-Massagen

Fraglich ist zudem, ob diese Bildungsplaninhalte bzw. „didaktischen Handlungsanweisungen" (Vollstädt et al., 1999, S. 21) in den Kitas überhaupt Anklang finden und dem dort lehrenden Personal eine Orientierung geben können. Denn Studien zur Curriculumforschung bzw. Rezeption von Lehrplaninhalten im Primarstufenbereich haben dargelegt, dass viele Lehrpersonen die Lehrpläne zwar kennen, die Inhalte jedoch nicht geradlinig im Unterrichtsalltag umgesetzt werden (vgl. hierzu im Detail Stibbe & Aschebrock, 2007, S. 150f. sowie Axnix, 1983; Hänisch, 1985; Kunert, 1983; Santini, 1971). Demzufolge ist es unweigerlich notwendig, (1) das fachpädagogische Personal frühzeitig an der Erarbeitung und Erprobung der Lehrpläne auch in Bezug auf Gesundheits- und Entspannungsthemen zu beteiligen, um einer inhaltlichen Ablehnung entgegenzuwirken; überdies ist es wichtig, (2) dem fachpädagogischen Personal – von Seiten der Ministerien – Weiterbildungsbildungsmöglichkeiten zu Entspannungsmethoden anzubieten, um eine Implementierung zu gewährleisten. An letztere Forderung schließt sich eine Internetrecherche auf der Seite des deutschen Bildungsservers[13] an, um herauszufinden, welche Nachqualifizierungsmöglichkeiten Fachkräften angeboten werden. Im Ergebnis zeigt sich, dass zwar verschiedene Themen (z.B. Betreuung von Kindern unter drei Jahren, Bundesländerinitiativen), Termine, Linktipps, Hinweise zur internationalen Elementarbildung, Aus- und Fortbildungsangebote sowie Datenbanken zu Informationszwecken zur Verfügung gestellt werden, Fortbildungsmaßnahmen zum Thema *Entspannung* auch unter den Weiterbildungsmöglichkeiten zu Praxisbereichen wie ‚Gesundheit, Körper, Bewegung im Elementarbereich'[14] oder ‚Weiterbildungsinitiativen Frühpädagogischer Fachkräfte'[15] nicht existieren. Lediglich unter der Rubrik ‚Angebote an Fachhochschulen und Universitäten' gibt es vereinzelt Treffer zu

---

[13] Bei der Recherche wurden vielfältige Fortbildungsportale, wie z.B. *bundesweiter Bildungsserver-Kita-Server-Fortbildungsprogramme* (Zugriff im Juni 2013 unter www.bildungsserver.de), *Weiterbildungsinitiativen Frühpädagogische Fachkräfte* (Zugriff im Juni 2013 unter http://www.weiterbildungsinitiative.de/aus-und-weiterbildung.html); *universitäre Einrichtungen*: u.a. Berliner Institut für Frühpädagogik (Zugriff im März 2013 unter http://www.biff.eu/), Institut für Frühkindliche Bildung an der Universität Bremen (Zugriff im Juni 2013 unter http://www.uni-bremen.de/weiterbildung/fuer-den-beruf/angebote-nach-themenfeldern/erziehung-bildung/angebote-fuer-kita-fachkraefte.html), Institut für integrative Lerntherapie und Weiterbildung (Zugriff im März 2013 unter http://www.iflw.de/), Institut für Entspannungstechniken und Kommunikation (Zugriff im Juli 2013 unter http://www.iek-tuebingen.de/); *Vereine*: Berufsbildungsseminar e.V. (Zugriff im August 2013 unter http://www.bbseminar.de/); *Verbände*: u.a. Caritas (Zugriff im Juni 2013 unter http://www.fortbildung-caritasnet.de/index.php); *Internetplattformen*: kita.de (Zugriff im Juni 2013 unter http://www.kita.de/wissen/erzieher/weiterbildung), Erzieherin-online.de (Zugriff im Juni 2013 unter http://www.erzieherin-online.de/beruf/kurse/index.php), hausneuland.de (Zugriff im Juli 2013 unter http://www.haus-neuland.de/fileadmin/user_upload/PDF/Erzieherinnenprogramm_2013_100S_Web.pdf); *Akademien*: Akademie für Kindergarten, Kita und Hort (Zugriff im Juni 2013 unter http://www.kindergartenakademie.de/lehrgaenge.php), aim-innovative Bildung (Zugriff im Juni 2013 unter http://aim-akademie.org/main/unsere-zielgruppen/erzieherinnen.html), kindergarten heute – Die Fachzeitschrift (Zugriff im Juni 2013 unter http://www.kindergarten-heute.de/fortbildung/angebote/angebote.html), miteinbezogen.

[14] Zugriff im Juni 2013 unter http://www.bildungsserver.de/Fort-Weiterbildung-Qualifikationen-fuer-Erzieherinnen-2451.html.

[15] Zugriff im Juni 2013 unter http://www.bildungsserver.de/Weiterbildungsinitiative-Fruehpaedagogische-Fachkraefte-WiFF-7751.html.

verzeichnen. Hier bieten beispielsweise universitäre Institutionen (z.B. Institut für integrative Lerntherapie und Weiterbildung) Aus- und Fortbildungen zur Entspannungspädagogin bzw. zum Entspannungspädagogen an, die zum Teil in Blöcken stattfinden, einen Zeitrahmen von ca. einem Jahr in Anspruch nehmen sowie einen Kostenaufwand von ca. 1000-1500 € verursachen. Aufgrund dieser Faktoren finden Kompetenzschulungen im Kontext *Entspannung* nach Aussage von verschiedenen Kindergartenleitungen auch keine flächendeckende Resonanz.

Konfessionelle Kindertageseinrichtungen beziehen ihre Fort- und Weiterbildungsmaßnahmen vorwiegend durch die Diakonie[16], den Evangelischen KITA-Verband[17], den Diözesan-Caritasverband[18] oder den Landesverband katholischer Kindertagesstätten[19]. Rechercheergebnisse weisen darauf hin, dass hier neben Fortbildungen im Kontext *Entspannung* für das pädagogische Fachpersonal (z.B. „Balance und Stressbewältigung – Den Alltag meistern und Kraft schöpfen aus der Stille", Kursbuch Diakonie Württemberg, 2013, S. 61) auch explizit Fortbildungsangebote für die Umsetzung mit Kindern angeboten werden, wie z.B. „Für die jüngsten Kinder ticken die Uhren anders – Entschleunigung in eiligen Zeiten"[20], „Hörst du die Stille?" Jedes Kind hat ein Recht auf körperliche und psychische Gesundheit"[21], „Meditative Entspannung – Mit Kindern bewegen, ruhen und wohlfühlen"[22]. Nach telefonischen Auskünften mit den Fortbildungsleitungen steigen die Buchungszahlen dieser Kurse stetig an; allerdings fehlen nach deren Aussage noch nachhaltige didaktisch-methodische Konzepte sowie empirische Nachweise, um die breite Masse an Fachkräften in Bezug auf Entspannungsthemen zu überzeugen.

Zusätzlich wurde noch eine Google-Recherche mit den Deskriptoren ‚Erzieherinnen', ‚Kinder', ‚Kita', ‚Vorschule', ‚Aus-, Fort- und Weiterbildung' sowie ‚Entspannung' vorgenommen. Neben den bereits erwähnten Fortbildungshinweisen konnten noch *Vereine* (z.B. Yoga Vidya e.V.), *Bildungswerke* (u.a. Bildungswerk für therapeutische Berufe), *Akademien* (z.B. hausneuland.de[23]), *Institutionen* (z.B. Institut für Stressbewältigung und Entspannung[24]; Institut für Entspannungstechniken und Kommunikation[25])

---

[16] vgl. z.B. Kursbuch 2013 des Diakonischen Werks Württemberg-Fortbildungsangebote (Zugriff im April 2013 unter https://www.diakonie-wuerttemberg.de/fileadmin/Medien/pdf/Kursbuch_Diakonie_2013.pdf.)
[17] Zugriff im Mai 2013 unter https://www.evkita-bayern.de.
[18] Zugriff im Juni 2013 unter http://www.fortbildung-caritasnet.de/index.php?option=com_wrapper&Itemid=4.
[19] Zugriff im Mai 2013 unter http://www.lvkita.de/db33.asp ?fach=1&kurs=13039.
[20] Zugriff im Mai 2013 unter http://www.lvkita.de/db33.asp ?fach=1&kurs=13039.
[21] Zugriff im Mai 2013 unter https://www.evkita-bayern.de/fileadmin/downloads_elvkita/Fobi/2013/Fortbildungsprogramm_gesamt_2013.pdf.
[22] Zugriff im Februar 2013 unter http://www.fortbildung-caritasnet.de/index.php.
[23] Zugriff im Juni 2013 unter http://www.haus-neuland.de/fileadmin/user_upload/PDF/Erzieherinnenprogramm_2013_100S_Web.pdf.
[24] Zugriff im Juni 2013 unter http://www.stb-entspannung.de/entspannungspaedagoge-fuer-kinder/Entspannung/38/.
[25] Zugriff im Juni 2013 unter http://www.iek-tuebingen.de/entspannungstherapeut-oestliche-verfahren.

und *private Anbieter* (z.B. Entspannt-Euch[26]) in Erfahrung gebracht werden, die vereinzelt Fortbildungen im Kontext *Entspannung* offerieren. Aber auch hier sind der zeitliche Aufwand und die Kosten für die Fortbildungen teilweise immens.

Aufgrund dieser Ausgangslage sind in Kap. 3 ‚researched based' Entspannungsprogramme für das pädagogische Fachpersonal entwickelt worden, die autodidaktisch lern- und lehrbar sind.

Zwischenfazit zu Kap. 2.2.1-2.2.2

Die quantitativ-qualitativen Analysen der deutschen Bildungspläne im Elementarbereich belegen, dass die Kultusbehörden dem Kontext *Entspannung* in der neuen Bildungsplangeneration[27] besondere Beachtung geschenkt haben, denn insgesamt sind 122 Treffer zu den allgemeinen Entspannungsbegriffen vorzufinden (vgl. Kap. 2.2.1-2); im Bildungsbereich ‚Körper, Bewegung und Gesundheit' (vgl. Abb. 2.2.1-1) liegen hierzu mehr als die Hälfte der Treffer (64) vor. Diese hohe Anzahl ist nicht überraschend, da zwischen den Einzelkomponenten dieses Bildungsbereichs und didaktisch-methodischen Entspannungsansätzen eine große Affinität besteht. Die föderale Struktur lässt allerdings – wie die Tab. 2.2.1-2, S. 92; Tab. 2.2.2-2, S. 97) veranschaulichen – eine flächendeckende Berücksichtigung von Entspannungsinhalten nicht zu.

Recherchen haben indessen ergeben, dass die Bündelung an Entspannungsthemen innerhalb der Bundesländer häufig damit zusammenhängt, dass bei der Erarbeitung dieser Pläne teilweise identische Beratungs- und Bildungskommissionen zusammenarbeiteten, z.B. entwickelte das Staatsinstitut für Frühpädagogik (IFP) die Pläne für Bayern wie auch Hessen. Somit lassen sich auch die auffallend hohen Trefferanzahlen u.a. in den Bundesländern Bayern (53), Hessen (8), Mecklenburg-Vorpommern (18) und Sachsen (14) erklären. Der Bayerische Bildungsplan enthält die meisten Treffer, denn die Bildungsplankommission orientierte sich bei der Erstellung der Pläne sowohl an internationalen Plänen im Elementarbereich (u.a. an Neuseeland, Schweden) als auch an internationalen und nationalen Projekten wie ‚gesunde kitas • starke kinder' aus Kap. 1.3 des Vereins ‚Plattform Ernährung und Bewegung' (peb), die wiederum der *Entspannung* besondere Aufmerksamkeit entgegengebracht haben. Aber auch Sachsen lehnte sich bei der Bildungsplanerstellung an Forschungsergebnissen durchgeführter Projekte (z.B. ‚Fair sein – Projekt der Stadt Leipzig' oder ‚Starke Wurzeln – Gesunde Lebensstile im Setting Kita') an (vgl. Kap. 1.3), wodurch die hohe Anzahl von Treffern im Vergleich zu den anderen

---

[26] Zugriff im Juni 2013 unter http://www. entspannt-euch.de/index.php.
[27] Ein historischer Vergleich ist nicht gegeben, da es sich um die erstmalige flächendeckende Einführung von Erziehungs- und Bildungsplänen im Elementarbereich handelt.

Entspannungselemente in den Erziehungs- und Bildungsplänen

Bundesländern zustande kommt. Anhand dieser Ergebnisse wird deutlich, dass in erster Linie in den Bundesländern eine Vielzahl an Entspannungstreffern vorzufinden ist, in denen auch Gesundheitsprojekte mit dem Schwerpunkt *Entspannung* realisiert und dazu Ergebnisse publiziert worden sind (vgl. Kap. 1.3 und Kap. 1.5). Folglich haben bereits diese wenigen Forschungsprojekte dazu geführt, die Bildungsplankommissionen mit Mehrfachnennungen in Form von Entspannungsthemen und -ansätze in den Bildungsplänen anzuregen.

Aus methodischer Perspektive ist anzumerken, dass hauptsächlich bildungsbereichsübergreifende Ansätze Anwendung finden (vgl. Abb. 2.2.1-1), indem inhaltliche Brücken zwischen dem Bildungsbereich ‚Körper, Bewegung, Gesundheit' und anderen Bereichen wie ‚musische Erziehung', ‚personale und soziale Entwicklung, Werteerziehung/religiöse Bildung', ‚Mathematik, Naturwissenschaften, (Informations-)Technik' und ‚Natur und kulturelle Welten' geschlagen werden, um die Fachkräfte zu vielfältigen Implementierungsmöglichkeiten anzuregen. Umfangreiches Material zur Umsetzung in Form von Tipps und spezifischen Hinweisen zu Ratgeberbroschüren bzw. Quellen sind allerdings nicht vorfindbar. Vielmehr handelt es sich bei den Treffern um eine stichwortartige Auflistung von Maßnahmen im Kindergartenalltag, die in der Praxis nicht für nachhaltige Prozesse stehen können bzw. eher „naiven" Entspannungsverfahren (z.B. ein Buch lesen, schlafen, Musik hören) zuzuordnen sind und einer empirischen Überprüfung in Bezug auf ihre Wirksamkeit bislang noch nicht unterzogen worden sind. Erwähnenswert ist an dieser Stelle noch, dass nicht nur quantitativ, sondern auch qualitativ die Bayerische Bildungsplankommission dem Thema *Entspannung* die größte Aufmerksamkeit entgegenbringt, z.B. bietet sie den Fachkräften konkrete Beispiele für Entspannungsansätze und -projekte (z.B. „Wir kommen zur Stille – Meditation mit Kindern von 0-6 Jahren") an, bei denen das Personal über den strukturellen Rahmen und Beobachtungen sowie Reflexionen Hintergrundinformationen erhält.

In Bezug auf die einzelnen Entspannungsmethoden ist zu dokumentieren, dass diese in sechs Bundesländern – Bayern (5), Hamburg (1), Mecklenburg-Vorpommern (8), NRW (4), Schleswig-Holstein (2) und Thüringen (3) – mit insgesamt 23 Treffern verortet sind (vgl. Tab. 2.2.2-2); davon unterliegen 14 Treffer dem Bildungsbereich ‚Körper, Bewegung und Gesundheit'. Der Bayerische Bildungsplan nimmt hier im Vergleich zu den anderen Bundesländern ein Alleinstellungsmerkmal ein, denn er verankert innerhalb der Bildungsbereiche fünf Methoden (AT, Massage, Phantasiereise, PMR und Yoga); bis auf Yoga („Gemeinwesen – Kooperation mit fachkundigen Stellen") sind alle Treffer im Bildungsbereich ‚Körper, Bewegung, Gesundheit' unter der Rubrik „Ausgleich und Entspannung" vorzufinden (Bayern, 2012, S. 374).

Insgesamt werden die beiden klassischen Entspannungsmethoden Massage (8 Treffer) und Phantasiereise (9 Treffer) mit Abstand am häufigsten genannt: Massage ist primär im Bildungsbereich ‚Körper, Bewegung, Gesundheit' eingespurt; Phantasiereise findet wegen ihrer Zielsetzungen (z.B. Entwicklung und Schulung der Kreativität) bildungsbereichsübergreifende Berücksichtigung. Beide Methoden werden – trotz fehlender nationaler und internationaler Forschungslage[28] (vgl. Kap. 1.4 und Kap. 1.5) in Bezug auf Wirksamkeitsnachweise – möglicherweise deswegen mehrfach erwähnt, weil diese aus der Perspektive der Bildungsplankommissionen vom fachpädagogischen Personal ohne besondere Qualifikationen im Kindergartenalltag durchzuführen sind und seit mehreren Jahrzehnten problemlos im Alltag integriert wurden. So lässt sich beispielsweise eine Partnermassage mit Igelbällen einfacher realisieren als eine Qigong- oder Yoga-Einheit. Dieser Sachverhalt bestätigt sich auch durch die beiden Projekte (vgl. Kap. 1.3) in Sachsen; denn hier sollen die Programme ausschließlich von ausgebildeten EMYK®-Experten umgesetzt werden. Auch im Bayerischen Bildungsplan (2012, S. 350) wird von Seiten der Bildungsplankommissionen ebenfalls darauf hingewiesen, dass Yoga von externen Kooperationspartnern realisiert werden soll. Entspannungsmethoden wie beispielsweise Eutonie oder Tai Chi sind vermutlich aufgrund ihres fehlenden Bekanntheitsgrades in vorschulischen Settings nicht vertreten.

Grundsätzlich mangelt es noch an didaktisch-methodischen Konzeptionen bzw. Programmen im Kontext *Entspannung*, die bislang auch nicht von der Sportdidaktik vorgelegt wurden. Meist handelt es sich um eine stichwortartige Auflistung von Entspannungsansätzen und -methoden; konkrete Umsetzungsbeispiele, wie es z.B. Bayern (2012, S. 374) für das Fachpersonal exemplarisch angeboten hat, bilden eine Ausnahme.

Bilanzierend ist festzuhalten, dass die Kultusbehörden in den neuen Bildungsplänen auf die Gesundheitslage im Kindesalter (vgl. Kap. 1.1) in Form von Entspannungsansätzen und -methoden reagiert haben. Durch diese Präsenz in den Plänen und der damit gekoppelten administrativen Lenkung ist von Seiten der Ministerien die Hoffnung verbunden, dass Kindergartenleitungen und das dort tätige Personal dem Faktor *Entspannung* zukünftig mehr Beachtung schenken. Ergebnisse aus Studien in der schulischen Curriculumforschung dämpfen jedoch diese Euphorie, indem sie darauf aufmerksam machen, dass die Rezeption von Lehrplaninhalten häufig nicht geradlinig im Unterrichtsalltag stattfindet (vgl. hierzu im Detail Stibbe & Aschebrock, 2007, S. 150f. sowie Axnix, 1983; Hänisch, 1985; Kunert, 1983; Santini, 1971).

---

[28] Bei der Massage liegen Forschungsergebnisse von Kind-zu-Kind-Massagen bisher noch nicht vor.

Hinzu kommt, dass auf dem deutschen Bildungsserver unter Weiterbildungsmöglichkeiten (z.B. Praxisbereich ‚Gesundheit, Körper, Bewegung im Elementarbereich' oder ‚Weiterbildungsinitiativen Frühpädagogische Fachkräfte') mit dem Deskriptor *Entspannung* keine Treffer auffindbar sind. Lediglich unter der Rubrik ‚Angebote an Fachhochschulen und Universitäten' gibt es vereinzelt Treffer zu verzeichnen, die sich in erster Linie auf Aus- und Fortbildungen zur Entspannungspädagogin bzw. zum Entspannungspädagogen konzentriert haben. Diese sehr zeitaufwendigen und kostenintensiven Kompetenzschulungen finden jedoch nach Aussagen der Kindergartenleitungen nur wenig Anklang. Bei den konfessionellen Kindertageseinrichtungen, die ihre Fort- und Weiterbildungsmaßnahmen vorwiegend aus der Diakonie, dem Evangelischen KITA-Verband, dem Diözesan-Caritasverband oder dem Landesverband katholischer Kindertagesstätten beziehen, sind vereinzelt Maßnahmen vorzufinden. ‚Researched based' Entspannungsprogramme für den Elementarbereich, die vom fachpädagogischen Personal autodidaktisch lern- und lehrbar, liegen derzeit noch nicht vor. Daher wurden in Kap. 3 Entspannungsprogramme generiert, um zeit- und kostenintensiven Fortbildungen, die u.a. auch von Vereinen, Bildungswerken und Privatanbietern angeboten werden, zu entgehen.

2.2.3 Vergleich zu den deutschen Bildungsplänen der Primarstufe

Zum Vergleich der Erziehungs- und Bildungspläne im Elementarbereich wird die von Fessler und Weiler (2013, S. 39f.) durchgeführte Bildungsanalyse der Primarstufe[29] herangezogen. Insbesondere werden hierdurch zwei Gesichtspunkte intendiert: Zum einen soll herausgefunden werden, ob die eingeführten Entspannungsansätze und -methoden im Elementarbereich sukzessiv im Primarbereich ihre Fortsetzung finden; zum anderen soll geprüft werden, ob ähnliche Bildungsplankommissionen an der Erstellung der Bildungspläne im Elementar- und Primarbereich beteiligt sind.

Auch diese Analyse erfolgt mit dem Datenanalyseprogramm atlas-ti und den bereits entwickelten Deskriptoren aus Kap. 2.2.1-2.2.2 (S. 91 und S. 96).

In einem ersten Schritt werden die Analyseergebnisse zu den allgemeinen Entspannungsbegriffen im Primar- und Elementarstufenbereich in Tab. 2.2.3-1 gegenübergestellt. Im Ergebnis zeigt sich, dass vielfältige Entspannungsthemen vom Elementarbereich (122 Treffer) ihre Fortführung und zum Teil auch Erweiterung im Primarstufenbereich (182 Treffer) erfahren.

---

[29] Grundlage für die Analyse bilden die online zugänglichen aktuellen Lehrpläne der Bundesländer. Zugriff im April 2012 unter http://www.bildungs-server.de/Bildungsplaene-der-Bundeslaender-fuer-allgemeinbildende-Schulen-400.html).

Korrelationen im Sinne hoher Trefferquoten sind zwischen den beiden Bildungsinstitutionen in Bayern (E=53/P=26)[30], Mecklenburg-Vorpommern (E=18/P=17) und Sachsen (E=14/P=39) anzunehmen. Daneben gibt es auch Bundesländer, in denen eine geringe korrelative Trefferanzahl, wie z.B. Baden-Württemberg (E=1/P=1) oder Bremen (E=3/P=4), vorherrscht. Diese Verteilungen sind durch namentliche Abgleiche der Kommissionen allerdings nicht nachweisbar; trotzdem ist davon auszugehen, dass die jeweiligen Kommissionen der Bundesländer miteinander in Verbindung standen.

Asymmetrische Aufteilungen liegen hingegen in Berlin (E=0/P=19) und Brandenburg (E=3/P=23) vor. Dieser Sachverhalt lässt eine Zusammenarbeit der beiden Bildungsplankommissionen in Bezug auf den Kontext *Entspannung* eher bezweifeln. Die deutlichen Unterschiede könnten jedoch möglicherweise auch darin liegen, dass sich die elementarpädagogischen Kommissionen an diversen Ratgeberbroschüren orientierten, die Entspannungsthemen sowie -methoden erst ab dem Grundschulalter vorsehen, da auch dort eine Forschungslage vorhanden ist.

Tab. 2.2.3-1: *Entspannungsthemen in den elementarpädagogischen Plänen (E) in allen Bereichen und im Bildungsbereich ‚Körper, Bewegung, Gesundheit' (Angaben in Klammern) und in den Gesamtlehrplänen der Primarstufe (P) und Sportlehrplänen (Angaben in Klammern)*

Bundesland	Bildungspläne Elementarbereich (E)	Bildungspläne Primarstufe (P)
Baden-Württemberg	1 (1)	1 (1)
Bayern	53 (34)	26 (19)
Berlin	0 (0)	19 (6)
Brandenburg	3 (2)	23 (7)
Bremen	3 (3)	4 (1)
Hamburg	2 (1)	8 (8)
Hessen	8 (3)	11 (2)
Mecklenburg-Vorp.	18 (3)	17 (5)
Niedersachsen	3 (2)	0 (0)
NRW	6 (2)	13 (12)
Rheinland-Pfalz	1 (1)	6 (0)
Saarland	0 (0)	3 (3)
Sachsen	14 (9)	39 (9)
Sachsen-Anhalt	0 (0)	2 (1)
Schleswig-Holstein	0 (0)	2 (0)
Thüringen	9 (3)	5 (5)
GESAMT	**122 (64)**	**182 (79)**

---

[30] E=Elementarbereich, P=Primarstufenbereich

Entspannungselemente in den Erziehungs- und Bildungsplänen

Ebenso wird in Tab. 2.2.3-1 deutlich, dass *Entspannung* in den Grundschulplänen im Vergleich zum Elementarbereich ein größerer Stellenwert eingeräumt wird. Dies wird u.a. in den Plänen von Bayern („Bewegungserleben, Körpergefühl und Entspannung"; Bayern, 2000, S. 116, 120, 201, 207) und Hamburg („Anspannen, Entspannen und Kräftigen"; Hamburg, 2011, S. 18, 22, 27) offensichtlich, in denen *Entspannung* ein eigenes Bewegungsfeld gewidmet wird. Innerhalb dieser Felder werden explizite entspannungsthematische Hinweise gegeben, wie z.B. in Bayern (2000, S. 116): „Bei Belastung Atem- und Herzschlagveränderung bewusst wahrnehmen, gemeinsames Fühlen von Pulsschlag und Atmung, Atemschulung: Ein- und Ausatmen mit Bewegungen kombinieren, gezieltes Entspannen und einfache Entspannungsübungen mit und ohne Musik" oder Hamburg (2011, S. 19): Hier sollen sich Schülerinnen und Schüler mit ihrem eigenen Körper auseinandersetzen. Dadurch entwickeln sie „neben ihrer Wahrnehmungs- und Orientierungsfähigkeit auch ihre Bewegungs- und Leistungsfähigkeit. Auf der Grundlage vielfältiger Sinnes-, Körper- und Bewegungserlebnisse und -erfahrungen sollen die Schülerinnen und Schüler Zusammenhänge zwischen sportlicher Belastung und der Reaktion ihres Körpers darauf wahrnehmen, beschreiben und begreifen. Neben den motorischen Basisfähigkeiten Kraft, Schnelligkeit, Ausdauer und Beweglichkeit sollen besonders die koordinativen Fähigkeiten und die Körperwahrnehmung gezielt geschult und verbessert werden."

Weitere Analysen im Primarstufenbereich dokumentieren, dass hohe Trefferquoten in Bezug auf Entspannungsthemen fächerübergreifend wie auch in den Sportlehrplänen vorzufinden sind (z.B. in den Bundesländern Bayern (26/19), Berlin (19/6), Brandenburg (23/7) sowie Mecklenburg-Vorpommern (17/5) und Sachsen (39/9)). Zudem fällt auf, dass *Entspannung* grundsätzlich mit Körperwahrnehmungsaspekten in Verbindung gebracht wird. Hierbei soll ein bewusst erzeugter Wechsel von Anspannung und Entspannung hervorgerufen werden, um Kinder handlungsorientiert für körperliche Reaktionen zu sensibilisieren. Im Sportlehrplan von Sachsen (2004, S. 16) wird *Entspannung* unter „Verbessern einer zweckmäßigen Körperhaltung" sowie „Verbessern der Kraftfähigkeiten" mit Entwicklung eines Gefühls für Spannung – *Entspannung* im Sinne einer gesunden Körperhaltung anhand von Spannungs- und Entspannungsübungen verankert. In Hessen (1995, S. 233) werden Entspannungsansätze mit dem Laufen assoziiert; hierbei sollen die Kinder folgende Körpersignale kennenlernen: Herzschlag, Atmung, Schwitzen, Ermüdung, Anspannung, Entspannung. Sachsen-Anhalt (2007, S. 7) nimmt Bezug zur *Entspannung* unter „Kompetenzen und Grundwissen: Reaktionen des eigenen Körpers auf An- und Entspannung, Belastung und Erholung wahrnehmen – gewonnene Erkenntnisse und erlernte Handlungen zur gesunden Lebensführung nutzen – zunehmend Verantwortung für die eigene und die

Gesundheit anderer übernehmen". Im Bayerischen Fachprofil „Sporterziehung" werden Entspannungsthemen auch im Handlungsfeld „Sich im Wasser bewegen" (Bayern, 2000, S. 118 und S. 123) aufgegriffen.

Interessant ist auch, dass in vielen Lehrplanwerken *Entspannung* vor allem im Anfangsunterricht akzentuiert wird. In diesem Zusammenhang ist in erster Linie der Bayerische Bildungsplan hervorzuheben (ebd., 2000, S. 10): „Durch angemessene inhaltliche und methodische Gestaltung soll deshalb der Anfangsunterricht der Situation der Schulanfänger Rechnung tragen und einen gleitenden Übergang vom Kindergarten in die Grundschule unterstützen. So kann die behutsame und zielstrebige Hinführung zum schulischen, systematischen Lernen gelingen. Dabei ist es wichtig, die kindliche Neugier und die natürliche Freude am Lernen zu erhalten und zu fördern. Ausreichende Spiel- und Bewegungsphasen sowie Zeiten der Stille und Entspannung sind vor allem im Anfangsunterricht von besonderer Bedeutung."

Entspannungsthemen finden aber ebenso Erwähnung unter dem Aspekt der Gesundheitsförderung, -erziehung und -bildung. Beispielsweise integriert Bayern (2000) *Entspannung* unter dem Gesundheitsaspekt wie folgt: Verbesserung des Gesundheitszustandes durch wohltuende Empfindung der Entspannung nach körperlicher Anstrengung (ebd., 2000, S. 115). Auch in den allgemeinen fächerübergreifenden Leitgedanken zu den Gesamtlehrplänen oder in den allgemeinen Rahmenvorgaben der einzelnen Fächer wird *Entspannung* aufgeführt, und zwar meistens in Verbindung mit einer angemessenen Rhythmisierung des (Schul-)Alltags, d.h. einer sinnvollen Gestaltung von Lebensräumen und Zeit (u.a. in Mecklenburg-Vorpommern, Berlin, Brandenburg und Sachsen). Weitere Zielsetzungen im Entspannungskontext bestehen darin, eine „angstfreie und aggressionsarme Unterrichtsatmosphäre zu schaffen" (Bayern, 2000, S. 38), oder Entspannungsthemen mit „Ernährung und Körperpflege" (Hessen, 1995, S. 267) sowie „Sicherheit und Hygiene" (Bayern, 2000, S. 193) zu verknüpfen. Auffällig ist auch, dass Entspannung(-sfähigkeit) häufig mit der Thematik „Lernen lernen" assoziiert wird: „Erlernen von Motivations- und Konzentrationstechniken durch z.B. Selbstmotivation, Entspannung, Prüfung und Stärkung des Konzentrationsvermögens" (ebd., 2000, S. 14). Neben allgemeinen Hinweisen zur Unterrichtsgestaltung finden Entspannungsthemen auch in anderen Fächern (z.B. Musik, Deutsch, Religionslehre) und Fachverbünden (u.a. Mensch-Natur-Kultur) Berücksichtigung, z.B. in Sachsen im Sachunterricht unter Lernbereich 2 „Mein Körper und meine Gesundheit"; Schüler sollen demnach Einblicke in Atmung und Herzschlag durch Pulsertastung im Ruhe- und Entspannungszustand vor und nach Entspannungsübungen erhalten (vgl. Sachsen, 2004, S. 23). Mecklenburg-Vorpommern (2004, S. 9) integriert *Entspannung* im Fach Deutsch in Form der Rhythmisierung des Unterrichts in die Tages- oder Wochenplanung. Ein Zusammenhang zum Fach Musik wird u.a. in Hessen (1995, S. 205) hergestellt, und zwar beim Bilden und Spielen von Vokalen und Konsonanten sollen Spannung und *Entspannung* sowie Atem und Stille bewusst erfahren werden. Im Religionsunterricht wird *Entspannung* meist unter dem Gesichtspunkt der „Meditation" sowie „Stille-Thematik" eingeordnet (vgl. u.a. Bayern, 2000, S. 220).

Wie bereits beschrieben, überwiegt die quantitative Anzahl an Entspannungsbegriffen in der Primarstufe (182 Treffer) im Gegensatz zum Elementarbereich (122 Treffer). Dies kann verschiedenartige Ursachen haben: (1) Die Erziehungs- und Bildungspläne im Elementarbereich, die bei manchen Bundesländern nur Bildungsempfehlungen/-vereinbarungen oder Leitlinien darstellen, sind den Grundschullehrplänen in ihren Inhalten sowie im Umfang deutlich unterlegen; nur einige wenige Bundesländer haben zusätzlich Handreichungen dem pädagogischen Fachpersonal (z.B. Saarland) zur Verfügung gestellt oder integrierten diese in den Plänen (z.B. Bayern). (2) In den meisten Fachbüchern, Dissertationen und Ratgeberbroschüren im Kontext *Entspannung* (vgl. z.B. Habersetzer & Schuth, 1976; Langenkamp, Steinacker & Kröner, 1981; Obermann, 2003; Ohm, 2001; Petermann & Menzel, 1997) werden Entspannungsansätze bzw. -methoden aus entwicklungspsychologischer Sicht meist erst ab dem Grundschulalter empfohlen. Dies spiegelt sich auch in den Rechercheergebnissen aus Kap. 1.5 (S. 42) wider. Demzufolge ist die hohe Anzahl an Treffern in den elementarpädagogischen Plänen wiederum als innovativer Impuls von Seiten der Bildungsplankommissionen aufzufassen. (3) Möglich wäre auch, dass sich die Kommissionen an nationalen und internationalen Forschungsergebnissen orientierten und hierbei festgestellt haben, dass im Vergleich zum Elementarbereich mehrere Studien bereits im Grundschulbereich vorliegen, die die Treatmentwirksamkeit belegt haben (vgl. hierzu im Detail die Forschungsergebnisse zu Yoga von z.B. Augenstein, 2002; Goldstein, 2002; Stück, 1998, 2009, 2011) und dementsprechend Entspannungselemente in den Grundschulplänen verankerten.

Auch aus qualitativer Sicht ist eine sukzessive Intensivierung von Entspannungsansätzen ersichtlich. Dies zeigt sich darin, dass Entspannungselemente insbesondere mit Gesundheitserziehungs-, -förderungs- und -bildungsmaßnahmen verknüpft werden, z.B. Verbesserung des Gesundheitszustandes durch wohltuende Empfindung der Entspannung nach körperlicher Anstrengung (vgl. Bayern, 2000, S. 115) und sich auf spezifische Indikationen fokussieren wie „Verbessern einer zweckmäßigen Körperhaltung" sowie „Verbessern der Kraftfähigkeiten" mit Entwicklung eines Gefühls für Spannung – Entspannung im Sinne einer gesunden Körperhaltung anhand von Spannungs- und Entspannungsübungen (Sachsen, 2004, S. 16). Neben dem Fach ‚Sport' bzw. Fächerverbund ‚Bewegung, Spiel und Sport' findet ebenfalls eine Verortung in den fächerübergreifenden Leitgedanken und anderen Fächern/Fächerverbünden statt,

Entspannungselemente in den Erziehungs- und Bildungsplänen

wodurch den Lehrpersonen mehr Raum zur praktischen Implementierung von Entspannungsansätzen ermöglicht wird, um u.a. eine „angstfreie und aggressionsarme Unterrichtsatmosphäre" (Bayern, 2000, S. 193) zu schaffen oder die Kinder für das Thema *Entspannung* über den Bereich „Lernen lernen" (ebd., 2000, S. 14) aufmerksam zu machen.

Mit Blick auf die Treffer in den Sportlehrplänen ist festzuhalten, dass letztlich 79 Entspannungstreffer im Primarstufenbereich auf das Fach Sport fallen. Somit war über ein Drittel (30,3 %) aller Fundorte in den Sportlehrplänen implementiert (vgl. Abb. 2.2.3-1). Vor dem Hintergrund, dass zwischen dem Fach Sport und didaktisch-methodischen Entspannungsansätzen wie ‚Wechsel von An- und Entspannung durch körperliche Aktivität' eine große Affinität besteht, ist diese hohe Anzahl nicht überraschend.

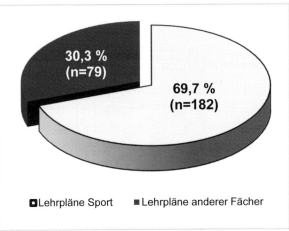

Abb. 2.2.3-1: Vorkommen von Entspannungsthemen in den Lehrplänen Sport vs. andere Fächer (Primarstufe)

Im Vergleich dazu werden im Elementarbereich 52,5 % der Entspannungsbegriffe dem Bildungsbereich ‚Körper, Bewegung, Gesundheit' zugeordnet (vgl. Abb. 2.2.1-1, S. 93). Kennzeichnend für diesen Sachverhalt ist möglicherweise, dass Kinder vor allem Bewegungs- und Entspannungssequenzen in dieser Lebensphase benötigen, um ihren eigenen Körper zu erfahren und kennenzulernen.

In einem zweiten Schritt werden die Ergebnisse zu den einzelnen Entspannungsmethoden in beiden Bildungssystemen in Tab. 2.2.3-2 miteinander verglichen. Auf den ersten Blick wird ersichtlich, dass im Primarstufenbereich aufgrund der hohen Trefferquote bei Phantasiereise (E=9/P=30) – die vor allem dem Fach Deutsch zuzuordnen ist – insgesamt mehr Treffer (E=23/P=35) verortet sind als im Elementarbereich; auf den zweiten Blick kristallisiert sich allerdings heraus, dass im Elementarbereich eine größere Palette an Entspannungsmethoden angeboten wird, d.h. eine Fortführung und mögliche Erweiterung von spezifischen Methoden wie Qigong oder Yoga erfolgt in den Grundschullehrplänen nicht. Somit basieren die mit dem Körper eingeleiteten und auf Körpererleben beruhenden Entspannungsmethoden vor allem im Elementarbereich und ermöglichen dort den Kindern erste Zugänge zur Initiierung von Selbsterfahrungsprozessen (vgl. Fessler & Weiler, 2013, S. 44).

Entspannungselemente in den Erziehungs- und Bildungsplänen

Tab. 2.2.3-2: Treffer[31] von Entspannungsmethoden in den elementarpädagogischen Plänen (E) und in den Gesamtlehrplänen der Primarstufe (P); AT=Autogenes Training, PhR= Phantasiereise, PMR=Progressive Muskelrelaxation

Bundesländer	AT		Massage		PhR		PMR		Qi Gong		Yoga		GESAMT	
	E	P	E	P	E	P	E	P	E	P	E	P	E	P
Ba-Wü	-	-	-	-	0(0)	1(0)	-	-	-	-	-	-	0(0)	1(0)
Bayern	1(1)	0(0)	1(1)	1(1)	1(1)	13(5)	1(1)	0(0)	-	-	1(1)	0(0)	5(5)	14(6)
Berlin	-	-	-	-	0(0)	4(3)	-	-	-	-	-	-	0(0)	4(3)
Brandenburg	-	-	-	-	0(0)	3(3)	-	-	-	-	-	-	0(0)	3(3)
Bremen	-	-	-	-	-	1(0)	-	-	-	-	-	-	0(0)	1(0)
Hamburg	-	-	1(1)	0(0)	-	-	-	-	-	-	-	-	1(1)	0(0)
Hessen	-	-	-	-	0(0)	1(0)	-	-	-	-	-	-	0(0)	1(0)
Mec.-Vorp.	-	-	-	-	6(0)	3(2)	-	-	1(0)	0(0)	1(0)	0(0)	8(0)	3(2)
Niedersachsen	-	-	-	-	-	-	-	-	-	-	-	-	0(0)	0(0)
NRW	1(1)	0(0)	2(2)	0(0)	1(1)	0(0)	-	-	-	-	-	-	4(4)	0(0)
Rheinland-Pf.	-	-	0(0)	1(1)	0(0)	1(0)	0(0)	1(1)	-	-	-	-	0(0)	1(1)
Saarland	-	-	-	-	-	2(0)	-	-	-	-	-	-	0(0)	3(3)
Sachsen	-	-	0(0)	1(1)	0(0)	-	-	-	-	-	-	-	0(0)	1(1)
Schleswig-Hol.	-	-	2(2)	0(0)	0(0)	2(0)	-	-	-	-	-	-	2(2)	2(0)
Thüringen	-	-	2(1)	1(1)	1(1)	0(0)	-	-	-	-	-	-	3(2)	1(1)
GESAMT	2(2)	0(0)	8(7)	4(4)	9(3)	30(14)	1(1)	1(1)	1(0)	0(0)	2(1)	0(0)	23(14)	35(19)

---

[31] Hinweis: Im Elementarbereich werden die Treffer, die im Bildungsbereich ‚Körper, Bewegung, Gesundheit' vorgefunden wurden, in Klammern festgehalten; im Primarstufenbereich handelt es sich dabei um Treffer in den Sportlehrplänen.

Dieser Sachverhalt überrascht, da (1) die Anzahl an Entspannungsthemen (182 Treffer) in der Primarstufe zunimmt, (2) viele Experten, wie z.B. Ohm (2001), Entspannungsmethoden wie Progressive Muskelrelaxation für dieses Alter als geeignet ansehen und (3) Forschungsergebnisse in Form von Wirksamkeitsstudien im Grundschulalter existieren.

Ein Alleinstellungsmerkmal nehmen die Bayerischen Bildungspläne ein, denn in beiden sind Entspannungsmethoden verankert, um den Kindern im Rahmen der Gesundheitserziehung und -bildung eine Rhythmisierung im Kindergarten- und Schulalltag in Form von sequentiellen ‚Entspannungsinseln' zu bieten. Dadurch können die Kinder nach Rolff (2006) eine Entspannungskompetenz entwickeln, die im Kindergarten vor allem durch die Ko-Konstruktion[32] und in der Schule durch eine stark geprägte Handlungsorientierung geschult werden soll. Diese Entspannungskompetenz zählt zu den zehn zentralen Life Skills der WHO (vgl. Klasse 2000, 2010) und trägt darüber hinaus dazu bei, die Konzentration und Aufmerksamkeit auf den eigenen Körper zu fördern.

Hohe Trefferquoten weisen die kindgemäßen Methoden Phantasiereise (E=9/3; P=30/14) und Massage (E=8/7; P=4/4) auf. Grund dafür könnte sein, dass die Phantasiereise als kreatives Verfahren sowohl der *Entspannung* dient als auch die Kreativität im Kindesalter schult. Zudem können Phantasiereisen inhaltlich vielfältige Formen annehmen und in jedem Bildungsbereich oder Fach – z.B. in Deutsch mit Themen wie „Einander erzählen, einander zuhören" (Bayern, 2000, S. 27), „Aktives Zuhören" oder „Konzentrationsspiele und -übungen" (ebd., 2000, S. 172 und S. 246) – rubriziert werden. Die Massage ist mit dem kindgemäßen Bedürfnis nach Berührung, Nähe, Kennenlernen des eigenen und fremden Körpers sowie mit der Schulung des inter- und intrapersonalen Kontakts belegbar. Im Bayerischen Bildungsplan steht sie z.B. unter dem Bewegungsfeld „Bewegungserleben, Körpergefühl und Entspannung" (ebd., 2000, S. 116). Explizit wird auf die Wettermassage hingewiesen, durch die die Schüler „die wohltuende Empfindung der Entspannung nach körperlicher Anstrengung erleben sollen" (ebd., 2000, S. 116). Überdies sollen sie durch die Wettermassage auch „ihr Körpergefühl und Körperbewusstsein weiterentwickeln" (ebd., 2000, S. 116). Auch im Sächsischen Bildungsplan der Grundschule taucht der Begriff Massage unter dem „Lernbereich mit Wahlpflichtcharakter - Kleine Rückenschule" (Sachsen, 2004, S. 28) auf. Dieser Lernbereich besteht aus verschiedenen Massageformen, die mit „Igel- oder Tennisbällen ausgeführt werden, um dadurch Entspannungsformen kennenzulernen und einzuüben" (Bayern, 2000, S. 28).

---

[32] Die Ko-Konstruktion ist ein neuer pädagogischer Ansatz in der frühkindlichen Entwicklung; hierbei erfolgt der Bildungsprozess über die soziale Interaktion, d.h. in der Arbeit zwischen den pädagogischen Fachkräften und den Kindern.

Die Progressive Muskelrelaxation wird im Gegensatz zu den beiden anderen Entspannungsmethoden nur im Saarland im Bereich „Allgemeine Funktionsgymnastik" (Saarland, 2011, S. 13) aufgeführt.

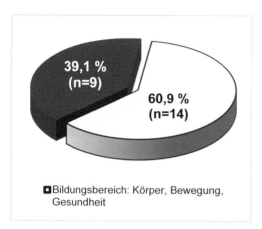

Abb. 2.2.3-2: Vorkommen von Entspannungsmethoden im Bildungsbereich ‚Körper, Bewegung, Gesundheit' vs. andere Bildungsbereiche (Elementarbereich)

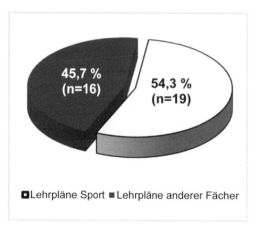

Abb. 2.2.3-3: Vorkommen von Entspannungsmethoden in den Lehrplänen Sport vs. andere Fächer (Primarstufe)

Bezüglich der konkreten Angaben von Entspannungsmethoden ist wie im Elementarbereich noch anzumerken, dass die Anzahl der Treffer hätte höher ausfallen können, wenn indirekte Verweise miteinbezogen worden wären, wie folgende Beispiele zur PMR in den Bundesländern Bayern und Hessen belegen: „Hände zu Fäusten ballen - anspannen - Hände öffnen - entspannen" (Bayern, 2000, S. 116) oder „einzelne Körperpartien anspannen und entspannen" (Hessen, 1995, S. 231). Diese Ausgangslage liegt auch hinsichtlich des Fehlens von Methoden wie Yoga oder Qigong vor; eine ausdrückliche Nennung dieser erfolgt in den Lehrplänen nicht; es lassen sich jedoch u.a. im Hamburger Bildungsplan ‚Sport' Textpassagen auffinden wie „[Kinder sollen in der Grundschule] „asiatische Bewegungskonzepte sowie Entspannungsprogramme kennenlernen" (Hamburg, 2011, S. 22).

Im elementarpädagogischen Bildungssystem (vgl. Abb. 2.2.3-2) sind Entspannungsmethoden zu 60,9 % in den Bildungsbereich ‚Körper, Bewegung, Gesundheit' eingespurt. Auch in der Primarstufe (vgl. Abb. 2.2.3-3) ist diese Affinität zum Sportbereich zu beobachten; so sind die Treffer zu 54,3 % dem Fach Sport zuzuordnen, insbesondere den Bewegungsfeldern Tanz/Gymnastik, Turnen/Turnerische Übungen oder Wahrnehmen/Körperwahrnehmung.

Mit Blick auf die eben vorgestellten wie auch vorliegenden Rechercheergebnisse aus Kap. 1.4 und 1.5 sind Aus- und Fortbildungsmaßnahmen mit lehr- und lernbaren Entspannungsansätzen und -methoden sowohl für das pädagogische Fachpersonal im Elementarbereich[33] als auch für Lehrpersonen im schulischen Setting anzubieten, um eine frühzeitige Implementierung zu gewährleisten. Richtet man den Blick auf die Ausbildungsstruktur pädagogischer Fachkräfte, so fällt auf, dass die Pädagogische Hochschule in Karlsruhe neben den Lehramtsstudiengängen, in denen *Entspannung* in einem Modul absolviert werden muss, seit dem Jahr 2007 auch Kindheitspädagogen im Bachelor-Studiengang „Pädagogik der Kindheit"[34] (seit 2011) ausbildet. Curricular ist dort das Thema *Entspannung* mit drei Semesterwochenstunden mit theoretischen Hintergründen und praktischen Lehrhilfen vertreten. Als Modulleistung müssen alle Studierenden eine Lehrprobe ablegen.

Im Primarstufenbereich stehen nach Fessler (2006) sowie Fessler und Knoll (2013, S. 179) vor allem Sportlehrkräfte im Fokus, Entspannungsthemen in einen „bewegteren" Alltag einzuspuren. Dafür sind allerdings Konzepte zu generieren, wie diese Themen im Sportunterricht und fachübergreifenden Unterricht umgesetzt werden können. Eine Integration kann nach Fessler (2006) wie folgt aussehen:

- „Sportimmanent-funktionelles Handeln wie Dehnen und Lockern erfährt im Kontext von Sport und Entspannung Umdeutungen, wie z.B. das Erspüren von Körperzuständen (z.B. weiche oder verhärtete Muskulatur- oder Körperpartien erfühlen; inwendiges Körpererfühlen üben).
- Gesundheitsförderliche Sportarten werden mit Entspannungsthemen gekoppelt (z.B. Schwimmen als Atemschulung).
- Entspannungsansätze werden innerhalb der Unterrichtsstunden vor, während und nach sportlichen Aktivitäten eingebunden.
- Unter bewegungspädagogischen und psychomotorischen Prämissen rücken körperlich entspannte Zustände wie der Körper in der Stille oder Themen wie der Rhythmus von Spannung und Entspannung in den Mittelpunkt.
- Grundlegende Ansätze in einzelnen Entspannungsmethoden, wie z.B. Formen des bewussten Atmens oder der Haltungsschulung, werden mit Bewegungsthemen, Sportarten und -disziplinen verknüpft."

Anhand der genannten Beispiele wird deutlich, dass vielfältige Verknüpfungspunkte zwischen *Entspannung* und Bewegung bestehen und diese in die tägliche Arbeit mit Kindern einfließen können. *Entspannung* lässt sich darüber hinaus auch in die von der

---

[33] Auf Aus- und Fortbildungen im Elementarbereich wurde bereits in Kap. 2.2.2 (S. 98ff.) hingewiesen.
[34] Bei der Einführung des Studiengangs 2007 lautete die Bezeichnung noch „Sprachförderung und Bewegungserziehung".

Erziehungswissenschaft entwickelten Schulleitbilder wie „Schulleben- und Lebenshilfeschule" oder „Erfahrungsschule" (Stibbe, 2004, S. 126) einflechten.

Das Leitbild der „Schulleben- und Lebenshilfeschule" geht dabei als „Reparaturwerkstatt" auf die veränderten Bedingungen des kindlichen Aufwachsens ein. Dabei postuliert Struck (1996, S. 254), der Vertreter dieses Leitbildes ist, dass sich die Lehrpersonen auf sozialpädagogische, familienunterstützende Erziehungsaufgaben fokussieren sollten, um kompensatorisch – in Form von Sportunterrichtsförderung oder im Rahmen einer ‚Bewegten Schule' – auf leiblich-anthropologische Funktionen eingehen zu können. Darunter sind u.a. neben sozialbedingten motorischen, koordinativen und konditionellen Benachteiligungen auch Verhaltens- und Konzentrationsstörungen von Kindern auszugleichen. Demnach sollen sich wiederum Schulen zu „Sinnesschulen" verändern, um in ihren täglichen Bewegungs- und Sportangeboten Bewegungs- und Körpererfahrungen einzubinden, zu denen auch ein bewegungsbasiertes Entspannungstraining zu zählen wäre.

Die Erfahrungsschulen, zu deren Vertretern u.a. von Hentig, die Bildungskommission NRW sowie Faust-Siehl gehören (vgl. Stibbe, 2004, S. 141), sollen von den Kindern bewusst als Lern- und Lebensraum verstanden werden. Ausgehend von einem Menschenbild, das die Selbstentfaltungsmöglichkeiten und Entwicklungsfähigkeit des ganzen Menschen schulen möchte, sollen alle Kinder entsprechend ihrer Fähig- und Fertigkeiten geachtet und mit körper- und bewegungsbezogenen Einheiten gefördert werden. Der Schulsport unterscheidet sich hierbei vom konventionellen Sportunterricht, denn hier spielen Leistungsoptimierung, Überbietung und Wettkampfnormierungen keine Rolle mehr; vielmehr soll eine grundlegende, allgemeine Körper- und Bewegungserziehung im Mittelpunkt stehen, bei der auch ein Entspannungsprogramm einzubinden wäre. Neben dem Schulsport werden den Kindern vielfältige Angebote zur Verfügung gestellt; hier könnte auch eine Öffnung der Schule gegenüber externen Partnern (z.B. Entspannungspädagogen) erfolgen (vgl. ebd., 2004, S. 141).

Mit Blick auf die sportdidaktischen Konzepte ist ein körperbasiertes Entspannungstraining vor allem mit den Leitideen „Handlungsfähigkeit", „Doppelauftrag", „Erfahrungsorientierung" und „leibliche Bildung" in Verbindung zu bringen (vgl. Stibbe, 2013, S. 18). In engem Bezug zur *Entspannung* stehen dabei die „Handlungsfähigkeit" und die „Erfahrungsorientierung"; denn hier sollen Kinder im Umgang mit sportlichen Situationen handlungs-, urteils- und entscheidungsfähig gemacht werden sowie vielfältige Bewegungserfahrungen am eigenen Körper als „aktiven Selbstbildungsprozess" (vgl. ebd., 2013, S. 18) erleben. Auf den Kontext *Entspannung* übertragen bedeutet dies, dass Kinder zunächst über die Anleitung einer Lehrperson dazu sensibilisiert werden, bei Bedarf situativ aktiv-dynamisch auf ihren Körper einzuwirken, um eine Balance zwischen Anspannung und *Entspannung* herzustellen.

3 Entwicklung eines körperbasierten Entspannungstrainings für elementarpädagogische Settings

In diesem Kapitel wird zunächst die Philosophie eines körperbasierten Entspannungstrainings mit didaktischen Leitlinien und methodischen Grundlagen vorgestellt. Danach schließen sich die im *ket* entwickelten sechs Entspannungsprogramme für den Elementarbereich an, die in Kap. 5 einer Evaluation unterzogen werden.

3.1 Philosophie des *ket*-Entspannungstrainings

Auf Ursachen, Gründe und Wirkungen eines protektiven Entspannungstrainings im Elementarbereich wurde schon in Kap. 1 eingegangen. Zudem dokumentierten Bildungsplananalysen aus Kap. 2, dass Entspannungsthemen und -methoden in den Bildungsplänen vielfach verankert sind, systematisch aufbereitete ‚researched based' Entspannungsprogramme für das elementarpädagogische Lehrpersonal, das im Gegensatz zu Entspannungspädagogen keine Vorkenntnisse und Qualifikationen im Entspannungsbereich bzw. in einer spezifischen Entspannungsmethode vorweisen kann, jedoch bislang nur vereinzelt vorliegen (vgl. Kap. 1.5). Demnach wird in dieser Arbeit ein körperbasiertes Entspannungstraining, das sich in sechs Programme (Kap. 3.2-3.7) untergliedert, für das elementarpädagogische Fachpersonal entwickelt.

Die Grundphilosophie dieses Trainings beruht auf folgenden Grundsätzen, die im *ket*-Entspannungsteam generiert wurden (Fessler, 2013, S. 14f.):

1. Die Entspannungs-Kurzprogramme sollen zur Entwicklung der Entspannungs- und Resilienzfähigkeit, zu Gelassenheit und zu einem besseren Stressmanagement beitragen.
2. Die Programme und Übungen sollen wirksam sein und wissenschaftlichen Kriterien (Diagnostik, Evaluation) genügen.
3. Die Zugänge sollen körperzentriert und bewegungsbasiert erfolgen, weil Entspannungseffekte hier schnell und unmittelbar spürbar werden.
4. Prinzipien der Entschleunigung sollen mit Formen der individuellen Körperwahrnehmung und -achtsamkeit kombiniert werden.
5. Das jeweilige Programm soll ohne direkte Expertenanleitung für pädagogische Lehrkräfte lehrbar sein.
6. Für die Adressaten sollen diese Programme schnell erlernbar sein.
7. Die Programme sollen wenig Zeit in Anspruch nehmen und in vielfältigen alltäglichen Situationen einsetzbar sein.
8. Die Programme sollen weitgehend ohne Materialien durchgeführt werden können.

9. Mit etwas Übung sollen einzelne Programme von den Kindern selbstinstruktiv weiter geübt werden können, ggf. auch gemeinsam mit den Eltern oder Freunden.

Ausgehend von dieser Grundphilosophie wird der Fokus bei der vorliegenden Altersstufe in erster Linie auf ein didaktisch-methodisch aufbereitetes Entspannungstraining gelegt, das mit integrativen Phantasiegeschichten und gezielten Imaginationen, Merksätzen, Tier- und Phantasiegeschichten arbeitet, um motivatorischen Gesichtspunkten und entwicklungspsychologischen Voraussetzungen der Kinder zu entsprechen. Ziel ist, über ein fremdinstruktiv angeleitetes Training, das sich auf spezifische didaktische Leitideen (vgl. Kap. 3.1.1) und methodische Grundlagen (vgl. Kap. 3.1.2) stützt, eine Entschleunigung im Kinderalltag – in Form von ‚Entspannungsinseln' – hervorzurufen, d.h. Kinder werden für eine angemessene Balance zwischen Spannung und Entspannung sensibilisiert. Dieser Entschleunigungsvorgang wird durch die im *ket* erarbeiteten körperbasierten Programme forciert, denn über eine differenziertere Körperwahrnehmung, die über Körperachtsamkeit und Körperbewusstsein zur Körperbildung führt, wird der gesamte Körper ‚durchgearbeitet', wodurch gleichermaßen psychische Anspannungszustände gelöst werden können. Jede Lehrperson ist anhand der Erläuterungen und Bilder in der Lage, diese Programme autodidaktisch zu erlernen und anschließend eigenständig zu lehren. Eine durchgeführte Eigenrealisation ist hierbei unumgänglich, um die Wirksamkeit der Programme zunächst am eigenen Körper bereits verspürt zu haben. Dadurch können auch eventuelle Körpersensationen, wie z.B. Kribbeln oder Muskelzuckungen, aufgedeckt werden, die wiederum den Kindern bei der Durchführung mitgeteilt werden. Außerdem ermöglicht dieser Vorgang, den Kindern authentisch gegenüberzutreten und diese vom Entspannungstraining zu überzeugen wie auch zu begeistern. Eine Implementierung dieser Programme im Kindergartenalltag geht von der Annahme aus, dass die Programme intrinsisch motivierte Bewegungs- und Kreativitätsprozesse initiieren sowie Selbstbildungskräfte in Form einer Gesundheitsförderung bei den Kindern in Gang setzen. Ebenso sollen die Kinder über diese frühzeitige Intervention ihre Persönlichkeitsmerkmale schulen und Resilienzfaktoren[1] ausbilden. Im Fokus der späteren Evaluation (vgl. Kap. 5) steht insbesondere der unmittelbare psychophysiologische Nachweis der implementierten Programmwirkungen, der anhand wissenschaftlicher Kriterien vorgenommen wird.

Ausgangspunkt für solche Programmimplementierungen sind zweifellos Ansätze zum „guten und gesunden Kindergarten", die das Triumvirat ‚Bildung, Gesundheit und Bewegung' nicht als Zusatzaufgabe, sondern als integrale Bestandteile der alltäglichen

---

[1] Zu den Resilienzfaktoren im Kontext *Entspannung* zählen u.a., dass Kinder Erfolge hinsichtlich Entspannungswirkungen mit eigenen Handlungsweisen erzielen oder Problem- bzw. Stresssituationen aktiv-problemorientiert angehen, wie z.B. das Aufsuchen von Stillräumen, um wieder die Balance zwischen Anspannung und Entspannung herzustellen.

Arbeit mit Kindern verstehen. Hierfür benötigen Kitas jedoch eine strukturierte und gegebenenfalls längerfristige Unterstützung sowie Möglichkeiten zum Erfahrungsaustausch mit anderen Einrichtungen (vgl. BVPG, 2011, S. 15). Nach der Bertelsmann Stiftung[2] ist bei der Umsetzung solcher Vorhaben ein Organisationsentwicklungsansatz zu wählen, der langfristige und dynamische Prozesse impliziert sowie sechs Schritte beinhaltet: „(1) Gemeinsames Verständnis entwickeln, (2) Transparenz schaffen/Ausgangspunkt bestimmen, (3) Stärken und Entwicklungsfelder benennen, (4) Ziele setzen, (5) Maßnahmen festlegen und umsetzen, (6) Ergebnisse überprüfen und Entwicklung fortsetzen". Ebenso gilt es nach Engelhardt[3] (2009), den Setting-Ansatz[4] bei der Umsetzung zu berücksichtigen, um eine Implementierung mit Nachhaltigkeitscharakter zu gewährleisten.

3.1.1   Didaktische Leitideen

Aus didaktischer Sicht ist zu erwähnen, dass die entwickelten Entspannungsprogramme (vgl. Kap. 3.2-3.7) zunächst für den unteren Primarstufenbereich (Klasse 1-2) konzipiert worden sind: Die Programme zum AT, zur Eutonie, zum Qigong und Yoga wurden direkt auf den Elementarbereich transferiert, da die Programme bereits aus kindgemäßen integrativen Phantasiereisen in Kombination mit den jeweiligen Methoden bestanden. Die Übungsformen zur Massage und PMR wurden dahingehend in ihrer didaktisch-methodischen Struktur adressatenspezifisch modifiziert, indem die Programmabläufe in Phantasiegeschichten eingebunden wurden, um den entwicklungspsychologischen Voraussetzungen der Kinder zu entsprechen.

Eine Sichtung verschiedener kindgerechter Entspannungsprogramme führt zu folgenden Kriterien, die bei der Durchführung beachtet wurden (vgl. Fessler & Weiler, 2013, S. 47f.; Friebel, Erkert & Friedrich, 1998; Friedrich & Friebel, 1999; Salbert, 2006, S. 8f. etc.):

- freiwillige, motivierende und adressatengerechte *Entspannung* durch Bewegung und Körpererfahrung

Eine Freiwilligkeit seitens der Kinder ist Grundvoraussetzung für ein gelingendes Entspannungstraining. Um ablehnende Haltungen zu vermeiden, sollte zu Beginn das Thema *Entspannung* nicht im Mittelpunkt stehen, sondern die Phantasiereisen und die damit verbundenen Körpererfahrungen sowie zeitlupenartigen, in Konzentration aus-

---

[2] Zugriff im Mai 2013 unter http://www.bertelsmann-stiftung.de/cps/rde/xchg/bst/hs.xsl/prj_107651.htm.
[3] Zugriff im April 2013 unter http://www.unfallkasse-nrw.de/fileadmin/server/download/PDF_Container/Engelhardt_A_A.pdf.
[4] Zu den Maßnahmen zählen u.a.: „Kita als Lebens- und Lernwelt, Kita als Ort der gezielten Interaktion vom fachpädagogischen Personal und von Kindern, Entwicklung der Einrichtung und des Personals, Ergebnis und Wirkungsqualität, Entwicklungsbedarf und Engagement sowie Mitarbeitergesundheit".

geführten Bewegungen. Denn der Entspannungseffekt wird über Bewegungsausführungen und die verbesserte Körperwahrnehmung hervorgerufen. Das Entwickeln der Entspannungsfähigkeiten und -fertigkeiten von jungen Kindern ist nicht mit dem von Erwachsenen gleichzusetzen, d.h. der Prozess der zögerlich einsetzenden Stille ist zu berücksichtigen. Meist gelangen die Kinder von der Unruhe zur Ruhe; ebenso stellen sich über Geschichten und zwischendurch entlastenden Bewegungsübungen – beides Grundprinzipien bei der Erstellung der Programme – die Qualitäten von Stille als Erlebnisraum für das Kind von alleine heraus. Auf eine schnelle Ruhefindung, die durch die Lehrperson angewiesen wird, ist abzusehen, weil sie dem Entspannungscharakter widerspricht und eher weitere Störungen impliziert.

- Lehrperson gilt als Vorbild

Die Lehrperson übernimmt gerade bei Entspannungsthemen eine wichtige Vorbildfunktion, denn eine gestresste Haltung wirkt sich unweigerlich auf das Kinderverhalten aus. Deshalb sind mit den Kindern zuvor vereinbarte Rituale, Regeln und eventuelle Uhrzeiten festzulegen, um den Alltag zu unterbrechen und mit einer Entspannungseinheit zu beginnen. Bei der Konzeption der einzelnen Übungen wurde auf eine einfache Realisierung geachtet; trotzdem ist es für Lehrende ohne entsprechende Erfahrung im Entspannungssektor anfangs schwierig, eine Phantasiegeschichte bei gleichzeitiger Umsetzung der Übungen authentisch und ruhig zu präsentieren. Des Weiteren ist bspw. auf eine Übungsnormierung oder gar individuelle Übungskorrekturen anfänglich zu verzichten. Sie folgen erst mit zunehmender Übungsfrequenz.

- Umgang mit Unsicherheiten der Lehrperson und Kinder

Zu Beginn eines Entspannungstrainings können aufgrund der Neuartigkeit der Übungen nicht nur Lehrpersonen, sondern auch Kinder verunsichert sein. Hieraus oder zum Teil auch mangels vorhandener koordinativer Fähigkeiten bei Kindern, wie z.B. eine nicht ausreichende Gleichgewichtsfähigkeit bei Yoga-Übungen, entstehen Reaktionen in Form von Lachen, Zappeln oder zu Boden fallen, die eine Entspannungseinheit für die ganze Gruppe abrupt unterbrechen können. Die Reaktionen können von Gruppe zu Gruppe unterschiedlich sein. Beobachtungen zeigen, dass insbesondere Jungen Entspannungsprobleme aufweisen. Demzufolge muss zunächst mit bewegteren und leichteren Entspannungsübungen begonnen werden. Besonders zu empfehlen ist es, mit Kinder zu Beginn zwei Regeln zu vereinbaren: (1) Während der Übung wird nicht geredet! (2) Die anderen werden bei der Übung nicht gestört! Dazu zählen auch Störungen durch Berührung! Kleine Störungen hingegen, wie das Kichern, können zu Beginn der Übungen ignoriert werden.

- Umgang mit Störenfrieden

Auch wenn Prinzipien wie „Vom Leichten zum Schweren", Einhaltung von Regeln oder methodischen Prinzipien wie „Einstiegs- und Abschlussrituale" (vgl. Kap. 3.1.2) bei der Planung der Konzeption bedacht worden sind, können bei der Implementierung Störungen durch Kinder nicht vermieden werden. Häufig sind Kinder aufgrund ihrer Alltagsbiographien nicht in der Lage, die Ruhe auszuhalten; sie spüren den Unterschied zwischen sich einstellender Ruhe und gewohnter alltäglicher Unruhe stärker als andere Kinder und haben in einer solch ungewohnten Situation möglicherweise mehr den Drang, aus der Gruppe auszubrechen und die Ruhe zu stören. Bei solchen Kindern ist es meist ausreichend, sich neben das Kind zu setzen, da die Nähe der Lehrperson zum Kind für dieses beruhigend wirkt. Ebenso können motivationale Verstärker wie individuelles Lob bis hin zur Ansage von Übungen durch die Kinder selbst hilfreich sein. Bei stärkeren Störungen können diese auch in einer Reflexionsphase nach Durchführung des Trainings besprochen werden.

- Beachtung äußerer Rahmenbedingungen

Als geeignete Rahmenbedingungen in Kitas haben sich Ruhe-, Turn oder Snoezelnräume, in denen bereits Verhaltensregeln vorherrschen, herausgestellt. Ebenso kann bei entsprechenden Wetterverhältnissen die Entspannungseinheit auch im Freien stattfinden. Grundlegend wären folgende räumliche Faktoren wünschenswert: gemütliche, ruhige, nicht überladene Räume mit Verdunklungsmöglichkeiten und gedämpftem Licht.

3.1.2 Methodische Grundlagen

Jedes der im Anschluss folgenden Entspannungsprogramme ist nach der üblichen Grundstruktur des Sportunterrichts ‚Einstieg', ‚Hauptteil' und ‚Abschluss' erstellt worden. Dieser Überbau ist auch auf ein kindgemäß aufgebautes Entspannungstraining (vgl. Abb. 3.1.2-1, Fessler & Weiler, 2013, S. 52) zu übertragen, um diesem einen ritualisierten Ablauf zu verleihen:

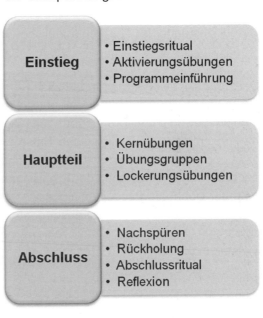

Abb. 3.1.2-1:   Struktur einer Übungseinheit (vgl. Fessler & Weiler, 2013, S. 52)

- Einstieg

Der Einstieg beabsichtigt, bei den Kindern eine notwendige Ruhe, Stille und Konzentration hervorzurufen[5]. Als Einstiegsritual dienen sowohl ein Matten- als auch Stuhlkreis[6]; bei beiden Organisationsformen halten sich die Kinder zunächst gemeinschaftlich an den Händen, um das Wir-Gefühl zu symbolisieren. Danach schlägt die Lehrperson gegen eine Klangschale. Der verklingende Ton hat das Ziel, zur konzentrativen Haltung zu führen. Ein Zublinzeln zwischen der Lehrperson und jedem einzelnen Kind signalisiert den Kindern, dass nun mit dem Entspannungsprogramm begonnen wird. Danach stehen alle Akteure auf, und es folgen die vier Aktivierungsübungen: (1) Mit dem Dehnen und Strecken der Arme und Beine im Stand wird begonnen, dann schließt sich ein (2) Drehen des Oberkörpers um die Längsachse und ein Fliegenlassen der Arme an, danach werden die (3) Fäuste schnell nach vorne geboxt und anschließend mehrmals die (4) Arme über die Seite nach oben geführt, wobei gleichzeitig ein Heben in den Ballenstand erfolgt. Diese Übungen intendieren, dass die Kinder ihre überschüssigen Energien loswerden und Stille erfahren können. Im Anschluss setzen sich alle Kinder wieder auf ihre Matte bzw. ihren Stuhl, und die Lehrperson schlüpft zur Programmeinführung in die Rolle einer Identifikationsfigur, z.B. bei der Eutonie nimmt sie die Rolle eines Tierforschers ein. Zuletzt werden die Kinder bei einigen Programmen noch verzaubert (z.B. PMR oder Yoga); dafür stäubt die Lehrperson imaginativen Zauberstaub über die Köpfe der Kinder, damit diese die Bewegungsausführungen und Gefühlszustände der Tiere eindringlicher verinnerlichen.

- Hauptteil

Der Hauptteil beinhaltet grundsätzlich Kernübungen zur jeweiligen Entspannungsmethode, die in Übungsgruppen integriert sind. Diese werden bei bestimmten Programmen um bewegte Lockerungsübungen (Qigong und Yoga in Kap. 3.6 und 3.7) ergänzt, da konzentrative und körperliche Entspannungshaltungen von Kindern häufig noch nicht über einen längeren Zeitraum eingenommen werden können. Zur Vereinfachung der praktischen Umsetzung der Programme folgt die Darstellung der Binnenstrukturierung der Übungen demselben Schema, unabhängig von der jeweiligen Methode. Die Programmstruktur ist integral ausgerichtet, d.h. Phantasiereisen bilden mit ihren Zielsetzungen (vgl. hierzu Phantasiereise, S. 56f.) den Überbau, während die spezifischen Zielsetzungen durch die Entspannungsmethoden abgedeckt werden. In Kombination

---

[5] Bei Bedarf können zur inneren Ruhefindung auch Reime oder Vorsatzformeln in der Gegenwartsform integriert werden, wie beispielsweise „*Ich bin ganz ruhig und entspannt*" (vgl. Raudszus-Notdurfter, 1992).
[6] Die Durchführung des Matten- und Stuhlkreises steht in Abhängigkeit zu den Methoden und jeweiligen Programmübungen, z.B. findet das Yoga-Programm in einem Mattenkreis statt, weil im Anschluss an das Einstiegsritual die Matten für die Übungen noch verwendet werden; darüber hinaus sind beim AT oder auch bei der PMR beide Organisationsformen möglich.

mit den Methoden können die hier vorgestellten Phantasiereisen als ‚eher geführt' verstanden werden. ‚Beobachter'- und ‚Identifikationsphantasie' werden in Abhängigkeit von den Programmen gleichermaßen gefordert. Die Geschichten sind authentisch vorzutragen, da sich die Kinder dadurch leichter in die Entspannungssituation und die damit verbundenen Phantasiekontexte einfinden können. Auch ein Innehalten der Ruhe bei passenden Stellen spielt hier eine besondere Rolle; denn nur dadurch wird die Vorstellungskraft angesprochen. Zudem werden Sätze „immer positiv formuliert", um Ruhe und Wärme im Körper des Kindes zu bewirken (Neuburger, 1998, S. 15).

- Abschluss

Der Abschluss erfüllt eine wichtige Aufgabe, denn das Nachspüren ist für die Nachhaltigkeit des Lernerfolgs der Übungen und Entspannungserfahrungen eine überaus besondere Voraussetzung für das nächste Entspannungstraining. Die Rückholung hat zum Ziel, die Kinder aus der Entspannung wieder in einen hellwachen, konzentrierten und energiegeladenen Zustand zu führen, damit sie in den realen Alltag zurückkehren können. Dafür werden u.a. Übungen wie Recken, Strecken und Räkeln, das vom morgendlichen Aufstehen bekannt ist, eingesetzt. Als Abschlussrituale erfolgen wieder die ‚Entzauberung' und das bereits beschriebene Einstiegsritual. Eine gemeinsame Reflexion über die gemachten Erfahrungen schließt das Programm ab.

Letztlich sind die Programme so gestaltet, dass sie ohne besondere Materialien umgesetzt werden können (z.B. Stoffpuppe, Matten, Igel- oder Tennisbälle). Einige Übungen, wie z.B. bei der Eutonie, sind ohne Schuhe auszuführen, damit der erforderliche Kontakt zum Boden besser gespürt werden kann. Bei sehr rutschigen Böden ist jedoch Vorsicht geboten; an dieser Stelle sind beschichtete Socken mit Gumminoppen, weiche Turnschuhe oder Turnschläppchen empfehlenswert.

In den nächsten Abschnitten werden die Hauptteile der körperorientierten Entspannungsprogramme[7] mit deren Zielen und Regeln vorgestellt. Bei allen Programmen sollte die Gruppengröße aufgrund der benötigten konzentrierten Atmosphäre zwischen 5-10 Kindern liegen. In speziellen Fällen, insbesondere bei Kindern mit Verhaltensauffälligkeiten, erweisen sich auch kleinere Gruppen oder Einzelstunden als effektiv. Bei entspannungserfahrenen Kindern kann die Gruppengröße auf bis zu fünfzehn Akteure erweitert werden.

---

[7] Die folgenden Programme in Kap. 3.2-3.7 wurden im Rahmen der Dissertation erarbeitet und mit Fachkräften aus der *ket*-Gruppe in verschiedenen Quellen bereits publiziert. Aufgrund deren Unverändertheit wurden Textpassagen zum Teil wörtlich übernommen. Angesichts der begrenzten Quantitäten in dieser Arbeit wird jeweils zu Beginn jedes Programms die Publikationsquelle angegeben.

3.2 Autogenes Training

Das Programm, bestehend aus Phantasiereisen und AT-Formeln (vgl. Fessler & Müller, 2013b, S. 15ff.), ist in drei integrale Phantasiereisen (vgl. Tab. 3.2-1) mit insgesamt siebzehn Geschichten eingebettet. Jede der Phantasiereisen verfügt über einen identischen Aufbau und wird zweimal in Folge wiederholt, um die angestrebten Wirkungen zu vertiefen.

Als Körperposition ist eine Liege- oder bequeme Sitzposition möglich. Zu Beginn sind Liegepositionen zu präferieren, da sie aufgrund der weniger vorherrschenden Körperspannung Entspannungseffekte intensiver erleben lassen.

Im Vergleich zur AT-Originalform von Schultz (1932/2003) werden Herzübungen ausgeklammert, weil dadurch im Kindesalter Missempfindungen in der Herzgegend auftreten können (vgl. Leibold, 1989) und Kinder noch nicht wie Erwachsene über die Fähigkeit verfügen, damit umzugehen. Übungen für den Solarplexus entfallen, da Kinder in dieser Altersstufe noch nicht das erforderliche Körperschema besitzen, dieses Körperareal anzusteuern. Dementsprechend wird eine Fokussierung auf den ‚Bauch' vorgenommen, da dieser den Kindern u.a. aufgrund von bereits erlebten Bauchschmerzen bekannt ist. Stirnübungen in Form der Kühle-Einbildung bleiben infolge möglicher negativer Körperempfindungen, wie z.B. Kopfschmerzen, von der Umsetzung ebenfalls unbeachtet (vgl. u.a. Thomas, 2006).

Tab. 3.2-1: Überblick zum AT-Programm (vgl. Fessler & Müller, 2013a)

AT-Themen	Zeit in Min.	Hilfsmittel
Reise 1: Schwereübungen		
Reise 2: Wärmeübungen	8-10	Keine
Reise 3: Atemübungen		

Ziele des AT-Programms

- Reduktion des Muskeltonus (Geschichten 1-6)
- Durchblutungsförderung (Geschichten 7-12)
- Aktivierung des vegetativen Nervensystems (Geschichten 1-12)
- Atemschulung (Geschichten 13-17)
- Psychohygiene (Geschichten 1-17)
- Lern- und Konzentrationsförderung (Geschichten 1-17)
- Entwicklung von Vorstellungskraft (Geschichten 1-17)

Abb. 3.2-1: Ziele des AT-Programms (vgl. Fessler & Müller, 2013b, S. 15)

Somit findet bei den hier vorgestellten AT-Übungen zur Einführung in Entspannungsthematiken eine Reduktion auf Schwere-, Wärme- und Atemübungen statt, in die zusätzlich noch Übungen zum Bauch eingebettet sind (vgl. z.B. Krämer, 1994; Kruse, 1980; Rösch & Behringer, 2005; Rücker-Vogler, 2001; Strehlow, 1995). Innerhalb der

Schwere- und Wärmeübungen wird eine Modifikation in der Art vorgenommen, dass die Fokussierung zunächst auf die Beine und dann auf die Arme erfolgt. Denn selbst durchgeführte Studien im Elementarbereich und in den ersten Primarstufenklassen mittels verschiedener Erhebungsmethoden (z.B. psychophysiologische Messungen) belegen, dass Kinder ihren Unterkörper am stärksten in ihrem Körperschema verankert haben. Um den Entspannungseffekt zu steigern, widmen sich die AT-Ruheformeln zusätzlich noch dem Gesicht und den Augen. Atemübungen eignen sich grundsätzlich für eine Implementierung im Kindesalter, da schon bei Vorschulkindern Verspannungen der Atemhilfsmuskeln aufgrund von psychischen Faktoren feststellbar sind.

Die hier konzipierten AT-Phantasiereisen haben (vgl. Abb. 3.2-1) folgende Entspannungswirkungen zum Ziel: Die Schwereübungen (vgl. Geschichten 1-6) bewirken eine *Entspannung* der Skelettmuskulatur und fokussieren sich hauptsächlich auf große Muskelgruppen, die von jungen Kindern körperlich einfach wahrzunehmen sind. Das eintretende Schweregefühl erfolgt schließlich über das suggestive Einwirken der Kinder. Die Wärmeübungen (vgl. Geschichten 7-12) intendieren eine Mehrdurchblutung der Muskeln und Gefäße[8]. Beide Übungsprogramme – Schwere- und Wärmeübungen – lösen eine Aktivierung des vegetativen Nervensystems aus und rufen eine generalisierende Entspannungswirkung auf den Organismus hervor (vgl. Biermann, 1996). Anhand der Atemübungen (vgl. Geschichten 13-17) lernen die Kinder spielerisch das ruhige Atmen kennen und registrieren dadurch bewusst den Atemvorgang. Über das Wechselspiel ‚Ein- und Ausatmen' sollen neben dem Lösen von Verspannungen auch der gesamte Kreislauf wie auch einzelne Organe günstig beeinflusst werden.

Die Durchführung der AT-Phantasiereisen[9] basiert auf nachstehender Struktur:

Die Einstiegsgeschichten zu den drei Phantasiereisen haben das Ziel, die Kinder zu Stille und innerer Konzentration zu führen, indem sie sich eine Bärenfigur in der eigenen Phantasie vorstellen und sich damit in die ‚Bärenwelt' hineinfühlen können.

Im Hauptteil werden die in Phantasiegeschichten eingebetteten AT-Übungen durchgeführt. Aus motivatorischen Gründen wird innerhalb der Geschichten, die als ‚eher geführt' bewertet werden, systematisch ein Erzählperspektivenwechsel vorgenommen: In jeder Geschichte wird zunächst die ‚Beobachterphantasie' angeregt, d.h. die Kinder beobachten den kleinen Bären mit seiner Bärenfamilie. Danach schließen sich

---

[8] Nach Rösch und Behringer (2005) kann sich bei den AT-Wärmeübungen eine messbare Erwärmung der Haut von bis zu 2 °C einstellen.
[9] Hier wie auch bei den folgenden Entspannungsprogrammen wird auf den obligatorischen Einstieg (vgl. Kap. 4.1) wie auch auf Teile des Abschlusses (u.a. Reflexion) nicht mehr explizit eingegangen.

die eigentlichen AT-Übungen[10] an, die die ‚Identifikationsphantasie' bzw. assoziative Betrachtung ansprechen und durch Formeln gekennzeichnet sind, deren Eindringlichkeit durch Wiederholungen und Betonungen die intendierten Übungsziele schnell und sicher erreichen lassen – ich fühle jetzt wie der kleine Bär! Sie werden intensiviert durch imaginative AT-Formeln, wie z.B. ‚schwer wie ein ganzer Berg'. Jede der Phantasiereisen nimmt eine Zeitspanne von ca. 8-10 Minuten ein und umfasst 5-6 Geschichten, entsprechend 5-6 AT-Übungen, die die Kinder nicht überfordern.

Jede der drei Phantasiereisen endigt mit einer Nachspür- und Rückholphase. In der Nachspürphase wird den Kindern die Wirkungsweise der AT-Übungen durch die „Kraft der Zauberformeln" und die Betonung des Wortes ‚JETZT' im Flüsterton nochmals eindringlich verdeutlicht. Die Rückholung, die durch eine Aktivierung des Kreislaufs hervorgerufen wird, dient dazu, dass die Teilnehmer wieder in das Alltagsbewusstsein zurückfinden und die Phantasiewelt hinter sich lassen. Um die Vorstellungskraft der Kinder zu schulen, werden während der Phantasiereisen bewusst keine Bilder des Bären verwendet. Demnach ist die Bärenthematik als Impulsgeber zu verstehen, der die Kinder dazu führt, die Geschichten mit eigenen Bildern individuell auszugestalten.

Als Lehrperson ist zu beachten, dass bei der Durchführung bewegungsloser Entspannungsmethoden wie dem AT „autogene Entladungen" (Biermann, 1996, S. 50) auftreten können, die das Ergebnis zentraler psychophysiologischer Regulationsmechanismen sind und sich u.a. in nachstehenden Störfaktoren oder -erlebnissen äußern können, die zuzulassen sind: Muskelzucken, Kribbeln, Schmatzen durch vermehrten Speichelfluss, Hustenreiz oder Magenknurren (vgl. Leibold, 1989). Um Unruhe während der Durchführung zu vermeiden, sind mit den Kindern Regeln zu vereinbaren (vgl. Abb. 3.2-2). Falls es trotzdem zu Unruhe seitens der Kinder kommen sollte, eignet sich ein kurzer Körperkontakt (z.B. Antippen an die Schulter) der Lehrperson zum unruhigen Kind, um dieses zu beruhigen und somit die Entspannungssituation für die anderen Kinder nicht zu stören.

Regeln für das AT-Programm

1. Halte deine Augen möglichst geschlossen!
2. Verhalte dich ruhig!
3. Konzentriere dich auf dich selbst!
4. Folge der Phantasiereise!
5. Gestalte zu den Reisen deine eigenen Bilder aus deiner Phantasie!

Abb. 3.2-2: Regeln für das AT-Programm (vgl. Fessler & Müller (2013b, S. 16)

---

[10] Auf heterosuggestive Hilfsmittel wie entspannende Musik oder Randaktivitäten (Bewegungs- und Spontanspiele, Singen und Malen) wurde bei dem hier vorgestellten Programm verzichtet, da die Kinder die entstehenden körperlichen Veränderungen selbst hervorrufen und feststellen sollen.

3.3 Eutonie

Das Eutonie-Programm (vgl. Gerhardt & Müller, 2013, S. 117ff.) untergliedert sich in drei Teilprogramme (vgl. Tab. 3.3-1), die erste eutonische Erfahrungen im Elementarbereich ermöglichen und je zweimal nacheinander durchgeführt werden, um die entspannungsinduzierenden Effekte zu verinnerlichen.

Tab. 3.3-1: Überblick zum Eutonie-Programm (Gerhardt & Müller, 2013, S. 119)

Eutonie-Themen	Zeit in Min.	Hilfsmittel
Reise 1: Die Bärentatzen wecken	10-15	Bambusstab
Reise 2: Das Faultier rollt und trollt sich am Boden	10-20	Wolldecke, Kirschkernsäckchen
Reise 3: Die Affenwippe finden		Stuhl

Der Zeitfaktor[11] schwankt je nach Variation zwischen 10-20 Minuten. Zudem werden alle Übungen in Achtsamkeit (Präsenz) ausgeführt (vgl. Eutonie, S. 45ff.), d.h. ohne dabei die Umwelt aus den Augen zu verlieren.

Die einzelnen Übungen mit ihren spezifischen Zielsetzungen (vgl. Abb. 3.3-1) gründen auf den drei grundlegenden Eutonie-Prinzipien (vgl. Abb. 1.5-1, S. 46) ‚Berührung', ‚Kontakt' und ‚Transport', die entsprechend ihrem Schwierigkeitsgrad sukzessiv aufeinander aufbauen, d.h. von ‚Berührung' und ‚Kontakt', die die Basis für die einführende Arbeit mit Kindern bilden, wird hin zum ‚Transport' gearbeitet. Neben dieser strukturell zunehmenden Komplexität findet auch eine Anlehnung an sensomotorischen Entwicklungsmodellen statt (vgl. Balster, 2003, S. 12f.; Fischer, 2009, S. 183ff.). Als Beginn der Eutonie-Einheiten eignet sich ein Mattenhalbkreis, da alle Übungen im Sitzen durchführbar sind.

Ziele des Eutonie-Programms

- Förderung der Hautsensibilisierung (Übung 1)
- Erfahren der Haut als Grenze des Leibes (Übungen 1, 2)
- Schulung des Körperschemas über Erfahrung der Hautoberfläche, Muskeln und Knochen (Übungen 1, 2, 3)
- Erweiterung des Körperbewusstseins über die Körpergrenze hinaus (Übung 2)
- Entspannung des Beckens und der Rückenmuskulatur (Übungen 2, 3)
- Abbau von Fehlspannungen (Übungen 1, 2, 3)
- Aktivierung der Streckreflexe (Übung 3)
- Verbesserung der Haltung (Übung 3)

Abb. 3.3-1: Ziele des Eutonie-Programms (Gerhardt & Müller, 2013, S. 121)

Aufgrund der Altersstruktur der Kinder werden bei diesem Eutonie-Programm partnerbezogene Elemente, die soziale Bezüge und emotionale Erlebnisse initiieren sowie

---

[11] Im Gegensatz zu einer Vielzahl von Eutonie-Einheiten, die eine Zeitspanne von 5-60 Minuten einnehmen, möchte dieses Programm innerhalb von 10-20 Minuten seine Zielsetzungen (vgl. Abb. 3.3-1) erreichen.

das Gruppengefühl erweitern können, nicht berücksichtigt, da sich die Kinder zunächst auf ihren eigenen Körper fokussieren sollen.

Den Einstieg in den Hauptteil[12] des Programms repräsentiert die Übung „Die Bärentatzen wecken" (vgl. Tab. 3.3-1); hierbei wird mit dem ersten grundlegenden Prinzip der ‚Berührung' gearbeitet und über sensorische Erfahrungen die Haut als Hülle und Grenze des Körpers erfahren. Die Haut zu spüren stellt eine bedeutende Basiserfahrung zur Entwicklung eines differenzierten Körperbildes dar und sollte in jedem Lebensalter als Einstieg realisiert werden. Hierbei ist es empfehlenswert, verschiedene Materialien an unterschiedlichen Körperteilen zu verwenden, um die Hautoberflächensensibilität zu schulen (vgl. Alexander, 2012; Anders, 1985; Montagu, 2004).

Entsprechend dem methodischen Vorgehen schließt sich danach „Das Faultier rollt und trollt sich am Boden" an, das neben der ‚Berührung' noch das Prinzip ‚Kontakt' impliziert. Mit ‚Kontakt' wird bewusst über die Körpergrenze hinausgegangen, indem sich die Kinder in die Umwelt in Form von Materialien oder anderen Personen einfühlen.

Über die Übung „Die Affenwippe finden" wird das Prinzip ‚Transport' eingeführt. Über Transportübungen, die erste Vorerfahrungen mit ‚Berührung' und ‚Kontakt' voraussetzen, können funktionale Zusammenhänge des Bewegungsapparats in Bezug auf die Haltung erfahrbar gemacht werden. Beim ‚Transport' folgt das Eigengewicht der Schwerkraft und bewirkt einen Druck auf den Boden, der gemäß physikalischen Gesetzen diesen wieder an den Körper zurückgibt. Diese Gegenkraft setzt sich im Körper durch die Statik des Skeletts bis zum Scheitelpunkt fort. Durch das bewusste Druckgeben in einen Widerstand, wie beispielsweise in den Boden oder auf die Sitzfläche, werden zudem über Propriozeptoren die für die Körperaufrichtung erforderlichen Reflexe der tief liegenden Skelettmuskulatur aktiviert, was eine schwingende, aufrechte Haltung erzeugt (vgl. Gerhardt & Müller, 2013, S. 120).

Naturmaterialien nehmen in der Eutonie einen wichtigen Stellenwert ein, denn die Gegenstände geben aufgrund unterschiedlicher Beschaffenheit sensorische Anregungen und bieten verschiedene Widerstände wie auch Druckqualitäten. Zudem erlauben die Gegenstände aufgrund der Beschaffenheit des Materials, unterschiedliche taktile Reize wahrzunehmen. So führt das Liegen auf Holzkugeln zu einer anderen Intensität des Körperempfindens als das auf Tennisbällen. Bei dem hier vorgestellten Programm werden möglichst wenige Materialien benötigt, um eine Implementierung im Kinder-

---

[12] Vor dem Hauptteil wird den Kindern die Handpuppe namens ‚Eutonius' vorgestellt. Dabei schlüpft die Lehrperson in die Rolle des Körperforschers, der sich mit menschlichen und tierischen Körpern sehr gut auskennt. Die Figur soll das Vertrauen der Kinder darin stärken, ihren eigenen Körper zu erforschen.

gartenalltag zu ermöglichen. Unter der Kategorie Variation(en) werden jedoch Hilfsmittel aus Naturmaterialien (Kirschkernsäckchen, Kastanienschlangen[13], Bambusstäben etc.) aufgelistet, um die Aufmerksamkeit auf den Körper bzw. das zu erforschende Körperteil zu intensivieren.

Bei der Entspannungsmethode Eutonie ist es für Lehrpersonen hilfreich, wenn bereits eigene Erfahrungen mit Körperarbeit und *Entspannung* vorliegen. Zudem ist es ratsam, die Übungen immer zuerst selbst zu erproben, um diese entsprechend anleiten zu können. Während der Realisierung sollen die Bewegungsanleitungen seitens der Lehrperson in Gedanken mitgespürt werden, um ein angepasstes Sprechtempo zu finden und um genügende Spürpausen zu lassen. Die Aufmerksamkeit bleibt hierbei jedoch größtenteils auf die Kinder gerichtet (vgl. ebd., 2013, S. 120).

Einheitliche und ‚richtige' Bewegungsausführung existieren in der klassischen Eutoniepädagogik nicht. Dementsprechend werden die Übungen auch nicht von der Lehrperson vorgemacht. Die von der Lehrperson vorgesprochenen Bewegungsanleitungen, die ruhig, aber nicht einschläfernd wirken sollen, sind als Wegweiser zu verstehen, um erste eutonische Erfahrungen zu vermitteln und sensomotorische Anregungen im Kindergartenalltag zu geben. Alle Übungen richten sich am qualitativen Erleben einer Situation aus; da persönliche Erfahrungen sehr vielfältig sein können, werden für das somatopsychische Lernen Reflexionen im Anschluss an die Übungen eingeplant. Die Reflexion stellt jedoch immer einen freiwilligen Prozess dar. Hierbei sollen die Kinder ihren Körper als einen Teil ihrer Person kennenlernen und ihren Wortschatz erweitern. An dieser Stelle ist zu erwähnen, dass junge Kinder das Spürerlebnis häufig nicht bis zur Reflexion nach der Übung behalten können. Daher können Empfindungen – ohne jedoch die anderen Kinder in ihrer achtsamen Präsenz auf sich selbst zu stören – auch sofort geäußert werden.

Regeln für die Eutonie

1. Nicht funktionales Können steht im Vordergrund, sondern qualitatives Erleben im gegenwärtigen Augenblick!
2. Jeder übt und spürt individuell!
3. Keine Wertungen der Empfindungen und Wahrnehmungen!

Abb. 3.3-2: *Regeln für das Eutonie-Programm (Gerhardt & Müller, 2013, S. 121)*

In Abb. 3.3-2 sind die Eutonie-Regeln dargestellt (vgl. ebd., 2013, S. 120f.): (1) Bei der Übungsausführung steht nicht funktionales Können im Sinne einer korrekten Bewegungsausführung oder eines messbaren Ergebnisses im Mittelpunkt, sondern die Fähigkeit, sich selbst und die Auswirkungen des Tuns achtsam wahrzunehmen. Hierdurch lernen die Kinder, auf Körpersignale

---

[13] Kastanienschlangen sind schmale Stoffschläuche, die mit getrockneten Kastanien gefüllt sind.

zu achten und diese zu deuten. (2) Bei der Reflexion der Körperempfindungen gibt es kein ‚Richtig' oder ‚Falsch', d.h. jeder übt und spürt individuell. (3) Weder von der Lehrperson noch von anderen Kindern werden Wertungen zu geäußerten Empfindungen und Wahrnehmungen vorgenommen. Ebenso ist es zuzulassen, wenn ein Kind sagt, dass es nichts gespürt hat oder seine Empfindungen nicht beschreiben kann. Letztlich beruhen Rückmeldungen immer auf freiwilliger Basis.

3.4 Massage

In Anlehnung an das bereits bestehende Massage-Programm von Müller (2013, S. 149-162) im Primarstufenbereich wurde dieses Programm explizit für den Elementarbereich ausgearbeitet. Es formiert sich aus sechs Teilprogrammen (vgl. Tab. 3.4-1), beruht auf Selbst- und Partnermassagen, fokussiert bestimmte Körperbereiche (Kopf, Nacken, Schulter, Rücken, Arme, Bauch und Beine) und beinhaltet Elemente der Klassischen Massage, Klopfmassage, Atemtherapie und Funktionellen Gymnastik (Dehnungsübungen), wobei die beiden letzten im engeren definitorischen Sinne nicht zur Massage zu zählen sind.

Tab. 3.4-1   Überblick zum Massage-Programm

Massage-Themen	Zeit in Min.	Hilfsmittel
Reise 1: Die Geburt des kleinen Drachens	10-12	Gymnastikmatte & Igelball
Reise 2: Ein Tag im Leben des jungen Drachens		
Reise 3: Die Reise des kleinen Drachens ins Weltall		
Reise 4: Die Reise des kleinen Drachens in die Unterwasserwelt		
Reise 5: Die Reise des kleinen Drachens in den Dschungel		
Reise 6: Ein Tag im Leben des alten Drachens		

Jedes Teilprogramm besteht aus zwölf Geschichten, die einen zeitlichen Rahmen von 10-12 Minuten in Anspruch nehmen. Bei allen Abenteuern bzw. Teilprogrammen wird das Prinzip verfolgt, dass die Reihenfolge der Übungen bzw. Massagegriffe beibehalten wird, sich die Geschichten aus motivatorischen Gründen jedoch verändern. Inhaltlich wird im Gesamtprogramm, das auf 72 Geschichten basiert, das Leben eines Drachens von der Geburt bis ins hohe Alter beschrieben. Dies gibt dem Entspannungstraining einen ritualisierenden Charakter und führt bei wiederholtem Training zu einem schnellen Einfinden in das Programm.

Den Anfang des Massage-Programms bildet ein Mattenhalbkreis, damit die Kinder die Lehrperson gut sehen können sowie ein möglichst schneller Übergang von den Selbst- zu den Partnermassagen zu gewährleisten ist. Bevor das Programm startet, muss jedoch die Partnerwahl erfolgen, um Störungen während der Entspannungsphase zu vermeiden. Grundsätzlich ist die Lehrperson aus Gründen der aktuellen Missbrauchsthematik nur moderierend tätig: Die Massagegeschichte wird vorgelesen, und während des Vorlesens werden den Kindern die einzelnen Übungen bei den Selbstmassagen vorgemacht und bei den Partnermassagen in der ‚Luft' vorgeführt. Durch diese Vorgehensweise sind die Kinder in der Lage, mit den Massagetechniken ihre eigenen Erfahrungen zu sammeln, ihre Beobachtungsgabe zu schulen und ihre eigenen Grifftechnikkombinationen zusammenzustellen, die sie dann in ihren Alltag übernehmen können. Bei der Massage können die Kinder je nach ihren Bedürfnissen und denen des Partners eine eigene Berührungssprache generieren und beispielsweise Druckintensitäten selbst bestimmen. Die Dauer und Intensität der Massagegriffe[14] bestimmen die Akteure selbst. Jeder Massagegriff sollte 3-5mal ausgeführt werden, was jedoch im nichttherapeutischen Bereich nicht zwingend ist, um die angestrebten Programmwirkungen zu erzielen (vgl. Abb. 3.4-1). Diese reichen von der Konzentrationsförderung, Atemschulung sowie Dehnung und Förderung der Beweglichkeit bis hin zur Lockerung und Entkrampfung der Muskulatur. Darüber hinaus werden auch allgemeine Zielsetzungen wie die Verbesserung des allgemein körperlichen Wohlbefindens, die Erwärmung des Gewebes durch Massagestreichungen, die Feinmotorik sowie das Lösen von psychischen Blockaden bei Angstzuständen (Übung 1, 2, 7) verfolgt.

Ziele des Massage-Programms
- Erwärmung des Gewebes durch Massagestreichungen (Durchblutungsförderung)
- Lockerung und Entkrampfung der Muskulatur
- Schulung der Feinmotorik (Hand)
- Atemschulung
- Konzentrationsförderung
- Lösen von psychischen Blockaden (z.B. bei Angstzuständen)
- Förderung der Beweglichkeit
- Verbesserung des allgemein körperlichen Wohlbefindens

Die angeführten Ziele beziehen sich auf alle Teilprogramme, wie sie in Tab. 3.4-1 dargestellt sind.

Abb. 3.4-1:   Ziele des Massage-Programms

Das Programm benötigt nur wenige Materialien und ist ohne spezielle Vorkenntnisse umsetzbar (vgl. Tab. 3.4-1). Bei der Selbst- und Partnermassage ist darauf zu achten,

---

[14] Die kindgerechten Massagegriffe beruhen vor allem auf langsamen, langgezogenen Massagebewegungen, die einen sanften Druck ausüben (vgl. hierzu Goldstein, Hermann-Gorzolka & Quast, 2010; Haas & Köhler-Holle, 2009; Hari, 2002; Müller & Müllerschön, 2011; Schaffner, 2009; Seyffert, 2010). Dies ist damit zu begründen, dass die kindliche Muskulatur im Gegensatz zu den Erwachsenen noch nicht so ausgebildet ist und daher schon leichte Schüttel-, Klopf- oder Kreisbewegungen ausreichen, um angestrebte Ziele zu erreichen (vgl. Seyffert, 2010). Falls Kinder unter Berührungsängsten leiden, können anfangs auch Massagegeräte (Igel- oder Tennisball usw.) zum Einsatz kommen.

dass die Akteure genügend Raum zur Ausführung der Massageübungen haben. Zur Organisation bei einer ungeraden Kinderanzahl ist zu erwähnen, dass auch 3er-Gruppen gebildet werden können. Bei der Partnermassage sollten zunächst jedoch nur Kinder zusammengehen, die sich gegenseitig vertrauen; mit der Zeit können sich allerdings auch andere Partnerkonstellationen finden.

Bei der Umsetzung sind die in Abb. 3.4-2 dargestellten Massage-Regeln zu beachten, die folgend erläutert werden: (1) Zunächst ist es wichtig, dass die Kinder Uhren und Schmuck ablegen, um Verletzungen bzw. Schürfungen auszuschließen. (2) Ebenso gilt es, dass die Kinder aus hygienischen Gründen vor Beginn der Massage ihre Hände waschen. (3) Danach sollten die Kinder ihre Aufmerksamkeit auf den eigenen Körper lenken und das Gefühl der inneren und äußeren Stille anstreben. (4) Während der Massagedurchführung sollen die Kinder auf eine tiefe und ruhige Atmung

Regeln für die Massage
1. Ablegen von Uhren und Schmuck!
2. Vor Beginn Hände waschen!
3. Erspüren des Gefühls der inneren und äußeren Stille!
4. Tiefe und ruhige Atmung!
5. Bei auftretenden Schmerzen dem Partner sofort Rückmeldung geben!
6. Nicht auf der Wirbelsäule massieren!
7. Wenn der Partner kitzlig ist, diese Stelle auslassen!

Abb. 3.4-2:   Regeln für das Massage-Programm

achten. Sie wird nicht explizit angeleitet. Jedoch sollte die Lehrperson die Kinder im Blickfeld haben und gegebenenfalls bei Pressatmung darauf hinweisen. Dies ist wichtig, weil schon bei Vorschulkindern Verspannungen der Atemhilfsmuskeln aufgrund psychischer Faktoren (z.B. Leistungsdruck und Stress) auftreten können. (5) Falls während des Programms Schmerzen auftreten, z.B. aufgrund der Akupressurtechniken bei der Partnermassage, muss eine sofortige Rückmeldung seitens der Kinder erfolgen. (6) Ebenso ist das Massieren auf der Wirbelsäule aus Gründen von Knochenhautreizungen zu vermeiden. (7) Um während des Programms Gelächter und folglich Ablenkung zu vermeiden, sind kitzlige Körperstellen auszulassen.

3.5 Progressive Muskelrelaxation

Das hier entwickelte PMR-Programm lehnt sich – von seiner methodischen Strukturierung – an das für den Primarstufenbereich konzipierte Programm von Fessler und Müller (2013c, S. 19ff.) an. Hinzugefügt wurden integrative Phantasiereisen, um dem spielerischen Charakter dieser Altersstufe gerecht zu werden. Insgesamt beinhaltet das PMR-Programm für den Elementarbereich sechs Teilprogramme (vgl. Tab. 3.5-1) und ermöglicht den Kindern einen spielerischen Einstieg in sensorische Entspannungsprogramme.

Die anvisierten Ziele des Programms sind in Abb. 3.5-1 dargestellt und gehen von Unterstützung bei emotionalen Belastungen, positivem Einfluss auf Schmerzzustände und Reduzierungen von Fehlspannungen über die Verbesserung von Lernleistungen bis hin zur Harmonisierung und Optimierung vegetativer Funktionsweisen aus.

Jedes PMR-Teilprogramm beinhaltet sieben Geschichten zu je 10-12 Minuten, sodass das PMR-Gesamtprogramm auf 42 Geschichten beruht. Die Geschichten sind in der Ich-Form gestaltet, sodass sich die Kinder mit der Drachen-Phantasiefigur „Darko" identifizieren können. Bei den Drachen-Abenteuern gilt es immer, die fünf goldenen Regeln (vgl. Abb. 3.5-2) zu befolgen, damit konzentriert gelernt werden kann, um die einzelnen Aufgaben zu meistern und die Jagdprüfung zu bestehen. Ein Drachenlehrmeister steht mit seiner Lebenserfahrung dem Drachen-Kind hilfreich zur Seite.

Als Sitzposition wird die Flegel- oder Königshaltung präferiert; sie bietet den Vorteil, dass die Kinder die vorgemachten Übungen direkt sehen und umsetzen können; nachteilig erscheint, dass einige Kinder dadurch nicht differentiell ihre Muskeln anspannen, sondern meist mehrere Muskeln für das Aufrechterhalten der Sitzhal-

Tab. 3.5-1: Überblick zum PMR-Programm

PMR-Themen	Zeit in Min.	Hilfsmittel
Reise 1: Der kleine Drache lernt das Fliegen	10-12	Gymnastikmatte oder Stuhl
Reise 2: Der kleine Drache lernt das Fangen		
Reise 3: Der kleine Drache lernt das Klettern		
Reise 4: Der kleine Drache lernt das Tauchen		
Reise 5: Der kleine Drache lernt das Feuerspucken		
Reise 6: Der kleine Drache macht seine Jagdprüfung		

Ziele des PMR-Programms

- Unterstützung bei emotionaler Belastung
- Positiver Einfluss auf Schmerzzustände
- Reduzierung von Fehlspannungen
- Verbesserung der Lernleistungen
- Harmonisierung und Optimierung vegetativer Funktionsweisen

Die angeführten Ziele beziehen sich auf alle Teilprogramme, wie sie in Tab. 3.5-1 dargestellt sind.

Abb. 3.5-1: Ziele des PMR-Programms (Fessler & Müller, 2013c, S. 20)

Regeln für die PMR

1. Ruhig sein!
2. Geduldig bleiben!
3. Nur die Muskeln benutzen, die wirklich benötigt werden!
4. Immer wieder üben!
5. Ratschläge befolgen!

Abb. 3.5-2: Regeln für das PMR-Programm (Fessler & Müller, 2013c, S. 19)

tung aktiviert lassen. Demgegenüber erlaubt die Rückenlage eine entspannte Muskulatur, verhindert jedoch Sichtkontakt zur anleitenden Person.

Jedes Teilprogramm wird den Kindern von der Lehrperson vorgetragen und vorgemacht. Zudem wird das Prinzip verfolgt, die Reihenfolge der anzuspannenden Muskelgruppen beizubehalten. Dies verleiht dem PMR-Programm einen ritualisierenden Charakter und führt bei kontinuierlichem Training zu einem schnellen Lern- und Übungserfolg.

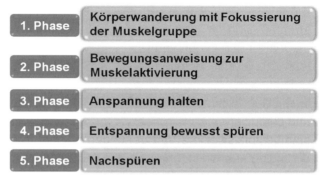

Abb. 3.5-3: Methodische Strukturierung der PMR-Sequenzen (Fessler, Müller & Standop, 2013, S. 105)

Bei den einzelnen Körperteilen[15] wird der Fokus auf Arme, Schultern, Gesicht und Beine gelegt; dabei handelt es sich um große Muskelgruppen, die aufgrund ihres Alltagsgebrauchs im Körperschema der meisten Kinder verankert sind. Gegen Ende jeder PMR-Einheit werden alle zuvor angespannten Muskeln in Form einer „Blitzentspannung" gleichzeitig angespannt und entspannt. Wenn in den folgenden Geschichten die einzelnen Muskeln und Muskelgruppen bearbeitet werden, sollte folgender Ablauf eingehalten werden (vgl. Abb. 3.5-3; Fessler, Müller & Standop., 2013, S. 105ff.): Durch die Körperwanderung mit Fokussierung auf die jeweilige Muskelgruppe (1. Phase) wird eine Ruhehaltung eingenommen, der dann in der zweiten Phase durch eine Bewegungsanweisung eine individuell spürbare Muskelaktivierung folgt. Verkrampfungen sind daher zu vermeiden. In der 3. Phase wird die Anspannung 3-7 Sekunden gehalten. Für Kinder eignet sich an dieser Stelle, einen Countdown[16] wie die „3-2-1-Zählung" einzuführen, um ihnen die Anspannungsdauer zu verdeutlichen. Bei dieser Instruktion ist darauf zu achten, dass eine Adaption der Intonation erfolgt, d.h. hier soll der Tonfall eher energisch im Gegensatz zu den Geschichten sein. Falls einzelne Kinder die vorgegebene Muskelgruppe nicht anspannen können,

---

[15] Einige Autoren (wie z.B. Kirkcaldy & Thomé, 1984) bevorzugen pro Trainingseinheit nur eine Muskelgruppe anzusteuern, die mehrere Durchgänge an- und entspannt und über eine Dauer von zwei Wochen eingeübt wird, ehe die nächste Muskelgruppe folgt. Buchmann (1974) nimmt beispielsweise im schulischen Kontext hingegen eine Fokussierung auf vier Muskelgruppen (Nacken, Arme, Beine und Gesicht) vor. Von den meisten Autoren (vgl. z.B. Petermann & Menzel, 1997; Giese & Sass-Bayer, 2008; Ohm, 2001) wird in Anlehnung an Bernstein und Borkovec (1973) jedoch die Kurzversion des 7-Muskelgruppen-Verfahrens (Bein rechts, Bein links, Gesicht, Schultern, Rücken/Bauch, Bein rechts, Bein links) verwendet.
[16] Neben einer Countdown-Zählung kann auch ein verbales Kommando, wie z.B. „ANSPANNEN" oder „ENTSPANNEN" zur Verdeutlichung eingebaut werden (vgl. u.a. Balster, 1995; Gies-Gross, 2003; Ohm, 2001).

unterstützt sie die Lehrperson: Beispielsweise blockiert sie die anzuspannende Muskelgruppe der Kinder durch einen passiven Widerstand (z.B. Gewicht, Druck), damit die Kinder den spezifischen Muskel lokalisieren können und erhöhte Kraft aufwenden müssen. Zusätzlich können auch Bierdeckel oder Spiegel als Kontrollhilfe eingesetzt werden. In der 4. Phase erfolgt das schlagartige Lösen der angespannten Muskulatur mit einhergehender muskulärer Entspannungsphase (5. Phase); diese Phase sollte immer länger als die Anspannungsphase dauern: Bei sieben Sekunden Anspannung sind beispielsweise 20-30 Sekunden optimal. Die Kinder sollten dann konzentriert in die zuvor angespannten Muskeln hineinspüren. Dabei soll die Muskelgruppe nicht mehr willentlich bewegt werden. Durch diesen ritualisierten Ablauf wird bei den Akteuren eine bessere willkürliche Kontrolle des Anspannungs-Entspannungs-Zyklus bestimmter Muskelgruppen erreicht. Auf die Verwendung von Suggestionen[17] wird in diesem Programm verzichtet, denn sie beabsichtigen eine Manipulation von Körperempfindungen; vielmehr soll eine willentliche Reduktion der Muskelspannung anvisiert werden, die evtl. zu einem erhöhten Zeitaufwand, jedoch zu einer „Kultivierung der Muskel-sinne" führt, und den Kindern ein Gefühl für angespannte und entspannte Muskulatur vermittelt (vgl. Falk, 2002; Ohm, 2001).

Bei der Umsetzung des Programms sind die Augen zu Beginn des Trainings zunächst offen zu halten, um die Lehrperson und deren Bewegungen nachahmen zu können. Nach mehreren Trainingseinheiten sind die Augen allerdings zu schließen; dies gilt insbesondere für die Entspannungsphasen, um Außenreize auszublenden und sich auf die inneren Vorgänge einzulassen. Körpersensationen wie unwillkürliche Zuckungen der Muskulatur oder kleine Bewegungen der Gliedmaße sind bei den Kindern anfänglich nicht selten und seitens der Lehrperson zu akzeptieren.

Während der Durchführung erhält die anleitende Lehrperson die Aufgabe, verschiedene Phänomene bei den Kindern zu beobachten (vgl. Fessler & Müller, 2013c, S. 20): Sehen die Kinder schläfrig aus? Sind Reaktionen auf äußere Reize vermindert? Lassen sich unwillkürliche Muskelzuckungen beobachten? Ist die Atmung tief und gleichmäßig? Werden nur die vorgegebenen Muskelgruppen angespannt?

3.6 Qigong

Das Qigong-Programm „Qigo im Indianerland" basiert auf den von Opper (2013, S. 170f.) für das Primarstufenalter entwickelten sechs Teilprogrammen (vgl. Tab. 3.6-1), die aufgrund ihrer spielerischen Umsetzung in Form von integrativen Phantasiereisen auch für den Elementarbereich geeignet sind. Alle Einheiten verfügen strukturell über

---

[17] Im Gegensatz dazu bauen Autoren, wie z.B. Balster (1995), Suggestionen („Der Arm fühlt sich nun locker und schwer an") und Affirmationen („Prima! Gut so!") gezielt ein, um Vorstellungsbilder hervorzurufen und körperliche Vorgänge zu beeinflussen.

identische Einstiegs- und Abschlussübungen sowie jeweils 1-2 Kernübungen. Jedes Teilprogramm nimmt bis zu fünfzehn Minuten pro Einheit in Anspruch und beabsichtigt die in Abb. 3.6-1 dargestellten Ziele.

Außerdem beruht jedes einzelne Teilprogramm auf Kernübungen bzw. klassischen Qigong-Übungen, die für das Kindesalter dahingehend modifiziert worden sind, dass sie von der Bewegungsausführung im Gegensatz zu den Erwachsenen deutlich langsamer ausgeführt werden. Achtsamkeit und Behutsamkeit zählen dabei zu den wichtigen Prämissen. Diese Vorgehensweise, mit dem Ziel der körperlichen und geistigen Entschleunigung, ist für diese Altersstufe aufgrund entwicklungspsychologischer und gesellschaftsbedingter Voraussetzungen von besonderer Bedeutung. Insgesamt sind die Übungen in vierzehn Phantasie- und Tiergeschichten zum kleinen Indianerjungen ‚Qigo' eingebettet, um über die Identifikation zu diesem Jungen oder zu den Tieren eine spielerische Entschleunigung hervorzurufen.

Bei der Auswahl der Kernübungen (modifiziert nach Sebková-Thaller, 1998b zitiert nach Opper, 2013, S. 170ff.) im Hauptteil der Qigong-Teilprogramme werden heterogene Ausgangsbedingungen der Kinder berücksichtigt, indem die Übungen

Tab. 3.6-1: Überblick zum Qigong-Programm (Opper, 2013, S. 167)

Qigong-Themen	Zeit in Min.	Hilfsmittel
Reise 1: Qigo verwurzelt sich		
Reise 2: Qigo schiebt den Büffel weg		
Reise 3. Qigo lässt die Sonne kreisen und rudert über den See	10-15	Klangmedium, Chiffontuch
Reise 4: Qigo und die Zauberfaust		
Reise 5: Qigo fliegt wie ein Adler und fängt die Maus		
Reise 6: Qigo spielt Indianerball		

Ziele des Qigong-Programms

- Kreislaufaktivierung (Geschichten 2, 12, 13)
- Vertreiben der Müdigkeit, Konzentrationssteigerung (Geschichte 8)
- Ableitung überschüssiger Bewegungsenergie, Muskellockerung (Geschichte 2)
- Aktivierung gegensätzlicher Bewegungs- und Energierichtungen (Geschichte 14)
- Durchblutungsförderung im Gesicht und Kopf (Geschichte 3)
- Erspüren von Wärme (Geschichten 5, 6, 7)
- Stärkung der Körpermitte (Geschichte 4)
- Verbesserung der Beweglichkeit der Wirbelsäule (Geschichten 2, 8, 9, 10)
- Verbesserung des inneren und äußeren Gleichgewichts (Geschichten 4, 12, 13, 14)
- Lösen von Anspannung und Blockaden, Ableiten von Aggressionen (Geschichte 11)
- Ausgleich zwischen An- und Entspannung, Stimmungssteigerung (Geschichten 12, 13)
- Verbesserung der Kooperation (Geschichten 4, 5, 6)

Abb. 3.6-1: Ziele des Qigong-Programms (Opper, 2013, S. 169)

sowohl für aktive, bewegungsunruhige als auch für inaktive Kinder konzipiert worden sind. Die beruhigenden Übungen fördern durch Absenkung der Energie mit gleichzeitiger Erdung und Stärkung der Körpermitte bei den Kindern das Verarbeiten von neuen Lerninhalten. Die eher aktiven Übungen unterstützen den Motivationscharakter und entsprechen somit dem Bewegungsdrang der Kinder.

Die Kinder erfahren und lernen über das Nachahmen der Qigong-Bewegungen, die die Lehrperson in Form einer Geschichte erzählt und dabei vormacht, die Lust an der Bewegung. Die Übungsbeschreibungen werden dabei als direkte Ansprache an die Kinder gerichtet.

Grundlegende Voraussetzung zum Anleiten von Qigong-Übungen ist die eigene körperliche und geistige Sammlung: Das „innere Lächeln"[18] der Lehrperson springt auf die Kinder über und ist hierbei wertvoller als präzise Bewegungsanleitungen. Bei der Umsetzung der Kinderbewegungen kommt es nicht auf eine exakte Ausführung an; vielmehr sollen die Kinder mit der Philosophie des Qigong vertraut gemacht werden und Freude an den Qigong-Bewegungen erfahren. Bei einigen Übungen stehen in Klammern Hinweise zur Atmung, die erst nach mehrmaligem Üben mit eingeschlossen werden sollen; denn oft passt sich die Atmung auch ganz von alleine an die Bewegungen an. Mit zunehmender Übungsfrequenz können die Kinder dann auch eigene Ideen zu den Geschichten entwickeln sowie die Gefühlszustände des Indianerjungens und der Tiere nachempfinden. Somit ermöglichen die Übungen bei den Kindern auch eine Schulung der Empathie und sozialen Kompetenz (vgl. Hüther, 2011; Largo, 2010; Weber, 2011 zitiert nach Opper, 2013, S. 168).

Bei der Umsetzung sind nachstehende Regeln (vgl. Guorui, 2006, S. 23-30 zitiert nach Opper, 2013, S. 169f.) zu beachten (vgl. Abb. 3.6-2): (1) Die Bewegungen sollen freiwillig, in natürlicher Weise und mit Ruhe erfolgen. (2) Die Vorstellungskraft spielt beim Qigong eine wichtige Rolle, denn das Qi lässt sich von der Vorstellungskraft steuern. Zum Beispiel bewirkt die Vorstellung,

Regeln für das Qigong

1. Entspannung, Ruhe und Natürlichkeit!
2. Vorstellungskraft und Qi folgen einander!
3. Bewegung und Ruhe gehören zusammen!
4. Oben leicht – unten fest!
5. Das richtige Maß!

Abb. 3.6-2: *Regeln für das Qigong-Programm (Opper, 2013, S. 170)*

---

[18] Das innere Lächeln soll Energie schenken und den Zustand von Heiterkeit und Leidenschaft versinnbildlichen. Das Lächeln kommt von innen und aus einem Gefühl der Liebe. Traurigkeit, Stress und Sorgen bewirken einen zusammenziehenden Effekt auf den Körper und Geist, während Freude und Heiterkeit einen öffnenden Effekt hervorrufen. Daher ist es wichtig, vor den Qigong-Übungen das innere Lächeln zu spüren (vgl. von Walstijn & Hering, 2003, S. 50).

Wurzeln in die Erde wachsen zu lassen, das Gefühl eines festen und sicheren Standes. (3) Zwischen Bewegung und Ruhe soll eine Harmonie entstehen. Bewegung ist elementar, und nach den Vorstellungen des Qigong können sich die Wirkungen der Bewegungen am besten bei innerer Ruhe entfalten. In der Bewegung wird die Ruhe gesucht, und bei Übungen mit (äußerer) Ruhe steht die innere Bewegung im Vordergrund. (4) Im Qigong ist die Grenzlinie zwischen „oben" und „unten" etwa auf Nabelhöhe. Viele Übungen fokussieren sich auf die Entwicklung der unteren Festigkeit, einem stabilen Fundament bei gleichzeitiger oberer Leichtigkeit. Dieses angestrebte Ziel wird bei der Vorstellung des umgekehrten Zustandes deutlich: Unter der ‚oberen Festigkeit' werden ein schwerer Kopf, ein schlechtes Gedächtnis, Einschlafschwierigkeiten, Enge und Druckgefühl im Brustraum, Ärgerlichkeit und Zornesausbrüche verstanden. ‚Untere Leere' hingegen bedeutet einen unsicheren Gang, instabilen Stand, Schmerzen im Lenden-Kreuz-Bereich sowie in den Knien. (5) Das richtige Maß zu finden bezieht sich auf alle Aspekte des Übens wie Körperhaltung, Bewegung, Atmung, Vorstellungskraft, Intensität und Dauer. Intendiert werden eine lockere Körperhaltung und fließende Bewegungen. Außerdem sollen Vorstellungsbilder berücksichtigt werden; diese sollen aber nicht zu stark in den Vordergrund rücken, sonst könnten die Übenden leicht verkrampfen, sodass die Atmung nicht natürlich fließt.

3.7 Yoga

Das hier eingesetzte Yoga-Programm (vgl. Fessler, Müller, Salbert & Weiler, 2013, S. 195ff.) beinhaltet, wie in Tab. 3.7-1 ersichtlich ist, sechs Teilprogramme, besteht aus insgesamt 28 integrale Drachengeschich-

Tab. 3.7-1: Überblick zum Yoga-Programm (Fessler, Müller, Salbert & Weiler 2013, S. 199)

Yoga-Themen	Zeit in Min.	Hilfsmittel
Reise 1 (Einstieg) Der kleine Drache lernt das Stehen auf zwei Beinen	5-10	Klangmedium, ggf. Gymnastikmatten, Drachenhandpuppe, Zauberstab und Holztruhe
Reise 2: (Berg) Der kleine Drache steigt auf den Berg		
Reise 3: (Baum) Der kleine Drache besucht den Eukalyptusbaum		
Reise 4: (Held) Der kleine Drache ist ein mutiger Held		
Reise 5: (Präsentation mit Sprachformeln) Der kleine Drache fühlt sich groß und stark	10-15	
Reise 6: (Präsentation mit Atemschulung) Der kleine Drache atmet ruhig und tief		

ten und benötigt pro Teilprogramm eine Zeitdauer von 5-15 Minuten.

Jedes der Teilprogramme intendiert spezifische Zielsetzungen (vgl. Abb. 3.7-1) und beruht auf der Grundstruktur in Kap. 3.1.2.

Der Hauptteil des Programms stützt sich auf die Kernübung ‚Stehen', die für alle Teilprogramme maßgeblich ist und den in den Grundstellungen schnell durchführbaren Yoga-Stellungen ‚Berg', ‚Baum' und ‚Held', die vonseiten der Kinder mit steigendem Schwierigkeitsgrad über die sechs Teilprogramme in Bewegungsabschnitten erlernt werden können. Angesichts des Bewegungsdrangs von Kindern ist ein dynamisches Üben, z.B. durch Einsatz von Bewegungsreihen, in Betracht zu ziehen. Im Vergleich zu Erwachsenen, die eine möglichst genaue Übungsbeschreibung fordern, gehen Kinder meist intuitiv-erprobend in eine Yoga-Haltung hinein und lernen vorwiegend durch Nachahmung. Daher ist bei der Durchführung wichtig, dass die Lehrperson die Geschichten erzählt und die Übungen dazu vor- und mitmacht.

Ziele des Yoga-Programms
- Förderung des vestibulären Sinns (Übungen 2, 3, 6, 7, 8, 11, 12, 13, 14, 17, 18, 19, 20)
- Aufrichtung und Stabilisierung des Oberkörpers (Übungen 2, 3, 6, 7, 8, 11, 12, 13, 14, 17, 18, 19, 20)
- Kräftigung des Schultergürtels (Übungen 1, 6, 7, 8, 12, 13, 14, 18, 19, 20)
- Förderung der Stützkraft der Arme (Übung 1)
- Kräftigung der Oberschenkelmuskulatur (Übungen 11, 12, 13, 14, 18, 19, 20)
- Dehnung des Brustraums (Übungen 6, 7, 8, 12, 13, 14, 18, 19, 20)
- Dehnung der Hüft-, Leisten- und Beinmuskulatur (Übungen 11, 12, 13, 14, 17, 18, 19, 20)

Abb. 3.7-1: Ziele des Yoga-Programms (Fessler, Müller, Salbert & Weiler, 2013, S. 199)

Die Zusammenstellung der Übungen richtet sich im Elementarbereich nach den Gesichtspunkten der Konzentrations- und Haltungsschulung durch Gleichgewichts- und Koordinationsübungen und der physiologischen Unbedenklichkeit. Das Üben in verschiedenen Körperpositionen wird angesichts der vorherrschenden Bewegungsarmut präferiert.

Aus methodischer Sicht ist der Berg mit Variationen einer symmetrischen Haltung im Stehen auf zwei Beinen der vergleichsweise leichte Einstieg. Danach folgt mit steigendem Schwierigkeitsgrad der Baum als asymmetrische Haltung (d.h. im einbeinigen Stand) und letztlich der Held. Bei letzterem wird ebenfalls eine asymmetrische Haltung mit geöffneter Hüfte eingenommen; diese Asana erfordert muskulär wiederum eine anspruchsvollere Belastung, da noch die statische Haltearbeit hinzukommt. Das Programm berücksichtigt auch Variationen der drei Yoga-Übungen ‚Baum – Berg – Held', die methodisch als Binnendifferenzierung aufzufassen sind. Dadurch verfügt die Lehrperson innerhalb der einzelnen Übungssequenzen über die Möglichkeit, den Schwierigkeitsgrad entsprechend der Teilnehmergruppe festzulegen, d.h. für fortgeschrittene bzw. bewegungstalentierte Kinder können demnach auch komplexe ‚Berg'-Haltungen eingebaut werden, z.B. wenn die Endposition im Ballenstand und/oder mit geschlossenen Augen durchgeführt wird. Außerdem ist es empfehlenswert – je nach dem Alter und Trainingsstand –, dass die Kinder in der Endposition zunächst blinzeln oder die Augen kurz geschlossen halten, danach öffnen, um sich wieder auszurichten.

Zwischen den Kernübungen sind aufgrund der körperlichen Beanspruchung jeweils Lockerungsübungen in verschiedenen Körperlagen, wie z.B. der Vierfüßlergang, als Erholungsphasen einzuplanen. Im Anschluss an den Hauptteil folgt eine Nachspürphase, bei der die Kinder die Körperübungen nochmals kognitiv nachempfinden. Den Abschluss jeder Übungseinheit bildet die aktive Rückholung mittels dynamisch ausgeführter Körperübungen; dadurch finden die Kinder in den Kindergartenalltag zurück.

Aus Abb. 3.7-2 sind die Yoga-Regeln des Programms zu entnehmen (vgl. Fessler, Müller, Salbert & Weiler, 2013, S. 200):

(1) Anfangs ist es bedeutsam, dass die Kinder die Bewegungen langsam, bewusst und ausschließlich auf den eigenen Körper fokussiert durchführen. (2) Neben der Körperwahrnehmungsschulung sollen die Kinder lernen, eigene Grenzen zu erspüren und eine Stellung z.B. nur so weit auszuführen, wie es für sie angenehm ist. (3) Das Wahrnehmen der eigenen Grenzen erfordert Konzentration auf sich selbst; wenn Kinder dies nicht umsetzen können, vergleichen sie sich mit anderen. Daher resultiert diese Norm aus den beiden zuvor genannten Regeln. Schließlich soll den Kindern erklärt werden, dass es im Yoga kein besser oder schlechter gibt. (4) Zuletzt wird nicht nur zu Beginn, sondern auch während der Übungen auf die Bedeutsamkeit des Atmens im Yoga hingewiesen. Hierbei geht es allerdings nicht darum, Atemrhythmen aktiv mit Bewegungsausführungen zu verbinden – dies wäre für Anfänger und Kinder im Elementarbereich zu schwierig. Vielmehr soll der Atem bei der Übungsausführung ruhig und natürlich fließen und auf keinen Fall Pressatmung erfolgen, d.h. dass die Atmung angehalten wird. Dies ist insbesondere vor dem Hintergrund wichtig, weil schon im Kindesalter Verspannungen der Atemhilfsmuskeln durch psychische Faktoren (z.B. Leistungsdruck und Stress) auftreten können.

Regeln für das Yoga

1. Bleib bei dir!
2. Spüre deine Grenzen!
3. Keine Konkurrenz!
4. Atmen nicht vergessen!

Abb. 3.7-2: Regeln für das Yoga-Programm (Fessler, Müller, Salbert & Weiler, 2013, S. 200)

4 Methoden

In diesem Kapitel wird zunächst auf die Forschungsfragen und Hypothesen sowie deren Auswertungsstruktur eingegangen. Danach folgen Studiendesign, Stichprobenbeschreibung, Zeitplan sowie Vorstellung der Erhebungsmethoden.

4.1 Auswertungsstruktur und Hypothesen

Im Kontext *Entspannung* ist es von entscheidender Bedeutung, verschiedene Zugänge und Perspektiven bei der Evaluation in Betracht zu ziehen, um eine differenzierte Kontrolle der erzielten Treatmenteffekte zu gewährleisten. Wie aus Abb. 4.1-1 ersichtlich ist, untergliedert sich die Auswertungsstruktur dieser Studie in drei Zugänge: (1) Befragungsmethoden, (2) Projektives Verfahren und (3) Psychophysiologie.

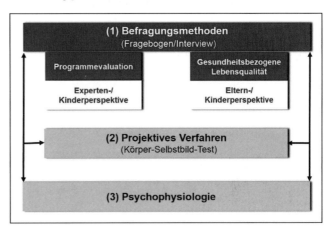

Abb. 4.1-1: Verschiedene Zugänge zur Auswertung der Studie

Alle Zugänge stehen in Interdependenz zueinander, da die einzelnen Verfahren in ihrer inhaltlichen Gestaltung Überschneidungspunkte aufweisen, die in den nächsten Abschnitten Kap. 4.1.1 bis 4.1.3 erläutert werden. Zudem werden Perspektiven wie Kinder, Eltern, Experten[11] berücksichtigt, die als Parallel- bzw. Kontrollverfahren dienen, um die Ergebnisse im Sinne einer Mehrebenenanalyse zu überprüfen. Aus diesen verschiedenen Zugängen und Perspektiven heraus generieren sich wiederum Forschungsfragen mit ihren jeweiligen Hypothesen, die nachstehend vorgestellt werden.

4.1.1 Untersuchungszugang 1: Befragungsmethoden

Der erste Zugang erfolgt über quantitative und qualitative *Befragungsmethoden*, nämlich Fragebogen und Interview. Dadurch werden zum einen die Entspannungsprogramme einer Evaluation unterzogen (Forschungsfragen 1-3), zum anderen wird der Fokus auf die gesundheitsbezogenen Lebensqualitäten der Kinder gerichtet (For-

---

[1] Die *Expertenbeurteilung* setzt sich aus den verschiedenen Kindergartenleitungen und dem dort tätigen fachpädagogischen Personal zusammen.

schungsfrage 4). Die Differenzierung in Fragebogen und Interview beruht auf der Tatsache, dass Kinder im Elementarbereich im Gegensatz zu den Eltern noch nicht über die Lese- und Schreibfähigkeit verfügen, einen Fragebogen auszufüllen. Zwei der drei Verfahren wurden im *ket* entwickelt: Der Aufbau des Entspannungsinterviews für Kinder findet in Anlehnung an den Itempool zu Befindlichkeitsmessungen und Latent-State-Trait-Modellen von Steyer, Schwenkmezger, Eid und Notz (1991) statt (vgl. Kap. 4.4.1.1, S. 150). Der Fragebogen für *Experten* stellt eine Modifikation aus dem Kurzfragebogen zur aktuellen Beanspruchung (KAB) von Müller und Baseler (1993) sowie aus den AT-EVA-Skalen von Krampen (2006; vgl. hierzu im Detail Kap. 4.4.1.3, S. 155) dar. Zur Erfassung der gesundheitsbezogenen Lebensqualität wird das Kiddy-KINDL^R-Verfahren für Kinder und Eltern (vgl. Ravens-Sieberer & Bullinger, 2003; Kap. 4.4.1.2, S. 153) als bereits etabliertes Verfahren ausgewählt.

In der vorliegenden Studie wird angenommen, dass bei positiver Resonanz der Expertenbewertungen (Forschungsfrage 1) zur ‚Durchführbarkeit' der Programme sich diese Ergebnisse auch tendenziell in den Werten der beiden anderen Zugängen *Projektives Verfahren* (Zugang 2) und *Psychophysiologie* (Zugang 3) zeigen. Ebenso wird davon ausgegangen, dass bei vorliegender ‚Wirksamkeit' der Programme aus Expertensicht (Forschungsfrage 2) und positiven Kinderbeurteilungen hinsichtlich des ‚Wohlfühleffekts' (Forschungsfrage 3) sich diese Datenlagen auch in denen der gesundheitsbezogenen Lebensqualität (Forschungsfrage 4), des *Projektiven Verfahrens* (Zugang 2) und der *Psychophysiologie* (Zugang 3) widerspiegeln.

Befragungsmethoden

Programmevaluation

Forschungsfrage 1
Eignen sich aus Expertensicht die entwickelten Entspannungsprogramme zur Durchführung im Setting Kindergarten?

Expertenperspektive

H1: Die Entspannungsprogramme sind aus Expertensicht für die Durchführung im Setting Kindergarten geeignet. Dies zeigt sich …

$H1_{1.1}$: … im *Total Score* zu AT, PMR und Yoga sowie differenziert nach diesen drei Programmen.

$H1_{1.2}$: … im *Total Score* zur „Weiterempfehlung" und „selbstständigen Durchführung" zu AT, PMR und Yoga sowie differenziert nach diesen drei Programmen.

$H1_{1.3}$: … in den *Total Scores* zur Bewertung der einzelnen Übungen zu AT, PMR und Yoga.

> **Forschungsfrage 2**
> Sind die Entspannungsprogramme aus Expertensicht bei den Kindern in Bezug auf deren Wohlbefinden wirksam?

> **Expertenperspektive**
> Die Entspannungsprogramme wirken sich aus Expertensicht positiv auf das Wohlbefinden der Kinder aus. Dies zeigt sich im *Total Score* zu AT, PMR und Yoga sowie differenziert nach diesen drei Programmen.

> **Forschungsfrage 3**
> Wie fühlen sich die Entspannungsübungen für die Kinder im Elementarbereich an?

> **Kinderperspektive**
>
> H3: Die Entspannungsprogramme fühlen sich aus Kindersicht gut an. Dies zeigt sich …
>
> $H3_{3.1}$: … im *Total Score* zu AT, Eutonie, Massage, PMR, Qigong und Yoga.
>
> Die Entspannungsprogramme fühlen sich bei den …
>
> $H3_{3.2}$: … weiblichen Probanden besser als bei den männlichen Probanden an. Dies zeigt sich im *Total Score* zu AT, Eutonie, Massage, PMR, Qigong und Yoga sowie differenziert nach diesen sechs Programmen.
>
> $H3_{3.3}$: … 4-, 5- und 6-jährigen Probanden unterschiedlich an. Dies zeigt sich im *Total Score* zu AT, Eutonie, Massage, PMR, Qigong und Yoga sowie differenziert nach diesen sechs Programmen.

In der Forschungsfrage 4, die sich auf die Analyse der ‚gesundheitsbezogenen Lebensqualitäten' aus Kinder- und Elternperspektive fokussiert, soll der Frage nachgegangen werden, ob sich die Lebensqualität der Kinder durch ein dreiwöchiges Entspannungstraining verändern kann. Hier eignen sich in erster Linie Vergleiche zur *Psychophysiologie* (Zugang 3); denn aus methodologischer Sicht liegen gemeinsame Verankerungspunkte vor allem durch das mehrdimensionale Konstrukt der Lebensqualität vor, das die Kategorien ‚körperliches' und ‚psychisches' Wohlbefinden beinhaltet, auf denen auch die psychophysiologischen Daten beruhen. Darüber hinaus können auch Verknüpfungspunkte zu den Ergebnissen der Experten- (Durchführbarkeit und Wirksamkeit der Übungen) und Kinderperspektiven (‚physisches' und ‚psychisches' Wohlbefinden) aus Zugang 1 hergestellt werden.

Methoden

Gesundheitsbezogene Lebensqualität

> **Forschungsfrage 4**
> Verbessern sich die gesundheitsbezogenen Lebensqualitäten der Kinder durch die Durchführung eines Entspannungstrainings?

Kinderperspektive

H4: Die Selbsteinschätzung der Treatmentkinder zur gesundheitsbezogenen Lebensqualität verbessert sich im Pre-Post-Vergleich. Dies zeigt sich …

$H4_{4.1}$: … im *Total Score* zu AT, Eutonie, Massage, PMR, Qigong und Yoga sowie differenziert nach diesen sechs Programmen.

Elternperspektive

Die Fremdeinschätzung der Eltern zur gesundheitsbezogenen Lebensqualität der Treatmentkinder verbessert sich im Pre-Post-Vergleich. Dies zeigt sich …

$H4_{4.2}$: … im *Total Score* zu AT, Eutonie, Massage, PMR, Qigong und Yoga sowie differenziert nach diesen sechs Programmen.

$H4_{4.3}$: Die Elternangaben zur gesundheitsbezogenen Lebensqualität ihrer Kinder korrelieren mit den Selbsteinschätzungen der Kinder. Dies zeigt sich in bivariaten Korrelationsanalysen zu AT, Eutonie, Massage, PMR, Qigong und Yoga.

4.1.2 Untersuchungszugang 2: Projektives Verfahren

Mithilfe von Zugang 2 *Projektives Verfahren* (van de Vijfeijken, 2007) wird untersucht, ob die kindliche Körperwahrnehmung durch ein körperbasiertes Entspannungstraining zunimmt und eine Reduktion sozial-emotionaler Verhaltensweisen in den gezeichneten Körper-Selbstbildern ersichtlich wird (vgl. Forschungsfrage 5). Die Annahme ist, dass ein bewegungsbasiertes Körperachtsamkeitstraining zum einen zu einer differenzierten Körperwahrnehmung führt; dies soll in den Körper-Selbstbildern insofern deutlich werden, dass im Anschluss an das Treatment von den Kindern mehr Körperdetails abgebildet werden als zu Beginn der Intervention. Zum anderen wird eine Reduktion sozial-emotionaler Auffälligkeiten (vgl. Kap. 4.4.2, S. 157) angestrebt, d.h. die Kinder sollen in ihren Bildern nach dem Treatment weniger sozial-emotionale Indikatoren gezeichnet haben als zu Trainingsbeginn. Dieser Zugang lässt Vergleiche mit den *Befragungsmethoden* (Zugang 1) und der *Psychophysiologie* (Zugang 3) zu; beispielsweise kann bei den Befragungen durch positive Bewertungen zur ‚Durchführbarkeit' und ‚Wirksamkeit' angenommen werden, dass sich diese Daten auch auf die des *Projektiven Verfahrens* auswirken. Ebenso können sich psychophysiologische Veränderungen, wie z.B. ein in Achtsamkeit wahrgenommener Nacken, Hals oder Fußzeh, in den Kinderzeichnungen abbilden.

Projektives Verfahren

Forschungsfrage 5
Werden die Wirkungen des körperbasierten Entspannungstrainings, d.h. eine differenzierte Körperwahrnehmung sowie eine Reduktion von sozial-emotionalen Verhaltensweisen, in den Körper-Selbstbildern der Kinder subjektiv repräsentiert?

H_5: Durch das körperbasierte Entspannungstraining nimmt im Pre-Post-Vergleich bei den Treatmentkindern die Körperwahrnehmung zu und sozial-emotionale Auffälligkeiten reduzieren sich. Dies zeigt sich in den Körper-Selbstbildern in Form der *Scores* (kognitiv/sozial-emotional) ...

$H5_{5.1}$: ... zu AT, Eutonie, Massage, PMR, Qigong und Yoga.

$H5_{5.2}$: ... differenziert nach diesen sechs Programmen.

4.1.3 Untersuchungszugang 3: Psychophysiologie

Der dritte Zugang erfolgt über die *Psychophysiologie* (vgl. Kap. 4.4.3, S. 160ff.). Hierbei handelt es sich um ein Diagnostikinstrumentarium (klinisch getestetes Neurobiofeedbackgerät Nexus-10), bei dem direkt am Körper des Probanden abgeleitete Funktionsmaße, wie z.B. Herzrate, Hautleitwert oder Muskeltonus erfasst werden. Jegliche organismische Zustände bzw. Zustandsänderungen wirken sich auf den menschlichen Organismus aus. Generell besteht eine Korrelation zwischen physiologischen Abläufen im Körper und emotionalen bzw. kognitiven Prozessen, d.h., dass das menschliche Verhalten und die entstehenden Emotionen gehen größtenteils mit unwillkürlichen biologischen Prozessen einher. In der vorliegenden Studie wird durch das körperbasierte Entspannungstraining, das auch als protektives Verhaltenstraining aufzufassen ist, eine psychophysiologische[2] Entspannungsreaktion angestrebt. Dabei soll sich der Erregungszustand in einer Reduktion psychischer und physischer Anspannung äußern. Über eine kognitive (z.B. AT) respektive sensorische (z.B. PMR, Yoga) sowie

---

[2] Die Psychophysiologie kann zum einen zu den Neurowissenschaften gezählt werden, zum anderen stellt sie eine der Grundlagendisziplinen u.a. für die Verhaltensmedizin dar.

fremdinstruktive Stimulation wird eine Beeinflussung psychophysiologischer Indikatoren hervorgerufen. Dies wirkt sich bei den psychischen Vorgängen in Form von Verhaltensweisen und Bewusstseinsprozesse aus, während bei den physiologischen Prozessen eine Desaktivierung deren Funktionen angestrebt wird: Beim Muskeltonus, bei der elektrodermalen Aktivität und Herzrate werden Reduktionen erwartet, während die Herzratenvariabilität, der Blut-Volumen-Puls (BVP) oder die Hauttemperatur zunehmen sollen. Die damit verbundene Forschungsfrage 6 verfolgt die Intention, die durch das Entspannungstraining induzierten psychophysiologischen Reaktionen in Echtzeit aufzuzeichnen, um eine Veränderung auf dem Kontinuum von Aktiviertheit – Desaktiviertheit nachzuweisen. Aufgrund der nur vereinzelt vorliegenden psychophysiologischen Forschungsergebnisse (vgl. z.B. Görbing & Ludwig, 2011; Görbing, Ludwig & Stück, 2011; Stück, 2011) sollen durch diesen Auswertungsschritt weitere ‚harte' Daten erhoben werden, um der existierenden Forschungslücke im Elementarbereich aus Kap. 1.3-1.5 entgegenzuwirken. Anhand der registrierten psychophysiologischen Daten ist davon auszugehen, dass sich diese Ergebnisse aufgrund der inhaltlichen Überschneidungspunkte auch in den Resultaten der anderen beiden Zugängen widerspiegeln.

Psychophysiologie

Forschungsfrage 6
Können Entspannungswirkungen im Elementarbereich über die psychophysiologische Diagnostik sichtbar gemacht werden?

H6: Die Entspannungsprogramme führen bei den Treatmentkindern zu psychophysiologischen Entspannungsreaktionen. Dies zeigt sich in den *Total Scores* ....

H6$_{6.1}$: ... zu AT, Eutonie, Massage, PMR, Qigong und Yoga.

H6$_{6.2}$: ... differenziert nach diesen sechs Programmen.

4.2 Studiendesign und Zeitplan

Bei der vorliegenden Forschungsarbeit handelt es sich um eine explorative Studie (vgl. Abb. 4.2-1) mit quasi-experimentellem Untersuchungsaufbau, Pre-Post- sowie Treatment-Kontrollgruppen-Design im Zeitraum von Juni 2011 bis Oktober 2012. Sie fand im Rahmen der *ket*-Forschungsgruppe statt und basierte auf zwei Pilotstudien (vgl.

Methoden

Markgraf, 2011; Zimmermann, 2011), in denen einzelne *ket*-Entspannungsprogramme und Erhebungsmethoden einer Überprüfung unterzogen worden sind.

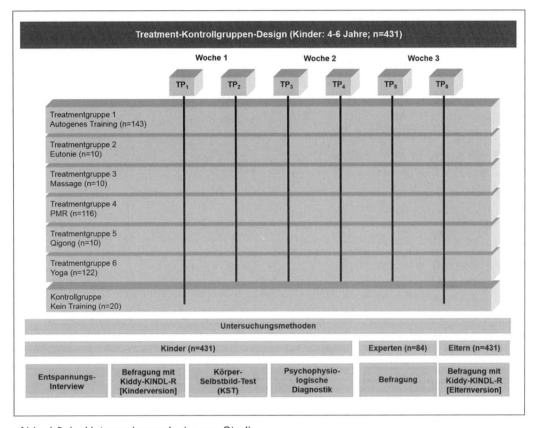

Abb. 4.2-1: Untersuchungsdesign zur Studie

Die Treatmentgruppen (n=411) erhielten in der Studie über einen Zeitraum von drei Wochen ein protektiv-gesundheitliches Verhaltenstraining in Form alltagsgebräuchlicher Kurz-Entspannungsprogramme (vgl. Kap. 3) mit insgesamt jeweils sechs Übungseinheiten (Teilprogramme – vgl. TP_1 bis TP_6 in Abb. 4.2-1) zu AT (n=143), Eutonie (n=10), Massage (n=10), PMR (n=116), Qigong (n=10) und Yoga (n=122), während die Kontrollgruppe (n=20) kein spezielles Training durchführte und der Überprüfung der Evaluationsergebnisse diente. Die unterschiedliche Stichprobenanzahl in den einzelnen Entspannungsgruppen beruht darauf, dass der Fokus zunächst auf bekannte Entspannungsmethoden wie AT, PMR und Yoga gelegt wurde, zu denen zahlreiche Sach- und Fachbücher erschienen sind und teilweise auch bereits eine Grundlagen- und Anwenderforschung existieren (vgl. Kap. 1.5, S. 42ff.).

Methoden

Die Untersuchungen zu den deutlich geringer ausfallenden Probandengruppen Eutonie, Massage und Qigong hatten zum Ziel, erste empirische Daten zu denen im *ket* entwickelten Programmen aus verschiedenen Methoden und Perspektiven zu liefern. Der Umfang einer Übungseinheit betrug bei der Treatmentgruppe 10-15 Minuten; die Intervention fand zu jeweils gleichen Uhrzeiten statt, um Vergleichsanalysen vorzunehmen (vgl. Tab. 4.2-1). Bei der Auswahl der Testinstrumentarien wurden, wie bereits in Kap. 4.1 erläutert, verschiedene Erhebungsmethoden sowie eine Analyse aus den Blickwinkeln der Kinder (Eigenperspektive), Eltern (Fremdperspektive), Experten (Expertenrating[2]) berücksichtigt: Die Evaluation aus der Kinder- und Elternperspektive ereignete sich jeweils zu Beginn (TP_1, 1. Woche) und gegen Ende (TP_6, 3. Woche) des Treatments. In den anderen Übungseinheiten wurden aufgrund der Überforderungsthematik und vor allem aus Motivationsgründen[3] seitens der Probanden (Kinder, Eltern) keine Untersuchungen vollzogen. Bei den Experten erfolgten Fragebogenuntersuchungen nach jeder Einheit, sodass insgesamt zu jedem Teilprogramm Auswertungen vorliegen. Tab. 4.2-1 gibt einen Überblick zum zeitlichen Ablauf der einzelnen Testinstrumentarien. Die psychophysiologischen Messungen werden hierbei nicht aufgeführt, sondern gesondert in Kap. 4.4.3 (S. 160ff.) vorgestellt.

Tab. 4.2-1: *Zeitlicher Einsatz des methodischen Inventars zu Teilprogramm TP_1 und TP_6*

*Hinweis: Aus Gründen der Übersichtlichkeit wurde das Verfahren zum Kiddy-KINDL^R-Interview-Post zu TP_6 aufgeführt. Zeitlich gesehen wurde es jedoch erst in der Anschlusswoche nach Treatmentende durchgeführt, damit sich die erzielten Entspannungswirkungen auf den Treatmentzeitraum beziehen.

Uhrzeit	Ablauf am ersten Interventionstag (TP_1)	Uhrzeit	Ablauf am letzten Interventionstag (TP_6)
8.00 Uhr	Kiddy-KINDL^R-Interview-Pre	-	Kiddy-KINDL^R-Interview-Post*
8.10 Uhr	Entspannungsinterview-Pre-1	8.10 Uhr	Entspannungsinterview-Pre-2
8.25 Uhr	Körperselbst-Bild-Test-Pre-1	8.25 Uhr	Körperselbst-Bild-Test-Pre-2
8.40 Uhr	Entspannungstraining TP_1	8.40 Uhr	Entspannungstraining TP_6
8.45 Uhr	Entspannungsinterview-Post-1	8.45 Uhr	Entspannungsinterview-Post-2
9.05 Uhr	Körperselbst-Bild-Test-Post-1	9.05 Uhr	Körperselbst-Bild-Test-Post-2
9.20 Uhr	Ende	9.20 Uhr	Ende

---

[2] Bei den Experten handelte es sich um Erzieherinnen und Leiterinnen in den untersuchten Kitas.
[3] Pilotstudien (vgl. Zimmermann, 2011) haben gezeigt, dass sowohl bei einigen Kindern die Bereitschaft, Körper-Selbstbilder anzufertigen, bereits nach dem ersten Zeichnen erschöpft war, als auch von Eltern Rückmeldungen dahingehend kamen, dass der Arbeits- und Zeitaufwand hinsichtlich des Fragebogenausfüllens zu groß wären.

Mit den *Kindern* wurden vier Untersuchungsansätze realisiert (vgl. Abb. 4.2-1):

- Die Wirksamkeit des Entspannungstrainings aus Sicht der Kinder (n=411) wurde über ein Entspannungsinterview erfasst, das vor bzw. nach der jeweils ersten (TP_1) und letzten (TP_6) Übungseinheit eingesetzt wurde (vgl. Kap. 4.4.1.1, S. 150).
- Die Messung der gesundheitsbezogenen Lebensqualität (n=411) lief aus Gründen der nicht vorhandenen Lesekompetenz vor Beginn (TP_1) sowie am Ende (TP_6) des Programms (Pre-Post-Vergleich) über das Kiddy-KINDL^R-standardisierte Interview ab (vgl. Ravens-Sieberer & Bullinger, 2003 in Kap. 4.4.1.2, S. 153).
- Als Projektives Verfahren (n=411) diente der Körper-Selbstbildtest „Zeichne einen Menschen" (vgl. van de Vijfeijken, 2007 in Kap. 4.4.2, S. 157); mithilfe dieses standardisierten Screening-Verfahrens konnten die Körperwahrnehmung sowie sozial-emotionale Zustände im Pre-Post-Vergleich – vor und nach der jeweils ersten (TP_1) und letzten (TP_6) Übungseinheit – festgestellt werden.
- An der psychophysiologischen Diagnostik (vgl. Kap. 4.4.3, S. 160ff.) nahmen Teilgruppen[4] aus den sechs Treatmentgruppen sowie die Kontrollgruppe teil (n=80 aus 8 Kitas; je 10 Kinder pro Entspannungsmethode n=60; KG: n=20). Mit klinisch getesteten Biofeedbackgeräten („Nexus-10") wurden vor bzw. nach der jeweils ersten (TP_1) und letzten Übungseinheit (TP_6) „pre-post" dreizehn Parameter (z.B. Hautleitwert, Herzratenvariabilität oder Muskeltonus) gemessen, sodass pro Kind bei der Treatmentgruppe vier psychophysiologische Messungen und insgesamt 240 Einzelmessungen sowie bei der KG, die zur Überprüfung der Eingangswerte eingesetzt wurde, jeweils zwei Messungen und insgesamt 40 Einzelmessungen vorlagen. Diese Vorgehensweise hatte den Vorteil, dass Wirkungseffekte durch wechselseitige Beziehungen der abhängigen Variablen untereinander berücksichtigt und aufgedeckt werden konnten. Ebenso wurden auch Testübungseffekte mit eingeschlossen sowie die Differenz der Veränderungen (Effektstärken) zu beiden Messungen erfasst.

Um Vergleichsanalysen zur Selbsteinschätzung der Kinder in Bezug auf die gesundheitsbezogene Lebensqualität herzustellen, bekamen die *Eltern* der Kinder jeweils vor Beginn (TP_1) bzw. nach Ende (TP_6) des Programms den Kiddy-KINDL^R in der Fragebogenversion (vgl. Ravens-Sieberer & Bullinger, 2003 in Kap. 4.4.1.2, S. 153).

Zusätzlich wurden die beteiligten *Experten* (n=84), d.h. Kindergartenleitungen sowie Erzieherinnen gebeten, die ‚Durchführbarkeit' und ‚Wirksamkeit' der Kurz-Entspan-

---

[4] Aufgrund der aufwendigen Messungen wurde nur eine Teilgruppe (n=80) mit dem psychophysiologischen Messinstrumentarium untersucht. Die Intention lag darin, erste „harte" bzw. „objektive" Fakten in Form psychophysiologischer Daten zu den generierten *ket*-Entspannungsprogrammen zu erhalten.

nungsprogramme nach jeder der jeweils sechs Übungseinheiten anhand eines Fragebogens (in Anlehnung an Kallus, 1995; Krampen, 2006; Müller & Basler, 1993) zu beurteilen (in Kap. 4.4.1.3, S. 155).

In dieser Untersuchung lag der Schwerpunkt auf der externen Validität, d.h. die resultierenden Ergebnisse sind aufgrund der besonderen Bedingungen der Untersuchungssituation, wie z.B. Kindergarten als bekannter Untersuchungsort für Kinder, regelmäßige Zeiten der Durchführung oder Anwesenheit der vertrauten Erzieherinnen und Leiterinnen, auf die evaluierende Altersstufe generalisierbar. Ebenso waren einerseits durch die Parallelisierung der Kohorten personengebundene Störvariablen auszuschließen. Andererseits herrschten durch die Probandengruppen der gleichen Altersstufe ähnliche Variablen vor, wie beispielsweise Vorerfahrungen im Entspannungskontext, Intelligenz, Motivation oder Reifungsgrad.

4.3 Stichprobenbeschreibung

Die Auswahl der Kindertageseinrichtungen erfolgte in zwei Schritten: In einem ersten Schritt wurden alle elementarpädagogischen Institutionen im Kreis Karlsruhe angeschrieben, wodurch Analysen zwischen Stadt vs. Land sowie Brennpunkt[5] vs. kein Brennpunkt möglich waren. In einem zweiten Schritt fanden selektive Kontaktaufnahmen mit speziellen Einrichtungen bzw. spezifischen Kindergartenkonzepten statt, wie z.B. Wald- oder Waldorfkindergärten, die über die Region Karlsruhe (Stuttgart, Kandel, Heidelberg) hinausgingen, um Vergleiche zwischen Regelkindergärten (z.B. mit Situationsorientiertem Ansatz[3]) und den eben genannten anderen Kindergartenkonzepten anzustreben. Nach Rückmeldung der Kindergartenleitungen schlossen sich Elternbriefe und -abende an, um die *ket*-Entspannungsprogramme vorzustellen und die Einverständniserklärung der Eltern für die Untersuchung einzuholen.

Die Probanden mussten folgende Aufnahmekriterien erfüllen:

- Alter 4-6 Jahre,
- keine neurologischen oder psychiatrischen Erkrankungen und
- keine bis wenige Vorerfahrungen im Entspannungskontext.

---

[5] Zu den Kindertageseinrichtungen mit sozialem Brennpunkt zählen Einrichtungen, die in einem Wohngebiet angesiedelt sind, in denen die Bewohner überdurchschnittlich mit Defiziten wie Einkommensarmut, Integrationsschwächen und Arbeitslosigkeit konfrontiert sind.
[3] Beim Situationsorientierten Ansatz sind nach Krenz und Raue (1996) Biographien und Lebensbedingungen der Kinder Ausgangspunkt frühpädagogischer Arbeitsweisen. Die Gestaltung des Alltags und z.B. auch der Kindergartenräumlichkeiten werden hier gemeinsam mit den Kindern vorgenommen; dadurch werden Selbstständigkeit und Selbstbewusstsein der Kinder gestärkt. Die Aufgabe des fachpädagogischen Personals besteht in erster Linie darin, die Kinder entsprechend ihres familiären, sozialen und kulturellen Hintergrunds zu fördern. Beim Situationsorientierten Ansatz werden reelle, alltägliche Situationen und Themen aufgriffen; dabei legen die Pädagogen besonderen Wert auf die Verarbeitung von Kindererlebnissen, indem diese mit den Kindern entschlüsselt werden, damit diese sie besser verarbeiten können.

Schließlich setzt sich die Studie aus N=946 zusammen: Hierzu zählen n=431 Kinder (Alter: 4.96±0.73), die sich in die sechs Treatmentgruppen mit jeweils unterschiedlichen Entspannungsmethoden und in die Kontrollgruppe unterteilen (vgl. Tab. 4.3-1), deren n=431 Eltern und n=84 Experten. Das Geschlechtsverhältnis bei den Kindern ist mit n=211 Jungen und n=220 Mädchen relativ ausgeglichen und unterscheidet sich somit nicht signifikant voneinander (χ^2=4,5; df=1; p=.665).

Tab. 4.3-1: Übersicht zur Stichprobe der Kinder (n=431): Treatment-Kontrollgruppe, Kindergartenkonzepte, Migrationshintergrund, Stadt/Land, sozioökonomisches Umfeld

Kategorien	Anzahl (Kinder)	Alter (SD)	♂	♀
Treatmentgruppen				
AT	n=143	4.89±0.73	64	79
Eutonie	n= 10	4.86±0.75	6	4
Massage	n= 10	4.83±0.79	5	5
PMR	n=116	4.79±0.75	55	61
Qigong	n= 10	5.10±0.30	4	6
Yoga	n=122	5.15±0.72	57	65
Kontrollgruppe				
KG (kein Treatment)	n= 20	4.67±0.52	10	10
Kindergartenkonzept				
Situationsorientierter Ansatz	n=389	4.91±0.73	192	197
Waldorfpädagogik	n= 24	4.67±0.64	10	14
Waldkindergarten	n= 18	5.00±0.63	9	9
Migrationshintergrund				
kein Migrationshintergrund	n=375	4.95±0.72	180	195
Migrationshintergrund	n= 56	5.02±0.77	31	25
Stadt/Land				
Stadtkitas	n=288	4.87±0.71	141	147
Landkitas	n=143	5.14±0.74	70	73
sozioökonomisches Umfeld der Kitas				
Kitas ohne Brennpunkt	n=336	4.59±0.73	161	175
Kitas mit Brennpunkt	n= 95	4.97±0.72	50	45

Bei den Settings handelt es sich um 34 Kindertageseinrichtungen, die in elf Land- (n=143) und 23 Stadtkitas (n=258) sowie neun Kindergärten mit sozialem und 25 ohne sozialem Brennpunkt einzuteilen sind. Ebenso wurden Kitas mit unterschiedlichen

Methoden

Konzepten[4] (Situationsorientiertem Ansatz: n=30; Waldpädagogik: n=2; Waldorfpädagogik: n=2) berücksichtigt. Diese Selektion wurde vor dem Hintergrund vorgenommen, um spätere vergleichende Analysen im Rahmen der *ket*-Forschung zu ermöglichen; in dieser Arbeit wird allerdings auf Auswertungsmöglichkeiten, wie z.B. Stadt- vs. Landkita-Vergleiche, nicht näher eingegangen.

4.4 Erhebungsmethoden

In diesem Abschnitt werden die einzelnen Methoden, die in dieser Studie zum Einsatz kommen, entsprechend der drei Zugänge *Befragungsmethoden*, *Projektives Verfahren* und *Psychophysiologie* vorgestellt.

4.4.1 Befragungsmethoden
4.4.1.1 Interview zur Entspannungsfähigkeit – Kinder

Wie die Recherchen in Kap. 1.5 gezeigt haben, liegen Instrumentarien für den Elementarbereich im Kontext *Entspannung* bislang nur vereinzelt vor. Daher wurde ein exploratives Entspannungsinterview für 4-6-jährige Kinder entwickelt, das auf verschiedenen Schritten basierte:

Im ersten Schritt wurde auf die von Müller (2009) erzielten Literatur- und Internetrechercheergebnisse deutschsprachiger standardisierter Befindlichkeitsskalen eingegangen. Müller stieß bei seinen Recherchen auf ein Projekt der Uni Trier[8] zur Befindlichkeitsmessung und zu Latent-State-Trait-Modellen von Steyer, Schwenkmezger, Eid und Notz (1991). Bei diesem testtheoretischen Modell waren kategorielle Antwortvariablen zur simultanen Messung von States und Traits zusammengestellt und dieses anschließend anhand einer Messung emotionaler Befindlichkeiten auf seine Anwendbarkeit überprüft worden. Für die emotionalen Befindlichkeiten entwickelte die Trier-Projektgruppe einen Itempool[9] aus verschiedenen deutschsprachigen Befindlichkeitsskalen, der 85 Items beinhaltete.

Dieser wurde für die vorliegende Studie näher untersucht, um eine Auswahl von Items für das Entspannungsinterview zu generieren. Hierbei wurde darauf geachtet, nur Items zuzulassen, die als Adjektivlisten oder Polaritätsprofile zur Verfügung standen

---

[4] Die nur geringe Anzahl an teilnehmenden Wald- und Waldorfkindertagesstätten (jeweils n=2) ergab sich dadurch, dass viele Kita-Leitungen eine Implementierung von Entspannungsprogrammen ablehnten. Beispielsweise begründeten Waldkindergartenleitungen dies damit, dass sich die Kinder im Vergleich zu den Regelkindergärten schon den ganzen Tag an der frischen Luft im Wald mit verschiedenen Aufgaben beschäftigen würden, die entspannungsinduzierende Wirkungen hervorrufen würden.

[8] Zugriff im Oktober 2012 unter www.metheval.uni-jena.de/materialien/ges7/ZwischenberichtStufe1.php.

[9] Bei diesem Projekt wurden u.a. folgende Befindlichkeitsskalen untersucht: Profile of Mood States (POMS; Biehl, Dangel & Reiser, 1986; Originalversion: McNair, Lorr & Doppleman, 1970), Befindlichkeitsskalen (BFS; Abele-Brehm & Brehm, 1986), Verlaufsskalen zur emotionalen Befindlichkeit (VEB; Becker, 1988).

Methoden

und für verschiedene Entspannungsmethoden (vgl. Kap. 3) fungieren könnten. In Anlehnung an Steyer et al. (1991) wurden „Eignungskriterien" in Frageform zur Itemselektion aufgestellt:

1. Kann mittels des Items ein psychophysiologischer Zustand bzw. eine Stimmung beschrieben werden (z.B. aufnahmefähig, angenehm, entspannt, wohltuend)?
2. Bezeichnet das Item ausschließlich eine zeitlich begrenzte Stabilität (z.B. schmerzhaft, anstrengend, gereizt, entkrampfend)?
3. Gibt es bei den Items Negationen, die durch das besser verständliche Positivum ergänzt werden können (z.B. ermattet, schläfrig, müde vs. fit)?
4. Ist das Item zur Beschreibung eines psychophysiologischen Zustandes bei Entspannungstreatments ungeeignet (z.B. verwirrt, ärgerlich, lebenslustig, grüblerisch)?
5. Sind Synonyme im Itempool enthalten, die eine semantische Verständlichkeit gewährleisten (z.B. ermattet und erschöpft oder hochgestimmt und gut gelaunt)?

Nach den Kriterien der Itemselektion wurde in einem zweiten Schritt der Itempool der Projektgruppe aus Trier nach den obigen fünf Eignungskriterien evaluiert. Durch das *ket*-Expertenrating reduzierte sich der Itempool zunächst auf 33 Items (vgl. Tab. 4.4.1.1-1). So wurden beispielsweise Items wie auflockernd, durchblutungsfördernd, energiegeladen, entspannt oder erholsam berücksichtigt, die mit entspannungsinduzierenden Zuständen in Verbindung zu bringen sind; Items wie vergnügt, lebenslustig, beschwingt oder hochgestimmt hingegen aussortiert.

Im *dritten Schritt* ging es um die Filterung explorativer, handlungsnaher sowie kindgerechter Items für das Entspannungsinterview der Vorschulkinder.

Tab. 4.4.1.1-1: Auswahl an Items zur Überprüfung des Entspannungstrainings

Itempool zur Überprüfung der Wirksamkeit von Entspannungstrainings		
angenehm	fit	nervös
anstrengend	frisch	ruhig
auflockernd	gehobene Stimmung	durchblutungsfördernd
aufnahmefähig	gelassen	schmerzhaft
aufrecht	gereizt	träge
ausgeglichen	gleichgültig	unangenehm
ausgelassen	gutgelaunt	verkrampft
energiegeladen	konzentriert	verträumt
entkrampfend	lustlos	wärmend
entspannt	matt	wohl
erholsam	munter	wohltuend

Methoden

Dies führte wiederum zu einer Verringerung relevanter Items von 33 auf sieben Items bei gleichzeitiger, syntaktischer und sprachlicher Veränderung der Items (vgl. Tab. 4.4.1.1-2):

(1) Die Itemformulierung vollzog sich in Frageform, um dem Interviewcharakter gerecht zu werden.

(2) Der Begriff ‚JETZT' sollte den Kindergartenkindern verdeutlichen, dass es sich um den gegenwärtigen Augenblick handelt und nicht um eine vergangene bzw. noch zukünftige Situation.

(3) Um eine Beantwortung der Items zu allen körperbasierten Entspannungsmethoden zu gewährleisten, mussten die Fragen *relativ* offen und entsprechend dem Alter aus semantischen Aspekten *vereinfacht* gestellt werden.

Durch die vorgenommene Itemselektion konnten in Anlehnung an den Zweifaktorenansatz von Becker[10] (1991, S. 14) zwei Ebenen (vgl. Tab. 4.4.1.1-2) gebildet werden: Die Skala „*allgemeines*" Wohlbefinden kennzeichnet dabei die übergeordnete Ebene; dadurch soll generalisierend der Zustand der Kinder gemessen werden. „*Psychisches*" und „*physisches*" Wohlbefinden repräsentieren hingegen Subskalen. Definitorisch besteht nach Becker (ebd., S. 14f.)

Tab. 4.4.1.1-2: *Auswahl an Items zur Überprüfung des Entspannungstrainings für den Elementarbereich*

Itempool zur Überprüfung der Entspannungsfähigkeit im Elementarbereich	
Items aus dem Itempool	Bündelung der Items in kindgerechter Frageform
„allgemeines" Wohlbefinden	
angenehm, ausgeglichen, entspannt	1. Wie fühlst du dich jetzt?
„psychisches" Wohlbefinden	
gehobene Stimmung	2. Wie ist deine Laune jetzt?
frisch (im Sinne geistiger Frische), konzentriert, aufnahmefähig	3. Worauf hast du jetzt Lust?
„physisches" Wohlbefinden	
auflockernd	4. Fühlt sich dein Körper jetzt *leicht* an?
träge, matt	5. Fühlt sich dein Körper jetzt *schwer* an?
wärmend	6. Fühlt sich dein Körper jetzt *warm* an?
durchblutungsfördernd	7. Fühlt sich dein Körper jetzt *kribbelig* an?

---

[10] Neben den Skalen von Becker (1991) gibt es beispielsweise auch noch Befindlichkeitsskalen von Abele-Brehm und Brehm (1986) oder von Zerssen und Koeller (1976a/b) sowie definitorische Ansätze und Systematisierungseinteilungen von Empfindlichkeitsskalen von King und Nappa (1998), Ryan und Deci (2001) oder Ryff und Singer (2008) in hedonisches und eudaimonisches Wohlbefinden.

das „*allgemeine*" Wohlbefinden aus positiven und negativen Emotionen und Kognitionen, die unabhängig voneinander zu betrachten sind, da sie nur eine geringe korrelative Interdependenz aufweisen (vgl. Bradburn, 1969). Ebenso können sie zu einem Messzeitpunkt nicht gemeinsam auftreten. Dementsprechend unterteilt er das Wohlbefinden in die Zeitdimensionen *aktuelles* und *habituelles* Wohlbefinden: *Aktuelles* Wohlbefinden bezieht er auf den momentanen ‚Jetzt-Zustand', der nur als vorübergehend angesehen werden kann und von situativen Bedingungen beeinflusst wird. Dieses Spektrum impliziert vier Zustände (Becker, 1991, S. 14f.): Flow, Gelassenheit, Angeregtsein und Entspannung. Dagegen stellt „*habituelles*" Wohlbefinden eine relativ stabile Eigenschaft dar, die insbesondere auf kognitiven Bewusstseinszuständen beruht und erfahrene sowie gesammelte emotionale Erlebnisse bündelt. Die Unterteilung in „*physisches*" und „*psychisches*" Wohlbefinden ist jedoch nur auf der theoretischen Ebene vorzunehmen, denn eine strikte Separierung des emotionalen und körperlichen Wohlbefindens ist nicht möglich.

In der vorliegenden Studie wurde der Fokus auf das „*aktuelle*" Wohlbefinden gelegt, um kurzfristige Entspannungseffekte bei den Kindern festzustellen. Die Skala „*allgemeines*" Wohlbefinden wurde schließlich mit dem Item ‚Wie fühlst du dich jetzt?' abgebildet. Bei der Subskala „*psychisches*" Wohlbefinden sollten in Eigenwahrnehmung durch das Item ‚*Wie ist deine Laune jetzt?*' Emotionen und Gefühlszustände erfasst werden. Zudem können kognitive Veränderungen mit dem Eindruck von geistiger Frische beschrieben werden; diese Aufmerksamkeitszustände, die sich nach Entspannungsübungen einstellen sollten, wurden durch das Item ‚*Worauf hast du jetzt Lust?*' vertreten. Die Subskala „*physisches*" Wohlbefinden setzte sich aus den Items: ‚Fühlt sich dein Körper jetzt ... „leicht", „schwer", „warm" oder „kribbelig" an?'

Zur Überprüfung der entwickelten Wohlbefindensskalen im Entspannungsinterview wird in Kap. 5.1.2 (S. 196) eine affirmatorische Faktorenanalyse durchgeführt. Das Entspannungsinterview führte die Testleitung mit jedem Kind face-to-face durch, um eine gegenseitige Beeinflussung zwischen den Kindergartenkindern zu vermeiden.

4.4.1.2 Kiddy-KINDL^R zur gesundheitsbezogenen Lebensqualität – Kinder/Eltern

Das KINDL^R-Verfahren von Ravens-Sieberer und Bullinger (2003) stellt ein deutschsprachiges Instrumentarium zur Erfassung der gesundheitsbezogenen Lebensqualität dar und kann einerseits bei klinischen Populationen, andererseits bei gesunden Kindern und Jugendlichen eingesetzt werden. Es erweist sich als flexibles, modular strukturiertes und psychometrisch akzeptables Testinstrumentarium, das sowohl in einem Kernteil generische Aspekte der Lebensqualität von Kindern reflektiert als auch in Zusatzmodulen spezifische Belastungen von Erkrankungen (z.B. Adipositas, Asthma, Epilepsie) im Kindesalter eruiert. Altersentsprechende Versionen berücksichtigen dar-

Methoden

über hinaus die Veränderungen der Lebensqualitätsdimensionen im Entwicklungsverlauf. Im Gegensatz zu anderen Verfahren fokussiert es sich (vgl. z.B. Mattejat & Remschmidt, 2006: Inventar zur Erfassung der Lebensqualität bei Kindern und Jugendlichen) in der Lebensqualitätsforschung auch auf den Elementarbereich (4-6 Jahre).

Es wurde bisher in zahlreichen nationalen und internationalen Studien, wie z.B. im deutschen Kinder- und Jugendgesundheitssurvey (KiGGS) des Robert-Koch-Instituts (vgl. Ravens-Sieberer, Ellert & Erhart, 2007) oder bei DISABKIDS[11] (vgl. Bullinger, Schmidt & Petersen, 2002), an gesunden und chronisch kranken Kindern sowie deren Eltern implementiert und evaluiert: Bei der Selbstbeurteilungsversion wird entsprechend dem Alter zwischen drei Versionen ‚Kiddy-KINDL$^{R'}$ (4-7 Jahre), ‚Kid-KINDL$^{R'}$ (8-11 Jahre) und ‚Kiddo-KINDL$^{R'}$ (12-16 Jahre) differenziert. Die Fremdbeurteilungsversion für Eltern liegt in zwei Versionen vor, und zwar für Eltern, deren Kinder 4-7 und 8-16 Jahre alt sind. Gemäß dem Probandenklientel werden in der vorliegenden Studie der ‚Kiddy-KINDL$^{R'}$ (4-7Jahre) und die ‚Kiddy-KINDL^R-Elternversion' umgesetzt. Alle Fragen beziehen sich auf das Zeitfenster der ‚letzten Woche' und ermöglichen dadurch die Erfassung der aktuellen, subjektiven Lebensqualität der Kinder (vgl. Ravens-Sieberer et al., 2003).

Die Kiddy-KINDL^R-*Kinderversion* findet aufgrund der nicht vorhandenen Lese- und Schreibfähigkeit der 4-6-jährigen Kinder in einer Interviewsituation statt und weicht strukturell von den anderen KINDL-Kinder^R-Versionen (Kid/Kiddo) ab. Insgesamt besteht der Selbstbeurteilungsbogen aus zwölf Likert-skalierten Items, die sich aus den sechs Dimensionen ‚Körper, Psyche, Selbstwert, Familie, Freunde und Kindergarten' mit jeweils zwei Items zusammensetzen; daraus ergeben sich der *Total Score* zum subjektiven Wohlbefinden bzw. zur Lebensqualität des Kindes. Analysen zu den einzelnen Lebensqualitäts-Dimensionen sind laut Manual aufgrund der geringen Itemanzahl nicht durchführbar (vgl. Ravens-Sieberer et al., 2003). Zusätzlich enthält der Fragebogen Zusatzfragen zur ‚Erkrankung'. Als Antwortkategorie dient die Dreistufung (1=nie; 2=manchmal; 3=ganz oft). Psychometrische Resultate machen deutlich, dass er eine hohe Reliabilität (Cronbach's $\alpha \geq .70$ in der Mehrzahl der Skalen und Stichproben), befriedigende konvergente und differentielle Validität sowie hohe Akzeptanz bei den Kindern aufweist. Ebenfalls zeigt sich laut Ravens-Sieberer (2000) eine hohe Korrelation ($r > .60$) für den Total-Score mit Subskalen aus anderen Lebensqualitätsinstrumentarien, wie u.a. Child Health Questionnaire (Landgraf et al., 1999) oder SF-36[12] (Bullinger & Kirchberger, 1998).

---

[11] Bei der DISABKIDS-Studie handelte es sich um ein europäisches Projekt, das sich der Lebensqualität von Kindern und Jugendlichen mit chronischen Erkrankungen/Behinderungen und deren Familien-Erfassung des Versorgungsbedürfnisses aus Patientenperspektive widmete.
[12] Der Short Form-36-Gesundheitsfragebogen ist ein krankheitsunspezifisches Instrument zur Erhebung der gesundheitsbezogenen Lebensqualität, das häufig in der Medizin zur Therapiekontrolle eingesetzt wird.

Methoden

Bei der Kiddy-KINDL^R-*Elternversion* wird die Lebensqualität der Kinder aus der Elternperspektive erfasst. Dafür stehen den Eltern 24 Items zu den oben aufgeführten sechs Dimensionen der Kinderversion mit fünf Antwortkategorien (1=nie; 2=selten; 3=manchmal; 4=oft; 5=immer) zur Verfügung. Aufgrund der kurzen Selbstbeurteilung der Kinder im Kiddy-KINDL^R erhalten die Eltern 22 zusätzliche Items, die als spezifische Subskala ‚Kiddy-Eltern' zu behandeln sind. Insgesamt müssen 70% der Items einer Skala beantwortet sein, um bei fehlenden Werten eine Mittelwertersetzung vornehmen zu können. Bezüglich der Auswertung ist zu erwähnen, dass ein hoher Itemwert für eine positive gesundheitsbezogene Lebensqualität steht (vgl. Ravens-Sieberer, 2000). Im Gegensatz zur Kinderversion sind bei den Eltern Berechnungen zu den sechs Dimensionen, wie z.B. zur Psyche oder zum Körper, möglich.

Bei der Umsetzung des Kiddy-KINDL^R-Verfahrens wurde in der vorliegenden Studie darauf geachtet, einer gegenseitigen innerfamiliären Eltern-/Kind-Beeinflussung entgegenzuwirken: Daher führten die Kinder das Kiddy-KINDL^R-Interview gemeinsam mit der Testleitung durch, während die Eltern die Aufgabe erhielten, den Fragebogen ohne ihre Kinder auszufüllen. Danach sollten die Eltern diesen im vorgegebenen Zeitrahmen wieder anonym der Test- bzw. Kindergartenleitung überreichen. Die Zuordnung zwischen Kinder und Erwachsenen wurde über eine Kodierung gewährleistet.

4.4.1.3 Programmevaluation – Experten

Die Evaluation der Entspannungsprogramme seitens der Experten basierte auf einem im *ket* entwickelten, explorativen Fragebogen[13], der sich in die zwei Kategorien „Programmbewertung" und „Programmwirksamkeit" untergliedert:

Die „Programmbewertung" differenziert sich nochmals in ‚*allgemeine Bewertung*' und ‚*Bewertung der einzelnen Übungen*'. Bei der Itemauswahl zur ‚*allgemeinen Programmbewertung*' fand eine Anlehnung an das von Krampen[14] (2006) konzipierte diagnosti-

---

[13] Bei diesem Instrumentarium handelt es sich um einen bislang nicht veröffentlichten, explorativen Fragebogen, der im *ket* von Fessler, Weiler und Müller (2013) generiert wurde. Grund dafür ist, dass bislang noch keine standardisierten Anamnesebogen für das Kindesalter vorliegen, um beobachtbare Entspannungswirkungen zu dokumentieren. Der hier erstellte Fragebogen dient der Aufgabe, festzustellen, ob mit den vorgegebenen Items die Experten (Erzieherinnen oder Kindergartenleitungen) in der Lage sind, das Entspannungserleben der Kinder zu erfassen.

[14] Dieses Verfahren stellt ein interventionsspezifisches Kompendium psychometrischer Verfahren dar. Befunde zur inhaltlichen Validität und Konstruktvalidität sowie zur konvergenten, diskriminanten und differenziellen Validität belegen ebenso die Gültigkeit der AT-EVA-Skalen wie die Ergebnisse zu ihrem Wert bei der Prognose und Evaluation von Interventionseffekten. Es setzt sich aus sechs Bestandteilen zusammen: (1) Eingangsdiagnostik, Indikation und Kontraindikation, (2) kursbegleitende Prozessevaluation, (3) direkte und indirekte Veränderungsmessung (Produktevaluation) sowie (4) längerfristige Katamnese der Effekte von Einführungskursen zum Autogenen Training. Obwohl alle Teile für das Autogene Training ausgelegt sind, ist auch der Einsatz bei anderen Entspannungsmethoden möglich. Die interne Konsistenz der Skalen liegt zwischen r=.71 und r=.95, die Testhalbierungs-Reliabilität zwischen r=.68 und r=.91 sowie die Test-Retest-Reliabilität zwischen r_{tt}=.40 und r_{tt}=.92.

Methoden

sche und evaluative Instrumentarium zum Autogenen Training statt. Hier wurden zunächst einzelne Items (Item 1, 6, 8, 9) aus dem AT-EVA-Kompendium selektiert, mit denen die Zufriedenheit der Entspannungsprogramme eingeschätzt werden kann; im Anschluss wurden zur weiteren Differenzierung noch zusätzliche Items generiert. Insgesamt beinhaltete die ‚*allgemeine Programmbewertung*' 12 Items mit einer 4-stufigen Antwortskalierung („trifft zu"; „trifft eher zu"; „trifft eher nicht zu"; „trifft nicht zu"). Die Items lassen sich in fünf Bereiche mit den jeweiligen Items einteilen: (1) Weiterempfehlung (*Item 1, 12*), (2) Adressatenorientierung (*Item 2, 3, 5, 6, 7, 11*), (3) Integration in den Alltag (*Item 4*), (4) Programmdauer (*Item 8, 9*) und (5) Wirksamkeit (*Item 10*).

Die ‚*Bewertung der einzelnen Übungen*' wurde anhand von fünf explorativen Items – anstrengend, unangenehm, schmerzhaft, motivierend, langweilig – und einer vierstufigen Antwortskalierung („ja"; „eher ja"; „eher nein"; „nein") vorgenommen.

Die „Programmwirksamkeit" erfolgte mit Items aus dem Kurzfragebogen zur aktuellen Beanspruchung (KAB) von Müller und Basler[15] (1993). Der KAB stellt ein reliables Verfahren zur Erfassung der kurzfristigen psychischen Beanspruchung einer Person dar. Für die vorliegende Studie wurde dieses entsprechend der Adressatengruppe (Experten) und dem Entspannungserleben der Kinder modifiziert:

1. *Itemauswahl*: Von den ursprünglichen sechs Adjektivpaarungen (angespannt/gelassen, beklommen/gelöst, unbekümmert/besorgt, unruhig/entspannt, skeptisch/vertrauensvoll, behaglich/unwohl) wurden zwei Paarungen (unbekümmert/besorgt; skeptisch/vertrauensvoll) aus dem genuin stammenden Manual, die nicht im Entspannungskontext zu verorten sind, durch „kraftloser/energievoller" und „frischer/matter" ersetzt. Diese neuen Paarungen stammen aus dem Itempool der Trierer Projektgruppe[16] (vgl. Kap. 4.4.1.1). Dadurch wurde der Fokus wiederum auf psychophysiologische Prozesse gelegt, wodurch wiederum Korrelationen mit anderen methodischen Zugängen (z.B. Entspannungsinterview) ermöglicht werden.

2. *Umformulierung der Items*: Alle sechs Items wurden um die Silbe ‚-er' erweitert, um die Beurteilung für die Experten hinsichtlich der Wirksamkeit des Treatments eindringlicher zu gestalten; denn z.B. kann ein Kind vor dem Entspannungstraining

---

[15] Nach Müller und Basler (1993) schwanken die gefundenen inneren Konsistenzen als Restkoeffizienten in Situationen vergleichbarer Beanspruchung zwischen .72 und .91. Die Reliabilität kann insgesamt mit .85 und der Standardmessfehler mit .30 angegeben werden. Zur Auswertung wird eine Ratingskala verwendet. Das Besondere an diesem Fragebogen ist, dass er in der Verlaufsdiagnostik eingesetzt wird, da er innerhalb kurzer Zeiträume Beanspruchungssymptome messen kann. Der KAB korreliert hoch mit Selbstbeurteilungsskalen zu allgemeinen körperlichen Beschwerden und zum Erleben der vergangenen und zukünftigen Übungseinheiten. Die Beanspruchung wird auf die jeweils vorhergegangene Tätigkeit bezogen (vgl. Schmook & Konradt, 2000).

[16] Zugriff im Oktober 2012 unter www.metheval.uni-jena.de/materialien/ges7/ZwischenberichtStufe1.php.

schon gelassen wirken und nach dem Treatment einen noch tieferen Gelassenheitszustand erreicht haben.

3. *Antwortkategorien*: Die Ratingskala wurde auf fünf Möglichkeiten „viel positiver"; „etwas positiver"; „keine Veränderung"; „etwas negativer"; „viel negativer" gestrafft, wodurch ein präziseres Antwortverhalten angestrebt wurde; laut Manual besteht der KAB nämlich aus einer sechsstufigen Ratingskala.

4. *Umstellen der Items*: Die Befragung basierte auf sechs Adjektivpaaren, die wiederum alternierend gespiegelt waren, um mögliche Fehler durch systematische Antworttendenzen zu minimieren. Bei der Auswertung erfolgte eine Umpolung der Items 3 und 5, sodass grundsätzlich ein hoher Itemwert mit einem entspannungsinduzierenden Effekt einherging.

Die Experten füllten diesen Fragebogen jeweils nach jeder Entspannungseinheit aus, wodurch Analysen zur ‚Durchführbarkeit' und ‚Wirksamkeit' der Programme über den gesamten Treatmentzeitraum hinweg angestrebt wurden.

4.4.2 Projektives Verfahren – Körper-Selbstbild-Test – Kinder

Körper-Selbstbild-Tests zählen zu den *Projektiven Verfahren* und können zur Erfassung kognitiver Entwicklung (Entwicklungsniveau, intellektuelles Wachstum) und sozial-emotionaler Störungen dienen. Grundsätzlich lassen sich Kinderzeichnungen nach Seidel (2007, S. 132f.) unter entwicklungspsychologischen Gesichtspunkten in vier verschiedene Stufen einteilen:

- Stufe 1: Sensomotorisches Denken (Säuglingsalter ca. 2 Jahre),
- Stufe 2: Voroperationales Denken (ca. 2-7 Jahre),
- Stufe 3: Konkrete Operationen des Denkens (ca. 7-12 Jahre),
- Stufe 4: Unterschiedliche Denkstile des Jugendalters, geplante Gestaltung (ab ca.12 Jahre).

Die hier vorliegende Altersgruppierung ist der Stufe 2: ‚Voroperationales Denken' zuzuordnen, d.h. die Kinder können zeichnerisch auf dem Papier festhalten, was sie sich vorstellen und was sie wissen. Im Alter von fünf Jahren verfügen die Kinder über die Fähigkeit, innere Vorstellungen dem Betrachter zeichnerisch verständlich zu machen. Da die oben aufgeführten Entwicklungsschritte nach Seidel (2007, S. 132f.) ineinander übergehen und nicht direkt an ein Lebensalter festzulegen sind, wird die Zuordnung der Kinderzeichnungen in eine jeweilige Phase deutlich erschwert. Daher sollten laut Schuster (2001, S. 53) die Altersangaben auch lediglich als Richtwerte angesehen werden.

Obwohl bei der Durchführung von Kinderzeichnungen motorische, sensorische, kognitive und emotionale Einblicke in die Persönlichkeit und in das Selbstbild des Kindes ermöglicht werden, stehen sie aufgrund der nicht ausreichenden Validität seit vielen

Jahren in der Kritik. Trotzdem nehmen diese Zeichnungsverfahren vor allem wegen zwei Aspekten weiterhin einen festen Platz in psychologischen Studien ein (vgl. Unzner, 2009): (1) Sie dienen zur Absicherung bereits ermittelter Auswertungsergebnisse und berücksichtigen (2) das Grundprinzip der Mikrogenese, d.h. hier werden sozial-emotionale Störungen beim Zeichenprozess sichtbar, wie z.B. fehlende Körperdetails oder verzerrte Mimikausdrücke.

Eine Sichtung von Körperdiagnostikverfahren führte zu dem Ergebnis, dass die meisten wegen fehlender Lese- und Schreibkompetenz der Kindergartenkinder (Fragebogen zur Beurteilung des eigenen Körpers: Strauß, Richter & Appelt, 1996; FKB-20: Löwe & Clement, 1986; FSKN: Deusinger, 1986) sowie aufwendiger oder mangelnder Testgütekriterien (Körperbildskulpturentest: Joraschky, Loew & Röhricht, 2009; Körperbildmaltest für Kinder: Breidenöder-Wehrung, Kuhn & Günter, 1998) nicht in der vorliegenden Studie eingesetzt werden konnten. Infolgedessen wurde der „Zeichne einen Menschen"-Test von van de Vijfeijken (2007) ausgewählt, der im Vergleich zu anderen Verfahren von seiner Testdurchführung, seinem Testaufbau und seiner Reliabilität präferiert wurde:

Die Testdurchführung wird in der vorliegenden Studie laut Manual mit nachstehender Instruktion angeleitet: „Ich möchte, dass Du eine Zeichnung von Dir selber machst. Damit ist gemeint, dass ein ganzer Mensch, und nicht nur ein Kopf, gezeichnet werden soll. Du sollst keine Comicfiguren zeichnen. Du kannst jetzt anfangen!" (van de Vijfeijken, 2007, S. 45). Die Kinder sitzen beim Zeichnen alleine an einem Tisch in ruhiger Umgebung und erhalten ein leeres Blatt in DIN A4-Format, einen Bleistift und einen Radiergummi. Die Testleitung erhält während des Zeichenvorgangs die Aufgabe, spontane Äußerungen des Kindes und die Reihenfolge der gezeichneten Körperteile zu protokollieren.

Die **Körperwahrnehmung** wird über das „kognitive" Bewertungsverfahren[17] (Naglieri, 1988; Draw a Person: A Quantitative Scoring System) erhoben, das sich in die drei Komponenten „Kriterien", „Kategorien" und „Einzelteile" untergliedert. Insgesamt werden vierzehn Kriterien, die sich auf zwölf Körperteile (z.B. Kopf, Haare, Ohren) sowie Rumpf und Kleidung beziehen, aufgrund einer Anzahl spezifischer Charakteristika oder Einzelteile bewertet. Diese Items differenzieren sich wiederum in die vier Kategorien „Vorhandensein", „Details", „Proportion" und „Bonus". Pro Kriterium variiert die Anzahl der Einzelteile auf einer Skala von 3-7. Die Punkteanzahl, die pro Kriterium

---

[17] Bei den kognitiven Entwicklungsitems stehen die Berechnungen zur Interrater-Reliabilität (nach Cohen .83) und Intrarater-Reliabilität (nach Pearson .87) sowie Retest-Reliabilität (N=83; nach Pearson .89) und interne Konsistenz (N=2076; Cronbach's α=.96) für ein zufriedenstellendes Bewertungssystem. Für den Nachweis der Validität werden für die Entwicklungsitems signifikante Korrelationen mit dem Alter und den Leistungen in den Coloured Progressive Matrices und im WISC-R berichtet (vgl. van de Vijfeijken, 2007, S. 23f.).

vergeben wird, ist abhängig von der Anzahl der korrekt gezeichneten Körperdetails. Insgesamt können maximal 64 Punkte[18] erreicht werden.

Um den **emotionalen Zustand** bei Kindern zu eruieren, findet eine Orientierung an den *sozial-emotionalen* Indikatoren von Naglieri, McNeish und Bardos (1991) statt. Die 51 Indikatoren werden einerseits über eine Schablone (sechs Items, z.B. zur Größe der gezeichneten Figuren), andererseits über den Inhalt der Zeichnungen (47 Items, z.B. zu einem gebogenen Mund oder zu aggressiven Symbolen) überprüft. Die Anzahl der erreichten Punkte wird schließlich zusammengezählt; bei vier und mehr emotionalen Indikatoren können Störungen im emotionalen Bereich vorliegen[19].

ket-Pilotstudienergebnisse (vgl. u.a. Zimmermann, 2011) zeigten z.B., dass die Motivation seitens der Probanden nach mehreren Zeichendurchgängen stark abgenommen hat und letztendlich Zeichnungen sogar verweigert wurden; daher wird bei der vorliegenden Studie die Vorgehensweise des ZEM abgeändert. Aufgrund der Motivationsproblematik der Probanden werden nicht wie laut Manual gefordert drei Zeichnungen (Mann, Frau, Selbstbild) erstellt: Es folgt je ein Körper-Selbstbild im Pre-Post-Vergleich (vor und nach der jeweils ersten (TP$_1$) und letzten (TP$_6$) Übungseinheit anhand der vorgegebenen, standardisierten Testinstruktion), sodass insgesamt je Kind vier Körper-Selbstbilder vorliegen. Außerdem wird der Fokus nur auf die gezeichneten Rohwerte gelegt, um kurzfristige Effekte auf die Körperwahrnehmung und das sozial-emotionale Verhalten direkt nach den Entspannungsübungen zu überprüfen. Durch diese Konstruktionsveränderung des Verfahrens sind die Ergebnisse zum Körper-Selbstbild laut Manual zwar hinsichtlich ihrer Validität mit Zurückhaltung zu gewichten. Um diesem Bias entgegenzuwirken, werden die Ergebnisse mit den beiden anderen Zugängen *Befragungsmethoden* und *Psychophysiologie* und den unterschiedlichen Perspektiven verglichen.

---

[18] Laut Manual kann für die Auswertung der Gesamtrohwert jeweils pro Jahrgang in T-Werte sowie in Vertrauensintervalle für die T-Werte angegeben werden. Mit einer weiteren Tabelle können schließlich die T-Werte in Perzentilwerte umgerechnet und anschließend mit altersentsprechenden und geschlechtsspezifischen Normgruppenwerten verglichen werden (vgl. Unzner, 2009; van de Vijfeijken, 2007, S. 5f.).

[19] Laut Testkonstrukteuren zeigen die Interrater- (Cohens Kappa .90) und Intrarater-Reliabilität (Pearson-Produkt-Moment-Korrelation .92) sehr gute bis gute, die Retest-Reliabilität dagegen eher mäßige Resultate (N=65; nach Pearson-Produkt-Moment-Korrelation .72). Diese mäßigen Ergebnisse spiegeln sich auch in den Werten der internen Konsistenz über die drei Altersgruppen (4-5 Jahre: Cronbach's α=.08; 6-9 Jahre: α=.37; 10-11 Jahre: α=.37) verteilt wider; die Werte steigen jedoch mit der Verwendung von drei Zeichnungen auf Werte über .70 (Cronbach's α=.79). Für die Prüfung der Validität der sozial-emotionalen Indikatoren wurde u.a. der Zusammenhang mit den Werten in der Child Behavior Checklist (CBCL) vorgenommen, mit dem Ergebnis, dass die Anzahl der emotionalen Indikatoren nur vereinzelt bei einzelnen Altersgruppen mit Punktwerten der CBCL im klinisch relevanten Bereich signifikant höher ist als bei Kindern mit Punktwerten im nichtklinischen Bereich. Darüber hinaus ist teilweise die Summe der Indikatoren bei klinisch relevanten Gruppen höher als in der Den Haag Vergleichsstichprobe. Demnach ist die Liste der sozial-emotionalen Indikatoren als inhomogen zu bezeichnen und zurückhaltend zu interpretieren (Unzner, 2009, S. 554f.; van de Vijfeijken, 2007, S. 37).

4.4.3 Psychophysiologie

Durch das „objektive" Messinstrument (Bortz & Döring, 2009, S. 278) der Psychophysiologie sollen Wirkungen des Entspannungstrainings nachgewiesen werden. Daher werden nachstehend das verwendete Bio- und Neurofeedbackgerät Nexus-10 mit dessen Software Biotrace+, die psychophysiologischen Kennzeichen, die Nexus-Sensoren, Ableitungsorte und Artefaktmöglichkeiten sowie die kindgemäße, standardisierte Körperposition bei der Messung und der exemplarische Ablauf eines Messdurchgangs erläutert.

Nexus-10

Nexus-10 (vgl. Abb. 4.4.3-1) stellt ein klinisch getestetes Medizinprodukt dar, das die gesetzlichen Anforderungen erfüllt und über die erforderliche CE-Kennzeichnung (CE 0088) verfügt. Zudem wurde es bereits bei einer Vielzahl universitärer Forschungsvorhaben[20] eingesetzt. Daneben ermöglicht dieses computergestützte Bio- und Neurofeedbackgerät – im Gegensatz zu HRV-Scanner®, Noraxon® oder SOM-Biofeedback® – das gleichzeitige, digitale Aufnehmen von insgesamt zehn Kanälen. Vier schnelle Kanäle erlauben sowohl eine Verarbeitung von 2.048 Abtastungen pro Sekunde als auch eine simultane Aufnahme und Auswertung, u.a. von der Elektromyo-, Elektroenzephalo- und Elektrookulographie. Sechs zusätzliche Anschlüsse können Oberflächentemperatur, Atmung, Puls und Hautleitfähigkeit etc. aufzeichnen.

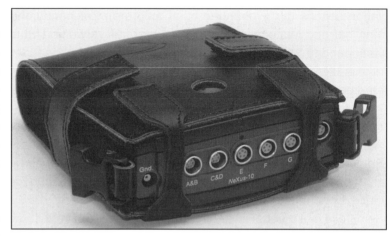

Abb. 4.4.3-1: Neuro- und Biofeedbackgerät Nexus-10
(http://www.mindmedia.nl/CMS/en/products/nexus-systems/item/175-nexus10mkii.html)

---

[20] Liste von internationalen Universitäten, die mit der Nexus-Technologie arbeiten, u.a. Universität München und Tübingen (Zugriff im August 2012 unter http://www.mindmedia.nl/CMS/en/applications/research-a-physiology/reference-users.html).

Methoden

Nexus-10 verfügt im Gegensatz zu anderen Bio- und Neurofeedbackgeräten, die nur mit 12-14 Bitauflösungen arbeiten, über eine 24-Bitauflösung; dadurch sind z.B. bei der Hauttemperaturmessung mikrophysiologische Veränderungen von 1/10000 Grad Celsius feststellbar. Das zugsichere Stecksystem, in Kombination mit den speziell abgeschirmten Sensorkabeln, sorgt für ein Maximum an Signalsicherheit. Die drahtlose Verbindung zum PC-System erfolgt über einen Bluetooth-USB-Anschluss mit Flash-Memory-Technologie und gewährleistet dadurch Biofeedback-Messungen im Geräteumkreis von bis zu zehn Metern. Für weitergehende Anforderungen können die Messdaten auch auf einer Speicherkarte hinterlegt, am PC ausgelesen und anschließend analysiert werden (vgl. Homepage http//:www.mindmedia.nl, 2012).

Biotrace+

Biotrace+ zählt derzeit zu den leistungsfähigsten Softwarepaketen (vgl. Abb.4.4.3-2) für das Nexus-10 und findet im Bereich der psychophysiologischen Forschung vor allem zur Überwachung und Datenanalyse ihre Verwendung.

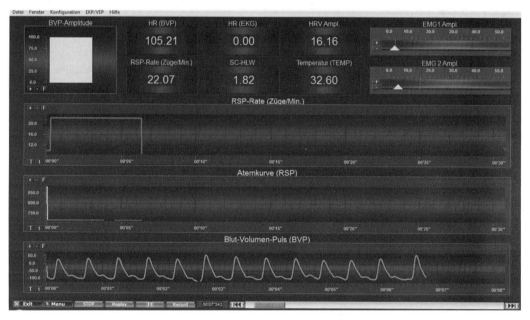

Abb. 4.4.3-2:   Auswertungssoftware Biotrace+ – editierter Monitor zur Datenüberprüfung

Für Forschungszwecke bietet die Software folgende Vorteile: flexible Phasendatenerfassung, Markerfunktion[21], Auswertungs- und Statistikmodule, Datenexport (zu Excel/

---

[21] Durch die Markerfunktion können während einer Sitzung auffällige Ereignisse gekennzeichnet werden, z.B. Husten, Niesen, Jucken oder ruckartige Kopfbewegungen.

Methoden

MatLab/SPSS), editierbare Bildschirme und Protokolloptionen (vgl. Homepage www.mindmedia.nl, 2012).

Nachstehend wird auf die einzelnen psychophysiologischen Kennzeichen, die mit Nexus-10 aufgezeichnet werden, nach folgender Struktur eingegangen: (1) Ziel der Entspannungsreaktion, (2) Messverfahren[22], (3) Grundlagen und Normwerte zum Kennzeichen, (4) Sensoren/Elektroden[23], (5) Ableitungsorte und (6) Artefakte.

4.4.3.1 Neuromuskuläre Kennzeichen

Neuromuskuläre Kennzeichen spiegeln sich in einer Senkung des Tonus der Skelettmuskulatur wider. Um diese zu bestimmen, wird das Verfahren der Elektromyographie (EMG) mit seiner Einheit Mikro-Volt (µV) eingesetzt. Dabei handelt es sich um ein Messverfahren, das sich der Entstehung, Aufzeichnung und Analyse myoelektrischer Signale widmet. Unterschieden wird hierbei zwischen Nadel-(N-EMG)[24] und Oberflächen-Elektromyographie (O-EMG).

Nach Konrad (2005, S. 4f.) werden bei der O-EMG für die Ableitung der Aktionspotenziale Oberflächenelektroden direkt auf die zu messenden Muskeln appliziert sowie eine Referenzelektrode, die der Erdung dient, an einer möglichst inaktiven Stelle befestigt (z.B. Wirbelsäule als Knochengerüst). Mittels dieses nicht-invasiven Verfahrens können spontane oder durch elektrische Stimulation provozierbare Aktionsströme im Muskelgewebe registriert und somit der funktionelle Zustand spezifischer Teile der Skelettmuskeln und des Nervensystems einer Überprüfung unterzogen werden.

Das Aktivitätsniveau der Skelettmuskulatur wird bei der O-EMG über das Summenpotenzial der aktiven motorischen Einheit erfasst. Laut Autoren wie Bichl (2009), Boucsein (2006), Crevenna (2010) oder Vaitl (1993) setzt sich jede motorische Einheit aus einem α-Motoneuron, einem Axon und der synaptischen Verbindung zwischen Nerv und Muskelfasern (motorische Endplatte) zusammen. Die motorische Einheit stellt die kleinste funktionelle Einheit dar, die willkürlich innerviert werden kann. Die Zahl der Muskelfasern pro motorische Einheit determiniert die Innervationsrate des Muskels. Je feiner die Bewegungsabläufe des jeweiligen Muskels sind, desto kleiner sind die motorischen Einheiten und umso mehr motorische Einheiten innervieren die Muskelfasern. Oberflächenelektroden messen immer nur einen bestimmten Bereich an Aktions- und Ruhepotenzialen der aktivierten motorischen Einheiten. Innerhalb einer Muskelfaser haben alle motorischen Einheiten einen unterschiedlichen räumlichen

---

[22] Hier werden die Messverfahren zu den psychophysiologischen Kennzeichen beschrieben; bei den einzelnen Messverfahren wurden Nexus-Sensoren von der Firma *Mind Media* verwendet.
[23] Die Abbildungen zu den einzelnen Sensoren und Elektroden stammen von der Homepage der Firma Mindmedia.nl.; Zugriff im Februar 2012 unter http://www.mindmedia.nl.
[24] Auf die N-EMG wird hier nicht näher eingegangen, weil sie eine nicht ganz schmerzfreie Behandlung darstellt, die im Kindesalter und im Rahmen der Studie nicht realisierbar ist.

Abstand zum Elektrodenpaar, sodass alle erzeugten Potenziale als unterschiedlich stark aufgefasst werden. In der Regel summieren sie sich zu einem triphasischen ‚Motor Unit Action Potential' auf, das in seiner Form und Größe von der geometrischen Konstellation der Faserausrichtung und Ableitstelle abhängt. Muskelspindeln, die in die Muskelfasern eingewebt sind und über das α- und χ-motorische System gesteuert werden, haben ebenfalls Einfluss auf den Muskeltonus. Die supraspinalen motorischen Zentren[25] können eine Muskelkontraktion einerseits über die Aktivierung der α-Motorneuronen, andererseits über die χ-Motoneuronen hervorrufen. Der Muskelspindel obliegt die Aufgabe, den Muskel auf mögliche Kontraktionen bzw. Willkürbewegungen vorzubereiten, indem sie für eine Muskelvorspannung sorgt. Muskelspindeln und ihre reflektorische Verbindungen stellen demnach ein spinales Rückkopplungssystem dar, das für die Aufrechterhaltung der Muskellänge zuständig ist (Gamma-Spindel-Schleife).

Hinsichtlich des muskulären Entspannungsgrads spielt die Muskelspindel laut Vaitl (1993, S. 29f.) eine wichtige Rolle, denn nur, wenn diese ihr Aktivitätsniveau und ihre Entladungsfrequenz senken kann, ist eine Annäherung an das Null-Niveau möglich. Der Aktivierungsgrad der Neuronen des χ-motorischen Systems entsteht meist aufgrund von Stresssituationen und Angstzuständen und wird besonders durch efferente Bahnen aus verschiedenen Regionen des Gehirns bestimmt, wobei hierbei die Formatio reticularis[26] eine der wichtigsten Instanzen kennzeichnet, da von ihr aus erregende und hemmende Einflüsse ausgehen. Diese Funktionen werden hingegen von höheren Strukturen beeinflusst, und zwar von den Basalganglien, vom Kleinhirn und letztendlich vom Kortex. Daher gilt es, neben einer entspannten Körperhaltung auch eine Dämpfung der zentralnervösen Prozesse zu erzielen. Neuromuskuläre Entspannungszustände wirken sich schließlich unmittelbar in einer Abnahme der Anzahl der motorischen Einheiten oder Entladungsfrequenz der beteiligten Motoneuronen aus. Ersichtlich wird dies bei der digitalen Auswertung in Form einer Amplituden- oder Frequenzreduktion (vgl. Abb. 4.4.3.1-1).

Im Hinblick auf die Messergebnisse ist festzuhalten, dass auch bei entspannten Muskeln bzw. Muskelgruppen immer nur eine Annäherung an das Null-Niveau angesteuert

---

[25] Das motorische System untergliedert sich in einen spinalen Teil, der für die Reflexe verantwortlich ist, und in einen supraspinalen Teil, der über das Rückenmark die gesamte restliche Motorik steuert.

[26] Die Formatio reticularis stellt ein dreidimensionales neuronales Netz dar, das vom verlängerten Rückenmark (Medulla Oblongata) bis zum größten Teil des Zwischenhirns (Thalamus) reicht. Sie hat mehrere direkte und indirekte Verbindungen zu allen Hirnregionen. In ihr sind sensorische, motorische und vegetative Funktionen miteinander verknüpft. Ebenso besitzt sie wichtige Funktionen für das gesamte Zentralnervensystem durch die sogenannte unspezifische Aktivierung der Hirnrinde und durch die Regulierung des Tonus der Skelettmuskulatur (vgl. Upledger, 2003, S. 151f.). In Bezug auf Entspannungszustände ist zu bemerken, dass sie in enger Verbindung mit dem limbischen System steht und damit auf die Vigilität, d.h. den Wachzustand, einwirkt.

Methoden

wird. Zudem kann nicht bei allen Muskeln gleichzeitig eine Senkung des muskulären Aktivitätsniveaus erreicht werden, weil die Reaktionsdisposition individuell sehr verschieden ist, d.h. eine Restunsicherheit über ent- und angespannte Muskeln bzw. Muskelgruppen bleibt aufgrund der Summenpotentiale bei der O-EMG bestehen. Laut Bruns und Praun (2002, S. 41) liegen im entspannten Zustand bei oberflächenelektromyographischen Messungen[27] bei einem entspannten Organismus am Trapezius (im Sitzen) Normwerte von 2-3 μV vor.

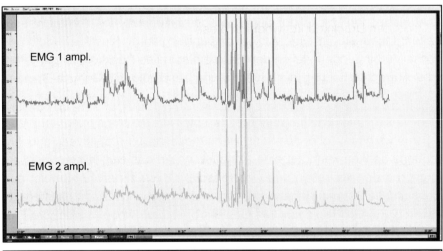

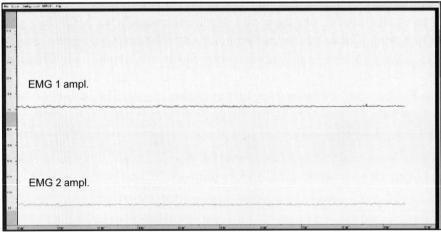

Abb. 4.4.3.1-1: *Motorische Einheiten in einem angespannten (oben) und entspannten (unten) Trapeziusmuskel*

---

[27] Hierbei handelt es sich um Messungen verschiedener EMG-Geräte (z.B. ProComp) am Trapezius mit gleichen Filterbereichen, Haltungen und Positionen bei Erwachsenen (vgl. Bruns & Praun, 2002, S. 40).

Methoden

Für die *elektromyographischen Oberflächenmessungen* wird ein Dual-Kanal-Mehrzweck-Sensor (Nexus-EXG2-2A©) mit einer Carbon-Ummantelung und Aktiv-Schild-Technologie verwendet, um geringen Störgeräuschen und Bewegungsartefakten entgegenzuwirken (vgl. Abb. 4.4.3.1-2), d.h. dieser Sensor misst externe Geräusche und subtrahiert diese, wodurch weniger Artefakte produziert werden.

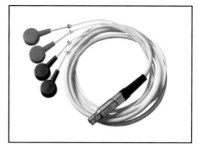

Abb. 4.4.3.1-2: Nexus-EXG2-2A© -Sensor

Die Elektroden besitzen Druckknöpfe, wodurch diese schnell mit den einzelnen vorgelierten Silber/ Silberchlorid Nexus-EL-ARBO-EXG Oberflächenelektroden (vgl. Abb. 4.4.3.1-3), die eine Größe von 24 mm aufweisen, verbunden werden können. Als Referenzkabel dient ein Nexus-Ref1-SNP© (vgl. Abb. 4.4.3.1-4).

Abb. 4.4.3.1-3: EL-ARBO-EXG-Elektroden

Als *Ableitungsorte* können grundsätzlich vielfältige Muskeln in der Front- und Rückansicht des menschlichen Organismus dienen (vgl. Konrad, 2005, S. 19f.). In dieser Arbeit werden die in Abb. 4.4.3.1-5 gekennzeichneten Ableitungsorte am Trapezius ausgewählt. Die Oberflächenelektroden werden paarweise und immer parallel zum Faserverlauf direkt auf den Muskelbauch appliziert (ebd., 2005, S. 18f.). Die Referenzelektrode wird mittig in der Nähe der Wirbelsäule platziert. Der Trapezius eignet sich besonders als Elektrodenpositionierung, denn dieser ist per Palpation ein leicht zu lokalisierender Bezugspunkt (vgl. nach De Luca, 1997, S. 142f.; Gramann & Schandry, 2009; Konrad, 2005, S. 4f.; Konrad & Freiwald, 1997, S. 139).

Abb. 4.4.3.1-4: Referenzelektrode Nexus-Ref1-SPN©

Bevor oberflächenelektromyographische Messungen vorgenommen werden können, ist zur Ableitung der Aktionspotenziale in der Regel ein Übergangswiderstand unter fünf KOhm erforderlich, der durch die Bearbeitung der Haut, d.h. Schmirgeln, kräftiges Reiben der Haut mit Aceton zur Signalverbesserung, erreicht wird. Aufgrund der Probanden im Kindesalter wurde von dieser Vorgehensweise abgesehen. Zur Überwindung des Übertragungswiderstands an den spezifischen Hautarealen wurden daher Wasser und Seife eingesetzt.

Methoden

Um qualitative Aussagen über EMG-Daten zu machen, werden die Roh-EMG-Daten nach *Artefaktquellen*, die zu Datenverfälschungen führen können, durchsucht und herausgefiltert (vgl. Konrad & Freiwald 1997, S. 14). Bei den Artefaktquellen gilt es, zwischen extrinsischen und intrinsischen Einflussfaktoren zu differenzieren: Zu den extrinsischen Quellen zählen u.a. Temperaturveränderungen, Elektrodenstruktur und -platzierung, Kabelbewegungen oder das Grundrauschen des EMG-Verstärkers, während sich bei den intrinsischen Faktoren Bewegungsartefakte (Husten, Jucken, Niesen, Nase hochziehen etc.) sowie anatomische und biochemische Mus-

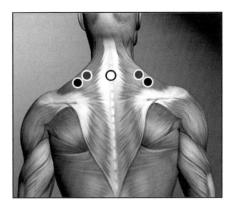

Abb. 4.4.3.1-5: Ableitungsorte am Trapezius (Quelle: Software biotrace+)

keleigenschaften auf die Messergebnisse auswirken können (z.B. Mitregistrierung des Herzschlages oder cross-talk-Effekte, d.h. Überlagerung der Aktionspotenziale benachbarter, aktivierter Muskeln; vgl. De Luca, 1997, S. 143; Konrad & Freiwald, 1997, S. 140). Diese Artefakte zeigen sich bei der Datenanalyse in Form von hohen Amplitudenspitzen (vgl. Abb. 4.4.3.1-6).

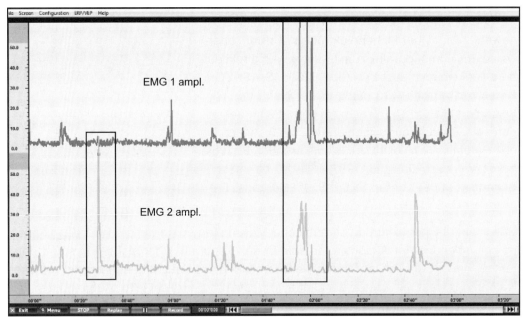

Abb. 4.4.3.1-6: EMG-Messung – hohe Amplitudenspitzen aufgrund von Bewegungsartefakten (z.B. Husten)

4.4.3.2 Kardiovaskuläre Kennzeichen

Kardiovaskuläre Kennzeichen zeigen sich auf verschiedenen Ebenen, und zwar in der Hauttemperatur, im Blut-Volumen-Puls sowie in der Herzfrequenz und Herzratenvariabilität.

Hauttemperatur

Bei einem wirkungsvollen Entspannungstraining wirken sich kardiovaskuläre Veränderungen in Form einer peripheren Hauttemperaturerhöhung aus. Die Messung erfolgt über einen Thermistor, der die Temperatur in Grad Celsius angibt und Informationen über Blutgefäßveränderungen in den Extremitäten liefert. Aufgrund der Vielzahl an Arterien und Arteriolen an den Handflächen wird dieses Hautareal besonders für die Messung des relativen Ausmaßes von Durchblutungsänderungen präferiert (vgl. Vossel & Zimmer, 1998).

Periphere Temperaturveränderungen unterliegen dem vasomotorischen Zyklus, der durch das vegetative Nervensystem bzw. durch die beiden komplementär arbeitenden Systeme Sympathikus und Parasympathikus bestimmt wird. Wie anhand Abb. 4.4.3.2-1 ersichtlich ist, können u.a. Kältereize wie auch stressinduzierende Reize die Selbstregulationsfähigkeit des Körpers stören und über die neurovegetativ gesteuerte Vasomotorik, die auf die periodischen Veränderungen des Durchmessers der Gefäßwand (Shunts) einwirkt, zu einer Temperatursenkung führen. Dabei kommt es über den sympathischen Vasokonstriktor-Nerv zu einer Kontraktion der glatten Muskulatur und Gefäßverengung (Vasokonstriktion), weil möglichst viel Blut der Arbeitsmuskulatur zur Verfügung gestellt wird, und zu einer Freisetzung von Noradrenalin (NA), das mit den α-Rezeptoren interagiert. Vasokonstriktive Wirkungen erzeugen auch Phenylephrin (PHENYL) und Clonidin (CLON), die die adrenergen α-Rezeptoren stimulieren. Bei Entspannungs- und Regenerationszuständen führen noradrenerge und cholinerge β-Rezeptoren wie Isopropranolol (ISO),

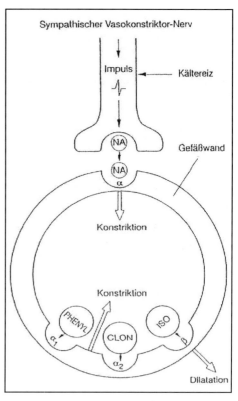

Abb. 4.4.3.2-1: vereinfachte Darstellung der Blutregulation (Vaitl, 1993, S. 36)

Methoden

die vom Parasympathikus aus gesteuert werden, zu einer Gefäßerweiterung (Vasodilation) und Erhöhung der Hauttemperatur (vgl. Bruns & Praun, 2002).

Normwerte[28] existieren bei diesem kardiovaskulären Kennzeichen nicht, weil die interindividuellen Unterschiede zu heterogen sind. Die Hauttemperatur ist in die Kategorie der Indikatoren einzuordnen, bei denen körperliche Veränderungen nicht unmittelbar sichtbar werden (vgl. hierzu Kap. 5.3), sondern einen Verzögerungseffekt von 1-2 Minuten aufweisen (Wiedemann, 2013, S. 30).

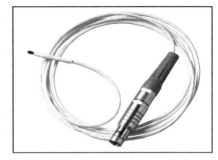

Abb. 4.4.3.2-2: Nexus-Thermistor

Die Messung der *peripheren Hauttemperatur* erfolgt über den Nexus-Temperatur-Sensor (vgl. Abb. 4.4.3.2-2). Dieser Thermistor kann Veränderungen von 1/1000 Grad wahrnehmen.

Als *Ableitungsort* dient (vgl. Abb. 4.4.3.2-3) der kleine Finger der nicht-dominanten Hand[29], an dem palmar ein Klebestreifen fixiert wird.

Hinsichtlich der *Artefaktquellen* ist zu bemerken, dass sich extrinsische Artefakte durch einen Wärmestau unter dem Sensor bzw. Thermistor bilden können (vgl. Abb. 4.4.3.2-4) oder der Klebestreifen den Blutfluss beeinflusst (vgl. Crevenna, 2010, S. 53). Ebenso ist bei den Temperaturmessungen auf eine kurze Adaptionsphase (1-2 Minuten) und konstante räumliche Temperatur (21-25°C) zu achten,

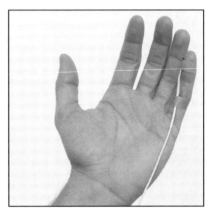

Abb. 4.4.3.2-3 Kleiner Finger als Ableitungsort

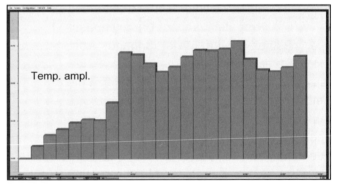

Abb. 4.4.3.2-4: Artefakt – Wärmestaubildung unter Thermistor (Anstieg von 25 °C bis über 36,75° C)

---

[28] Als Richtungswerte können laut der Software Biotrace+ folgende Daten gelten: > 34° C: warme Hände; 30-34° C: normale Temperatur der Hände; 25-29° C: kalte Hände; < 25° C: sehr kalte Hände.

[29] Alle psychophysiologischen Messungen finden an der nicht-dominanten Hand statt, weil dort meist eine dünnere Hornhautschicht vorhanden ist.

weil die periphere Temperatur in enger Verbindung zur Umgebungstemperatur steht. Intrinsische Artefakte können u.a. durch Abfallen der Elektroden oder Bewegungsartefakte resultieren.

Blut-Volumen-Puls

Kennzeichen einer Entspannungsreaktion werden durch den Anstieg des Blut-Volumen-Pulses[30] (BVP) sichtbar. Zur Registrierung dient die Photo-Puls-Plethysmographie, die die relative Blutmenge, die durch die peripheren Blutgefäße fließt, angibt. Hierbei wird Infrarotlicht auf das Gewebe (z.B. einen Finger) projiziert und ein photoelektrischer Sensor erfasst die Ausdehnung des Gefäßes und die Menge des reflektierten Lichtes.

Gesteuert wird der BVP sowohl von der pro Herzschlag ausgeworfenen Blutmenge (Herzschlagvolumen) als auch vom peripheren Gefäßwiderstand. Die im BVP-Signal vorhandenen Volumenschwankungen folgen unmittelbar dem Herzschlagrhythmus und kommen durch wechselseitiges Ein- und Ausströmen der Blutmenge zustande. In der Phase der Systole wird das Blut aus der linken und rechten Herzkammer herausgepresst, wodurch eine Volumenvergrößerung resultiert, während bei der diastolischen Phase bzw. der Entspannungs- und Füllungsphase eine Volumenverkleinerung stattfindet. Als BVP wird die Differenz zwischen maximalem und minimalem Blutvolumen innerhalb eines Herzzyklus bezeichnet. Die Kontrolle über die vasomotorische Aktivität geht wiederum vom vegetativen Nervensystem aus. Eine Vasokonstriktion und Abnahme des BVP tritt infolge sympathikotoner Erregung ein, während bei einer Vasodilatation der Parasympathikus aktiviert wird und das Blutvolumen zunimmt (vgl. Gramann & Schandry, 2009, S. 116; Schandry, 1998).

Laut Parker-Binder (2006, S. 14) liegen beim BVP folgende Normwerte im Kindesalter vor: Ein BVP-Wert von 5-10 geht mit einer Vasokonstriktion sowie mit Verkrampfungen und Verspannungen des Gefäßsystems einher. Messwerte zwischen 40-70 weisen auf einen entspannten Organismus und gleichzeitig auf eine gute periphere Durchblutung hin. Werte über 70 sind ein Indiz für einen tiefen Entspannungszustand und somit ein weit offenes und sehr gut durchblutetes Gefäßsystem. Der BVP wird über den Nexus-BVP-Fingersensor registriert (vgl. Abb. 4.4.3.2-5).

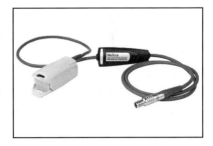

Abb. 4.4.3.2-5: Nexus-BVP-Fingersensor

---

[30] Periphere Hauttemperatur- und Blut-Volumen-Puls-Messungen beruhen beide auf Gefäßerweiterungen; daher wird beim BVP nicht mehr explizit auf die physiologischen Vorgänge eingegangen.

Methoden

Als *Ableitungsort* wurde der Zeigefinger der nicht-dominanten Hand (vgl. Abb. 4.4.3.2-6) präferiert (vgl. Parker-Binder, 2006).

Um intrinsische *Artefaktquellen*, wie z.B. Bewegungsartefakte, möglichst auszuschließen, wurde auf eine ruhige und angenehme Körperposition der Probanden geachtet (vgl. Kap. 4.4.3.5); denn durch Bewegungsartefakte in Form von Fingerbewegungen kann sich der Sensor vom Finger lösen und das Signal nicht mehr aufgezeichnet werden. Dadurch

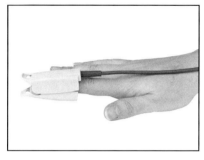

Abb. 4.4.3.2-6: Zeigefinger als Ableitungsort

entstehen Datenlücken, die eine Auswertung erschweren. Zu den extrinsischen Artefakten zählen u.a. fehlerhafte Aufnahmen des Sensors (vgl. Abb. 4.4.3.2-7). Zugleich ist auf eine konstante Raumtemperatur (21-25 °C) zu achten (vgl. Hauttemperatur).

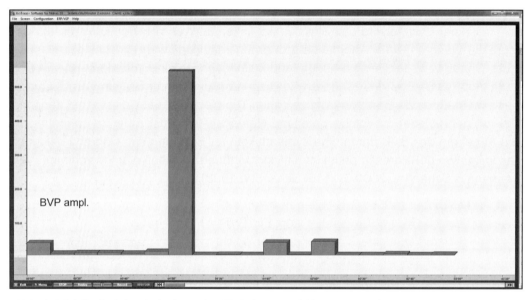

Abb. 4.4.3.2-7: Defekte Aufnahme des BVP-Sensors (Wert über 500)

Herzrate & Herzratenvariabilität

Kardiovaskuläre Veränderungen spiegeln sich hinsichtlich einer Entspannungswirkung in einer Herzfrequenzsenkung und Zunahme der Herzratenvariabilität wider. Die *Herzrate* bildet einen wichtigen Parameter in der Psychophysiologie und kann über die Elektrokardiographie (EKG) oder Photo-Puls-Plethysmographie gemessen werden.

Bei der EKG wird über verschiedene Ableitungsorte[31] die Summe der elektrischen Aktivitäten aller Herzmuskelfasern erhoben. Beim Verfahren der Photo-Puls-Plethysmographie[32] nimmt ein photoelektrischer auf die Haut aufgesetzter Wandler den Volumenpuls an peripheren Gefäßabschnitten (z.B. Finger) auf. Die entsprechenden Volumenpulsationen modulieren den ausgesetzten Lichtstrahl des eintretenden Infrarotlichtes, wodurch Intensitätsänderungen festzustellen sind. Diese werden mit einem Phototransistor gemessen. Berechnet wird das Volumen der Pulswelle im Kapillarbereich. Zu den Messparametern zählen u.a. Amplitudenhöhe und Pulskurvenformanalyse.

Das Herz bildet das zentrale Organ des kardiovaskulären Systems und fungiert als bioelektrisches Pumpsystem, indem es die Gefäße mit Blut durchströmt. Die Kontraktion des Herzens erfolgt über die Aktivität des Herzmuskels, die wiederum vom Sinusknoten ausgeht. Ein gesundes Herz bei Erwachsenen weist in der Regel bei Ruhe eine Herzrate (HR; vgl. Tab. 4.4.3.2-1) von 50-80 Schlägen pro Minute auf. Im Kindesalter zwischen 4-6 Jahren können dagegen im entspannten Wachzustand Normwerte von 90-100 Schläge pro Minute vorliegen (vgl. Bernstein, 2004; Schirle, 2007, S. 60).

Die Kontrolle über die Herzaktivität geht vom vegetativen Nervensystem aus. Während der Parasympathikus den Vagusnerv aktiviert und über den Transmitter Acetylcholin eine Herzfrequenzsenkung bzw. Dezeleration des Sinusknotens hervorruft, findet bei sympathikoner Aktivität eine Ausschüttung von Adrenalin und Noradrenalin statt, wodurch eine Vagusdämpfung und somit eine Akzeleration des Sinusknotens eintreten wird. Der Einfluss des Parasympathikus spiegelt sich in einer Zunahme der Unregelmäßigkeiten wider; der Sympathikus bewirkt hingegen eine geringere Varianz in der Herzschlagfolge. Die hochfrequenten, schnellen Impulse des Vagus führen zu einer sofortigen Reduktion der Herzschlagfrequenz nach Belastungsende. Ein vagaler Reiz benötigt maximal 400 Millisekunden, bis eine Reaktion in den nächsten 1-2 Herzschlägen sichtbar wird. Die niederfrequenten, langsamen Impulse des Sympathikus benötigen eine Latenzzeit von ca. 5 Sekunden und rufen innerhalb der nächsten 20-30 Herzschläge eine Steigerung der Herzfrequenz hervor (vgl. Günther, 1999). Durch diese beiden Systeme ist gewährleistet, dass sich das Herz an situativ wechselnde Umweltbedingungen adaptieren kann. Durchschnittlich beträgt der Abstand von einem zum nächsten Herzschlag eine Sekunde bzw. 1000 Millisekunden (ms). Da dies jedoch nicht aufgrund der beiden parallel agierenden komplementär arbeitenden Systeme der Arbeitsweise eines gesunden Herzmuskels entspricht und dieser auch im Ruhezustand unregelmäßig schlägt, liegen die Intervalle des Herzschlages teilweise über oder

---

[31] Ableitungsorte: Einthoven nimmt drei bipolare, Goldstein drei unipolare und Wilson sechs unipolare Ableitungen vor (vgl. Gertsch, 2004)
[32] Zugriff im August 2012 unter http://www.praxis-kauschke.de/ppg.php5.

unter 1000 ms. Diese Unregelmäßigkeit zeigt sich bei stressinduzierenden Impulsen in einer Abnahme der Variationsbreite der Herzfrequenz von Schlag zu Schlag (interbeat-intervall); entspannende Momente erzeugen wiederum zu einer Zunahme der Variationsbreite. Diese Adaptionsfähigkeit des menschlichen Organismus an interne und externe Stressoren wird als *Herzratenvariabilität* (HRV) bezeichnet und dient zur Bestimmung der neurovegetativen Aktivität sowie der Funktionalität des Herzens (vgl. Hottenrott, 2002a/b; Mück-Weymann, 2002; Task Force, 1996; Thews, Mutschler & Vaupel, 2007).

Unter methodischen Gesichtspunkten lassen sich die HRV-Komponenten in Kurz- und Langzeitmessungen sowie in die HRV-Indizes ‚Zeit-' und ‚Frequenzbereich' untergliedern. Kurzzeitaufzeichnungen nehmen einen Zeitrahmen von 1-20 Minuten ein und intendieren, Reaktionen auf situative Ereignisse (z.B. Entspannungs- und Anspannungssituationen) zu registrieren (vgl. Hottenrott, Hoos & Esperer, 2006). Langzeitaufzeichnungen finden dagegen meist bei klinischen Fragestellungen Anwendung und erstrecken sich über einen Zeitraum von 12 oder 24 Stunden.

Tab. 4.4.3.2-1: Übersicht über die HRV-Parameter der Zeitbereichsanalyse

Parameter	Einheit	Definition
HR	min	durchschnittliche Herzfrequenz
RR/NN	ms	durchschnittlicher Abstand zweier Herzschläge
SDNN	ms	Standardabweichung aller RR-Intervalle
RMSSD	ms	Einfluss des Parasympathikus auf die aufeinanderfolgenden RR-Intervalle
NN50	-	Anzahl der Werte aller RR-Intervalle, die um mehr als 50ms differieren
pNN50	%	Prozentuale Werte aller RR-Intervalle, die um mehr als 50ms differieren

Bei der Zeitbereichsanalyse (vgl. Tab. 4.4.3.2-1) handelt es sich nach Berntson et al. (1997) und Hottenrott (2002a/b) um die deskriptivstatistische Darstellung der aufeinanderfolgenden Herzschlagabstände (RR-Abstände) und deren Differenzen, d.h., die HRV wird aus dem Streuungsverhalten um den Mittelwert sukzessiver Herzschläge erfasst, die im Organismus in variierender Zeitdauer und in randomisierter Abfolge auftreten. Diese Analyseform eignet sich vor allem zur Zuordnung sympathischer und parasympathischer Anteile, die sich auf den Sinusknoten auswirken. Nachstehend werden die für Kurzeitmessungen geeigneten Parameter für die Zeitbereichsindizes vorgestellt: Hinter der Abkürzung *RR/NN* verbergen sich die durchschnittlichen Werte zwischen den einzelnen Herzschlägen. *SDNN* steht für die Standardabweichung aller betrachteten RR-Intervalle und wird aus der Varianz der Phasenlänge zwischen den Herzschlägen berechnet. Der *RMSSD* (root mean square successive differences) repräsentiert die Quadratwurzel des quadratischen Mittelwertes der Summe aller Differenzen zwischen benachbarten NN-Intervallen und gibt das Maß der schnellen Veränderungen der RR-Abstände an, die durch den Parasympathikus beeinflusst werden, d.h. je höher dieser Wert, desto entspannter ist der Mensch. Die Angabe *NN50* gibt die Anzahl und *pNN50* den Prozentsatz der RR-Intervalle an, die sich um mehr als 50 Millisekunden Intervalllänge unterscheiden.

Tab. 4.4.3.2-2: Übersicht über die HRV-Frequenzbänder der Frequenzbereichsanalyse

Frequenzen	Einheit	Frequenzbereiche	Definition
ULF	$ms^2/\%$	<0,003 Hz	Der ULF-Bereich steht für zirkadiane und neuroendokrine Rhythmen.
VLF	$ms^2/\%$	0,003-0,04 Hz	Der VLF-Bereich kennzeichnet den Einfluss der Thermoregulation und des Renin-Angiotensin-Systems[33] auf den Organismus.
LF	$ms^2/\%$	>0,04 bis 0,15 Hz	Der LF-Bereich wird auf sympathische und parasympathische Aktivität zurückgeführt.
HF	$ms^2/\%$	>0,15 bis 0,4 Hz	Der HF-Bereich wird dem Parasympathikus zugeordnet.
LF/HF	Hz	0,5-2,0 (Normbereich bei Ruhemessung)	Dieser Wert steht für die vegetative Balance von Parasympathikus und Sympathikus: Je höher der Wert, desto mehr Sympathikusaktivität.

Bei der Frequenzanalyse (vgl. Tab. 4.4.3.2-2) werden nach Aubert et al. (2003) und Task Force (1996) die einzelnen Spektralkomponenten der HRV in ihre Grundfrequenzen gesplittet, wodurch der relative Anteil der verschiedenen Grundfrequenzen am Gesamtspektrum ersichtlich wird. Grundlage dieser Berechnungen sind die periodisch wiederkehrenden sinusförmigen Schwankungen der Herztätigkeit in unterschiedlichen Frequenzbereichen. Jedem Frequenzbereich wird eine bestimmte Leistung (Power) zugeordnet, die schließlich in einem Leistungsdichtespektrum dargestellt wird. Bei den vier abgeleiteten Frequenzen ist zwischen den sehr niederfrequenten Bändern *ultra low frequency (ULF)* und *very low frequency (VLF)* sowie dem niederfrequenten (*LF= low frequency*) und hochfrequenten Band (*HF=high frequency*), die als Summe die Gesamtspektralenergie (TP=total power) ergeben, zu differenzieren. Die einzelnen Frequenzen werden in der Einheit Hertz gemessen, wobei 1 Hertz einer Schwingung

---

[33] Das Renin-Angiotensin-Aldosteron-System (RAAS) ist ein Regelkreislauf von verschiedenen Hormonen und Enzymen, die hauptsächlich den Salz- und Wasserhaushalt des Körpers steuern. Zusätzlich ist RAAS eines der wichtigsten blutdruckregulierenden Systeme des Körpers.

Methoden

pro Sekunde entspricht. Je größer die Leistung eines Frequenzbands (Zentralleistung oder Peak-Frequenz), desto bedeutsamer ist dieses im HRV-Signal vertreten.

Alle Frequenzen können als Leistung in absoluten [ms^2] und in relativen [%] Werten angegeben werden. Der relative Wert ist neben dem absoluten Wert von großer Bedeutung, weil erst dieser etwas über die Beteiligung der einzelnen Frequenzbereiche am Gesamtspektrum aussagen kann:

Ultra Low Frequency (ULF) und Very Low Frequency (VLF)

Beide Spektralbereiche ULF (<0,003 Hz) und VLF (0,003-0,04 Hz) werden nach Weippert (2009, S. 8f.) meist bei Langzeitmessungen eingesetzt und weisen sehr niedrige Oszillerationen auf. Die zugrundeliegenden Mechanismen für die Entstehung beider Spektralbereiche sind noch nicht genau geklärt, sodass sie für Forschungszwecke eher selten eingesetzt werden. Der ULF-Bereich könnte zirkadiane[34] Rhythmen widerspiegeln, der VLF-Bereich kennzeichnet den Einfluss der Thermoregulation.

Low Frequency-Bereich (LF)

Der niederfrequente Bereich (LF) hat eine Bandbreite von 0,04-0,15 Hz, ist jedoch in seiner Interpretation umstritten. Einige Autoren betrachten ihn als ein Maß für die sympathische Modulation (vgl. Malliani et al., 1991), andere (vgl. Eckberg 1997; Melanson, 2002) wiederum interpretieren ihn als eine Kombination sympathischer und parasympathischer Aktivitäten. Bei der Datenauswertung wird ein Anstieg der LF-Komponente (z.B. durch Stress) generell als Konsequenz von sympathischer Aktivität angesehen. Parasympathische Einflüsse zeigen sich in einer Abnahme des LF-Bereichs in Kombination mit einer niedrigen Atemfrequenz von weniger als sieben Atemzügen pro Minute (vgl. Mück & Löllgen, 2012[35]). Ebenso wird eine Senkung dieses Frequenzbereichs mit der baro-rezeptorischen Aktivität (Blutdruckregulation) in Verbindung gebracht.

High Frequency-Bereich (HF)

Die Modulation des hochfrequenten Bandes (HF) oszilliert zwischen 0,15 und 0,4 Hz und wird auf eine vagale Aktivität des Parasympathikus zurückgeführt (vgl. Hottenrott, Hoos & Esperer, 2006; Pichon, Roulaud, Denjean & Papelier, 2004). Die respiratorische Frequenz, die in Ruhe im Bereich des HF-Bands liegt und einer Frequenz 10-15 Atemzügen pro Minute entspricht, arbeitet im synchronen Rhythmus zur HF und übt hier einen entscheidenden Einfluss aus (vgl. Zhang et al., 2002). Dementsprechend

---

[34] Nach Weippert (2009, S. 5f.) sind unter zirkadiner Periodik in der Chronobiologie die endogenen (inneren) Rhythmen zu verstehen, d.h. tägliche, natürliche Zeitgeber für Schlaf- und Wachzustände, die im Körper ablaufen.
[35] Zugriff im August 2012 unter http://www.hrv24.de/HRV-Lexikon.htm.

kann sich die Atmungsfolge auf eine Zunahme des HF-Bereichs auswirken. Abb. 4.4.3.2-8 stellt mithilfe der Frequenzanalyse und den Indikatoren Herzrate und Herzratenvariabilität parasympathische und sympathische Einflüsse auf den Organismus gegenüber.

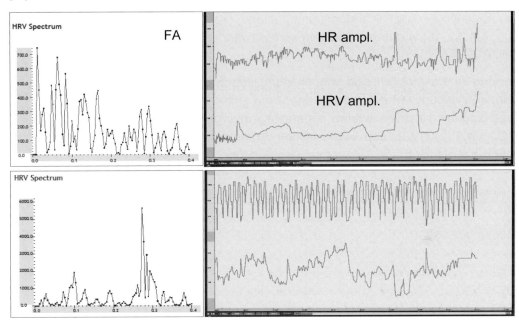

Abb. 4.4.3.2-8:   Frequenzanalyse (FA), Herzrate (HR) & HRV bei Sympathikus- (oben) und Parasympathikusaktivierung (unten)

Bei den Zeit- und Frequenzbereichen der HRV-Parameter liegen keine Normwerte vor, weil die Datenlage individuell sehr unterschiedlich sein kann und insbesondere vom Geschlecht, Alter und von der Aktivität des betreffenden Individuums abhängt (vgl. Hottenrott, 2002a/b).

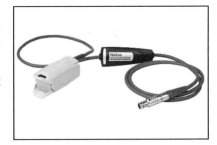

Die Herzrate und Herzratenvariabilität werden über den Nexus-BVP-Fingersensor[36] (vgl. Abb. 4.4.3.2-9) aufgenommen; hierbei wird die Herztätigkeit über die Pulsfrequenz am Finger erfasst (Photo-Puls-Plethysmographie).

Abb. 4.4.3.2-9: Nexus-BVP-Fingersensor

---

[36] Dieser Sensor wurde von der Firma Mindmedia explizit für HRV-Messungen entwickelt.

Methoden

Eine Messung über ein EKG mit seinen Ableitungsorten ist im Elementarbereich unter den gegebenen Bedingungen und vor allem wegen des entstehenden Zeitaufwands nicht möglich.

Der Zeigefinger der nicht-dominanten Hand (vgl. Abb. 4.4.3.2-10) wurde als *Ableitungsort* verwendet (vgl. BVP-Messung).

Bei den *Artefaktquellen* sind wieder intrinsisch bedingte Bewegungsartefakte zu nennen, die sich in ansteigenden Herzratenwerten widerspiegeln (vgl. Abb. 4.4.3.2-11). Zu den extrinsischen Artefakten gehören u.a. fehlerhafte Aufnahmen des Sensors.

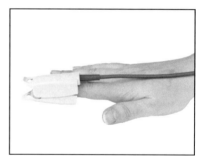

Abb. 4.4.3.2-10: Ableitungsort zur Messung der HR & HRV

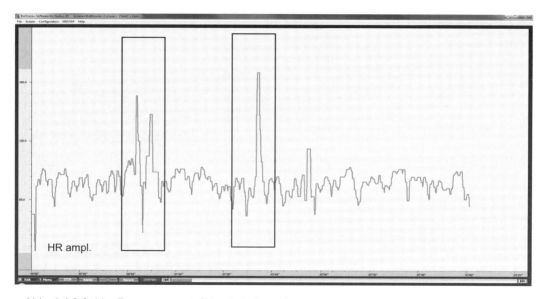

Abb. 4.4.3.2-11: Bewegungsartefakte bei einer Herzratenmessung (markierte Stellen)

4.4.3.3 Respiratorische Kennzeichen

Respiratorische Kennzeichen führen bei einer Entspannungsinduktion zu einer Abnahme der Atemtätigkeit, d.h. der Atemfrequenz, der Atemtiefe, des Atemzugvolumens und Atemminutenvolumens. Bei erhöhten psychischen Beanspruchungen ist hingegen eine kurzfristige höhere Atemfrequenz mit flacher Atmung zu beobachten (vgl. Haarmann, 2007, S. 84; Manzey, 1998; Roscoe, 1992). Die respiratorische Messung wird über einen Atem-Sensor auf Brust- oder Bauchhöhe registriert. Selten werden die Messergebnisse als eigenständige Reaktionsgröße verwendet; denn bezüglich Diagnostizität und Sensitivität ist sie eher als problematisch zu bewerten, besonders im Hinblick auf die Konfundierung von Atemfrequenz und -tiefe (vgl. Manzey, 1998). Meist dient ihre Registrierung zur Identifizierung von Artefakten bei anderen psychophysiologischen Indikatoren wie der Herzrate[37] oder elektrodermalen Aktivität. Sie stellt einen biologischen Prozess dar, bei dem molekularer Sauerstoff aufgenommen, in die Zellen transportiert und dort in der Atmungskette zu Wasser reduziert wird. Im Gegenzug wird Kohlenstoffdioxid produziert und abgegeben (vgl. hierzu im Detail Oczenski, 2012).

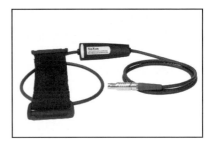

Die Atemfrequenz wird in Atemzüge/Minute gemessen und beträgt bei Kindern im Alter von 4-6 Jahren durchschnittlich 20-25 Atemzüge pro Minute im Entspannungszustand (vgl. Borth-Bruhns & Eichler, 2004, S. 29; Junginger, 2007, S. 133). Im Vergleich dazu sind Werte über 30 Atemzüge bei mittelschweren (< 30 Atemzüge/min) oder schweren (< 40 Atemzüge/min) Asthmaanfällen[38] sowie Angstzuständen/Panikattacken zu erkennen.

Abb. 4.4.3.3-1: Nexus-Atem-Sensor

Die Messung der Atemtätigkeit erfolgt über den Nexus-Atem-Sensor (vgl. Abb. 4.4.3.3-1). Im Inneren des Brustgürtels befinden sich Dehnungsmessstreifen, mit denen Brustumfangsänderungen registriert werden.

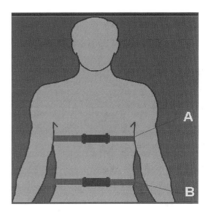

Als *Ableitungsort* fungiert der Brustansatz (vgl. Abb. 4.4.3.3-2, Ableitungsort A), weil bei Untersuchungen im Kindesalter eine Bauchatmung ohne vorherige Übungsphase nicht umsetzbar ist.

Abb. 4.4.3.3-2 Brustansatz als Ableitungsort (A)

Damit es im Verlauf der Messungen zu keinen extrinsischen *Artefakten* kommt, ist es bedeutend, dass sich der Atemgürtel während der gesamten Messung nicht verschiebt. In Bezug auf die intrinsischen Artefaktquellen ist zu konstatieren, dass die Atmung willentlich beeinflusst werden kann.

---

[37] Besonders bei der Elektrokardiographie nimmt die Atmung wegen der respiratorischen Sinusarrthymie eine wichtige Rolle ein.
[38] Zugriff im Februar 2013 unter http://www.lungenaerzte-im-netz.de/lin/linkrankheit/show.php3?p=13&id=67&nodeid=22.

4.4.3.4 Elektrodermale Kennzeichen

Elektrodermale Kennzeichen wirken sich in Bezug auf Entspannungszustände auf eine Zunahme des Hautwiderstands bzw. Abnahme des Hautleitwerts aus. Dabei werden die Signale über ein exosomatisches Gleichspannungsverfahren durch Zufuhr elektrischer Energie von außen gewonnen. Diese elektrodermale Aktivität (EDA) wird mit der Maßeinheit Microsiemens (μS) bestimmt. Sie zählt zu den am häufigsten eingesetzten Stressindikatoren für die Registrierung kurzfristig erfahrener Stressstimuli auf den körperlichen Organismus. Obwohl die physiologischen Grundlagen bzw. Zusammenhänge zwischen Schweißdrüsen und Hautleitwertmessung bis heute noch nicht in ihrer Komplexität vollständig geklärt sind, wurden Effektivität und Akzeptanz der EDA bereits in vielfältigen klinischen Studien nachgewiesen (vgl. Burk, 2005; Flor, Behle & Hermanns, 1992; Kröner-Herwig & Sachse, 1988; Schandry, 1998, S. 188f.). Häufig werden die Hände oder Füße als Ableitungsorte verwendet. Die Festlegung auf diese Areale liegt darin begründet, dass die Verteilung der menschlichen Schweißdrüsen bis auf die Hand- und Fußinnenflächen, bei denen die dichteste Verteilung vorliegt, inhomogen ist (vgl. Boucsein, 1992; Bruns & Praun, 2002, S. 19).

Übereinstimmend (vgl. z.B. Boucsein, 1992; Hume, 1979; Satchell, 1993; Wallin, 1981) besteht zwischen unerwartenden, emotional bedeutsamen Ereignissen (z.B. familiären Problemen, Streitigkeiten im Freundeskreis, Prüfungssituationen) und einer zeitweiligen Veränderung von elektrischen Charakteristika der Haut ein Zusammenhang. Diese Veränderungen basieren auf Verschiebungen in der Aktiviertheit einer Person, die von neuralen Schaltkreisen des Hirnstamms und Hypothalamus gelenkt werden, von der auch die Schweißdrüsenaktivität determiniert wird. Die Schweißdrüsenfunktion[39] wird durch den Sympathikus gesteuert, reagiert sensibel auf psychische Reize und erfolgt über merokrine Drüsen, die vor allem an den Handflächen lokalisiert sind und für die thermale Regulation sowie das Aktivierungsniveau zuständig sind, d.h., je höher der Füllungszustand der Ausführungsgänge der Schweißdrüsen, desto höher ist die Hautleitfähigkeit (vgl. Parker-Binder, 2006, S. 15). Einige Autoren (vgl. u.a. Boucsein, 1992; Pribram & McGuinness, 1975) differenzieren bei der EDA zwischen ‚tonischen' und ‚phasischen' Anteilen. Diese Unterscheidung ist mit den verschiedenen Stufen der Informationsbearbeitung zu begründen. Die ‚phasischen' Anteile ergeben sich aufgrund emotionaler Prozesse, die durch das Limbische System verarbeitet werden. Diese Leitwertreaktionen, die als Orientierungs- und Defensivreaktionen zu deuten sind, werden durch das Zusammenspiel von Hippocampus[40] und

---

[39] Im Vergleich zu allen anderen sympathisch kontrollierten Systemen nimmt bei der EDA der Neurotransmitter Acetylcholin die Übertragungsdistanz ein (vgl. Vögele, 2008, S. 158).
[40] Er ist ein Bestandteil des Gehirns und befindet sich im Temporallappen; er ist eine zentrale Schaltstation des limbischen Systems, das u.a. für die Verarbeitung von Emotionen zuständig ist (vgl. Kahle & Fortscher, 2009, S. 232).

Amygdala[41] generiert und sind als momentane Reaktion auf einen äußeren oder inneren Reiz zu betrachten. Im Gegensatz dazu werden die ‚tonischen Anteile' im prämotorischen Kortex[42] und in den Basalganglien[43] gebildet. Sie zeigen sich meist über einen längeren Zeitraum und sind unabhängig von isolierten Reizen in langsamen Niveauverschiebungen. Um die Kurzzeiteffekte des Entspannungstrainings zu überprüfen, wird daher der Fokus auf die ‚phasischen' Anteile der EDA gelegt.

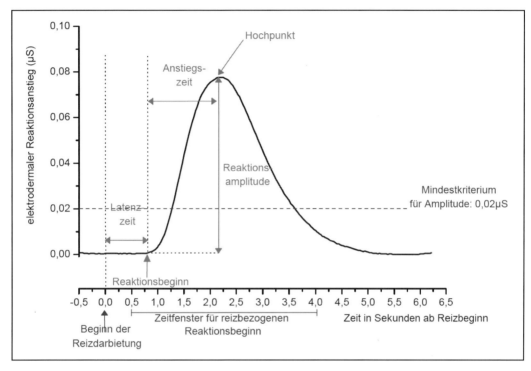

Abb. 4.4.3.4-1: Phasen der elektrodermalen Aktivität (Burk, 2005, S. 59)

Zur Datenanalyse (vgl. Abb. 4.4.3.4-1) können folgende Werte dienen (vgl. Bruns et al., 2002, S. 22f.):

- *Amplitude* (maximale Auslenkung einer sinusförmigen Wechselgröße von Ausgangsniveau und höchster Stelle des Arousalwerts) und

---

[41] Sie ist ein Kerngebiet des Gehirns im medialen Teil des Temporallappens und tritt jeweils paarig auf; hauptsächlich ist sie an der Entstehung der Angst beteiligt und spielt allgemein eine wichtige Rolle bei der emotionalen Bewertung von Situationen sowie der Analyse möglicher Gefahren (vgl. Kahle & Fortscher, 2009, S. 174f.).

[42] Der prämotorische Kortex ist ein System, von dem aus willkürliche Bewegungen gesteuert und aus einfachen Bewegungsmustern komplexe Abfolgen zusammengestellt werden (vgl. ebd., 2009, S. 180).

[43] Basalganglien sind für wichtige funktionelle Aspekte motorischer, kognitiver und limbischer Regelungen bedeutsam (vgl. ebd., 2009, S. 218).

- *Anzahl der Spontanfluktuationen* (kurzzeitige Hautleitwerterhöhungen, die regelmäßig ohne äußeren Reiz auftreten).

Nicht berücksichtigt werden in der vorliegenden Studie Latenz- und Erholungszeiten, da bei den Messvorgängen keine Reizstimuli von der Testleitung aus gesetzt werden (vgl. Abb. 4.4.3.4-1).

Ein Bezugsrahmen in Form von Normwerten existiert bei diesem Kennzeichen nicht, weil die interindividuellen Unterschiede u.a. aufgrund der Hautdicke und Schweißdrüsenanzahl zu sehr variieren. Im entspannten Zustand liegt der Hautleitwert bei den meisten Personen bei < 5 µS (vgl. Wiedemann, 2013, S. 28).

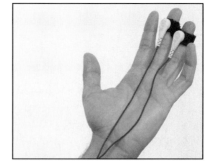

Abb. 4.4.3.4-2: Mittel- und Ringfinger als Ableitungsorte

Die Messung der elektrodermalen Aktivität wird über den Nexus-GSR-Sensor (vgl. Abb. 4.4.3.4-2) vorgenommen. Um Polarisationsphänomene auszuschließen, werden nicht polarisierbare und wiederverwendbare Ag/AgCl-Elektroden in Form von Klettverschlussringen (vgl. Abb. 4.4.3.4-3) an der Haut fixiert, die eine Elektrodenfläche von ca. 1 cm^2 besitzen.

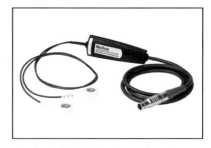

Als *Ableitungsorte* dient eine bipolare Ableitung (vgl. Abb. 4.4.3.4-4) an den Fingerbeeren zweier benachbarter Finger (z.B. Mittel- und Ringfinger) der nicht-dominanten Hand (Venables & Christie, 1973).

Abb. 4.4.3.4-3: Nexus-GSR Sensor

Bei der Messung der phasischen Anteile (skin conductance response; SCR), die aufgrund reizunabhängiger Spontanfluktuationen resultieren, können folgende *Artefakte* auftreten, die bei der Datenanalyse zu berücksichtigen sind, wie z.B. intrinsische Atmungsartefakte durch tiefe Atemzüge oder Anhalten des Atems sowie Bewegungsartefakte

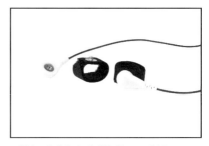

Abb. 4.4.3.4-4: Klettverschlüsse

(z.B. Husten oder ruckartige Kopfbewegungen). Nicht gezählt werden alle Fluktuationen (vgl. Abb. 4.4.3.4-5) auf extrinsische bzw. äußere Reize (z.B. Baulärm oder Kinderstimmen).

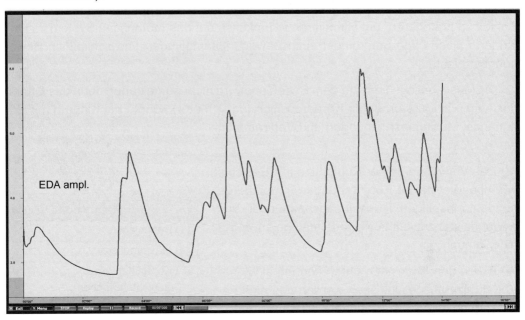

Abb. 4.4.3.4-5: Artefakte bei der EDA-Messung durch externe Störgeräusche (Ruckartige Kopfbewegungen aufgrund von Kindergeräuschen auf dem Spielplatz, die sich in einem steilen Anstieg der EDA ausgewirkt haben)

4.4.3.5 Körperposition

Die kindgemäße Körperposition (vgl. Abb. 4.4.3.5-1) nimmt bei psychophysiologischen Messungen einen besonderen Stellenwert ein; denn durch eine unbequeme Körperposition über einen Zeitraum von mehreren Minuten können Bewegungsartefakte ausgelöst werden. Besonders im Kindesalter, in dem es den Kindern aufgrund ihres entwicklungspsychologischen Bewegungsdrangs sichtlich schwerfällt, eine ruhige Körperposition einzunehmen, spielt eine kindgemäße, standardisierte Körperposition eine wichtige Rolle.

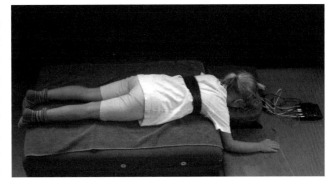

Abb. 4.4.3.5-1: kindgemäße, standardisierte Körperposition

Methoden

Dementsprechend wurde eine Körperlage ausgewählt, die folgende Kriterien erfüllt (vgl. Tab. 4.4.3.5-1):

(1) Grundsätzlich ist eine entspannte Bauchlage mit locker nebeneinander liegenden Beinen zu präferieren, um stimulierende Einflüsse auf das motorische System zu verhindern; diese Lage unterbindet auch Bewegungsamplituden und schließlich Bewegungsartefakte.

(2) Die Massageliege liegt auf dem Boden und wird nicht aufgeklappt, denn das Öffnen der Augen in einer erhöhten Körperposition (ca. 1 Meter) könnte bei Kindern mit Höhenangst Muskelanspannungen und Verkrampfungen auslösen.

Tab. 4.4.3.5-1: *Kriterien einer kindgemäßen, standardisierten Körperposition*

(3) Das Verwenden einer Kopfstütze mit Gesichtshörnchen vermeidet Kopfdrehungen mit einhergehenden, einseitigen Trapeziusanspannungen und gewährleistet zugleich eine regelmäßige sowie ruhige Atmung.

(4) Durch den Blick nach unten können sichtbare Außenreize ausgeschlossen werden und eine Fokussierung auf das Körperinnere erzielt werden.

(5) Die Hände werden locker auf einer individuell verstellbaren Oberfläche (weiche Handtücher) abgelegt, um die periphere Hauttemperaturmessung

Körperposition
(1) Bauchlage
(2) Massageliege
(3) Kopfstütze mit Gesichtshörnchen
(4) Einschränkung des Sichtfeldes
(5) höhenverstellbare Arm- und Handauflagen

nicht durch kalte Bodenbeläge zu verfälschen; Winkelpositionen der Oberarme können durch Palpation der Trapeziusmuskeln überprüft werden, sodass möglichst identische Ausgangslagen bei den Kindern vorliegen.

4.4.3.6 Ablauf einer psychophysiologischen Messung

Nachstehend wird der Ablauf einer psychophysiologischen Messung skizziert. Vor Beginn der psychophysiologischen Messungen wurde beim Elternabend das Neuro- und Biofeedbackgerät Nexus-10 anhand einer exemplarischen Messung ausführlich vorgestellt. Im Anschluss erhielten die Eltern Informationsmaterial zum Gerät, um sich selbst Kenntnis über das Gerät zu verschaffen, bevor sie dem Einsatz des Nexus-10 an ihren Kindern zustimmten. Danach erfolgte bei jeder Kindergruppe die Vorstellung des Geräts in Form einer spielerischen Frage-Antwort-Runde, um einerseits das kindliche Interesse zu wecken und andererseits evtl. Berührungsängste vor dem Gerät zu vermeiden. Im Anschluss folgte eine randomisierte, nach Geschlechtern gleichmäßig aufgeteilte Auswahl der Kinder.

Methoden

Bei jedem Messzeitpunkt (vgl. Tab. 4.4.3.6-1) wurde darauf geachtet, dass dieser zur gleichen Uhrzeit[44] stattfand, um Vergleichsanalysen vorzunehmen. Alle Kinder wurden direkt nach ihrem Eintreffen in der Kita und nach dem Reinigen ihrer Trapeziusmuskeln mit Wasser und Seife an das Nexus-Gerät angeschlossen, um Verzerrungseffekte (z.B. ‚interne Kindergartenstreitigkeiten') auszuschließen.

Als Untersuchungsraum für diese Messungen stellten alle Kindergartenleitungen einen möglichst separaten, ruhigen Raum mit einer konstanten Raumtemperatur von ca. 20-25° Celsius zur Verfügung. Ebenso wurde jedes Kind separat gemessen, um Ablenkungseffekte zu vermeiden.

Im Vorfeld der psychophysiologischen Messungen fand eine dreiminütige Adaptionsphase statt, die der räumlichen, situativen und psychophysiologischen Anpassung diente. Die Probanden wurden angehalten, sich vorzustellen, Zuhause im Bett zu liegen. Nach dieser Phase schloss die Testleitung die Kinder an das Messgerät an. Währenddessen wurde den Probanden noch Folgendes mitgeteilt: Falls sie sich während einer Messung trotzdem bewegen sollten, z.B. in Form von bewussten oder unbewussten Bein-, Hand- oder Kopfbewegungen, wird der Testleiter, der am Kopfende des Kindes sitzt, intervenieren, indem er dieses Körperareal durch kurzes Antippen (Hand) oder Handauflegen (Kopf, Rücken, Beine) berührt. *ket*-Pilotstudien (u.a. Markgraf, 2011) dokumentierten, dass ein Ansprechen der Kinder eine Antwort des Probanden impliziert und sich dies auf elektrodermale und elektromyographische Werte auswirkt. Auch beim Abfallen einer Elektrode wird der Testleiter eingreifen, um die Gerätschaften wieder an der richtigen Stelle anzubringen. Danach erfolgte die Pre-Testung über einen Zeitraum von 3 Minuten und 30 Sekunden. Im Anschluss an die Messung wurden die

Tab. 4.4.3.6-1: Zeitlicher Ablauf der einzelnen Testverfahren (TP=Teilprogramm)

Uhrzeit	Ablauf (TP$_1$ und TP$_6$)
8.00 Uhr	Ankunft der Kinder im Kindergarten und Reinigen der Trapeziusmuskeln mit Wasser und Seife
ca. 8.05 Uhr	Adaptionszeit (3 min)
8.08 Uhr	Pre-Messung (3 min 30 sec)
ca. 8.15 Uhr	Diagnostik (Interviews, Körper-Selbstbild-Test) (vgl. Tab. 4.2-1, S. 149)
ca. 8.35 Uhr	Entspannungstraining
ca. 8.55 Uhr	Adaptionszeit (3 min)
8.58 Uhr	Post-Messung (3 min 30 sec)
ca. 9.05 Uhr	Diagnostik (Interviews, Körper-Selbstbild-Test) (vgl. Tab. 4.2.1, S. 149)

---

[44] Aufgrund der unterschiedlichen Ankunftszeiten der Kinder in den unterschiedlichen Kitas – es gibt berufstätige Eltern, die in Ganztagskindergärten ihre Kinder schon um 7 Uhr abgeben – wurde in Tab. 4.4.3.6-1 exemplarisch 8 Uhr ausgewählt.

Kinder bis auf die EMG-Elektroden, die aus Gründen der Vergleichbarkeit der muskulären Spannungsergebnisse befestigt blieben, von den Verkabelungen befreit. Nach den anderen Diagnostikverfahren (vgl. Tab. 4.2-1, S. 146) und dem Entspannungstraining schloss sich wieder ein Adaptionszeitraum mit darauf folgender Post-Messung an. *ket*-Pilotstudien (u.a. Markgraf, 2011) brachten darüber hinaus die Erkenntnis, dass das Abziehen der Elektroden für einige Kinder sehr schmerzhaft gewesen war und sie anschließend nicht mehr an den Messungen teilnehmen wollten. Vor diesem Hintergrund wurden die Elektroden in dieser Studie nach der ‚Post-Erhebung' bei sehr schmerzempfindlichen Kindern mit warmem Wasser und Seife vorsichtig entfernt.

5 Ergebnisse

In diesem Kapitel werden die Ergebnisse entsprechend der in Kap. 4.1 beschriebenen Auswertungsstruktur dargestellt und interpretiert. Ausgangsbedingung für die statistische Hypothesenprüfung ist die Feststellung der Ausgangswerthomogenität der Variablen für die Treatment- (TG) und Kontrollgruppe (KG): Statistische Überprüfungen mit dem Kolmogorov-Smirnof-Test belegen, dass zu allen Variablen Ausgangswerthomogenität vorliegt. Die Berechnung der nachstehenden Hypothesen wird in Abhängigkeit der Analysemethode entweder deskriptiv oder inferenzstatistisch durchgeführt. Bei inferenzstatistischen Überprüfungen wird ein Signifikanzniveau von $\alpha=5\,\%$ festgelegt. Eine Hypothese gilt dann als verifiziert, wenn sich die Nullhypothese statistisch falsifizieren lässt. Bei Hypothesen, die nicht einer inferenzstatistischen Untersuchung unterzogen werden können, findet eine Bestätigung bzw. Nichtbestätigung in deskriptiver Form durch die Interpretation von Mittelwerten oder Prozentangaben statt.

5.1 Befragungsmethoden: Schriftliche und mündliche Befragung der unterschiedlichen Zielgruppen

Bei der Evaluation der Entspannungsprogramme werden die zwei Perspektiven *Experten* und *Kinder* berücksichtigt:

Die *Expertenbeurteilung* in Kap. 5.1.1, die von verschiedenen Kindergartenleitungen und dem dort tätigen fachpädagogischen Personal abgegeben wird, untergliedert sich in zwei Hypothesen: Bei den Hypothesen $H1_{1.1-1.3}$ wird die *Durchführbarkeit* und bei H2 die *Wirksamkeit* zu den drei Entspannungsprogrammen[1] (AT, PMR, Yoga) untersucht. Die Hypothesen erfassen neben dem *Total Score* zu den drei Programmen auch Ergebnisse in Bezug auf die einzelnen Entspannungsmethoden.

Die *Kinderbeurteilung* in Kap. 5.1.2 umfasst dagegen folgende Hypothesenstellungen: Zunächst wird auf die *allgemeine Programmevaluation* ($H3_{3.1}$) eingegangen, die einen *Total Score* zu den sechs Programmen beinhaltet. Im Anschluss folgen vertiefende Analysen hinsichtlich des Geschlechts ($H3_{3.2}$) und Alters ($H3_{3.3}$). Dabei werden *Total Scores* zu allen sechs Programmen berücksichtigt sowie aufgefächerte Bewertungen zu den einzelnen Methoden vorgenommen. Die Auswertung zu H1-H3 erfolgt ausschließlich deskriptiv anhand von Mittelwerten und Prozentangaben, da inferenzstatistische Berechnungen zur Überprüfung der durchgeführten Programme bzw. Teilprogramme nicht sinnvoll erscheinen; so ist es z.B. aus Forschersicht wenig sinnträchtig,

---

[1] Ein Bezug zu den drei anderen Entspannungsmethoden Eutonie, Massage und Qigong wird aufgrund der geringen Probandenanzahl der Experten (n=1 pro Entspannungsmethode) nur aus der Kinderperspektive (jeweils n=10 pro Entspannungsmethode) vorgenommen.

nachzuweisen, ob sich aus Expertensicht Teilprogramm TP$_1$ im Vergleich zu Teilprogramm TP$_4$ zu einer signifikant höheren Programmweiterempfehlung eignet.

5.1.1 Programmevaluation – Experten

Hypothese 1

Zur Überprüfung der Programmevaluation aus Expertensicht (n=84 aus 25 Kitas) wird der Experten-Fragebogen (vgl. Kap. 4.4.1.3, S. 155) verwendet. In einem ersten Schritt wird auf die allgemeine *Programmbewertung* (12 Items) eingegangen. Hier werden Auswertungen in Form von *Total Scores* zu den drei (AT, PMR, Yoga) Programmen und anschließend jeweils differenzierte Berechnungen zu den einzelnen Methoden durchgeführt: Der Fokus wird in H1$_{1.1}$ auf die generelle Durchführung der Programme gelegt. Danach folgen in H1$_{1.2}$ Auswertungen zu den Items *Programmweiterempfehlung* (Item 1) und *selbstständige Durchführung* (Item 12), um festzustellen, ob die Programme aus Sicht der Experten im Kindergartenalltag realisierbar sind. Zuletzt finden in H1$_{1.3}$ spezifische *Bewertungen zu den einzelnen Übungen* (5 Items) statt.

H1$_{1.1}$: Die Entspannungsprogramme sind aus Expertensicht für die Durchführung im Setting Kindergarten geeignet. Dies zeigt sich im *Total Score* zu AT, PMR und Yoga sowie differenziert nach diesen drei Programmen.

Für die *Programmbewertung* zu H1$_{1.1-1.2}$ dient ein *Total Score*, der durch die Bildung eines Mittelwertindexes zu den zwölf Items generiert wird. Hinsichtlich der Auswertungsergebnisse ist anzumerken, dass ein hoher Bewertungsscore – vierstufige Antwortskalierung: 3=„trifft zu"; 2=„trifft eher zu"; 1=„trifft eher nicht zu"; 0=„trifft nicht zu" – einer positiven Expertenbeurteilung entspricht.

Die *Total Scores* zu den einzelnen Teilprogrammen im ersten Auswertungsschritt (Abb. 5.1.1-1) weisen darauf hin, dass die Durchführung der Programme von den Experten als positiv beurteilt worden ist. Dies stützen die über die gesamten Messzeitpunkte (TP$_1$-TP$_6$) hinweg hohen Mittelwertindexe (MW=2.37-2.54), die gegen Ende des Treatmentzeitraums noch leicht ansteigen. Der große Zuspruch seitens der Experten kann mit der didaktisch-methodischen Struktur der Programme begründet werden: Alle drei Methoden mit ihren jeweiligen Teilprogrammen sind für das fachpädagogische Personal in kurzer Zeit leicht zu erlernen und spielerisch mit den Kindern umzusetzen. Durch den unmittelbaren Körperbezug können Entspannungseffekte bei den Kindern schon nach kurzer Zeit sichtbar werden. Durch die entschleunigende Durchführung der Körperübungen können Erzieherinnen und Kindergartenleitungen auch erkennen, dass Kinder trotz bestehender Stressoren im Setting Kita in der Lage sind, individuell ihre Körperwahrnehmung zu verbessern. Als Gründe für die positive Zustimmung sind auch die kurze Übungsdauer (10-15 min) der Teilprogramme sowie die integrativen Phantasiegeschichten zu nennen, die sprachlich auf die entwicklungspsychologischen Voraussetzungen der Kinder abgestimmt sind.

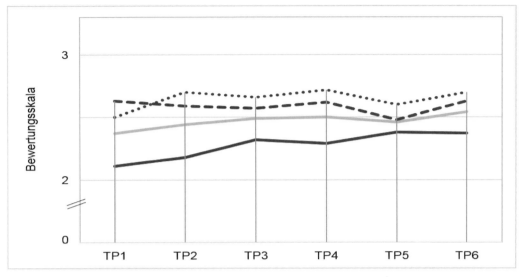

	TP$_1$	TP$_2$	TP$_3$	TP$_4$	TP$_5$	TP$_6$
Total Score	2.37±0.23	2.44±0.17	2.49±0.24	2.50±0.28	2.46±0.19	2.54±0.22
AT	2.11±0.47	2.18±0.47	2.32±0.45	2.29±0.48	2.38±0.45	2.37±0.48
PMR	2.50±0.34	2.70±0.19	2.66±0.25	2.72±0.19	2.60±0.31	2.70±0.64
Yoga	2.63±0.24	2.59±0.19	2.57±0.25	2.62±0.23	2.48±0.33	2.63±0.39

Abb. 5.1.1-1: Übersicht über die Programmbewertungen (Mittelwertindex aus Item 1-12) aus Expertensicht (n=84 aus 25 Kitas) –Total Scores zu TP$_1$-TP$_6$ zu allen drei Programmen sowie Mittelwertindexe zu AT: n=36, PMR: n=22 und Yoga: n=26

Aufgefächerte Analysen zu den drei Methoden (vgl. Abb. 5.1.1-1) zeigen, dass im Vergleich zum AT (n=36; MW=2.11-2.38) PMR (n=22; MW=2.5-2.72) und Yoga (n=26; MW=2.48-2.63) zum einen höhere Mittelwertindexe erzielen können, zum anderen liegen alle Bewertungen über denen des *Total Scores*. Den größten Zuspruch über die Messzeitpunkte hinweg erfährt PMR: Dies ist möglicherweise ihrem formelhaften Vorgehen – in erster Linie bei wenig Erfahrung im Kontext *Entspannung* – zuzuschreiben, das einen möglichst einfachen Einstieg zur Anleitung von Entspannungsmethoden und deren Durchführbarkeit ermöglicht. Aber auch das Yoga-Programm, das auf den drei Yogahaltungen ‚Berg-Baum-Held' basiert, kann hohe Bewertungen aufweisen. Im Vergleich zu den beiden anderen Programmen fallen die Resultate beim AT-Programm, das vom Vortragsstil dem fast täglichen Ritual der ‚Vorleseeinheiten' entspricht, etwas geringer aus. Dies könnte der Tatsache geschuldet sein, dass die Experten das AT

Ergebnisse

wegen der geforderten Kognitionsleistungen und Konzentrationsfähigkeit für diese Altersstufe als noch nicht geeignet ansehen, PMR und Yoga hingegen als bewegungsbasierte und einfach zu erlernende Techniken eher präferieren. Insgesamt belegen die Ergebnisse, dass alle drei Entspannungsmethoden bzw. -programme im Elementarbereich umzusetzen sind, da von den Experten mindestens die Bewertung „trifft eher zu" abgegeben wurde bzw. die Bewertungen über dem Wert von 2.1 liegen. Unter dieser Prämisse kann H1$_{1.1}$ deskriptiv bestätigt werden.

H1$_{1.2}$: Die Entspannungsprogramme sind aus Expertensicht für die Durchführung im Setting Kindergarten geeignet. Dies zeigt sich im *Total Score* zur „Weiterempfehlung" und „selbstständigen Durchführung" zu AT, PMR und Yoga sowie differenziert nach diesen drei Programmen.

Die Ergebnisse aus H1$_{1.1}$ spiegeln sich auch bei den beiden Items zur *Weiterempfehlung des Programms* (Item 1 „Das Programm kann ich empfehlen") und *selbstständigen Durchführung* (Item 12 „Ich kann mir vorstellen, dieses Programm alleine durchzuführen") wider.

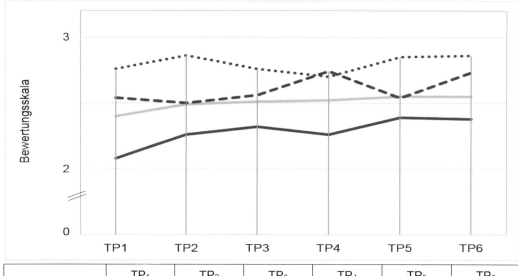

	TP$_1$	TP$_2$	TP$_3$	TP$_4$	TP$_5$	TP$_6$
Item 1_ Total Score	2.40±0.66	2.49±0.66	2.51±0.66	2.52±0.62	2.55±0.63	2.55±0.71
AT	2.08±0.73	2.26±0.78	2.32±0.72	2.26±0.71	2.39±0.69	2.38±0.75
PMR	2.76±0.44	2.86±0.36	2.76±0.44	2.70±0.47	2.85±0.37	2.86±0.79
Yoga	2.54±0.51	2.50±0.51	2.56±0.65	2.74±0.45	2.54±0.65	2.73±0.59

Abb. 5.1.1-2: Beurteilungen zur Programmweiterempfehlung (Item 1) aus Expertensicht (n=84) – Total Scores zu TP$_1$-TP$_6$ zu allen drei Programmen sowie Mittelwertindexe zu AT: n=36, PMR: n=22 und Yoga: n=26

Die Datenlage zu Item 1 unterstreicht in Form des *Total Scores* (MW=2.4-2.55) die *Weiterempfehlung* der durchgeführten Entspannungsprogramme über den gesamten Interventionszeitraum (vgl. Abb. 5.1.1-2). Bei den einzelnen Entspannungsverfahren kann ebenfalls eine *Weiterempfehlung* nachgewiesen werden. PMR (MW=2.7-2.86) erhält neben Yoga (MW=2.5-2.74) den größten Zuspruch.

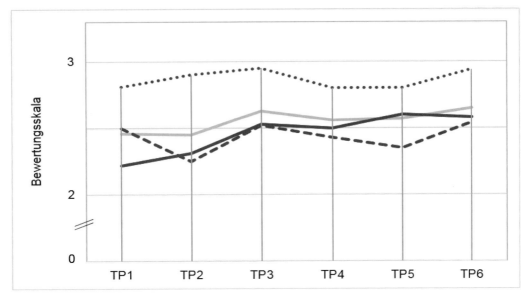

	TP_1	TP_2	TP_3	TP_4	TP_5	TP_6
— Item 12_ Total Score	2.46±0.94	2.45±0.99	2.63±0.79	2.56±0.84	2.57±0.86	2.65±0.86
— AT	2.22±1.17	2.31±1.08	2.53±0.91	2.50±0.93	2.60±0.87	2.58±0.99
...... PMR	2.81±0.42	2.90±0.30	2.95±0.22	2.80±0.70	2.80±0.52	2.94±0.25
– – Yoga	2.50±0.78	2.25±1.15	2.52±0.87	2.43±0.79	2.35±1.02	2.54±0.83

Abb. 5.1.1-3: Beurteilungen zur selbstständigen Durchführung (Item 12) aus Expertensicht (n= 84) – Total Scores zu TP_1-TP_6 sowie Mittelwertindexe zu den drei Methoden (AT: n=36; PMR: n=22; Yoga: n=26)

Eine hohe Zustimmung seitens der Experten erfolgt ebenso bei den *Total Scores* (MW=2.45-2.65) zur *selbstständigen Durchführung* (Item 12) der Programme (vgl. Abb. 5.1.1-3). Differenzierte Berechnungen veranschaulichen wiederum, dass insbesondere PMR (MW=2.8-2.95) eine hohe Zustimmung erzielt.

Die Auswertungsergebnisse beider Items belegen, dass alle Programme aus Expertensicht für den Kinderalltag geeignet sind. Wie auch bei $H1_{1.1}$ kann PMR möglicherweise wegen ihres formelhaften, körperbasierten und möglichst einfachen Vorgehens die größte Zustimmung erwirken. Aber auch das Yoga- und AT-Programm schneiden

Ergebnisse

bei den Items *Programmweiterempfehlung* und *selbstständige Durchführung* positiv ab. Der hohe Yoga-Zuspruch ist – neben der vorherrschenden Körperbasiertheit – möglicherweise auch mit dem bestehenden und weit verbreiteten gesellschaftlichen Interesse der Methode Yoga in Verbindung zu bringen; dies zeigt sich nicht nur in der Vielzahl von existierenden Fach- und Sachbüchern, sondern auch an den vielfach publizierten Forschungsnachweisen der letzten Jahre (vgl. Kap. 1.5, S. 36, 39, 72) die eine Implementierung aus Expertensicht bekräftigen. Mithilfe der AT-Ergebnisse können die in den 80er und 90er Jahren erhobenen Daten (vgl. z.B. Habersetzer & Schuth, 1976; Riebe, 1988) entkräften, wodurch eine Umsetzung mit entsprechender didaktisch-methodischer Konzeption im Elementarbereich möglich ist. Die Expertenbewertungen entsprechen mindestens dem Beurteilungskriterium „trifft eher zu" (Werte >2,08); somit ist $H1_{1.2}$ deskriptiv zu bestätigen.

$H1_{1.3}$: Die Entspannungsprogramme sind aus Expertensicht für die Durchführung im Setting Kindergarten geeignet. Dies zeigt sich in den *Total Scores* zur Bewertung der einzelnen Übungen zu AT, PMR und Yoga.

Die Übungen zu den drei Entspannungsmethoden werden mit dem Experten-Fragebogen (vgl. Kap. 4.4.1.3, S. 155) beurteilt. Die Kategorie *Bewertung einzelner Übungen* besteht aus fünf Items mit einer vierstufigen Antwortskalierung (3=„ja"; 2=„eher ja"; 1=„eher nein"; 0=„nein"); zu jedem Item wird eine Mittelwertberechnung durchgeführt. In Bezug auf die Ergebnisse ist darauf hinzuweisen, dass hohe Bewertungsscores zum Item „*motivierend*" einer positiven Beurteilung der Experten entsprechen. Bei den anderen vier Items, die im Entspannungskontext eher kontrainduzierend aufzufassen sind, werden infolgedessen niedrige Bewertungen angestrebt.

Die Ergebnisse zum AT-Programm (n=36) in Abb. 5.1.1-4 dokumentieren, dass die Beurteilungen der Experten zu allen fünf Items über den gesamten Inventionszeitraum entsprechend den zuvor anvisierten Zielen (vgl. Kap. 3.2, S. 122) ausgefallen sind: Der körperliche Anstrengungsgrad wird entsprechend der ruhigen und entspannten Körperposition während der Programmdurchführung mit einer geringen Intensität (MW=0.43-0.67) eingeschätzt; ebenso zeichnet sich die AT-Konzeption in den geringen Beurteilungen der Items „unangenehm" (MW=0.2-0.28) und „schmerzhaft" (MW= 0.0-0.23) ab. Bei den kontrastierenden Items „langweilig" und „motivierend" ist ein eindeutiger Trend dahingehend zu beobachten, dass die Kombination aus Phantasiereisen und AT-Formeln als „motivierendes" Element (MW=2.03-2.29) für die Kinder eingeschätzt werden.

Ergebnisse

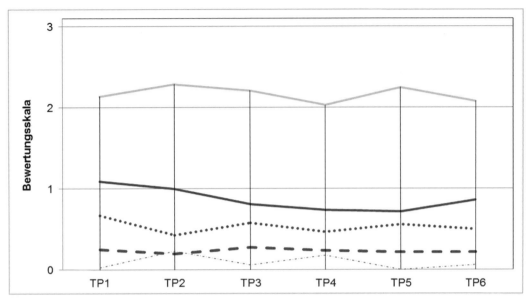

	TP$_1$	TP$_2$	TP$_3$	TP$_4$	TP$_5$	TP$_6$
anstrengend	0.67±0.76	0.43±0.61	0.58±0.77	0.47±0.71	0.56±0.65	0.50±0.88
unangenehm	0.25±0.55	0.20±0.47	0.28±0.45	0.24±0.61	0.22±0.42	0.22±0.48
schmerzhaft	0.03±0.17	0.23±0.55	0.06±0.23	0.18±0.58	0.00±0.00	0.06±0.33
motivierend	2.14±0.80	2.29±0.71	2.21±0.64	2.03±0.87	2.25±0.81	2.08±1.08
langweilig	1.09±0.89	1.00±0.69	0.81±0.62	0.74±0.67	0.72±0.78	0.86±0.80

Abb. 5.1.1-4: AT – Übersicht zu den Übungsbewertungen aus Expertensicht (n=36) zu den TP$_1$-TP$_6$

Die Beurteilungen zu den PMR-Übungen (n=22) in Abb. 5.1.1-5 stimmen größtenteils mit der didaktisch-methodischen Struktur des PMR-Programms überein. Die körperliche Beanspruchung (MW=0.5-1.5) liegt aufgrund des immer wiederkehrenden Anspannungs- und Entspannungszyklus deutlich über dem des AT-Programms. Der gegen Ende des Treatments – also mit zunehmender Übungsdauer – deutliche Anstieg des Items „anstrengend" widerspricht jedoch der PMR-Methodik (vgl. Kap. 1.5, S. 60ff. sowie Kap. 3.5, S. 131f.); denn hier reichen nach heutiger Auffassung schon minimale Muskelanspannungen aus, um Entspannungseffekte zu bewirken. Idealerweise müsste die Kurve gleich bleiben bzw. nach unten gehen. Die Ergebnisse der Expertenbeobachtung könnten dadurch entstanden sein, dass die Kinder vor allem ab den letzten beiden Einheiten (TP$_5$ und TP$_6$) stärker als zuvor ihre Muskeln anspannten, da es sich inhaltlich um eine Spannungskurve („abenteuerliche Prüfung des kleinen Drachens") des PMR-Programms handelte, das aus motivatorischen Aspekten zu einer größeren Muskelanspannung führte. Die Items „unangenehm" (MW=0.15-0.38) und

Ergebnisse

„schmerzhaft" (MW=0.0-0.16) entsprechen schließlich wiederum den AT-Beurteilungen. Auch bei den Items „langweilig" und „motivierend" ist eine eindeutige Tendenz zum Item „motivierend" (MW=2.24-2.6) festzustellen, der vor allem aus der inhaltlichen Spannungskurve resultiert.

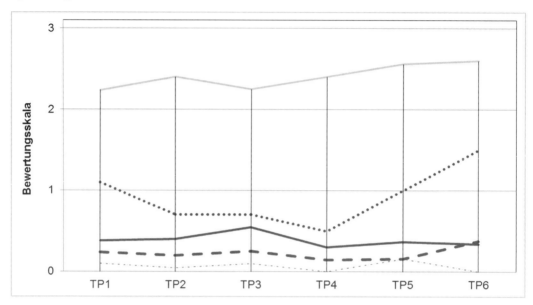

	TP_1	TP_2	TP_3	TP_4	TP_5	TP_6
······ anstrengend	1.10±1.14	0.70±0.80	0.70±0.73	0.50±0.69	1.00±1.05	1.50±1.41
− − unangenehm	0.24±0.54	0.20±0.41	0.25±0.44	0.15±0.37	0.16±0.38	0.38±0.81
········ schmerzhaft	0.10±0.30	0.05±0.22	0.10±0.31	0.00±0.00	0.16±0.38	0.00±0.00
motivierend	2.24±0.94	2.40±0.60	2.25±0.55	2.40±0.82	2.56±0.78	2.60±1.55
⎯⎯ langweilig	0.38±0.59	0.40±0.50	0.55±0.51	0.30±0.47	0.37±0.50	0.34±1.38

Abb. 5.1.1-5: PMR – Übersicht zu den Übungsbewertungen aus Expertensicht (n=22) zu den TP_1-TP_6

Die Auswertungsergebnisse zum Yoga-Programm in Abb. 5.1.1-6 korrespondieren wie auch bei den anderen Verfahren mit dessen didaktisch-methodischem Konzept: Die körperliche Betätigung, die hauptsächlich Halteübungen beinhaltet, übersteigt die Werte (MW=0.67-1.68) der beiden anderen Programme. Die Beurteilungen der Items „unangenehm" (MW=0.13-0.5) und „schmerzhaft" (MW=0.0-0.09) weichen nicht von denen der bereits evaluierten Programme ab und sind dementsprechend treatmentkonform ausgerichtet.

Ergebnisse

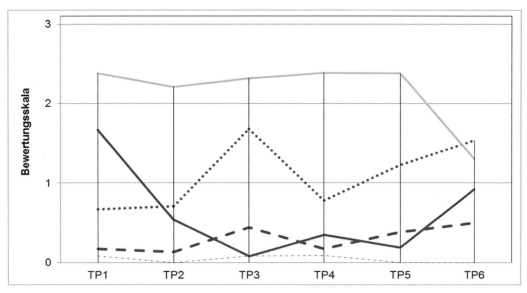

	TP_1	TP_2	TP_3	TP_4	TP_5	TP_6
anstrengend	0.67±0.76	0.71±0.75	1.68±0.95	0.78±0.74	1.23±0.99	1.54±1.22
unangenehm	0.17±0.38	0.13±0.34	0.44±0.65	0.17±0.39	0.38±0.64	0.50±0.78
schmerzhaft	0.08±0.28	0.00±0.00	0.08±0.28	0.09±0.29	0.00±0.00	0.00±0.00
motivierend	2.38±0.58	2.21±0.41	2.32±0.48	2.39±0.58	2.38±0.64	1.30±1.13
langweilig	1.67±0.48	0.54±0.51	0.08±0.28	0.35±0.65	0.19±0.40	0.92±1.25

Abb. 5.1.1-6: Yoga – Übersicht zu den Übungsbewertungen aus Expertensicht (n=26) zu den TP_1-TP_6

Durch die Beurteilungen der Items „langweilig" und „motivierend" kann von der Annahme ausgegangen werden, dass das Motivationsniveau (MW=1.3-2.39) – bis auf den letzten Messzeitpunkt – auf einem zufriedenstellenden Zustimmungsgrad einzustufen ist. Die hohen Resultate des Items „langweilig" zu Beginn (MW=1.67) und gegen Ende (MW=0.92) des Programms sind damit begründbar, dass der Einstieg vor allem dem einfachen Yoga-Stand gewidmet war und auf ereignisreiche und spannende Effekte innerhalb der Phantasiegeschichte verzichtet wurde; beim Programmende handelte es sich um eine Wiederholung der bereits erarbeiteten Yoga-Übungen, die zuvor bereits in Form von Sprachformeln und anschließend durch Atemübungen ihre Erweiterung fanden. Zusammenfassend kann $H1_{1.3}$ für alle drei Entspannungsmethoden deskriptiv bestätigt werden.

Ergebnisse

Hypothese 2

Die Wirksamkeit der Entspannungsprogramme wird aus Sicht der Experten (n=84 aus 25 Kitas) mit dem Experten-Fragebogen (vgl. Kap. 4.4.1.3, S. 155) bestimmt. Zur Analyse dient die Kategorie *Programmwirksamkeit* mit sechs gegensätzlichen Adjektivpaaren. Hierzu wird ein *Total Score* gebildet, der durch einen Mittelwertindex zustande kommt. Mit Blick auf die Auswertungsergebnisse ist darauf aufmerksam zu machen, dass ein hoher Bewertungsscore – fünfstufige Antwortskalierung: 2=„viel positiver"; 1= „etwas positiver"; 0=„keine Änderung"; -1=„etwas negativer"; -2=„viel negativer" – mit einer positiven Beurteilung der Experten gleichzusetzen ist.

H2: Die Entspannungsprogramme wirken sich aus Expertensicht positiv auf das Wohlbefinden der Kinder aus. Dies zeigt sich im *Total Score* zu AT, PMR und Yoga sowie differenziert nach diesen drei Programmen.

Abb. 5.1.1-7 stellt die *Total Scores* zu den drei Entspannungsmethoden (AT, PMR, Yoga) über den gesamten Messzeitraum dar. Dabei wird deutlich, dass die von den Experten angenommene Programmwirksamkeit in Bezug auf das Wohlbefinden der Kinder (MW=0.28-0.65) mit zunehmender Übungsfrequenz ansteigt und von einem Trainingseffekt des durchgeführten Entspannungstrainings auszugehen ist. Diese Wirkungsweise des Entspannungstrainings bestätigt wiederum die Resultate zur Programmevaluation aus H1$_{1.1.-1.3}$ insbesondere der gegen Ende des Treatments immer größere Zuspruch der Experten hinsichtlich der Programmdurchführbarkeit.

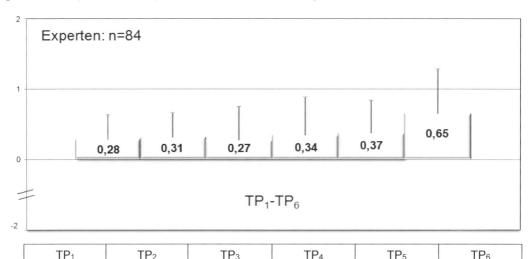

TP$_1$	TP$_2$	TP$_3$	TP$_4$	TP$_5$	TP$_6$
0.28±0.34	0.31±0.34	0.27±0.47	0.34±0.54	0.37±0.46	0.65±0.63

Abb. 5.1.1-7: *Total Score-Ergebnisse zur Programmwirksamkeit hinsichtlich des Wohlbefindens der Kinder aus Expertensicht (n=84 aus 25 Kitas; TP$_1$-TP$_6$ – Mittelwertsvergleiche*

Die Ergebnisse zur Expertenbefragung, aufgeschlüsselt nach den drei Entspannungsmethoden, werden in Abb. 5.1.1-8 abgebildet. Zunächst wird offensichtlich, dass aus der Perspektive der Experten die Programmwirksamkeit zum Ende des dreiwöchigen Treatments deutlich zugenommen hat. Dies steht erneut in enger Verbindung zu den Resultaten der Programmevaluation aus H1.

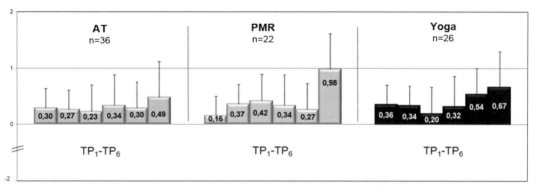

	TP_1	TP_2	TP_3	TP_4	TP_5	TP_6
AT	0.30±0.31	0.27±0.25	0.23±0.38	0.34±0.31	0.30±0.43	0.49±0.49
PMR	0.16±0.33	0.37±0.38	0.42±0.54	0.34±0.48	0.27±0.27	0.98±0.64
Yoga	0.36±0.37	0.34±0.42	0.20±0.52	0.32±0.81	0.54±0.57	0.67±0.73

Abb. 5.1.1-8: Ergebnisse zur Wirksamkeit der drei Entspannungsprogramme zum Wohlbefinden der Kinder aus Expertensicht (n=84 aus 25 Kitas; TP_1-TP_6 – Mittelwertvergleiche)

In der Einzelbetrachtung fällt auf, dass über die Messzeitpunkte hinweg die Wirkungsweisen bei allen drei Methoden nicht interpretierbar sind, da Zufallseffekte nicht auszuschließen sind: So könnte bei PMR aufgrund der didaktisch-methodischen Konzeption – Aufbau einer inhaltlichen Spannungskurve („abenteuerliche Prüfung des kleinen Drachens") über die sechs Übungseinheiten hinweg – der enorme Anstieg bei TP_6 zu erklären sein. Nicht zu definieren sind allerdings die Schwankungen zwischen TP_1 und TP_5. Ähnlich erweist sich dies bei AT und Yoga: Für die Übungseinheiten TP_1 bis TP_5 werden die Entspannungswirkungen – trotz der didaktisch-methodischen Struktur, dass in den AT- und Yoga-Übungsgeschichten jedes der sechs Teilprogramme eine Spannungskurve mit einer Auflösung des „spannenden" Rätsels innerhalb der Übungseinheit beinhaltete – als vergleichsweise geringfügig bewertet. Aufgrund der TP_6-Ergebnisse und dem damit verbundenen Trainingseffekt ist H2 deskriptiv zu bestätigen. Zudem liegen alle Werte – ausgehend von der Skalenrange von -2 bis +2 – über dem Wert 0, womit sie auch als tendenziell ‚wirksam' eingestuft werden können.

5.1.2 Programmevaluation – Kinder

Ein erstes Ergebnis zur Programmevaluation der Kinder bildet Tab. 5.1.2-1 ab. Hierbei wurde das explorativ entwickelte Entspannungsinterview (vgl. Kap. 4.4.1.1, S. 150) mithilfe einer affirmatorischen Faktorenanalyse (N=431) überprüft. Die in Kapitel 4.4.1.1 zugrundeliegende Annahme einer 3-Faktoren-Struktur wurde bestätigt (vgl. Tab. 5.1.2-1). Die Einfachstruktur nach Thurnstone (1947) ist erfüllt, da die Items nur auf einem, nicht aber auf den beiden anderen Faktoren hochladen. Während das Item „Wie fühlst du dich jetzt?" dem *allgemeinen* Wohlbefinden zugeordnet wird, sind die beiden Items „Wie ist deine Laune jetzt?" sowie „Worauf hast du Lust?" dem *psychischen* Wohlbefinden zuzuweisen. Das *körperliche* Wohlbefinden wird durch einen Z-Score – bestehend aus den vier Items „Wie fühlt sich dein Körper jetzt an? Fühlt er sich (a) warm, (b) kribbelig, (c) leicht oder (d) schwer an? – repräsentiert, der der dichotom kodierten Items (0=keine Wirkung; 1=Wirkung) geschuldet ist. Insgesamt zeigt sich, dass sich die übergeordnete Skala „allgemeines Wohlbefinden" und die beiden Subskalen ‚physisches' und ‚psychisches' Wohlbefinden faktorenanalytisch verifizieren lassen.

Tab. 5.1.2-1: Rotierte Komponentenmatrix nach Variamaxrotation (Werte mit einem Eigenwert von <.30 wurden nicht dargestellt)

Faktoren	Komponente		
	1	2	3
Item „Wie fühlst du dich jetzt?"	.131	.985	-.042
Item „Wie ist deine Laune jetzt?"	.843	.009	.053
Item „Worauf hast du jetzt Lust?"	.784	.185	.021
Item-Z-Wert zu Körperempfindungen	.054	-.040	.998

Hypothese 3

Nachstehend werden die Ergebnisse zur Programmevaluation[2] aus der Kinderperspektive vorgestellt. Die Beurteilung zu H3$_{3.1-3.3}$ wird deskriptiv anhand von Interpretationen der Prozentangaben durchgeführt, da hier – wie auch bei H1-H2 – inferenzstatistische Berechnungen zur Programmüberprüfung nicht geeignet erscheinen.

---

[2] Die Auswertung der vier körperlichen Items „Wie fühlt sich dein Körper jetzt an? Fühlt er sich... warm, kribbelig, leicht oder schwer an" hat ergeben, dass sich die simplifizierten Items, die dem kognitiven Entwicklungsstand der Kinder geschuldet sind, für differenzierte Analysen in Bezug auf die einzelnen Entspannungsmethoden als unpräzise herausstellten. So kann sich ein Kinderkörper nach einem PMR-Training – durch den ständigen Anspannungs- und Entspannungszyklus – oder auch nach einem körperlich anspruchsvollen Yoga-Training leicht, schwer, warm oder kribblig anfühlen. Anhand dieser Datenlage sind Interpretationsansätze zwischen den einzelnen Methoden nur wenig sinnträchtig. Beobachtungen haben zudem gezeigt, dass die explorativ entwickelten Items für Kinder sprachlich zwar verständlich sind, das differenzierte Wahrnehmen und explizite Nennen der körperlichen Pre-Post-Veränderungen sie meist überfordern. Demzufolge sind die Bewertungen dieser Items nicht in diese Arbeit eingegangen.

Ergebnisse

Zur Programmevaluation aus Sicht der Kinder (n=411 aus 25 Kitas) fungiert das Item des Entspannungsinterviews (vgl. Kap. 4.4.1.1, S. 150) mit einer dreistufigen Antwortskalierung („Die Übungen fühlten sich ... gut; weniger gut; schlecht ... an"). Hier werden aufgrund der vorliegenden Probandenanzahl der einzelnen Entspannungsprogramme (AT: n=143; Eutonie: n=10; Massage: n=10; PMR: n=116; Qigong: n=10; Yoga: n=122) alle sechs Methoden (vgl. Kap. 3.2-3.7, S. 122ff.) in die Evaluation[3] miteinbezogen. Aufgrund der geringen Stichprobenanzahl bei den Entspannungsmethoden Eutonie, Massage und Qigong und den damit verbundenen geringen geschlechtsspezifischen Gruppen (zum Teil von n=4 Mädchen bei der Eutonie) sind die Daten mit Vorsicht einzustufen. Aufgrund der Vollständigkeit werden die Ergebnisse in Tab. 5.1.2-2 (S. 199) aufgelistet, jedoch nicht näher erläutert.

H3$_{3.1}$: Die Entspannungsprogramme fühlen sich aus Kindersicht gut an. Dies zeigt sich im *Total Score* zu AT, Eutonie, Massage, PMR, Qigong und Yoga.

Wie aus Abb. 5.1.2-1 zu entnehmen ist, bewerten die Kinder die Entspannungsprogramme über beide Messzeitpunkte hinweg mit hohen positiven Beurteilungen (TP$_1$: 84,7 %; TP$_6$: 86,6 %).

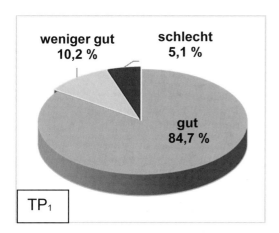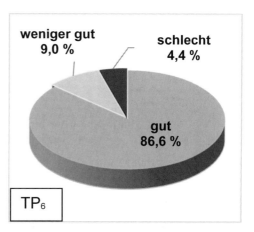

Abb. 5.1.2-1: Gesamtprogrammbewertung aus Sicht der Kinder (n=411) zu TP$_1$ und TP$_6$

Die große Resonanz zu den beiden Messzeitpunkten kann mit der didaktisch-methodischen Struktur der Programme erklärt werden: Alle Teilprogramme sind spielerisch leicht zu erlernen, körperzentriert und bewegungsbasiert, wodurch die Kinder Entspannungseffekte schnell und unmittelbar erspüren können. Durch das Prinzip der

---

[3] Auf eine differenzierte Analyse hinsichtlich der einzelnen Methoden wird bei H3$_{3.1}$ verzichtet, da diese bei H3$_{3.2-3.3}$ in Bezug auf das Geschlecht und Alter vorgenommen wird.

Ergebnisse

Entschleunigung konnten die Kinder den häufig durch Stressoren geprägten Kindergartenalltag vergessen machen und sich ihrer individuellen Körperwahrnehmung widmen. Ebenso für die positive Zustimmung seitens der Programme sprechen die kurze Übungsdauer sowie die Phantasiegeschichten, die mit gezielten Imaginationen, Tier- und Phantasiegeschichten gespickt waren und motivierend auf die Kinder wirkten. H3$_{3.1}$ kann demnach aufgrund der hohen Prozentzahlen deskriptiv bestätigt werden.

H3$_{3.2}$: Die Entspannungsprogramme fühlen sich bei den weiblichen Probanden besser als bei den männlichen Probanden an. Dies zeigt sich im *Total Score* zu AT, Eutonie, Massage, PMR, Qigong und Yoga sowie differenziert nach diesen sechs Programmen.

Wie aus den Daten in Tab. 5.1.2-2 entnommen werden kann, beurteilen beide Geschlechter die Programme sehr positiv. Die Mädchenbewertung (n=210; TP$_1$: 88,6 %; TP$_6$: 88,6 %) fallen im Vergleich zu den Jungenbewertungen (n=201; TP$_1$: 80,6 %; TP$_6$: 84,6 %) nur geringfügig positiver aus.

Die Ergebnisse machen deutlich, dass eine Geschlechterstereotypisierung im Elementaralter noch nicht vorliegt. Diese wird meist erst im Pubertätsalter sichtbar (vgl. Kasten, 2003, S. 29): Hier übernehmen Mädchen meist das gesellschaftliche Rollenklischee der Frau und zeigen sich z.B. gegenüber entspannungsinduzierenden Programmen interessierter, während Jungen hingegen solche Programme eher ablehnen und sportliche Aktivitäten, wie z.B. Sportspiele, bevorzugen, um psychologische und physiologische Stresszustände abzubauen. Vor diesem Hintergrund ist es wichtig, Entspannungsprogramme möglichst frühzeitig zu implementieren, damit Jungen – bei fehlenden Stressbewältigungsstrategien – im frühen Kindesalter für diese Programme sensibilisiert werden sowie die Möglichkeit erhalten, entspannungsinduzierende Wirkungsweisen am eigenen Körper zu erspüren. Dadurch wird die Chance eröffnet, auch mit zunehmendem Alter nachhaltig diese Programme durchzuführen.

In der differenzierten Einzelbetrachtung[4] der Ergebnisse (vgl. Tab. 5.1.2-2) wird offensichtlich, dass die *männlichen Probanden* vor allem dem ihnen meist noch unbekannten, körperbasierten und formal-strukturierten PMR-Programm mit dessen inhaltlicher Spannungskurve zum zweiten Messzeitpunkt hin (n=65; TP$_1$: 75,4 %; TP$_6$: 86,2 %) den Vorrang geben; aber auch die anderen Werte zu den Programmen (AT: n=64; TP$_1$: 87,5 %; TP$_6$: 82,8 %; Yoga: n=57; TP$_1$: 82,5 %; TP$_6$: 84,2 %) zeugen von einer

---

[4] Aufgrund der geringen Stichprobenanzahl bei den Entspannungsmethoden Eutonie, Massage und Qigong von jeweils n=10 Kindern und den damit verbundenen geringen geschlechtsspezifischen Gruppen (zum Teil von n=4 Mädchen bei der Eutonie) sind die Daten mit Vorsicht zu bewerten. Aufgrund der Vollständigkeit werden die Ergebnisse in Tab. 5.1.2-2 aufgelistet, jedoch nicht interpretiert.

Ergebnisse

positiven Aufnahme. Der sinkende Wert bei AT beim zweiten Messzeitpunkt ist wahrscheinlich dem ritualisierenden Ablauf des Programms zuzuschreiben, den auch die Experten (H1, S. 191-193; H2, S. 194-195) eher als motivationshemmend ansehen.

Tab. 5.1.2-2: *Programmevaluation aus Sicht der Kinder (n=411) zu TP$_1$ und TP$_6$ – geschlechtsspezifische Unterschiede*

Programmevaluation – Kinder zu TP$_1$ und TP$_6$ (Alter: 4-6 Jahre; n=411; ♂: n=201; ♀: n=210)						
Methoden/ Geschlecht/ Alter	Beurteilungskategorien (Angaben in Prozent)					
	TP$_1$			TP$_6$		
	„gut"	„weniger gut"	„schlecht"	„gut"	„weniger gut"	„schlecht"
Gesamt*						
♂ (n=201)	80,6	13,4	6,0	84,6	8,0	7,4
♀ (n=210)	88,6	7,1	4,3	88,6	10,0	1,4
AT						
♂ (n=64)	87,5	9,4	3,1	82,8	6,3	10,9
♀ (n=79)	91,1	3,8	5,1	91,1	6,4	2,5
Eutonie						
♂ (n=6)	66,7	0,0	33,3	83,3	16,7	0,0
♀ (n=4)	75,0	25,0	0,0	75,0	25,0	0,0
Massage						
♂ (n=5)	80,0	20,0	0,0	100,0	0,0	0,0
♀ (n=5)	100,0	0,0	0,0	100,0	0,0	0,0
PMR						
♂ (n=65)	75,4	21,5	3,1	86,2	7,7	6,2
♀ (n=51)	84,3	11,8	3,9	88,2	9,8	2,0
Qigong						
♂ (n=4)	50,0	25,0	25,0	75,0	25,0	0,0
♀ (n=6)	100,0	0,0	0,0	83,3	16,7	0,0
Yoga						
♂ (n=57)	82,5	8,7	8,8	84,2	10,5	5,3
♀ (n=65)	87,7	7,7	4,6	86,2	13,8	0,0

Bei den Bewertungen der *weiblichen Probanden* wird anhand der Prozentangaben aus Tab. 5.1.2-2 offenkundig, dass das AT (n=79; TP$_1$: 91,1 %; TP$_6$: 91,1 %) – womöglich wegen der weiblich ausgeprägteren Kreativität und Emotionalität sowie der Fähigkeit, während einer Ruhelage besser aktiv zuzuhören als Jungen (vgl. Bischof-Köhler, 2008, S. 19) – deren größte Zustimmung erhält. Auch die PMR (n=51; TP$_1$: 84,3 %; TP$_6$: 88,2 %) schneidet bei den Mädchen möglicherweise aus Gründen der bereits

Ergebnisse

inhaltlich erwähnten Spannungskurve mit hohen Werten ab, während das Yoga-Programm (n=65; TP$_1$: 87,7 %; TP$_6$: 86,2 %), basierend auf einer ritualisierenden Konzeption, d.h., die beiden letzten Einheiten setzen sich aus Wiederholungen der bereits erlernten Yoga-Haltungen mit der Erweiterung von Sprach- und Atemformeln zusammen, zum zweiten Messzeitpunkt weniger Prozentpunkte aufweisen kann. Anhand der hohen prozentualen Ergebnisse beider Geschlechter ist H3$_{3.2}$ nicht zu bekräftigen.

H3$_{3.3}$: Die Entspannungsprogramme fühlen sich bei den 4-, 5- und 6-jährigen Probanden unterschiedlich an. Dies zeigt sich im *Total Score* zu AT, Eutonie, Massage, PMR, Qigong und Yoga sowie differenziert nach diesen sechs Programmen.

Die Ergebnisse aus Tab. 5.1.2-3 verdeutlichen, dass die 5-Jährigen (n=183; TP$_1$: 86,3 %; TP$_6$: 90,2 %) den Programmen die größte Zustimmung erteilen. Bei den anderen Altersstufen (4-Jährige: n=131; TP$_1$: 83,2 %; TP$_6$: 84,7 %; 6-Jährige: n=97; TP$_1$: 83,5 %; TP$_6$: 82,5 %) liegen auch hohe Ausgangswerte vor, die bei den 4-Jährigen noch leicht gestiegen sind; bei den 6-Jährigen ist dagegen ein leichter Rückgang erkennbar.

Bei der Interpretation dieser Ergebnisse ist davon auszugehen, dass bei den 5-Jährigen die günstigste Ausgangssituation gegeben ist: Einerseits verfügen diese über die notwendigen entwicklungspsychologischen Voraussetzungen – u.a. Kognition, Motorik- und Sensorikentwicklung sowie Selbstkontrolle –, die für die Umsetzung von Entspannungsprogrammen notwendig sind; andererseits scheiden bei ihnen Problemstellungen, wie z.B. die bevorstehende Einschulung, aus. Die 4-jährigen Probanden müssen nach Bensel und Haug-Schnabel (2011, S. 37) in diesem Lebensabschnitt noch zu viele Mikro-Übergänge leisten, wie z.B. Aktivitätswechsel erleben und Unterbrechungen ertragen oder Nähe und Distanz regulieren lernen, wodurch eine immer wiederkehrende Neuorientierung erforderlich ist; dies könnte wiederum zu intrapersonalen Prozessen führen, die zur Einschränkung einer achtsamen Präsenz führen und entspannungsinduzierende Wirkungen verhindern könnten. Bei den 6-Jährigen existieren ähnliche Entwicklungsstrukturen wie bei den 5-Jährigen; jedoch steht in diesem Lebensjahr der Übergang von der Bildungsinstitution Kindergarten zur Schule an. Dieser Übergang beinhaltet Lebensereignisse, die Bewältigung von Diskontinuitäten auf mehreren Ebenen erfordern, wie beispielsweise neue Bezugspersonen, neues Umfeld, Unterrichtsrhythmisierung im 45-min-Takt (vgl. Niesel & Griebel, 2007). Diese zukünftigen Konstellationen, die sich in den Gedanken der 6-Jährigen in Form von Befürchtungen und Ängsten manifestieren können, wären ein Indiz dafür, dass Kinder nicht mehr im inneren Einklang mit sich selbst sind und dementsprechend Entspannungsprogramme nicht wie 5-Jährige annehmen. Ein Blick auf Tab. 5.1.2-3 gibt zu erkennen, dass die Ergebnisse zu den einzelnen Entspannungsmethoden mit denen aus der Gesamt-Programmbewertung in Verbindung stehen, d.h. die Beurteilungen

Ergebnisse

der 5-Jährigen (AT: n=61; TP$_1$: 93,4 %; TP$_6$: 91,8 %; PMR: n=46; TP$_1$: 76,1 %; TP$_6$: 91,3 %; Yoga: n=57; TP$_1$: 89,5 %; TP$_6$: 91,2 %) beziehen bei allen Programmen die höchsten Prozentangaben.

Tab. 5.1.2-3: Programmevaluation aus Sicht der Kinder (n=411) zu TP$_1$ und TP$_6$ – altersspezifische Unterschiede

Gesamt*						
4-Jährige (n=131)	83,2	11,5	5,3	84,7	11,5	3,8
5-Jährige (n=183)	86,3	8,2	5,5	90,2	4,9	4,9
6-Jährige (n=97)	83,5	12,4	4,1	82,5	13,4	4,1
AT						
4-Jährige (n=52)	88,5	5,8	5,7	86,5	9,6	3,9
5-Jährige (n=61)	93,4	3,3	3,3	91,8	8,2	0,0
6-Jährige (n=30)	83,3	13,3	3,4	80,0	13,3	6,7
Eutonie						
4-Jährige (n=4)	75,0	25,0	0,0	100,0	0,0	0,0
5-Jährige (n=5)	60,0	0,0	40,0	60,0	20,0	20,0
6-Jährige (n=1)	100,0	0,0	0,0	100,0	0,0	0,0
Massage						
4-Jährige (n=4)	75,0	25,0	0,0	100,0	0,0	0,0
5-Jährige (n=4)	100,0	0,0	0,0	100,0	0,0	0,0
6-Jährige (n=2)	100,0	0,0	0,0	100,0	0,0	0,0
PMR						
4-Jährige (n=44)	81,8	13,7	4,5	84,1	11,4	4,5
5-Jährige (n=46)	76,1	19,6	4,3	91,3	6,5	2,2
6-Jährige (n=26)	80,8	19,2	0,0	84,6	7,7	7,7
Qigong						
5-Jährige (n=10)	80,0	10,0	10,0	80,0	20,0	0,0
Yoga						
4-Jährige (n=27)	77,8	14,8	7,4	77,8	18,5	3,7
5-Jährige (n=57)	89,5	5,3	5,2	91,2	5,3	3,5
6-Jährige (n=38)	84,2	7,9	7,9	81,6	18,4	0,0

Anmerkung: * Hier handelt es sich um die gesamte Entspannungsgruppe, die sich aus allen sechs Entspannungsprogrammen zusammensetzt. Bei den Qigong-Programmen haben nur 5-jährige Probanden teilgenommen.

Bei den 4-Jährigen schneidet das AT am besten ab (n=52; TP$_1$: 88,5 %; TP$_6$: 86,5 %). Ein Hinweis darauf könnte in der passiven Körperhaltung, die die Kinder selbst wählen konnten, dem aktiven Zuhören und der Vorstellung innerer Bilder liegen, die den Kindern aus Märchenerzählungen bekannt sind. Die Entspannungsmethode Yoga erhält

Ergebnisse

dagegen die größte Resonanz bei den 6-jährigen Probanden (n=38; TP_1: 84,2 %; TP_6: 81,6 %). Ausschlaggebend dafür könnte sein, dass die motorischen und kognitiven Entwicklungsvoraussetzungen in dieser Altersstufe entsprechend ausgebildet sind, um die einzelnen Yoga-Haltungen umzusetzen. Die Ergebnisse haben zur Folge, dass die *ket*-Entspannungsprogramme im Elementarbereich eingesetzt werden können und $H3_{3.3}$ deskriptiv bestätigt werden kann.

Zwischenfazit zu den Ergebnissen (Hypothese 1-3)

Die Entspannungsprogramme werden aus den zwei Perspektiven *Experten* und *Kinder* analysiert.

Aus **Expertensicht** (n=84 aus 25 Kitas) wird deutlich, dass die *Programmdurchführung* ($H1_{1.1-1.3}$) zu allen Messzeitpunkten sehr positiv beurteilt wird. Dies belegen vor allem die *Total Scores* ($H1_{1.1}$) zu allen Entspannungsmethoden (MW=2.37±0.23-2.54±0.22) und die Ergebnisse der differenzierten Programmbeurteilungen zu den einzelnen Methoden AT (MW=2.11±0.47-2.38±0.45), PMR (MW=2.5±0.34-2.72±0.19) und Yoga (MW=2.48±0.33-2.63±0.39). Auch differenzierte Analysen hinsichtlich der beiden Items „Programmweiterempfehlung" und „selbstständige Durchführung" ($H1_{1.2}$) bestärken die Durchführung der Programme durch die Experten. Dieser Zuspruch kann mit der didaktisch-methodischen Struktur der Programme begründet werden: Alle Programme sind für das fachpädagogische Personal in kurzer Zeit leicht zu erlernen und spielerisch mit den Kindern umzusetzen. Außerdem sind durch den unmittelbaren Körperbezug Entspannungseffekte bei den Kindern schon nach kurzer Zeit erkennbar. Als Gründe für die positive Zustimmung sind auch die kurze Übungsdauer (10-15 min) sowie die Phantasiegeschichten zu nennen.

Mit Blick auf die *Übungsbewertungen* ($H1_{1.3}$) zu den drei Programmen zeigt sich, dass die Ergebnisse größtenteils den zuvor anvisierten Zielsetzungen aus Kap. 3.2-3.7 (S. 122ff.) entsprechen, d.h. bei körperlich anspruchsvollen Übungen, wie z.B. bei den Asanas im Yoga (MW=0.67±0.76-1.68±0.95), wird aus Sicht der Experten ein höherer Anstrengungsgrad bei den Kindern erreicht als bei der eher entspannten Körperposition im AT-Programm (MW= 0.43±0.61-0.67±0.76). Die speziell auf Kinder im Elementarbereich ausgerichtete methodische Struktur beim AT- und Yoga-Programm, die auf Ritualisierung, Wiederholung und Vertiefung des bereits Erlernten basiert, wird hingegen von den Experten nicht erkannt. Stattdessen werden motivationshemmende Momente vor allem gegen Ende des AT- und Yoga-Programmes vermutet, obwohl immer wiederkehrende Elemente im frühen Kindesalter unentbehrlich sind, um Entspannungsfähigkeit zu entwickeln.

Wirksamkeitsnachweise (H2) werden nach Meinung der Experten mit zunehmender Übungsdauer sichtbar (TP$_1$: MW=0.28±0.34; TP$_6$: MW=0.65±0.63), wodurch von einem Trainingseffekt des durchgeführten Entspannungstrainings auszugehen ist. Differenzierte Auswertungen zu den einzelnen Methoden sowie die Ergebnisse zur Programmdurchführung aus Expertensicht untermauern die ansteigenden Wirkungsannahmen gegen Ende des Treatments. So könnten die entstandenen Effekte bei PMR, insbesondere zu TP$_6$, der didaktisch-methodischen Konzeption – Aufbau einer inhaltlichen Spannungskurve über die sechs Übungseinheiten hinweg – zuzuschreiben sein. Nicht zu interpretieren sind allerdings die Schwankungen bei den Methoden zwischen TP$_1$ und TP$_5$. Hier konnten aus Sicht der Experten trotz der kindgerechten Umsetzungsweise in Form von Phantasiegeschichten nur geringfügige Wirkungsweisen beobachtet werden.

Nach Ansicht der **Kinder** (n=411 aus 25 Kitas) fühlen sich die Programme (H3$_{3.1}$) zu beiden Messzeitpunkten „gut" an (TP$_1$: 84,7 %; TP$_6$: 86,6 %). Diese positiven Rückmeldungen kann mit deren Konzeption begründet werden, denn alle Programme sind kindgerecht aufgebaut, in ihrer Sprache verständlich, körperzentriert und bewegungsbasiert, wodurch Entspannungseffekte unmittelbar erspürbar sind.

Geschlechtsspezifische Unterschiede (H3$_{3.2}$) sind nur marginal vorhanden, d.h. bei beiden Geschlechtern (♀: n=210; TP$_1$: 88,6 %; TP$_6$: 88,6 %; ♂: n=201; TP$_1$: 80,6 %; TP$_6$: 84,6 %) stoßen die Programme auf große Resonanz. Geschlechtsstereotypisierende Einflüsse wirken sich in diesem Alter noch nicht aus; dementsprechend sind diese Programme möglichst früh zu implementieren, um vor allem bei Jungen Vorurteile gegenüber Entspannungstrainings nicht aufkommen zu lassen. Differenziertere Auswertungen legen offen, dass Jungen das ihnen zu Beginn noch unbekannte PMR-Programm favorisieren; Gründe dafür könnten dem formalisiert-strukturierten Charakter dieser Methode oder der inhaltlich steigenden Spannungskurve mit der Auflösung gegen Ende des Treatments geschuldet sein (TP$_1$: 75,4 %; TP$_6$: 86,2 %). Bei den Mädchen erwirken das AT- (TP$_1$: 91,1 %; TP$_6$: 91,1 %) und PMR-Programm (TP$_1$: 84,3 %; TP$_6$: 88,2 %) die höchsten Bewertungen. Hinweise für die hohen Werte beim AT sind darin zu sehen, dass Mädchen im Vergleich zu Jungen eventuell über eine ausgeprägtere Kreativität verfügen sowie in ruhiger Lage besser aktiv zuhören können.

Heterogenität herrscht bei den drei Altersstufen (H3$_{3.3}$) vor. Hier wird offensichtlich, dass die 5-Jährigen die Programme im *Total Score* zu allen sechs Methoden (n=183; TP$_1$: 86,3 %; TP$_6$: 90,2 %) wie auch zu AT (TP$_1$: 93,4 %; TP$_6$: 91,8 %), PMR (TP$_1$: 76,1 %; TP$_6$: 91,3 %) und Yoga (TP$_1$: 89,5 %; TP$_6$: 91,2 %) am besten beurteilen. Diese Ergebnisse sind damit begründbar, dass Kinder in dieser Lebensphase über günstige Ausgangssituationen verfügen und Problemstellungen, wie z.B. die

Ergebnisse

bevorstehende Einschulung, noch ausstehen. Insgesamt werden die Programme von allen Kindern sehr positiv angenommen.

Anhand der vorliegenden Ergebnisse ist abzuleiten, dass beide Perspektiven, *Experten* und *Kinder*, dem Entspannungstraining sehr positiv gegenüberstehen und sich somit die didaktisch-methodische Struktur bewährt hat. Überdies ist zu resümieren, dass die Programme aus Expertensicht auch wirksam sind und somit Entspannungsansätze früh im Elementarbereich eingesetzt werden können.

5.1.3 Gesundheitsbezogene Lebensqualität

Das öffentliche Interesse sowie die Anzahl an empirischen Veröffentlichungen zur gesundheitsbezogenen Lebensqualität im Kindesalter haben in den letzten Jahren stetig zugenommen (vgl. z.B. Sagheri et al., 2009). Dies ist vor allem der Tatsache geschuldet, dass eine Zunahme von chronischen Krankheiten und medizinischen Behandlungsmaßnahmen bereits schon im frühen Kindesalter zu erkennen ist (vgl. Kap. 1.1). Demzufolge gewinnt die gesundheitsbezogene Lebensqualität neben dem Forschungsfeld der öffentlichen Gesundheit (*Public Health*) auch vermehrten Zuspruch in der Pädiatrie. Nicht zuletzt steht sie in engem Bezug zur Gesundheitsförderung und Prävention und demzufolge auch zum Themenkomplex *Entspannung*.

Hypothese 4

Die Einschätzung der Lebensqualität wird aus den zwei Perspektiven *Kinder* und *Eltern* angestrebt, um vergleichende bzw. korrelative Analysen vorzunehmen:

Die subjektive *Kindereinschätzung* (vgl. Kap. 5.1.3.1) unterteilt sich dabei in folgende Hypothesenstellungen: Bei $H4_{4.1}$ wird die gesundheitsbezogene Lebensqualität der gesamten Treatmentgruppe (n=411) über den *Total Score* zu allen sechs Entspannungsmethoden sowie in Bezug auf die einzelnen Entspannungsprogramme erhoben. Zudem findet ein *Total Score*-Vergleich zwischen der gesamten Treatment- und Kontrollgruppe (n=20) zur Bewertung der Treatmenteffekte statt.

Die *Elterneinschätzung* (vgl. Kap. 5.1.3.2) dient zur Überprüfung der Kinderergebnisse. Hierbei werden nachstehende Auswertungsschritte berücksichtigt ($H4_{4.2}$): *Total Score*-Berechnungen sowie differenzierte Analysen zu den zwei Lebensqualitäts-Dimensionen ‚Körper' und ‚Psyche' zu allen (n=411) sowie aufgefächert nach den Methoden. Außerdem folgt wie bei der Kindereinschätzung ein *Total-Score*-Vergleich zwischen der gesamten Treatment- und Kontrollgruppe (n=20) der Eltern.

Zum Abschluss werden in $H4_{4.3}$ die zwei Perspektiven, d.h. die *Total Scores* der Kinder und Eltern, miteinander verglichen, um festzustellen, ob die Einschätzungen in Verbindung zueinander stehen (vgl. Kap. 5.1.3.3).

Ergebnisse

5.1.3.1 Selbsteinschätzung der Kinder

H4$_{4.1}$: Die Selbsteinschätzung der Treatmentkinder zur gesundheitsbezogenen Lebensqualität verbessert sich im Pre-Post-Vergleich. Dies zeigt sich im *Total Score* zu AT, Eutonie, Massage, PMR, Qigong und Yoga sowie differenziert nach diesen sechs Programmen.

Zur Überprüfung der gesundheitsbezogenen Lebensqualität aus Sicht der Kinder (n=411) wird das Kiddy-KINDL^R-Interview (vgl. Kap. 4.4.1.3) angewandt. Für die Selbsteinschätzung der Kinder dient ein transformierter Summenscore des *Kiddy-KINDL^R-Total*, der aus zwölf Items gebildet wird. Hinsichtlich der Auswertungsergebnisse ist anzumerken, dass ein hoher Bewertungsscore mit einer hohen Lebensqualität einhergeht. Zur Auswertung der Daten werden T-Tests und Effektstärkenberechnungen[5] für abhängige Stichproben eingesetzt. Hohe Minusbewertungen bei den Effektstärken entsprechen schließlich hohen Treatmenteffekten, da die Post- von den Pre-Werten im Anschluss an die Berechnungsformel abgezogen werden. Repräsentative Normwerte[6] liegen zum Kiddy-KINDL-R nicht vor. Einen Überblick über die Selbsteinschätzung der Kinder ermöglicht Tab. 5.1.3.1-1 (S. 207).

Im ersten Auswertungsschritt weist der *Total Score* (n=411) in Abb. 5.1.3.1-1 darauf hin, dass sich durch die Durchführung des Entspannungstrainings (Dauer: 3 Wochen; zweimalige, wöchentliche Umsetzung) die gesundheitsbezogene Lebensqualität aus Kindersicht deutlich verbessert hat ($t_{(df=410)}$=-4.067; p<.001). Um diesen Treatmenteffekt zu überprüfen, werden die *Total Scores* der Treatment- (TG: n=411) und Kontrollgruppe

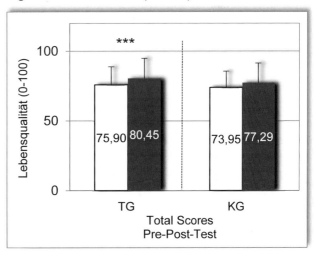

Abb. 5.1.3.1-1: *Kinderperspektive: Pre-Post-Total Scores zum Kiddy-KINDL^R (TG: n=411, KG: n=20)*

---

[5] Berechnungsformel für die Effektstärke nach Cohens d=MW/SD; da es sich um abhängige Stichproben handelt, dienen zur Auswertung ausschließlich Vergleiche zwischen den beiden Messzeitpunkten, weil auf Konventionen nicht zurückgegriffen werden kann (vgl. Zugriff im Februar 2013 unter https://www.uni-due.de/imperia/md/content/dokforum/skript_teil_2.pdf).

[6] Ein Abgleich zur Studie von Lange, Ziegler, Aschemeier, Tewes, Marquardt Sadeghian und Danne (2009) zur Kinderperspektive wurde nicht vorgenommen, da die Pre-Werte (n=738; Alter: 3-6 Jahre MW=84.95± 10.56) der Kinder deutlich über den Werten der vorliegenden Treatmentgruppe liegen, die Gründe dafür aber nicht ersichtlich sind.

(KG: n=20) miteinander verglichen. Die Werte lassen darauf schließen, dass bei den Kindern beider Gruppen eine Verbesserung der gesundheitsbezogenen Lebensqualität zu verzeichnen ist. Im Gegensatz zur Treatmentgruppe ($t_{(df=410)}$= -4.067; p<.001) bleibt bei der Kontrollgruppe – auch der geringen Stichprobe geschuldet – eine signifikante Verbesserung aus ($t_{(df=19)}$=-.917; p=.371). Die Unterschiede in den Pre-Post-Scores zwischen Treatment- und Kontrollgruppe sind jedoch relativ gering, was sich auch in den berechneten Effektstärkenberechnungen (*Cohen d*) widerspiegelt (vgl. Tab. 5.1.3.1-1); aufgrund dessen lässt sich aus den Ergebnissen ableiten, dass sich die signifikante Zunahme der Lebensqualität in der Treatmentgruppe möglicherweise mit deren Stichprobenanzahl begründen lässt; denn inferenzstatistisch nimmt die Wahrscheinlichkeit, dass schon bei geringen Pre-Post-Unterschieden eine Signifikanz nachzuweisen ist, deutlich zu.

Im zweiten Schritt werden differenzierte Analysen zu den sechs Programmen vorgenommen. Die Ergebnisse (vgl. Abb. 5.1.3.1-2; Tab. 5.1.3.1-1) zeigen eine Zunahme der Lebensqualität bei allen Methoden. Diese Treatmentkonformität kann in erster Linie durch die Ergebnisse der Experten- und Kinderbeurteilungen aus H1-3 (vgl. Tab. 5.1.2-2, S. 199) bestätigt werden. Mit Blick auf diese Datenlage ist in Bezug auf den signifikanten *Total Score* aus Abb. 5.1.3.1-1 zu erwähnen, dass dieser offensichtlich durch die deutlichen Pre-Post-Unterschiede bzw. den over-all-Effekt von Massage ($t_{(df=9)}$=-4.985; p<.001) und Yoga ($t_{(df=121)}$=-4.782; p<.001) zustande kommt.

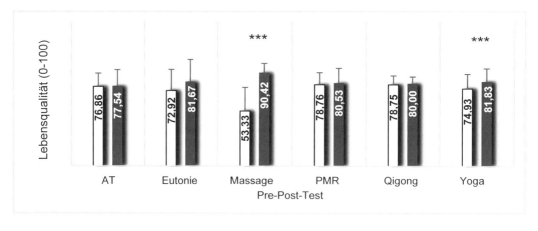

Abb. 5.1.3.1-2: *Kinderperspektive: Pre-Post-Total Scores zum Kiddy-KINDL^R – differenziert nach den Entspannungsmethoden (AT: n=143; PMR: n=116; Yoga: n=122; Eutonie, Massage, Qigong: jeweils n=10); * p<.05, **p<.01, *** p<.001*

Interpretationsansätze für diese Ergebnisse können vor allem in der Konzeption (vgl. Kap. 3, S. 115ff.) der Programme gesehen werden. So ist z.B. der steile Anstieg beim Massage-Programm wie folgt belegbar: Das Programm setzt sich aus Selbst- und Partnermassagen zusammen und spricht dabei vier – körperliches und psychisches

Wohlbefinden, Selbstwert und Freunde – der sechs Kiddy-KINDL^R-Dimensionen an, wodurch sich die hohen Pre-Post-Unterschiede erklären lassen.

Tab. 5.1.3.1-1: Überblick Kiddy-KINDL^R – Selbsteinschätzung der Kinder (n=431)

Überblick zu *Hypothese H4$_{4.1}$:*
Auswertungsergebnisse zur gesundheitsbezogenen Lebensqualität aus Kindersicht (Alter: 4-6 Jahre; n=431)

KINDL-Daten	TP$_1$			
	Pre (MW±SD)	Post (MW±SD)	p-Wert	Effektstärke Cohen d
Total Score (TG; n=411)	75.90±13.87	80.45±13.73	p<.001***	-0.201
Total Score (KG; n=20)	73.96±16.82	77.29±10.77	p=.371	-0.205
AT (n=143)	76.86±12.78	77.54±15.53	p=.416	-0.018
Eutonie (n=10)	72.92±20.34	81.67±21.26	p=.125	-0.389
Massage (n=10)	53.33±22.72	90.42±08.80	p<.001***	-1.576
PMR (n=116)	78.76±11.66	80.53±14.09	p=.109	-0.115
Qigong (n=10)	78.75±08.66	80.00±06.45	p=.346	-0.130
Yoga (n=122)	74.93±14.06	81.83±12.56	p<.001***	-0.433

Trotz der treatmentkonformen Ergebnisse aller Programme ist H4$_{4.1}$ nur zum *Total Score* sowie zur Massage und Yoga zu bestätigen; die Treatment-Kontrollgruppen-Resultate sowie die dazugehörigen Effektstärkenberechnungen lassen jedoch darauf schließen, dass die Daten durch Kontextvariablen beeinflussbar sind: Beobachtungen in dieser Studie deuten darauf hin, dass es fraglich ist, ob Kinder im Alter von 4-6 Jahren über die Reflexionsfähigkeit („letzte Woche") und den sprachlichen Entwicklungsstand (z.B. das Item zum Selbstwert: „In der letzten Woche mochte ich mich selbst leiden") verfügen, ihre Lebensqualität *objektiv* zu beurteilen. *ket*-Pilotstudien (vgl. Markgraf, 2011) stützen diese Problemstellung: Bspw. ist für einen 4-Jährigen ein Besuch im Schwimmbad mit seinen Freunden und Eltern ein zentraler Aspekt innerhalb einer Woche, der dazu führt, dass er Dimensionen wie Selbstwert, Freunde, Eltern sehr positiv beurteilt und alltägliche Problemsituationen eher in den Hintergrund rücken. Außerdem ist aus testkritischer Sicht hinzuzufügen, dass die Reliabilität der Kinderaussagen hinsichtlich ihrer gesundheitsbezogenen Lebensqualität mit Vorsicht einzustufen ist, da hier weitere längerfristig angelegte Studien unabdingbar sind, um die Ergebnisse einer Überprüfung zu unterziehen; demnach können die Ergebnisse lediglich Tendenzen aufzeigen: Diese lassen sich jedoch durch die eindeutige Parallelen in den Kinder- und Expertenbeurteilungen (H1-3) bekräftigen.

Ergebnisse

5.1.3.2 Fremdeinschätzung der Eltern

H4$_{4.2}$: Die Fremdeinschätzung der Eltern zur gesundheitsbezogenen Lebensqualität der Treatmentkinder verbessert sich im Pre-Post-Vergleich. Dies zeigt sich im *Total Score* zu AT, Eutonie, Massage, PMR, Qigong und Yoga sowie differenziert nach diesen sechs Programmen.

Die gesundheitsbezogene Lebensqualität der Kinder aus Elternsicht[7] (n=411) wird mit dem Kiddy-KINDL^R-Fragebogen (vgl. Kap. 4.4.1.3) bewertet. Dafür dient ein transformierter Summenscore des *Kiddy-KINDL^R-Totals*, der aus 46 Items resultiert. Ein hoher Bewertungsscore entspricht, wie bei der Selbsteinschätzung der Kinder, einer hohen Lebensqualität. Zur Analyse der Daten werden T-Tests und Effektstärkenberechnungen[8] für abhängige Stichproben eingesetzt. Hohe Minusbewertungen bei den Effektstärken stehen für hohe Treatmenteffekten (vgl. H4$_{4.1}$). Vertiefende Analysen werden durch die zwei Dimensionen[9] ‚körperliches' und ‚psychisches' Wohlbefinden – auch mithilfe von bivariaten Korrelationsanalysen – vorgenommen, wodurch Vergleiche mit den Auswertungsergebnissen aus H1-3 durchführbar sind.

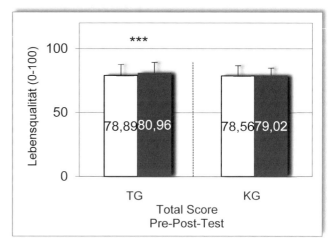

Abb. 5.1.3.2-1: Elternperspektive: Pre-Post-Kiddy-KINDL^R-Total Scores zur Treatmentgruppe (TG; n=408) und Kontrollgruppe (KG; n=20); * p<.05, **p<.01, *** p<.001

In Abb. 5.1.3.2-1 wird offensichtlich, dass der *Total Score* (n=408) der Fremdeinschätzung der Eltern zur Lebensqualität ihrer Kinder deutlich zunimmt (t$_{(df=407)}$=-5.539; p<.001). Vergleiche zu repräsentativen Normdaten aus der KIGGS-Studie (Alter: 3-6 Jahre; n=3875, MW=80,0) von Ravens-Sieberer, Ellert und Erhart (2007) sowie zwei weiteren Studien (Lange et al., 2009; Jürgensen, 2008) zeigen, dass die hier vorliegenden Daten mit denen aus den Vergleichsstudien übereinstimmen und demnach als verlässlich anzusehen sind. Aus Abb. 5.1.3.2-1 lässt sich ebenfalls ableiten, dass

---

[7] Die Probandenanzahl der Eltern reduzierte sich teilweise auf n=408; nach Aussage der Eltern bleiben ihnen Einblicke in die Dimensionen ‚Kindergarten' oder ‚Freunde' verwehrt.
[8] Berechnungsformel für die Effektstärke nach Cohens d=MW/SD (vgl. H4$_{4.1}$; S. 205).
[9] Berechnungen zu diesen beiden Lebensqualitäts-Dimensionen sind laut Manual (vgl. Ravens-Sieberer & Bullinger, 2003) aus der Kinderperspektive aufgrund der geringen Itemanzahl nicht realisierbar.

Ergebnisse

beide Elterngruppierungen – Treatment- (n=408) und Kontrollgruppe (n= 20) – die gesundheitsbezogene Lebensqualität ihrer Kinder „pre-post" höher einschätzen. Im Vergleich dazu kann, wie bei der Kinderbeurteilung in H4$_{4.1}$, bei der Kontrollgruppe – aufgrund der geringen Pre-Post-Unterschiede und Probandenanzahl – keine signifikante Veränderung erzielt werden. Wie auch bei Kindern sind die Pre-Post-Unterschiede zwischen den Elterngruppen sehr gering (vgl. Abb. 5.1.3.2-3), wodurch der signifikante Treatmenteffekt mit hoher Wahrscheinlichkeit der Stichprobegröße zugeschrieben werden kann.

Abb. 5.1.3.2-2 stellt die *Total Score*-Ergebnisse zur Treatment- und Kontrollgruppe in den zwei Dimensionen ‚körperliches' und ‚psychisches' Wohlbefinden gegenüber. Anhand der TG-Werte ist abzulesen, dass aus Elternperspektive sowohl das ‚körperliche' ($t_{(df=403)}$=-9.292; p<.001) als auch das ‚psychische' Wohlbefinden ($t_{(df=406)}$=-11.152; p<.001) der Kinder deutlich gestiegen sind.

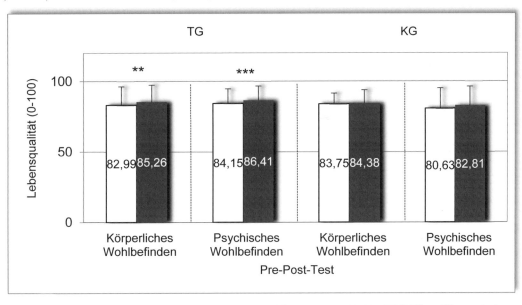

Abb. 5.1.3.2-2: *Elternperspektive: Pre-Post-Total Scores zum Kiddy-KINDL^R – differenziert nach TG (n=408) und KG (n=20); * p<.05, **p<.01, *** p<.001*

Zusätzlich durchgeführte bivariate Korrelationsanalysen deuten ebenfalls einen Wirkungszusammenhang zwischen beiden Dimensionen (TP$_1$: r=.303; TP$_6$: r=.405) an. Auch die Eltern der Kontrollgruppe stufen die beiden Dimensionen ‚Körper' und ‚Psyche' ihrer Kinder gegen Treatmentende höher ein (vgl. Abb. 5.1.3.2-2). Mit Blick auf die Effektstärken (Cohen *d*) wird jedoch deutlich, dass die Treatmentgruppe im Vergleich zur Kontrollgruppe größere Effekte beim *Total Score* wie auch bei den Dimensionen ‚Körper' und ‚Psyche' vorweisen kann (vgl. Tab. 5.1.3.2-1, S. 211).

Ergebnisse

Ein differenzierter Blick auf die einzelnen Entspannungsmethoden (vgl. Abb. 5.1.3.2-3) veranschaulicht, dass bis auf das Eutonie-Entspannungsprogramm bei allen anderen Entspannungstrainings eine treatmentkonforme Verbesserung eingetreten ist.

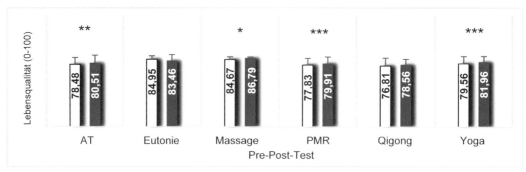

Abb. 5.1.3.2-3: Elternperspektive: Pre-Post-Total Scores zum Kiddy-KINDL^R – differenziert nach den Entspannungsmethoden (AT: n=141; PMR: n=116; Yoga: n=122; Eutonie, Massage, Qigong: jeweils n=10); * p<.05, **p<.01, *** p<.001

Deutliche Verbesserungen sind bei AT ($t_{(df=140)}$=-3.117; p=.001), Massage ($t_{(df=9)}$=-2.248; p=.026), PMR ($t_{(df=115)}$=-3.812; p<.001) und Yoga ($t_{(df=121)}$=-3.427; p<.001) erkennbar. Ein Blick auf die zwei Dimensionen ‚Körper' und ‚Psyche' (vgl. Tab. 5.1.3.2-1) untermauert diese Datenlage: Hier ergeben sich zum ‚körperlichen' Wohlbefinden bei AT ($t_{(df=138)}$=-2.644; p=.005), Massage ($t_{(df=9)}$=-2.121; p=.032) und PMR ($t_{(df=113)}$=-1.666; p=.049) sowie zum ‚psychischen' Wohlbefinden bei AT ($t_{(df=140)}$=-3.256; p=.001), Eutonie ($t_{(df=9)}$=-1.964; p=.042), Massage ($t_{(df=9)}$=-2.586; p=.015) und PMR ($t_{(df=115)}$=-2.584; p=.006) eindeutige Treatmenteffekte.

Die ausbleibende Treatmentkonformität bei Eutonie ist möglicherweise damit zu begründen, dass sie nicht zu den ‚reinen' Entspannungsmethoden zu zählen ist (vgl. Kap. 3.3, S. 125ff.); denn im Vergleich zu den anderen Methoden, die auf Bewegungsanweisungen gründen, basieren Eutonie-Einheiten auf Bewegungsaufgaben. Hierbei führt jedes Kind individuell die gestellten Bewegungsaufgaben durch, womit zeitliche Dauer der Körperfokussierung und Intensität der Übungsausführung deutlich differieren.

Insgesamt korrespondieren die Ergebnisse – bis auf Eutonie – mit den bereits ausgewerteten Hypothesen (H1-3): Es ist nämlich davon auszugehen, dass bei positiver Rückmeldung der Experten in Bezug auf *Durchführung* (H1$_{1.1.1.2}$) und *Wirksamkeit* (H2) der Programme auch eine Verbesserung der Lebensqualität bei den Kindern erzielt wird, die sich auch gezeigt hat. In erster Linie sind hier nochmals die von den Experten beobachteten deutlichen Wirksamkeitsanstiege (H2, S. 194-195) bei den Kindern gegen Ende des Treatments zu betonen. Aber auch die subjektiven Einschätzung der

Ergebnisse

Kinder (H3, S. 199, 201) hinsichtlich deren Wohlbefindens spiegeln sich in den Resultaten der hier erhobenen gesundheitsbezogenen Lebensqualitäten wider. Anhand dieser Auswertungsdaten ist H4$_{4.2}$ in Bezug auf den *Total Score* (n=408; AT, Massage, PMR, Yoga), das ‚körperliche' und ‚psychische' Wohlbefinden der gesamten Treatmentgruppe sowie auf die Werte von AT, Massage und Yoga zu bestätigen.

Aus testkritischer Perspektive ist anzumerken, dass die erfassten Daten zur Fremdeinschätzung der Kinder lediglich Tendenzen aufzeigen können. Hierauf verweist auch Pavitschitz (2010, S. 48f.), die in ihrer Studie auf Arbeiten (vgl. z.B. Cremeens, Eiser & Blades, 2006; Eiser & Morse, 2001, Jozefiak et al., 2008) aufmerksam macht, die herausgefunden haben, dass Fremdbeurteiler die Lebensqualität von gesunden Kindern häufig überschätzen, hingegen bei chronisch kranken Kindern eher als zu gering einstufen (vgl. Landolt, Valsangiacomo, Buechel & Latal, 2008; Upton, Lawford & Eiser, 2008; Uzark et al., 2008).

Tab. 5.1.3.2-1: Überblick Kiddy-KINDL^R-Ergebnisse – Fremdeinschätzung der Eltern: Total Scores zu TG: n=408 und KG: n=20 sowie differenziert nach den sechs Programmen

Überblick zu *Hypothese H4*$_{4.2}$: **Auswertungsergebnisse zur gesundheitsbezogenen Lebensqualität aus Elternsicht (n=408)**				
KINDL-Daten	TP$_1$			
	Pre (MW±SD)	Post (MW±SD)	p-Wert	Effektstärke Cohen d
Total Score (TG; n=408)				
Total Score	78.89±08.71	80.96±08.34	p<.001***	-0.290
Körperliches Wohlbefinden	82.99±13.22	85.26±12.09	p=.002**	-0.149
Psychisches Wohlbefinden	84.15±10.49	86.41±10.13	p<.001***	-0.210
Total Score (KG; n=20)				
Total Score	78.56±07.96	79.02±05.71	p=.371	-0.062
Körperliches Wohlbefinden	83.75±07.69	84.38±09.40	p=.395	-0.061
Psychisches Wohlbefinden	80.63±14.47	82.81±13.43	p=.264	-0.144
AT (n=141)				
Total Score	78.48±08.56	80.51±09.63	p=.001**	-0.263
Körperliches Wohlbefinden	81.79±14.87	85.34±12.58	p=.005**	-0.224
Psychisches Wohlbefinden	84.76±11.30	87.79±10.95	p=.001**	-0.274

Ergebnisse

Eutonie (n=10)				
Total Score	84.95±04.47	83.46±07.45	p=.269	0.203
Körperliches Wohlbefinden	86.25±13.11	88.75±07.68	p=.255	-0.218
Psychisches Wohlbefinden	85.63±03.02	87.50±04.17	p=.042*	-0.621
Massage (n=10)				
Total Score	84.67±03.55	86.79±01.09	p=.026*	-0.711
Körperliches Wohlbefinden	86.25±07.10	92.50±03.95	p=.032*	-0.671
Psychisches Wohlbefinden	87.50±06.59	93.13±01.98	p=.015*	-0.818
PMR (n=116)				
Total Score	77.83±08.52	79.91±08.15	p<.001***	-0.354
Körperliches Wohlbefinden	81.91±12.81	84.3H8±11.35	p=.049*	-0.156
Psychisches Wohlbefinden	82.27±10.03	84.86±09.93	p=.006**	-0.240
Qigong (n=10)				
Total Score	76.81±09.87	78.56±06.66	p=.240	-0.247
Körperliches Wohlbefinden	82.64±16.76	84.03±07.73	p=.422	-0.068
Psychisches Wohlbefinden	84.03±12.93	85.42±08.27	p=.365	-0.120
Yoga (n=121)				
Total Score	79.56±09.20	81.96±07.07	p<.001***	-0.310
Körperliches Wohlbefinden	84.87±11.55	85.19±13.06	p=.401	-0.023
Psychisches Wohlbefinden	85.69±10.44	86.47±10.41	p=.211	-0.073

5.1.3.3 Vergleich der Selbst- und Fremdeinschätzungen

H4$_{4.3}$ Die Elternangaben zur gesundheitsbezogenen Lebensqualität ihrer Kinder korrelieren mit den Selbsteinschätzungen der Kinder. Dies zeigt sich in bivariaten Korrelationsanalysen zu AT, Eutonie, Massage, PMR, Qigong und Yoga.

Bivariate Korrelationsanalysen verdeutlichen, dass zwischen den Selbst- und Fremdeinschätzungen zur gesundheitsbezogenen Lebensqualität inferenzstatistisch kein Zusammenhang besteht (TP$_1$: r=.400; TP$_6$: r=.004). Dieses Ergebnis überrascht vor dem Hintergrund bereits abgeschlossener Studien (vgl. z.B. Theunissen et al., 1998; Upton et al., 2005; Vogels et al., 1998) nicht. Gründe dafür werden darin gesehen, dass die Eltern nicht in alle Lebensbereiche ihrer Kinder einen unmittelbaren Einblick haben. Dazu zählen z.B. Bereiche wie Kindertagesstätte oder Freunde. Zudem ist auch zu bedenken, dass das Wohlbefinden der Fremdbeurteiler die Eltern-Kind-Übereinstimmung beeinflussen kann. Eiser, Eiser und Stride (2005) dokumentieren, dass Elternteile, die über ein niedriges Wohlbefinden klagen, auch die Lebensqualität ihrer Kinder als gering einschätzen. Trotz fehlender inferenzstatistischer Nachweise gleichen sich doch die Daten beider Perspektiven gegen Ende des Treatments an – Kinder (Post: MW=80.45±13.73) und Eltern (Post: MW=80.96±8.34) – und lassen die Folgerung zu, dass das Entspannungstraining auf die Lebensqualität der Kinder einwirkt. Gemäß dieser Datenlage ist H4$_{4.3}$ jedoch nicht zu bestätigen.

Zwischenfazit zu den Ergebnissen (Hypothese 4)

Die Lebensqualität spielt im Kontext Gesundheitsförderung und Prävention eine besondere Rolle. Dies bestätigen auch die zunehmenden Veröffentlichungen in den letzten Jahren und das Interesse in der Pädiatrie. *Entspannung* und gesundheitsbezogene Lebensqualität sind zweifelsohne eng miteinander verbunden und bedingen sich gegenseitig. Aus den Ergebnissen des transformierten Summenscores des *Kiddy-KINDL^R-Total* lässt sich ableiten, dass durch das dreiwöchig durchgeführte Entspannungstraining im Elementarbereich anhand der **Selbsteinschätzung der Kinder** (H4$_{4.1}$) eine verbesserte gesundheitsbezogene Lebensqualität ($t_{(df=410)}$=-4.067; p<.001) festzustellen ist. Ein Treatment-Kontrollgruppen-Vergleich zeigt, dass bei der Kontrollgruppe (n=20) „pre-post" keine signifikanten Verbesserungen eingetreten sind (vgl. Abb. 5.1.3.1-1). Die Pre-Post-Unterschiede zwischen Treatment- und Kontrollgruppe fallen jedoch relativ gering aus; dies wird auch in den berechneten Effektstärkenberechnungen (*Cohen d*) erkennbar (vgl. Tab. 5.1.3.1-1). Somit lässt sich aus den Ergebnissen folgern, dass die signifikante Zunahme der Lebensqualität, die sich aus den sechs Dimensionen Körper, Psyche, Selbstwert, Freunde, Familie, Kindergarten zusammensetzt, in der Treatmentgruppe (n=411) womöglich der großen Probandenanzahl zuzuschreiben ist.

Differenzierte Auswertungsschritte zu den einzelnen Entspannungsmethoden geben Aufschluss darüber, dass alle Programme treatmentkonforme Verbesserungen liefern; deutliche Wirkungsanstiege wie auch Effektstärken (*Cohen d*) weisen in erster Linie Massage ($t_{(df=9)}$=-4.985; p<.001; d=-1.576) und Yoga ($t_{(df=121)}$=-4.782; p<.001; d=-0.433) vor (vgl. Tab. 5.1.3.1-1). Diese beiden deutlichen Pre-Post-Unterschiede könnten – in Form eines over-all-Effekts – auch die Signifikanz des *Total Scores* erklären.

Die geringen Pre-Post-Differenzen der beiden Kindergruppen – TG und KG – sind auch vor dem Hintergrund des Testverfahrens zu diskutieren: Beobachtungen legen offen, dass die Zuverlässigkeit der Kinderaussagen hinsichtlich ihrer gesundheits-

Ergebnisse

bezogenen Lebensqualität mit Vorsicht einzustufen ist. Hier sollten längerfristig angelegte Studien durchgeführt werden; denn es fraglich ist, ob Kinder im Elementarbereich über die Reflexionsfähigkeit („letzte Woche") und den sprachlichen Entwicklungsstand einiger Items verfügen, ihre Lebensqualität zu beurteilen. Somit können die erzielten Ergebnisse lediglich Tendenzen aufzeigen; diese lassen sich jedoch in der hier mehrperspektivisch angelegten Studie durch eindeutige Parallelen in den Kinder- und Expertenbeurteilungen (H1-3) bekräftigen.

Im Ergebnis zu H4$_{4.2}$ (vgl. Abb. 5.1.3.2-1) wird offensichtlich, dass der *Total Score* bei den **Fremdeinschätzungen der Eltern** (n=408) in Bezug auf die gesundheitsbezogene Lebensqualität ihrer Kinder „pre-post" deutlich zunimmt ($t_{(df=407)}$=-5.539; p<.001). Ein Treatment-Kontrollgruppen-Vergleich zeigt, dass die Eltern-Treatmentgruppe die gesundheitsbezogene Lebensqualität ihrer Kinder am Ende des Untersuchungszeitraums höher einschätzen als die der Kontrollgruppe ($t_{(df=19)}$=-.276; p=.371). Effektstärkenberechnungen (Cohen *d*) zu den beiden Gruppierungen (TG: d=-0.290; KG: d=-0.062) bringen zudem den Nachweis der Wirksamkeit des Entspannungstrainings (vgl. Abb. 5.1.3.2-1). Durchgeführte bivariate Korrelationsanalysen bei der Treatmentgruppe zu den Lebensqualitäts-Dimensionen ‚Körper' und ‚Psyche' (TP$_1$: r=.303; TP$_6$: r=.405) deuten noch auf einen Wirkungszusammenhang hin.

Ebenso bestätigen differenzierte Analysen zu den sechs Entspannungsmethoden (AT, Eutonie, Massage, PMR, Qigong und Yoga) die Wirksamkeit der Programme: z.B. AT ($t_{(df=140)}$=-3.117; p=.001), Massage ($t_{(df=9)}$=-2.248; p=.026), PMR ($t_{(df=115)}$=-3.812; p<.001) und Yoga ($t_{(df=121)}$=-3.427; p<.001). Zusätzliche Berechnungen – auch mithilfe von bivariaten Korrelationsanalysen – zu den zwei Lebensqualitäts-Dimensionen ‚Körper' und ‚Psyche' (vgl. Tab. 5.1.3.2-1) bekräftigen die vorliegende Treatmentkonformität: So ergeben sich zum ‚körperlichen' Wohlbefinden bei AT ($t_{(df=138)}$=-2.644; p=.005), Massage ($t_{(df=9)}$=-2.121; p=.032) und PMR ($t_{(df=113)}$=-1.666; p=.049) sowie zum ‚psychischen' Wohlbefinden bei AT ($t_{(df=140)}$=-3.256; p=.001), Eutonie ($t_{(df=9)}$=-1.964; p=.042), Massage ($t_{(df=9)}$=-2.586; p=.015) und PMR ($t_{(df=115)}$=-2.584; p=.006) eindeutige Wirksamkeitsnachweise (vgl. Tab. 5.1.3.2-1).

Wie bei den Kindern sind auch bei den Eltern testkritische Aspekte zu nennen. Pavitschitz (2010, S. 48f.) verweist in ihrer Dissertationsstudie auf Forschungsarbeiten (vgl. z.B. Cremeens, Eiser & Blades, 2006; Eiser & Morse, 2001; Jozefiak et al., 2008), in denen herausgefunden wurde, dass Fremdbeurteiler die Lebensqualität von gesunden Kindern häufig überschätzen, hingegen bei chronisch kranken Kindern eher als zu gering einstufen (vgl. Landolt, Valsangiacomo, Buechel & Latal, 2008; Upton, Lawford & Eiser, 2008; Uzark et al., 2008). Außerdem liegen zu den Elternbeurteilungen zwar durch die KiGGS-Studie (vgl. z.B. Ravens-Sieberer, Ellert

& Erhart, 2007) Normdaten als Mittelwerte vor, jedoch fehlen die dazugehörigen Standardabweichungen.

Insgesamt korrespondieren die Ergebnisse – bis auf die bei der Eutonie – mit den bereits ausgewerteten Hypothesen (H1-3), womit die Treatmenteffekte – trotz der bestehenden Testkritik – als valide angesehen werden können: Es ist nämlich davon auszugehen, dass bei positiver Rückmeldung der Experten in Bezug auf *Durchführung* und *Wirksamkeit* der Programme auch eine Verbesserung der Lebensqualität bei den Kindern erzielt wird. In erster Linie ist hier nochmals auf die von den Experten beobachteten deutlichen Wirksamkeitsanstiege (H2, S. 194-195) bei den Kindern gegen Ende des Treatments zu verweisen. Aber auch die subjektive Einschätzung der Kinder (H3, S. 199, 201) hinsichtlich deren Wohlbefinden spiegeln sich in den Resultaten der gesundheitsbezogenen Lebensqualitäten wider.

Bivariate Korrelationsanalysen ($H4_{4.3}$) lassen zwar inferenzstatistisch keinen Zusammenhang zu, allerdings pendeln sich die Daten beider Probandengruppen gegen Ende des Treatments bei einem *Total Score* von ca. 80 ein – Kinder (Post: MW= 80.45±13.73), Eltern (Post: MW=80.96±8.34) – und lassen demnach die Aussage zu, dass das Entspannungstraining positiv auf die Lebensqualitäten der Kinder eingewirkt hat. Durch dieses Ergebnis hat sich der methodische Schritt, Selbst -und Fremdeinschätzungen in dieser Studie vorzunehmen, auch im Hinblick auf die Testkritiken von Pavitschitz (2010, S. 48f.), als überaus wichtig in Bezug auf die Validität der Ergebnisse herausgestellt. Zudem bekräftigen die affirmativen Abgleiche aus H1-3 die erfassten Daten zur gesundheitsbezogenen Lebensqualität.

Ergebnisse

5.2 Projektives Verfahren – Körper-Selbstbild-Test

Als Projektives Verfahren werden in dieser Studie Körper-Selbstbild-Tests als Screeningverfahren eingesetzt, um zu überprüfen, ob durch ein körperbasiertes Entspannungstraining einerseits kurzfristige Effekte auf die Körperwahrnehmung festzustellen sind; andererseits wird eine Reduktion sozial-emotionaler Auffälligkeiten angestrebt, d.h. die Kinder sollen in ihren Bildern nach dem Treatment weniger sozial-emotionale Indikatoren gezeichnet haben als zu Trainingsbeginn.

Hypothese 5

Der Körper-Selbstbild-Test untergliedert sich in folgende Hypothesenstellungen: Bei H5$_{5.1}$ wird zunächst über das „kognitive" Bewertungsinstrument (vgl. Kap. 4.4.2, S. 158) die Anzahl der Körperdetails und somit die Körperwahrnehmung und -achtsamkeit „pre-post" erhoben (vgl. Abb. 5.2-1). Danach wird über die „sozial-emotionalen" Indikatoren (vgl. Kap. 4.4.2, S. 159) innerhalb der Zeichnungen untersucht, ob emotionale Störungen bei den Kindern vorliegen (vgl. Abb. 5.2-2), und ob diese infolge der Durchführung eines Entspannungstrainings minimiert werden können. Bei beiden Auswertungsdurchgängen werden die Daten in Form eines *Total Scores* zu allen sechs Entspannungsmethoden (H5$_{5.1}$) dargestellt. Zusätzlich findet ein *Total-Score*-Vergleich zwischen der Treatment- und Kontrollgruppe statt, um die erfassten Ergebnisse der Treatmentgruppe hinsichtlich ihrer Wirksamkeit einzuordnen. In H5$_{5.2}$ werden diese differenziert nach den einzelnen Entspannungsmethoden vorgestellt.

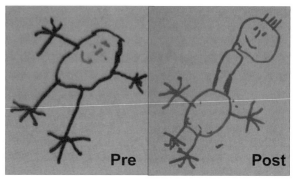

Abb. 5.2-1: *Körper-Selbstbilder („kognitives" Bewertungsschema): Pre-Post-Vergleich*

Abb. 5.2-2: *Körper-Selbstbilder („sozial-emotionales" Bewertungsschema): Pre-Post-Vergleich*

Ergebnisse

Zur Auswertung der Körper-Selbstbild-Daten werden T-Tests und Effektstärkenberechnungen[10] für abhängige Stichproben eingesetzt. Zur Auswertung der Körper-Selbstbild-Daten werden T-Tests und Effektstärkenberechnungen für abhängige Stichproben verwendet. Auf einfaktorielle Varianzanalysen mit Messwiederholung wird in dieser Studie verzichtet, da aufgrund des nur dreiwöchigen Treatments in erster Linie kurzfristige Pre-Post-Effekte erwartbar sind. Repräsentative Normwerte liegen bei diesem Verfahren nicht vor, da die im ZEM-Manual ausgeschriebenen Normwerte aus Den Haag stammen und der Untersuchungszeitraum (Schuljahr 1992/93) wie auch der Zeitpunkt der Veröffentlichung zu lange auseinanderliegen (Unzner, 2009). Außerdem sind die Daten nicht auf deutsche Kinder generalisierbar. Aufgrund fehlender Vergleichbarkeitsstudien werden diese Daten (Gesamtrohwerte) zu den Körper-Selbstbildern der 4-, 5- und 6-Jährigen jedoch als richtungsweisend eingestuft. Im Fokus steht jedoch der Pre-Post-Vergleich der in dieser Studie erhobenen Daten. Einen Überblick zu den Ergebnissen gibt Tab. 5.2-1 (S. 219).

$H5_{5.1}$: Durch das körperbasierte Entspannungstraining nimmt im Pre-Post-Vergleich bei den Treatmentkindern die Körperwahrnehmung zu und sozial-emotionale Auffälligkeiten reduzieren sich. Dies zeigt sich in den Körper-Selbstbildern in Form der *Scores* (kognitiv/sozial-emotional) zu AT, Eutonie, Massage, PMR, Qigong und Yoga.

Bewertung zur Körperwahrnehmung

Zur Überprüfung der Körperwahrnehmung wird zunächst das „kognitive" Bewertungsinstrumentarium (vgl. Kap. 4.4.2, S. 158) verwendet. Bei diesem Verfahren wird die Anzahl der Körperdetails in Form eines *Total Scores* zu allen sechs Entspannungsmethoden festgestellt. Nach den Gesamtrohwerten (vgl. van de Vijfeijken, 2007) bei 4-6-jährigen Kindern reicht die Range der Körper-Selbstbilder von 13 bis 31 Punkten, d.h. je älter die Kinder, desto mehr Körperdetails werden gezeichnet.

Aus dem *Total Score* (n=411) in Abb. 5.2-3 ist zu entnehmen, dass sich die Datenlage bei der Treatmentgruppe indifferent gestaltet, d.h. zum ersten Messzeitpunkt reduzieren sich die Werte leicht, während sie zum zweiten Messzeitpunkt geringfügig angestiegen sind. Inferenzstatistisch zeigt sich, dass die Werte zum zweiten Messzeitpunkt – möglicherweise des großen Stichprobenumfangs geschuldet – signifikant werden (TP_6: $t_{(df=410)}$=-2.214; p=.014). Im Vergleich zur KG (vgl. Tab. 5.2-1, S. 219) wird offensichtlich, dass beide Gruppen (TG vs. KG) zu jedem Messzeitpunkt jeweils ca. 20 Körperdetails abgebildet haben. Bei der KG ist jedoch „pre-post" eine leichte Reduktion der Werte erkennbar (KG: Pre-1: MW=19.68±10.01; Post-2: MW=19.67±5.49).

---

[10] Berechnungsformel für die Effektstärke nach Cohens d=MW/SD (vgl. $H4_{4.1}$, S. 205).

Ergebnisse

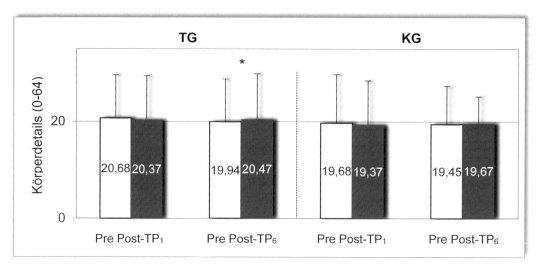

Abb. 5.2-3: Körper-Selbstbilder („kognitives" Bewertungsschema): Pre-Post-Scores zur Treatmentgruppe (TG; n=411) und Kontrollgruppe (KG; n=20); * p<.05, **p<.01, *** p<.001

Mit Blick auf die Programmevaluation (H1-3) sowie gesundheitsbezogenen Lebensqualitäten (H4) sind diese Auswertungsergebnisse diskrepant. Trotz der im Bereich der Normwerte liegenden Daten und der je nach Alter zunehmenden Körperdetails (*4-Jährige* $_{(n=139)}$: Pre-1: MW=17.06±6.16; Post-1: MW=17.40±6.96; Pre-2: MW=16.45± 6.99; Post-2: MW=16.9±7.51; *5-Jährige* $_{(n=195)}$: Pre-1: MW=19.91±7.76; Post-1: MW= 19.95±7.63; Pre-2: MW=20.30±9.51; Post-2: MW=20.86±10.10; *6-Jährige* $_{(n=97)}$: Pre-1: MW=26.58±11.06; Post-1: MW=25.14±11.49; Pre-2: MW=23.72±7.92; Post-2: MW= 24.66±8.15) ist der größte Wert an gezeichneten Körperdetails – außer bei den 5-Jährigen – vor Beginn des Treatments festzustellen.

Vor diesem Hintergrund ist auch der testkritischen Frage nachzugehen, ob das Verfahren, das aufgrund von *ket*-Pilotstudien bereits verändert wurde, und der Zeitpunkt dessen Einsatzes überhaupt ermöglichen, Veränderungen in der Körperwahrnehmung aufzeigen. Zwar können Kinder in diesem Alter, wie bereits in Kap. 4.4.2 (S. 157f.) erläutert, auf dem Papier zeichnerisch festhalten, was sie wissen und spüren; allerdings ist es fraglich, ob sich Entspannungswirkungen in einer Zunahme von gezeichneten Körperdetails widerspiegeln lassen. Außerdem spielt die Situation, in denen die Zeichnungen angefertigt werden, eine wichtige Rolle, die nicht unterschätzt werden darf. So ist z.B. zu bemerken, dass einige Kinder trotz der schon berücksichtigten Reduktion der Zeichendurchgänge über keine Motivation mehr verfügten, ein Bild zu malen, weil sie sich zum einen noch in einem Entspannungszustand befanden, zum anderen sich beim ersten Zeichendurchgang so viel Mühe gegeben hätten, dass sie nun

Ergebnisse

kein neues Körper-Selbstbild anfertigen möchten. Eine weitere testkritische Perspektive ist bezüglich der Auswertungsergebnisse zu erwähnen. Trotz der laut Testkonstrukteuren nachgewiesenen Reliabilität mittels des Auswertungsmanuals unterliegt jedes einzelne Bild einer subjektiven Interpretation. Dies wird insbesondere bei folgenden Bewertungskriterien deutlich, die u.a. Fragen hervorrufen und Interpretationsspielräume zulassen (vgl. Abb. 5.2-4) wie: Sind die schraffierten Stellen als eine Frisur zu deuten oder ist ein ausgemalter Körper gleichzeitig ein Kleidungsstück?

Abb. 5.2-4: Körper-Selbstbilder („kognitives" Bewertungsschema): Beispiel für ein schwer interpretierbares Bild

Tab. 5.2-1: Überblick zu den Körper-Selbstbildern zur Treatmentgruppe (TG; n=411) und Kontrollgruppe (KG; n=20) sowie differenziert nach den sechs Programmen

Überblick zu Hypothese H5$_{5.1-5.2}$
Auswertungsergebnisse zum Körper-Selbstbild-Test zu TP$_1$ und TP$_6$
(Alter: 4-6 Jahre; n=431)

ZEM-Kriterien	TP$_1$				TP$_6$			
	Pre-1 (MW±SD)	Post-1 (MW±SD)	p-Wert	Effektstärke Cohens d	Pre-2 (MW±SD)	Post-2 (MW±SD)	p-Wert	Effektstärke Cohens d
Total Score (TG; n=411)								
Kognitive Bewertung	20.68±09.01	20.37±09.06	p=.188	0.045	19.94±08.82	20.47±09.40	p=.014*	-0.111
Emotionale Bewertung	01.88±01.57	01.78±01.58	p=.089	0.070	01.80±01.67	01.79±01.70	p=.486	0.002
Total Score (KG; n=20)								
Kognitive Bewertung	19.68±10.01	19.37±09.06	p=.398	0.003	19.54±07.84	19.67±05.49	p=.354	-0.062
Emotionale Bewertung	01.10±00.94	01.22±01.13	p=.410	0.032	01.13±01.32	01.14±01.35	p=.514	0.001
AT (n=141)								
Kognitive Bewertung	19.64±08.30	19.39±07.76	p=.366	0.031	19.16±07.65	19.90±08.52	p=.023*	-0.179
Emotionale Bewertung	01.62±01.47	01.40±01.31	p=.039*	0.157	01.40±01.46	01.49±01.51	p=.269	-0054.
Eutonie (n=10)								
Kognitive Bewertung	18.70±06.40	18.30±06.09	p=.389	-0.163	15.90±06.76	17.10±05.26	p=.304	-0.169
Emotionale Bewertung	01.00±00.94	01.20±01.23	p=.310	0.092	01.20±01.32	01.30±01.64	p=.363	-0.144
Massage (n=10)								
Kognitive Bewertung	22.70±04.69	25.60±07.23	p=.035*	-0.650	22.50±07.20	27.80±08.59	p=.004**	-1.087
Emotionale Bewertung	01.90±01.66	01.50±01.26	p=.174	0.316	01.80±01.62	01.60±01.26	p=.222	0.254
PMR (n=116)								
Kognitive Bewertung	20.24±08.32	18.70±08.54	p=.006**	-0.009	19.14±08.53	19.19±08.88	p=.463	0.043
Emotionale Bewertung	02.42±01.90	02.51±01.85	p=.252	-0.063	02.57±01.93	02.50±01.97	p=.321	0.043
Qigong (n=10)								
Kognitive Bewertung	18.00±05.29	21.70±09.60	p=.016*	-0.805	21.40±09.56	26.30±09.06	p=.003**	-1.145
Emotionale Bewertung	01.10±01.60	01.00±01.56	p=.296	0.176	01.00±01.49	00.09±01.45	p=.272	0.316
Yoga (n=122)								
Kognitive Bewertung	22.39±10.69	22.70±10.43	p=.239	-0.064	21.52±10.16	21.48±10.61	p=.463	0.008
Emotionale Bewertung	01.79±01.19	01.64±01.39	p=.117	0.109	01.61±01.62	01.62±01.51	p=.477	-0.005

Ergebnisse

Ein weiterer Kritikpunkt nimmt die Übungsfrequenz des eigentlichen Zeichenvorgangs ein: *ket*-Pilotstudienergebnisse (vgl. u.a. Zimmermann, 2011) weisen darauf hin, dass Kinder, die durch ihr Umfeld (Eltern, Kitas, Peers) bereits vielfach Zeichenerfahrungen gesammelt haben, mehr Details abbildeten als Kinder mit geringen Zeichenerfahrungen. In Anlehnung an diese Auswertungsergebnisse zur Körperwahrnehmung kann H5$_{5.1}$ nicht bestätigt werden.

Bewertung zur sozial-emotionalen Entwicklung

In einem weiteren Auswertungsdurchgang wird dann analysiert, ob zum einen emotionale Störungen bei den Kindern existieren, zum anderen diese durch ein Entspannungstraining verringert werden können. Dabei werden 51 Indikatoren über eine Schablone und über den Inhalt der Zeichnungen (47 Items) überprüft (vgl. Kap. 4.4.2, S. 159); hierbei handelt es sich bspw. um ängstliche oder freundlich gestimmte Gesichtsausdrücke (vgl. Abb. 5.2-5). Hinsichtlich der Auswertung ist darauf hinzuweisen, dass bei einem Wert von vier und mehr emotional vorliegenden Indikatoren Störungen im emotionalen Bereich vorherrschen können.

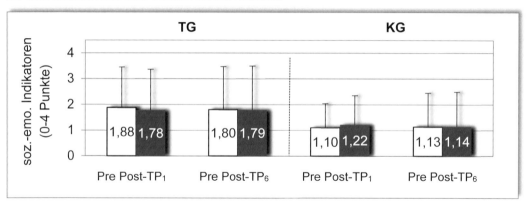

Abb. 5.2-5: Körper-Selbstbilder („sozial-emotionales" Bewertungsschema): Pre-Post-Scores zur Treatmentgruppe (TG; n=411) und Kontrollgruppe (KG; n=20); * p<.05, **p<.01, *** p<.001

Anhand der Ergebnisse (n=411) in Abb. 5.2-3 ist ersichtlich, dass über die Messzeitpunkte hinweg treatmentkonforme Ergebnisse zu verzeichnen sind, d.h. zu beiden Messzeitpunkten ist eine Reduktion der Indikatoren erkennbar; zudem liegen die Werte zu jeder Zeit unter vier Punkten, wodurch mit Blick auf die Treatmentgruppe keine emotionalen Störungen zu konstatieren sind. Darauf deutet auch der marginalsignifikante Effekt zum ersten Messzeitpunkt hin (TP$_1$: $t_{(df=410)}$=1.385; p=.089). Diese Ergebnisse stehen wiederum in Einklang mit den *Befragungsmethoden* (H1-4). Auch die Werte der Kontrollgruppe sind im Normbereich angesiedelt. „Pre-post" zeigen sich jedoch leichte Zunahmen, die jedoch zu vernachlässigen sind. Im Ergebnis zu den sozial-emotionalen Indikatoren ist H5$_{5.1}$ aufgrund des fehlenden Signifikanzniveaus (α=5 %) nicht zu bestätigen.

H5$_{5.2}$: Durch das körperbasierte Entspannungstraining nimmt im Pre-Post-Vergleich bei den Treatmentkindern die Körperwahrnehmung zu und sozial-emotionale Auffälligkeiten reduzieren sich. Dies zeigt sich in den Körper-Selbstbildern in Form der *Scores* (kognitiv/sozial-emotional) differenziert nach diesen sechs Programmen.

Bewertung zur Körperwahrnehmung

Die Datenlage zu den Körper-Selbstbildern (vgl. Tab. 5.2-1, S. 219) zu den einzelnen Entspannungsprogrammen (AT, Eutonie, Massage, PMR, Qigong und Yoga) kristallisiert sich als indifferent heraus: So liegt eine Zunahme an gezeichneten Körperdetails lediglich bei Massage (TP$_1$: $t_{(df=9)}$=-2.057; p=.035; d=-0.650; TP$_6$: $t_{(df=9)}$=-3.436; p=.004; d=-1.087) und Qigong (TP$_1$: $t_{(df=9)}$=-2.546; p=.016; d=-0.805; TP$_6$: $t_{(df=9)}$=-3.620; p=.003; d=-1.145) vor; die anderen Methoden erzielen hingegen keine eindeutigen Ergebnisse, wie anhand von Yoga aufgezeigt werden soll: Yoga (Pre-1: MW: 22.39±10.69; Post-1: MW: 22.70±10.43; Pre-2: MW=21.52±10.16; Post-2: MW=21.48±10.61). Die Treatmenteffekte beim Massage-Programm stehen wiederum mit den deutlichen Pre-Post-Unterschieden im Kiddy-KINDL^R-Verfahren in Verbindung. Gründe für diese Ergebnisse sind in der inhaltlichen Konzeption zu suchen: Die Massage beinhaltet Selbst- und Partnermassagen, wodurch von den Kindern gleichermaßen intra- und interpersonale Körperbezüge geschult werden. Durch die Körperachtsamkeit bei der Ausführung der Massagegriffe auf den eigenen und fremden Körper wird eine erhöhte Körperwahrnehmung erzeugt, die sich in einer vertieften Beschäftigung mit den einzelnen Körperteilen niederschlägt; so wird bspw. ein zuvor nicht wahrgenommenen Hals im Post-Körper-Selbstbild schließlich abgebildet (vgl. Abb. 5.2-1, S. 216).

Bewertung zur sozial-emotionalen Entwicklung

Dieser Analyseschritt bringt ebenfalls heterogene Resultate (vgl. Tab. 5.2-1, S. 219) hervor, d.h., es können wiederum treatmentkonforme (Massage, Qigong), indifferente (AT, Yoga) und nicht-treatmentkonforme (Eutonie, PMR) Ergebnisse festgestellt werden. Bei den Massage-Ergebnissen kann wiederum deren inhaltliche Differenzierung in Selbst- und Partnermassagen für die Daten verantwortlich gemacht werden, denn hier werden durch den sorgsamen Umgang mit dem eigenen und fremden Körper sozial-emotionale Indikatoren gefördert.

Ergebnisse

Eindeutige Interpretationsansätze für die beiden Auswertungsschritte sind nicht aufzuführen; denn die Ergebnisse stehen größtenteils im Widerspruch zu den erzielten Effekten aus den *Befragungsmethoden* (H1-4). Möglicherweise sind diese Disparitäten der bereits erläuterten Testkritik zuzuschreiben. Somit ist H5$_{5.2}$ – mit Ausnahme von Massage und Qigong bei der Körperwahrnehmung – nicht zu bestätigen.

Zwischenfazit zu den Ergebnissen (Hypothese 5)

Projektive Verfahren in Form von Körper-Selbstbildern ermöglichen motorische, sensorische, kognitive und emotionale Einblicke in die Persönlichkeit von Kindern. Aufgrund ihrer nicht ausreichenden Validität werden sie allerdings seit vielen Jahren schon kritisiert. Zeichnungsverfahren finden hier insbesondere wegen zwei Aspekten ihre Berücksichtigung: (1) Sie dienen zur Absicherung bereits ermittelter Auswertungsergebnisse und erwägen (2) das Grundprinzip der Mikrogenese, d.h. hier werden sozial-emotionale Störungen beim Zeichenprozess sichtbar, wie z.B. fehlende Körperdetails oder verzerrte Mimikausdrücke.

In der vorliegenden Studie zeigt sich, dass die Resultate zu den Körper-Selbstbildern der Kinder (H5$_{5.1}$) indifferent sind: Hinsichtlich der **Körperwahrnehmung** („kognitives" Bewertungsinstrumentarium) kann bei der Treatmentgruppe im Pre-1-Post-2-Vergleich keine Zunahme an gezeichneten Körperdetails konstatiert werden (vgl. Tab. 5.2-1, S. 219), wodurch von einer kontinuierlichen Zunahme der Körperwahrnehmung durch die implementierten Programme nicht ausgegangen werden kann; vielmehr resultieren die höchsten Werte an abgebildeten Körperdetails zu Beginn des Treatments. Überdies nehmen die von den Kindern gezeichneten Körperteile zu Beginn (TP$_1$) „pre-post" leicht ab, während sie bei der letzten Messung signifikant (TP$_6$: t$_{(df=410)}$=-2.214; p=.014) ansteigen. Die Kontrollgruppenauswertungen (vgl. Tab. 5.2-1) machen deutlich, dass sich die Wirkungen des Trainings nicht in den Körper-Selbstbildern widerspiegeln; denn auch die Kontrollgruppe projizierte über die Messzeitpunkte hinweg etwa 20 Körperdetails. Die leichten Reduktionen im Pre-Post-Unterschied sind hingegen zu vernachlässigen (KG: Pre: MW=19.68± 10.01; Post: MW=19.67±5.49). Letztlich ist die Anzahl an wiedergegebenen Körperbestandteilen sowohl in der Treatment- als auch Kontrollgruppe laut Manual (vgl. van de Vijfeijken, 2007) im Normbereich dieser Altersgruppe angesiedelt.

Diese Auswertungsergebnisse sind im Vergleich zur Datenlage bei den *Befragungsmethoden* (vgl. Kap. 5.1) als diskrepant einzustufen. Gründe dafür könnten einerseits im verwendeten Testverfahren zu suchen sein, das aufgrund von *ket*-Pilotstudien in seiner Vorgehensweise (vgl. Kap. 4.4.2, S. 159.) – laut Manual (ebd., 2007, S. 45) sind pro Testung drei Zeichnungen anzufertigen – auf nur eine Körperzeichnung verändert wurde; andererseits könnte auch der Zeitpunkt – einige Kinder empfanden die Post-Zeichnungen zu TP_1 und TP_6 als Störung ihres Entspannungszustandes – des Einsatzes für die erzielten Werte verantwortlich sein. Wie bereits in Kap. 4.4.2 erläutert, können Kinder in diesem Alter auf dem Papier zwar zeichnerisch festhalten, was sie wissen und spüren; es bleibt jedoch offen, ob sich Treatmenteffekte eines Entspannungstrainings in einer Zunahme von gezeichneten Körperdetails innerhalb der Bilder abbilden lassen. Nicht zu unterschätzen sind ebenfalls zwei weitere Ursachen: (1) Trotz nachgewiesener Testreliabilität und vorliegenden Auswertungsbögen unterliegt jedes einzelne Bild einer subjektiven Interpretation (vgl. Abb. 5.2-3). So muss bei jedem Körperbild aufs Neue abgewägt werden, ob die schraffierten Stellen als eine Frisur oder ein Körperteil zu deuten sind oder nicht. (2) Überdies spielt die Übungsfrequenz des eigentlichen Zeichenvorgangs beim Anfertigen von Körper-Selbstbildern eine entscheidende Rolle: Kinder, die durch ihr sozioökonomisches Umfeld vielfach Zeichenerfahrungen gesammelt haben, können demnach präziser zeichnen und schließlich mehr Körperteilregionen in ihren Bildern festhalten als Kinder mit unzureichender Förderung.

Treatmentkonforme Resultate sind hingegen bei der Analyse der **sozial-emotionalen Indikatoren** festzustellen (vgl. Tab. 5.2-1); zu beiden Messzeitpunkten reduzieren sich die Indikatoren in der Entspannungsgruppe „pre-post"; dementsprechend ist davon auszugehen, dass das Training neben entspannungsinduzierenden Wirkungen (vgl. hier insbesondere H2 und H3; S. 194-195; S. 199, 201) auch auf das Limbische System, d.h. auf die Verarbeitung von Emotionen, einwirken kann.

Differenzierte Analysen ($H5_{5.2}$) hinsichtlich der sechs Entspannungsmethoden führen zu dem Ergebnis, dass hypothesenkonforme Datenlagen zur Körperwahrnehmung und zum sozial-emotionalen Verhalten nur bei Massage und Qigong (vgl. Tab. 5.2-1) vorliegen. Diese Treatmenteffekte lassen sich bei Massage durch dessen inhaltliche Struktur begründen: Es untergliedert sich in Selbst- und Partnermassagen, womit bei den Kindern gleichermaßen intra- und interpersonale Körperbezüge im Fokus stehen. Aufgrund der geforderten Körperachtsamkeit bei den Massagegriffen auf den eigenen und fremden Körper wird eine erhöhte Körperwahrnehmung gefordert, die sich in einer gezielten Beschäftigung mit den einzelnen Körperteilen zeigt.

Die Ergebnisse von $H5_{5.2}$ stehen ebenfalls größtenteils nicht in Einklang zu denen aus den *Befragungsmethoden* (H1-4; vgl. Kap. 5.1). Denn der Fall, dass sich Wirksamkeitsnachweise der Experten (H1-2), Kinder (H3-H4) und Eltern (H4) auch in den Daten der Körper-Selbstbilder wiederfinden, ist an dieser Stelle nur teilweise eingetreten. Rückblickend könnte hierfür die bereits beschriebenen Testkritiken aus $H5_{5.1}$ aufgeführt werden.

Ergebnisse

5.3 Psychophysiologie

Bei der Auswertung der psychophysiologischen Daten (vgl. Kap. 4.4.3, S. 160ff.) nimmt aufgrund der aufwendigen Messungen nur eine Teilgruppe von n=80 Kindern teil. Diese Gruppe setzt sich einerseits aus den sechs verschiedenen Treatmentgruppen (n=60 aus 6 Kitas; je 10 Kinder pro Entspannungsmethode), andererseits aus einer Kontrollgruppe (KG: n=20 aus 2 Kitas; je 10 Kinder pro Kita) zusammen.

Mit klinisch getesteten Biofeedbackgeräten („Nexus-10") werden vor bzw. nach der jeweils ersten (TP_1) und der letzten Übungseinheit (TP_6) dreizehn Parameter gemessen, sodass pro Kind bei der Treatmentgruppe vier psychophysiologische Messungen und insgesamt 240 Einzelmessungen sowie bei der Kontrollgruppe, die zur Überprüfung der Eingangswerte eingesetzt wird, jeweils zwei Messungen und insgesamt 40 Einzelmessungen vorliegen. Diese Vorgehensweise hat den Vorteil, dass Wirkungseffekte durch wechselseitige Beziehungen der abhängigen Variablen untereinander berücksichtigt und aufgedeckt werden können.

Hypothese 6

In einem ersten Auswertungsschritt wird zunächst die Wirksamkeit der Entspannungsprogramme „pre-post" in Form eines *Total Scores* ($H6_{6.1}$), der alle sechs Programme (AT, Eutonie, Massage, PMR, Qigong, Yoga) beinhaltet, inferenzstatistisch bewertet. Zur Überprüfung der erzielten Treatmenteffekte werden über die Kontrollgruppe (n= 20) noch die psychophysiologischen Einstiegswerte der Kinder, die jeweils morgens zu Kindergartenbeginn aufgenommen wurden, kontrolliert, um herauszufinden, ob die Einstiegsdaten psychophysiologischen Schwankungen bzw. kontextspezifischen Gegebenheiten (z.B. morgendlicher oder familiärer Stress) unterliegen. In einem zweiten Schritt erfolgt eine differenzierte Auswertung hinsichtlich der einzelnen Methoden ($H6_{6.2}$). Zu beiden Hypothesen werden noch Effektstärkenberechnungen[11] mit dem Effektstärkemaß *Cohens d* zu den zwei Pre-Post-Messungen (TP_1 und TP_6) vorgenommen. Da es sich um abhängige Stichproben handelt, dienen zur Auswertung ausschließlich Vergleiche zwischen den beiden Messzeitpunkten, da auf Konventionen, wie z.B. von Cohen (1988), nicht zurückgegriffen werden kann. Tabellarische Übersichten sowie Interpretationsansätze zu den erhobenen Daten folgen gegen Ende dieses Abschnitts. Das Ziel der Hypothesenüberprüfungen besteht darin, festzustellen, ob durch ein Entspannungstraining (Dauer: 5-15 min) im Elementarbereich kurzfristige Treatmenteffekte innerhalb psychophysiologischer Messungen von jeweils 3,5 Minuten sichtbar werden.

---

[11] Berechnungsformel für die Effektstärke nach Cohens d=MW/SD

Ergebnisse

In der vorliegenden Studie wird unter psychophysiologischer *Entspannung* (vgl. hierzu auch Kap. 4.1.3, S. 143-144) ein Erregungszustand verstanden, bei dem eine Reduktion der psychischen und physischen Anspannung angestrebt wird. Auf der physiologischen Ebene bedeutet dies in erster Linie, dass der Muskeltonus, die elektrodermale Aktivität und die Herzrate abnehmen, während die Herzratenvariabilität, der Blut-Volumen-Puls (BVP) oder die Hauttemperatur zunehmen. Auf diese entspannungsinduzierenden Effekte der einzelnen Indikatoren wurde zum einen bereits in Kap. 4.4.3 eingegangen, zum anderen wird jeweils zu Beginn von $H6_{6.1}$ nochmals skizzenhaft auf diese Bezug genommen. Zusätzlich werden – aus Übersichtlichkeitsgründen – bei Hypothese $H6_{6.1}$ Hinweise zur Auswertung des psychophysiologischen Parameters (z.B. Vergleichsstudien, Normwerte) gegeben, die auch für Hypothese $H6_{6.2}$ gelten.

Bei den psychophysiologischen Indikatoren sind zwei Gruppen zu unterscheiden:

Zu der einen Gruppe zählen Indikatoren, durch die *kurzfristige,* psychophysiologische Entspannungsreaktionen nachzuweisen sind. Diese Daten können durch die Parameter (1) Hautleitwert, (2) Herzrate, (3) Herzratenvariabilität[12], (4) Atmung und (5) Muskeltonus erfasst werden. Die chronologische Reihenfolge ist mit deren häufigem Einsatz im Kontext von Stress- und Entspannungsstudien im Kindes- und Jugendalter (vgl. z.B. Stück, 1998) zu belegen: Beispielsweise wird der Hautleitwert nach Bruns und Praun (2002) in vielfältigen Studien als Hauptreferenzwert und robuster Stressindikator eingesetzt, um emotionale Anspannungs- bzw. Entspannungszustände festzustellen. Auch zur Herzrate, Herzratenvariabilität und Atmung liegen Forschungsstudien (vgl. z.B. Görbing & Ludwig, 2011; Görbing, Ludwig & Stück, 2011; Lahm et al., 2009; Stück, 2011) im Elementarbereich vor, wodurch ein Datenvergleich möglich ist. Zum Muskeltonus bzw. elektromyographischen Indikator steht dagegen eine Forschungslage bislang noch aus, sodass die erfassten Daten in dieser Studie erste Ansätze liefern können, um dieses Forschungsgebiet näher zu untersuchen.

In die zweite Gruppe sind die beiden Parameter BVP und Hauttemperatur einzuordnen, die nach Wiedemann (2013, S. 30) eher zu den zur *Verzögerung* neigenden Indikatoren gehören und einen Verzögerungseffekt von 1-2 Minuten aufweisen. Zugleich ist zwischen beiden Parametern keine Linearität vorhanden, d.h. die Temperatur nimmt mit dem Blutfluss zu, bis sie die Körperkerntemperatur von 36-37°C erreicht hat; anschließend kann der Blutfluss noch weiter zunehmen, während sich die Hauttemperatur nur noch unwesentlich verändert.

Bei beiden Auswertungsschritten ($H6_{6.1-6.2}$) werden Pre-Post-Vergleiche mithilfe von T-Tests für verbundene Stichproben durchgeführt. Auf einfaktorielle Varianzanalysen

---

[12] Die HRV untergliedert sich noch in HRV-Zeit- (NN_MW, SDNN, RMSSD; NN50, pNN50) und in den Frequenzbereichsparameter High Frequency, die in Kap. 4.4.3.2 (S. 170-176) erläutert sind.

Ergebnisse

mit Messwiederholung wird verzichtet, da durch das nur dreiwöchige Entspannungsprogramm vor allem unmittelbare Pre-Post-Effekte zu erwarten sind; außerdem würde der Bias durch den Vergleich der verschiedenen Pre-Post-Testungen ansteigen. Überdies werden bei allen Berechnungen Mittelwertindexe gebildet. Diese Vorgehensweise ist damit begründbar, dass die Daten jeweils während Ruhephasen – im Gegensatz zu Messuntersuchungen, die reaktionsspezifische Reize setzen, um zeitlich einsetzende Entspannungseffekte zu analysieren – aufgenommen werden und demzufolge eine differenzierte Verlaufsanalyse der psychophysiologischen Parameter nicht notwendig erscheint. Mit Blick auf die Auswertungsmodalitäten und -daten zeigt sich, dass bei n=7 Probanden („Ausreißer") individualspezifische Reaktionen aufgetreten sind, die bei der Analyse der Hypothesen ausgeschlossen werden[13]. Dadurch liegen bei drei Entspannungsmethoden (Eutonie: n=7; Massage: n=8; Yoga: n=8) nicht mehr zehn Probanden vor, wodurch sich die Treatmentgruppenanzahl auf n=53 reduziert.

$H6_{6.1}$ Die Entspannungsprogramme führen bei den Treatmentkindern zu psychophysiologischen Entspannungsreaktionen. Dies zeigt sich in den *Total Scores* zu AT, Eutonie, Massage, PMR, Qigong und Yoga.

Bei $H6_{6.1}$ werden die dreizehn psychophysiologischen *Total Scores*[14] (n=53) zu allen sechs Entspannungsmethoden analysiert. Die Ergebnisse sind den Abb. 5.3-1 bis 5.3-8 zu entnehmen. Einen Überblick zu diesen Daten ermöglicht abschließend Tab. 5.3-1 (S. 234), in der die einzelnen Parameter mit Pre-Post-Werten, Standardabweichungen, Signifikanzniveaus und Effektstärken (*Cohens d*) dargestellt sind.

Hautleitwert – Total Score-Berechnungen zu allen Entspannungsmethoden
($H6_{6.1}$: μ vor P1 > μ nach P1; μ vor P6 > μ nach P6; $\Delta\mu$ vor P1-μ nach P1 < $\Delta\mu$ vor P6-μ nach P6)

Das in die Kitas implementierte Entspannungstraining hatte zum Ziel, die Elektrodermale Aktivität (EDA), die sich auf den Hautleitwert (Skin Conductance=SC) auswirkt, zu reduzieren (vgl. hierzu im Detail Kap. 4.4.3.4, S. 178). In die Auswertung gehen ausschließlich phasische Anteile des Hautleitwerts ein; diese resultieren durch emotionale Prozesse, die im Limbischen System verarbeitet werden. Diese Leitwertreaktionen werden durch momentane Reaktionen auf äußere und innere Reize generiert, wobei in diese Studie nur Reaktionen in die Analyse aufgenommen werden, die durch intrapersonale Prozesse ohne beobachtbaren Stimulus von außen entstanden sind.

---

[13] Zu den Ausreißern zählen drei Eutonie-, zwei Massage- und zwei Yoga-Kinder. Auffallend bei den Yoga-Kindern waren z.B. die hohen Werte beim Hautleitwert sowie deren Pre-Post-Unterschiede (**Proband 6**: SC: Pre-1=0.99; Post-1=0.86; Pre-2=9.18; Post-2=8.14; **Proband 7**: SC: Pre-1=1.14; Post-1=0.81; Pre-2=18.97; Post-2=9.71), die dazu geführt haben, sie aus der Probandengruppe auszuschließen.

[14] Bei der Analyse der HRV-Frequenzanteile wird aufgrund der indifferenten Forschungslage zum LF-Bereich und des vorwiegend bei Langzeitmessungsstudien eingesetzten VLF-Bereichs (vgl. Kap. 4.4.3.2, S. 172f.) ausschließlich auf den HF-Bereich Bezug genommen.

Ergebnisse

Diese Leitwertreaktionen werden durch momentane Reaktionen auf äußere und innere Reize generiert, wobei in diese Studie nur Reaktionen in die Analyse aufgenommen werden, die durch intrapersonale Prozesse ohne beobachtbaren Stimulus von außen entstanden sind. Normwerte und Vergleichsstudien liegen zu diesem Parameter nicht vor, sodass die Daten nur „pre-post" miteinander verglichen werden können (vgl. Boucsein, 1992; Schandry, 1998).

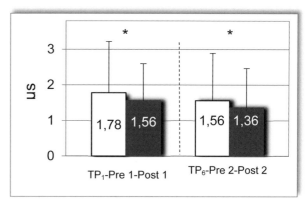

Abb. 5.3-1: *Pre-Post-Total Scores zum Hautleitwert (SC) zu allen Entspannungsmethoden (n=53) zu TP_1 und TP_6;* * *p<.05,* ** *p<.01,* *** *p<.001*

Wie aus Abb. 5.3-1 ersichtlich ist, nimmt der Hautleitwert und damit die „innere Anspannung" (Bruns & Praun, 2002, S. 19) der Kinder zu beiden Pre-Post-Zeitpunkten deutlich ab (TP_1: $t_{(df=52)}$=1.945; p=.029; TP_6: $t_{(df=52)}$=1.989; p=.026); somit ist von einem parasympathischen Einfluss des Entspannungstrainings auszugehen. Zudem zeichnet sich ein Trainingseffekt dahingehend ab, dass sich die Post-Werte zu TP_1 (MW=1.56 µs) auf dem gleichen Niveau befinden wie die Einstiegswerte zu TP_6 und zum zweiten Messzeitpunkt nochmals eine signifikante Reduzierung erzielt wird. Effektstärken belegen darüber hinaus eine leichte Zunahme des Trainingseffekts von TP_1 (d=.267) zu TP_6 (d=.273).

Herzrate[15] *–Total Score*-Berechnungen zu allen Entspannungsmethoden

($H6_{6.1}$: μ vor P1 > μ nach P1; μ vor P6 > μ nach P6; $\Delta \mu$ vor P1-μ nach P1 < $\Delta \mu$ vor P6-μ nach P6)

Eine Entspannungsreaktion wird, wie schon in Kap. 4.4.3.2 (S. 167ff.) aufgeführt, durch eine Senkung der Herzrate sichtbar. Somit kann unmittelbar der körperliche Grad der Aktiviertheit bestimmt werden, d.h., ob ein Mensch angespannt oder entspannt ist. Zum Datenabgleich der vorliegenden Studie werden medizinische Normwerte (vgl. Bernstein, 2004; Schirle, 2007) wie auch Forschungsergebnisse zum EMYK® (vgl. hierzu u.a. Görbing & Ludwig, 2011; Görbing, Ludwig & Stück, 2011; Lahm et al., 2009; Stück, 2011) eingesetzt.

Die *Total Scores* (vgl. Abb. 5.3-2) zu den Pre-Post-Vergleichen weisen auf eine deutliche Reduzierung der Herzrate hin: TP_1: $t_{(df=52)}$= 3.05; p=.002; TP_6: $t_{(df=52)}$= 3.83; p<.001. Demzufolge ist der Organismus nach dem Entspannungstraining entspannter als zuvor. Ein Vergleich mit medizinischen Normwerten in dieser Altersstufe (100 Schläge/

---

[15] Die Herzrate wurde mithilfe der Photo-Puls-Plethysmographie gemessen (vgl. Kap. 4.3.3.2, S. 175)

Ergebnisse

Minute; vgl. Schirle, 2007, S. 60) bestätigt die Ergebnisse dieser Studie; denn die Herzfrequenzdaten nach dem Entspannungstreatment (TP$_1$-Post: 92.44 S/min; TP$_6$-Post: 93.77 S/min) differieren deutlich von diesen.

Außerdem stehen die gemessenen HR-Daten in engem Bezug zu bereits durchgeführten Forschungsarbeiten im Elementarbereich. So konnten in Pre-Post-Vergleichen bspw. bei Lahm et al. (2009: Yoga-Programm über fünfzehn Übungseinheiten; n=32) neben ähnlichen HR-Ausgangswerten (ca. 100 Herzschläge pro Minute) auch Frequenzsenkungen von bis zu fünf Schlägen pro Minute nach dem Entspannungsprogramm festgestellt werden. Im Hinblick auf die Effektstärken wird erkennbar, dass die Wirkungsweisen im Vergleich zum ersten Messzeitpunkt (TP$_1$: d=.419) gegen Ende des Treatments (TP$_6$: d=.526) nochmals zugenommen haben.

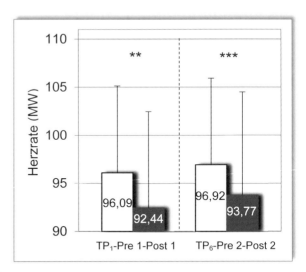

Abb. 5.3-2: Pre-Post-Total Scores zur Herzrate (HR) zu allen Entspannungsmethoden (n=53) zu TP$_1$ und TP$_6$; * p<.05, **p<.01, *** p<.001

Herzratenvariabilität – Total Score-Berechnungen zu allen Entspannungsmethoden
(H6$_{6.1}$: μ vor P1 < μ nach P1; μ vor P6 < μ nach P6; $\Delta \mu$ vor P1-μ nach P1 < $\Delta \mu$ vor P6-μ nach P6)

Die HRV bietet mehrere Möglichkeiten der Auswertung (vgl. Kap. 4.4.3.2, S. 170ff.). Zunächst wird auf die HRV-Indizes der Zeitbereichs- und danach der Frequenzanalyse (HF-Bereich) Bezug genommen, um Entspannungsreaktionen zu eruieren. Zur Einordnung dieser Daten werden sie mit Studien im frühen Kindesalter (vgl. z.B. Stück, 2011) verglichen. Aufgrund der großen Schwankungsbreite und Streuung der Absolutwerte bei der Spektralanalyse (Powerspektrum) wird bei der Darstellung die relative Betrachtung der Frequenzbereiche präferiert.

Die aufgeführten *Total Score*-Ergebnisse (vgl. Abb. 5.3-3 sowie 5.3-4) verdeutlichen die Treatmentkonformität der Zeitbereichsindizes zu beiden Messzeitpunkten; denn bei allen Post-Messungen ist ein Anstieg der Werte ersichtlich, der für eine Entspannungsreaktion steht. Deutliche Mittelwertdifferenzen sind bei der absoluten HRV (TP$_1$: $t_{(df=52)}$=-2.26; p=.014; TP$_6$: $t_{(df=52)}$=-4.193; p<. 001), NN_MW (TP$_1$: $t_{(df=52)}$=-2.80; p=.004; TP$_6$: $t_{(df=52)}$=-4.54; p<.001), NN50 (TP$_1$: $t_{(df=52)}$=-2.54; p=.007; TP$_6$: $t_{(df=52)}$=-4.081;

Ergebnisse

p<.001) sowie pNN50 (TP$_1$: t$_{(df=52)}$=-2.401; p=.010; TP$_6$: t$_{(df=52)}$=-3.649; p=.001) zu registrieren.

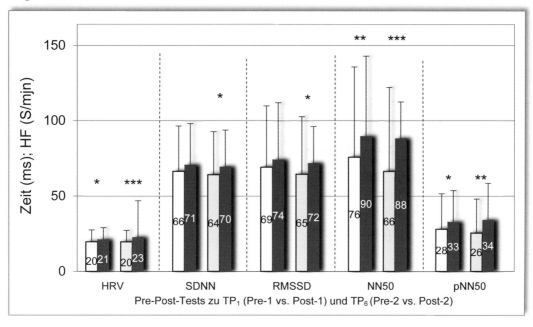

Abb. 5.3-3: Pre-Post-Total Scores zur HRV-Zeitbereichsanalyse zu allen Entspannungsmethoden (n=53) sowie zu TP$_1$ und TP$_6$; * p<.05, **p<.01, *** p<.001; Hinweis: Die Werte werden hier – wie auch bei den folgenden Abb. zur HRV-Zeitbereichsanalyse – aus Gründen der Übersichtlichkeit gerundet dargestellt; die absoluten Werte sind in Tab. 5.3-1 vorzufinden.

Auffallend ist, dass die Entspannungswirkungen und Effektstärken (vgl. Tab. 5.3-1, S. 234) gegen Ende des Treatmentzeitraums im Vergleich zu Beginn des Trainings deutlich größer ausfallen, wie die Parameter absolute HRV, NN_MW, SDNN, RMSSD, NN50 und pNN50 belegen. Aufgrund dieser Ergebnisse ist ein über das Treatment hinweg verlaufender Lern- und Trainingseffekt zu vermuten. Die erzielten Effekte sprechen für eine zunehmende Herzkohärenz und decken sich mit den bereits vorliegenden Studienergebnissen von Stück (2011, S. 72); auch er konnte eine stetige Zunahme der durchschnittlichen HRV durch ein im Elementarbereich implementiertes Entspannungsprogramm verzeichnen.

Ergebnisse

Auch die HF-*Total Scores* der Frequenzbereiche geben Indizien für hypothesenkonforme Ergebnisse. Dies wird darin deutlich, dass zu beiden Messzeitpunkten die HF-Differenzwerte „pre-post", die sich bei einer *Entspannung* in einer HF-Erhöhung auswirken, treatmentkonforme Mittelwertunterschiede (TP$_1$: +3.3 %; TP$_6$: +0.94 %) liefern. Aus den Ergebnissen zu den Zeitbereichs- und Frequenzanalysen ist zu resümieren, dass die Entspannungsprogramme eine parasympathische Aktivierung über den Vagusnerv bewirken. Pre-Post-Effektstärkenberechnungen fallen hingegen indifferent aus (vgl. Tab. 5.3-1, S. 234).

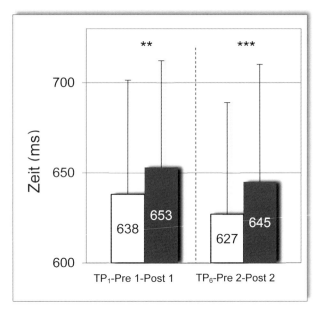

Abb. 5.3-4: *Pre-Post-Total Scores zum Zeitbereichsindikator NN_MW zu allen Entspannungsmethoden (n=53) sowie zu TP$_1$ und TP$_6$; *p<.05, **p<.01, ***p<.001*

Atmung – Total Score-Berechnungen zu allen Entspannungsmethoden
(H6$_{6:.1}$ µ vor P1 > µ nach P1; µ vor P6 > µ nach P6; Δ µ vor P1-µ nach P1 < Δ µ vor P6-µ nach P6)

Entspannungswirkungen bei der Atmung spiegeln sich in einer Atemfrequenzminderung wider (vgl. Kap. 4.4.3.3, S. 176f.). Mit Blick auf die medizinischen Normwerte ist anzumerken, dass die Atemfrequenz nach Bernstein (2004) und Junginger (2007, S. 133) bei Kindern im Alter von 4-6 Jahren durchschnittlich 20-25 Atemzüge pro Minute im Entspannungszustand beträgt.

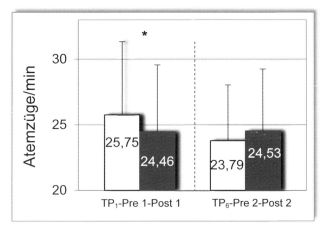

Abb. 5.3-5: *Pre-Post-Total Scores zur Atmung (RSP) zu allen Entspannungsmethoden (n=53) sowie zu TP$_1$ und TP$_6$; *p<.05, **p<.01, ***p<.001*

Ergebnisse

Die Datenlage zum respiratorischen Indikator aus Abb. 5.3-5 erweist sich als indifferent, d.h. die Atemfrequenz nimmt „pre-post" zu TP_1 ab, während sie zu TP_6 leicht ansteigt. Bei genauer Betrachtung fällt auf, dass trotz der minimalen Reduzierung zu TP_1 ein signifikanter Effekt erzielt wird (TP_1: $t_{(df=52)}=1.765$; $p=.044$). Bei einem Pre-1-Post-2-Vergleich wird offensichtlich, dass sich die Atmung während des Interventionszeitraums um einen Atemzug (TP_1: Pre-1 vs. TP_6: Post-2) verändert hat und die berechneten Werte von ca. 24 Atemzügen pro Minute im Vergleich zu den Normwerten noch einem entspannten Organismus zugeordnet werden können.

Muskeltonus – Total Score-Berechnungen zu allen Entspannungsmethoden
($H6_{6.1}$: μ vor P1 > μ nach P1; μ vor P6 > μ nach P6; $\Delta\mu$ vor P1-μ nach P1 < $\Delta\mu$ vor P6-μ nach P6)

Eine Reduktion des Muskeltonus ist gleichbedeutend mit einer entspannungsinduzierenden Reaktion (vgl. Kap. 4.4.3.1, S. 162ff.). Als Ableitungsorte der EMG-Werte dienen je Pre-Post-Messung standardisierte Punkte am Trapeziusmuskel auf beiden Körperseiten (vgl. Schandry, 1998), die zu einem Gesamtwert zusammengefasst werden. Normwerte und eine derartige Diskussion zu diesem Parameter stehen im Elementarbereich bislang noch aus.

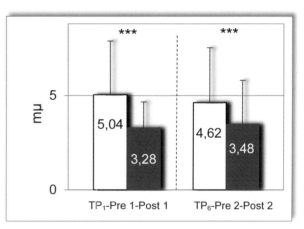

Abb. 5.3-6: *Pre-Post-Total Scores zum Muskeltonus (EMG) zu allen Entspannungsmethoden (n=53) sowie zu TP_1 und TP_6; *p<.05, **p<.01, ***p<.001*

Ein Blick auf Abb. 5.3-6 macht deutlich, dass beim Muskeltonus hypothesenkonforme Ergebnisse vorliegen. Die elektromyographischen Messungen liefern zu beiden Messzeitpunkten deutliche Tonusreduktionen: TP_1: $t_{(df=52)}=6.018$; $p<.001$; TP_6: $t_{(df=52)}=4.918$; $p<.001$. Die niedrigeren Einstiegswerte zu TP_6 können zudem noch als Transfereffekt aufgefasst werden. Bezüglich der Effektstärken ergeben sich auch hohe Wirkungen; jedoch sind die Werte zu Beginn ($d=.827$) höher als gegen Ende ($d=.676$) des Treatments.

Mögliche statistische Verzerrungen können der Untersuchungskomplexität, aber auch einem apparativen Fehlerbias geschuldet sein: Es traten einerseits Reaktionsmuster in Form von niedrigschwelligen Muskelanspannungen (entsprechend kleinere EMG-Werte) auf, die sich der Beobachtung entzogen und deshalb in die Studie einflossen. Andererseits resultierten vielfache EMG-Artefakte (mit Spitzen bis zu 173 µv – vor allem durch Muskelzucken bei Kindern mit ADHS, Husten, Niesen, Nase hochziehen

Ergebnisse

bei Schnupfen), die durch eine Online-Kontrolle zwar ausgeschlossen werden konnten, jedoch zu einer Datenreduzierung führten. Im Verlauf der Untersuchung ergaben sich weitere interessante, zu kontrollierende Fehlerquellen: So wurden z.B. bei einem Kind muskuläre Dysbalancen aufgedeckt, die aufgrund einer verkürzten Beinlänge entstanden sind und einseitig erhöhte EMG-Werte (bis zu 11 µv) zur Folge hatten.

Blut-Volumen-Puls – Total Score-Berechnungen zu allen Entspannungsmethoden
(H6$_{6.1}$: μ vor P1 < μ nach P1; μ vor P6 < μ nach P6; $\Delta\mu$ vor P1-μ nach P1 < $\Delta\mu$ vor P6-μ nach P6)

Kennzeichen einer Entspannungsreaktion wirken sich bei diesem Parameter auf einen Anstieg des Blut-Volumen-Pulses aus (vgl. Kap. 4.4.3.2, S. 169). Vergleichsstudien existieren zu diesem kardiovaskulären Parameter nicht, jedoch können laut Parker-Binder (2006, S. 14) folgende Normwerte im Kindesalter dienlich sein, um die Ergebnisse entsprechend einzuordnen: Ein BVP-Wert von 5-10 geht mit einer Vaso-

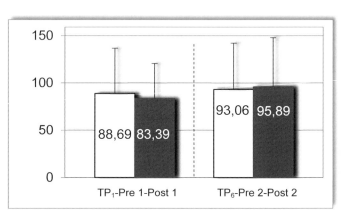

Abb. 5.3-7: *Pre-Post-Total Scores zum BVP zu allen Entspannungsmethoden (n=53) sowie zu TP$_1$ und TP$_6$; *p<.05, **p<.01, ***p<.001*

konstriktion sowie Verkrampfung und Verspannung des Gefäßsystems einher. Messwerte zwischen 40-70 stehen für einen entspannten Organismus und gleichzeitig für eine gute periphere Durchblutung. Werte über 70 sind ein Hinweis für einen tiefen Entspannungszustand und somit für ein weit offenes und sehr gut durchblutetes Gefäßsystem.

Ein Vergleich der *Total Scores* aus Abb. 5.3-7 veranschaulicht allerdings, dass sich die Datenlage zum BVP indifferent gestaltet. Dies könnte der Tatsache geschuldet sein, dass dieser Parameter (Wiedemann, 2013, S. 30) zu den eher zur Verzögerung neigenden psychophysiologischen Indikatoren zählt: Zum ersten Messzeitpunkt ist eine Senkung des BVP mit einhergehender Vasokonstriktion erkennbar, während bei der zweiten Messung – möglicherweise aufgrund eines Trainingseffekts – eine höhere Ausprägung des BVP und somit eine Vasodilatation zu konstatieren ist. Ausgehend von den Normwerten (vgl. Parker-Binder, 2006, S. 14) ist anzumerken, dass die Ergebnisse – trotz der Pre-Post-Reduzierung zu TP$_1$ – zu jedem Messzeitpunkt einem weit geöffneten und entspannten Gefäßsystem entsprechen.

Hauttemperatur – Total Score-Berechnungen zu allen Entspannungsmethoden
($H6_{6.1}$: μ vor P1 < μ nach P1; μ vor P6 < μ nach P6; $\Delta\mu$ vor P1-μ nach P1 < $\Delta\mu$ vor P6-μ nach P6)

Während ein Anstieg der Hauttemperatur (HT) mit einem Entspannungseffekt in Verbindung steht, ergeben sich u.a. durch Kältereize oder auch stressinduzierende Stimuli Hauttemperatursenkungen, da die Selbstregulationsfähigkeit des Körpers und neurovegetativ gesteuerte Vasomotorik dadurch gestört werden. Vergleichsstudien liegen zur Hauttemperatur nicht vor; als Richtungswerte können jedoch laut Biotrace+[16] folgende Kategorien gelten: >34° C: warme Hände, 30-34° C: normale Temperatur der Hände, 25-29° C: kalte Hände, <25° C: sehr kalte Hände.

Die Ergebnisse (vgl. Abb. 5.3-8) sind treatmentkonform, da ein stetiger Anstieg zu beiden Messzeitpunkten ersichtlich ist. Bedeutsam sind insbesondere der signifikante Unterschied zum ersten Messzeitpunkt (TP_1: $t_{(df=52)}=-1.883$; $p=.033$) und die höchste Temperaturmessung gegen Ende des Treatmentzeitraums (TP_6: Post-2: 31,3 °C). Im Vergleich zu den Normdaten sind die vorliegenden Temperaturdaten der „normalen" Handtemperatur zuzuordnen. Bezüglich der Effektstärken gestaltet

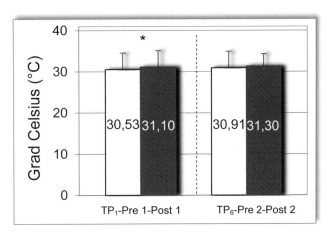

Abb. 5.3-8: Pre-Post-Total Scores zur Hauttemperatur (HT) zu allen Entspannungsmethoden (n=53) sowie zu TP_1 und TP_6; *$p<.05$, **$p<.01$, ***$p<.001$

sich die Datenlage indifferent, d.h. die Effekte sind zu TP_1 ($d=-.259$) höher als zu TP_6 ($d=-.119$).

Interpretationsansätze zu den Ergebnissen aus $H6_{6.1}$

Mit Blick auf die vorgestellten psychophysiologischen Ergebnisse (vgl. Tab. 5.3-1, S. 234) ist festzuhalten, dass das implementierte Entspannungstraining bei den Kindern wirksam war; denn von den dreizehn eingesetzten psychophysiologischen Parametern sind elf treatmentkonform. Die beiden Parameter, die indifferente Ergebnisse geliefert haben, lassen sich zudem zu jedem Messzeitpunkt einem entspannten Organismus zuordnen, womit Hypothese $H6_{6.1}$ größtenteils zu bestätigen ist.

---

[16] Manual Biotrace +

Ergebnisse

Tab. 5.3-1: Übersicht zu H6$_{6.1}$ – Total Scores (n=53) aller psychophysiologischen Parameter zu TP$_1$ und TP$_6$

Überblick zu *Hypothese H6$_{6.1}$*:
Auswertungsergebnisse zu den psychophysiologischen *Total Scores* zu TP$_1$ und TP$_6$
(Alter: 4-6 Jahre; n=53)

	Psychophysiologische Parameter	TP$_1$				TP$_6$			
		Pre-1 (MW±SD)	Post-1 (MW±SD)	p-Wert	Effektstärke Cohens d	Pre-2 (MW±SD)	Post-2 (MW±SD)	p-Wert	Effektstärke Cohens d
1	SC	1.78±1.44	1.56±1.33	p=.029*	0.267	1.56±1.04	1.36±1.11	p=.026*	0.273
2	HR	96.09±09.03	92.44±10.01	p=.002**	0.419	96.92±08.99	93.77±10.72	p<.001***	0.526
3	HRV	19.61±07.79	21.33±07.58	p=.014*	-0.310	19.63±07.53	22.72±08.15	p<.001***	-0.576
4	NN_MW	637.73±63.43	653.30±59.18	p=.004**	-0.385	627.01±62.00	645.29±65.21	p<.001***	-0.624
5	SDNN	66.32±30.16	70.77±27.31	p=.062	-0.215	64.12±28.58	69.60±31.24	p=.012*	-0.322
6	RMSSD	69.09±40.61	74.27±37.60	p=.071	-0.205	64.51±38.12	72.00±40.78	p=.010*	-0.333
7	NN50	75.79±59.92	89.81±53.07	p=.007**	-0.349	66.45±55.75	88.38±56.55	p<.001***	-0.561
8	pNN50	28.02±23.50	33.02±20.63	p=.010*	-0.330	25.60±22.46	34.37±24.14	p=.001**	-0.501
9	HF	50.60±18.98	53.09±16.18	p=.129	-0.157	46.29±17.87	47.23±17.55	p=.343	-0.056
10	RSP	25.75±05.58	24.46±05.10	p=.044*	0.242	23.79±04.25	24.53±04.72	p=.128	-0.197
11	EMG	5.04±02.85	3.28±01.38	p<.001***	0.827	4.62±2.92	3.48±2.32	p<.001***	0.676
12	BVP	88.69±48.00	83.39±37.07	p=.145	0.147	93.06±48.87	95.89±52.29	p=.349	-0.054
13	HT	30.53±04.06	31.10±03.64	p=.033*	-0.259	30.91±03.76	31.30±03.01	p=.195	-0.119

Zur Verifizierung der Treatmenteffekte, die durch das Entspannungstraining entstanden sind, dienen die Einstiegswerte der Kontrollgruppe (KG; n=20), bei denen zu TP$_1$ und TP$_6$ zwar bei fünf Indikatoren eine Verbesserung, wie z.B. beim Hautleitwert (SC: t$_{(df=19)}$=1.21; p=.225) oder Atmung (t$_{(df=19)}$=1.08; p=.294) erkennbar ist, aber signifikante Veränderungen ausbleiben (vgl. Tab. 5.3-2, S. 235), d.h. es ist davon auszugehen, dass die Einstiegswerte durch eventuelle Kontextvariablen (z.B. familiärer Stress) nicht in hohem Maße beeinflusst werden. Dementsprechend liefern die erhobenen psychophysiologischen Ergebnisse der Treatmentgruppe erste Wirksamkeitsnachweise im Elementarbereich.

Aus testkritischer Perspektive ist anzumerken, dass dieses psychophysiologische Instrumentarium anfällig gegenüber Artefakten (z.B. Bewegungsartefakten) ist. Um diese zu vermeiden, wurden folgende Kriterien bei den Messungen berücksichtigt: (1) kindgemäße Körperposition (vgl. Kap. 4.4.3.5), (2) verhältnismäßig kurze Messzeiten (3,5 Minuten) bei den Kindern, (3) „online-Datenstromüberprüfung", (4) „offline-Datenfilterung". Als diffizil erweist sich jedoch die Ausgangswertproblematik, die aufgrund kontextspezifischer Bedingungen (z.B. familiärer Stress) einen systematischen Bias impliziert. Demnach können die konkreten Ursachen – trotz der durchgeführten Analyse der Einstiegswerte bei der Kontrollgruppe – für die Pre-Post-Test-Unterschiede innerhalb der Gruppen nicht exakt verifiziert werden, d.h. es bleibt offen, ob die Resultate den Treatments oder anderen Kontextbedingungen, wie z.B. dem familiären Umfeld, zuzuschreiben sind.

Ergebnisse

Nach Ansicht von Byrne und Parasuraman (1996) sollten daher neben psychophysiologischen Erhebungen auch stets Daten seitens der teilnehmenden Probanden bzw. verschiedene Probandenperspektiven erfasst werden. Dies ist in der vorliegenden Studie der Fall.

So kann über die Mehrebenenanalyse festgestellt werden, ob sich die erfassten treatmentkonformen psychophysiologischen Ergebnisse auch bei den beiden anderen Zugängen *Befragungsmethoden* und *Projektive Verfahren* widerspiegeln: Beispielsweise können die Treatmenteffekte zu den Programmen aus Expertensicht (vgl. Kap. 5.1.1) mit denen der Psychophysiologie untermauert werden und vice versa; die Programmwirksamkeit in Bezug auf das Wohlbefinden der Kinder (MW=0.28-0.65) erhöhte sich mit steigender Übungsfrequenz, sodass auch hier von einem Trainingseffekt auszugehen ist. Dieser Effekt kann wiederum mit den Verbesserungen der Pre-Post-Werte von TP_1 und TP_6 in Form der Effektstärkenberechnungen belegt werden: Denn von den dreizehn Parametern konnten bei neun gegen Ende des Treatments die größten Effekte festgestellt werden, womit der vermutete Trainingseffekt zur Programmwirksamkeit aus Sicht der Experten (H2) nochmals bekräftigt wird.

Ein weiterer Beleg für die Interdependenz der erhobenen Daten ist zwischen den psychophysiologischen und gesundheitsbezogenen Lebensqualitäts-Daten zu sehen. Hier verbesserte sich durch die Durchführung des Entspannungstrainings die gesundheitsbezogene Lebensqualität der Kinder aus Eigenperspektive ($t_{(df=410)}$=-

Tab. 5.3-2: *Kontrollgruppe: Übersicht zu den Total Scores (n=20) aller psychophysiologischen Parameter zu TP_1 und TP_6*

Auswertungsergebnisse der KG zu den psychophysiologischen *Total Scores* zu TP_1 und TP_6 (Alter: 4-6 Jahre; n=20)			
Psychophysiologische Parameter	TP_1 Pre-1 (MW±SD)	TP_6 Pre-2 (MW±SD)	p-Wert
1 SC	1.82±0.92	1.66±0.60	p=.225
2 HR	91.15±08.30	91.48±07.39	p=.238
3 HRV	23.15±10.41	21.79±09.57	p=.616
4 NN_MW	657.03±61.84	674.54±73.23	p=.322
5 SDNN	84.17±41.44	76.21±24.30	p=.375
6 RMSSD	88.62±47.57	82.89±26.47	p=.553
7 NN50	102.75±48.75	107.30±49.55	p=.617
8 pNN50	39.78±28.06	38.19±22.21	p=.815
9 HF	58.69±13.88	57.16±16.46	p=.658
10 RSP	22.48±05.65	21.31±03.82	p=.294
11 EMG	3.76±0.30	4.09±0.42	p=.236
12 BVP	77.94±44.72	73.23±49.07	p=.763
13 HT	31.57±03.37	32.31±02.71	p=.464

235

Ergebnisse

4.067; p<. 001) und Elternsicht ($t_{(df=407)}$=-5.539; p<.001) deutlich. Vor allem aber können durch die *Total Score*-Ergebnisse der Eltern zu den zwei Dimensionen ‚Körper' ($t_{(df=403)}$=-9.292; p<.001) und ‚Psyche' ($t_{(df=406)}$=-11.152; p<.001) Rückschlüsse auf die erhobenen Wirksamkeitsnachweise der Psychophysiologie gezogen werden.

Diskrepante Ergebnisse werden jedoch im Vergleich zwischen den *Körper-Selbstbildern* und den beiden anderen Zugängen offensichtlich. Möglicherweise ist diese Datenlage den bereits erläuterten Testkritiken geschuldet. Während indifferente Ergebnisse zur Körperwahrnehmung (vgl. Tab. 5.2-1, S. 219) vorliegen, die nicht im Einklang mit den Daten der Programmwirksamkeit (vgl. Kap. 5.1.1, S. 194-195), gesundheitsbezogenen Lebensqualität (vgl. Kap. 5.1.3, S. 211-212) und *Psychophysiologie* stehen, sind treatmentkonforme Ergebnisse zu beiden Messzeitpunkten bei der Analyse sozial-emotionaler Störungen festzustellen.

Zwischenfazit zu H6$_{6.1}$

Analysen mit psychophysiologischen Indikatoren mithilfe von Bio- und Neurofeedbackgeräten vor und nach zuvor festgelegten Messzeitpunkten spielen schon seit mehreren Jahrzehnten eine wichtige Rolle im Kontext *Entspannung*. Ziel dieses objektiven Verfahrens ist es, Beziehungen zwischen psychischen und physischen Vorgängen über Elektroden und Messfühler sichtbar zu machen bzw. An- und Entspannungszustände objektiv zu messen. Untersuchungen im Kindesalter liegen bisher nur vereinzelt vor (vgl. Kap. 1.5), um die Aktivierung und individuellen Reaktivitäten bei Kindern auf die implementierten Entspannungstrainings festzustellen.

In der vorliegenden Studie ist zu **H6$_{6.1}$** festzuhalten, dass das implementierte Entspannungstraining im Elementarbereich bei den Kindern wirksam war, denn elf der dreizehn psychophysiologischen Parameter sind hypothesenkonform ausgerichtet (vgl. Tab. 5.3-1, S. 234). Zu den treatmentwirksamen Indikatoren zählen nachstehende neuromuskuläre (EMG), kardiovaskuläre (HR, HRV, NN_MW, SDNN, RMSSD, NN50, pNN50, HF) und elektrodermale (SC) Kennzeichen. Lediglich bei den zwei Indikatoren BVP und Atmung liegt eine indifferente Datenlage vor: Hierzu ist jedoch anzumerken, dass die Pre-Post-Daten beider Parameter einem entspannten Organismus zuzuordnen sind und die Mittelwertunterschiede nicht signifikant differieren.

Zur weiteren Verifizierung der psychophysiologischen Treatmenteffekte wird eine Kontrollgruppe (KG; n=20) eingesetzt. Mithilfe erfasster Einstiegswerte jeweils zu TP$_1$ und TP$_6$ kann nachgewiesen werden, dass zwar von den dreizehn Parametern bei sechs Indikatoren eine Verbesserung, wie z.B. beim Hautleitwert (SC: $t_{(df=19)}$= 1.21; p=.225), bei der Herzrate (HR: $t_{(df=19)}$=1.21; p= .238) oder Atmung ($t_{(df=19)}$=1.08;

Ergebnisse

p=.294) eingetreten ist, signifikante Unterschiede zwischen den Einstiegswerten allerdings ausgeblieben sind (vgl. Tab. 5.3-2, S. 235). Demnach beeinflussen eventuelle Kontextvariablen (z.B. morgendlicher oder familiärer Stress) die Daten zur psychophysiologischen Diagnostik nicht in hohem Maße, womit die Treatmenteffekte als aussagekräftig anzusehen sind.

Weitere Indizes für die psychophysiologische Wirksamkeit des protektiven Trainings liefern einerseits zu beiden Messzeitpunkten jeweils neun signifikante Verbesserungen der eingesetzten Indikatoren; andererseits zeigen Effektstärkenberechnungen, dass neun Parameter (SC, HR, HRV, NN_MW, SDNN, RMSSD, NN50, pNN50, EMG) gegen Ende des Treatments (TP$_6$) den größten Effekt erwirkt haben, wodurch von einem Trainingseffekt auszugehen ist. Durchgeführte Korrelationsanalysen untermauern nochmals die Wirksamkeit des Treatments: Insbesondere die Korrelationen zwischen Herzrate und Atmung sowie zwischen den einzelnen HRV-Parametern, die bereits in verschiedenen Forschungsarbeiten (vgl. z.B. Aikele, 1998) im Entspannungskontext belegt wurden, zeigen sich auch in dieser Studie.

Mehrebenenanalysen, bei denen die drei methodischen Zugänge *Befragungsmethoden*, *Projektive Verfahren* und *Psychophysiologie* sowie unterschiedliche Perspektiven (Experten, Kinder und Eltern) verwendet wurden, bekräftigen, dass die objektiv erfassten psychophysiologischen Daten mit den unterschiedlichen Perspektiven übereinstimmen. Vor allem ist in diesem Zusammenhang auf die Wirkungsanstiege gegen Ende des Treatments aus Sicht der Experten (H1-2), Kinder (H3-4) und Eltern (H4) hinzuweisen. Eine Ausnahme bildet das *Projektive Verfahren*: Hier gestaltet sich die Datenlage bei den Körper-Selbstbild-Tests als indifferent; als Gründe dafür sind die bereits beschriebenen Testkritiken aufzuführen (vgl. H5).

Ergebnisse

H6₆.₂ Die Entspannungsprogramme führen bei den Treatmentkindern zu psychophysiologischen Entspannungsreaktionen. Dies zeigt sich in den *Total Scores* differenziert nach diesen sechs Programmen.

Bei diesem Auswertungsschritt werden die sechs Entspannungsmethoden hinsichtlich der dreizehn psychophysiologischen Parameter analysiert. Einen Gesamtüberblick zu diesen Daten bietet Tab. 5.3-4a-f (S. 255-258).

Autogenes Training

Ein Blick auf die AT-Ergebnisse (vgl. Abb. 5.3-9 bis 5.3-11) verdeutlicht, dass bei neun Parametern – Hautleitwert (SC), Herzrate (HR), Herzratenvariabilität (HRV), NN_MW, NN50, pNN50, Atmung (RSP), Muskeltonus (EMG), Hauttemperatur (HT) – treatmentkonforme Resultate vorliegen. Bei den HRV-Indizes SDNN und RMSSD sowie dem Blut-Volumen-Puls (BVP) sind die Ergebnisse indifferent; beim HF-Bereich hingegen ist zu beiden Messzeitpunkten keine Treatmentkonformität gegeben.

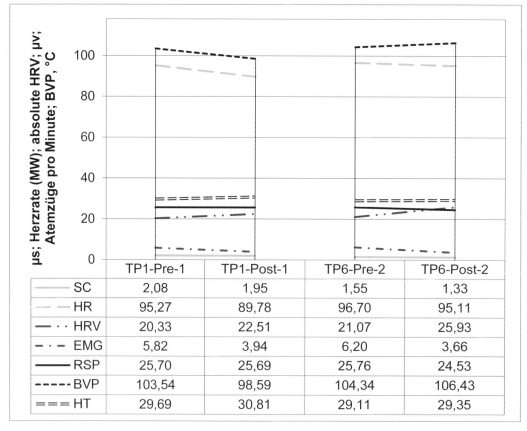

Abb. 5.3-9: *AT-Ergebnisse (n=10) zu TP₁ und TP₆ Hinweis: Hier und bei den folgenden Abb. werden die Einheiten zu den Parametern aus Übersichtsgründen nicht mehr angegeben. Erläuterungen zu diesen sind in Kap. 4.4.3 (S. 162ff.) zu entnehmen.*

Ergebnisse

Anhand der Ergebnisse aus Abb. 5.3-9 ist abzulesen, dass bei fünf der dargestellten Parametern trotz der geringen Stichprobenanzahl (n=10) signifikante Unterschiede bei den Pre-Post-Tests nachzuweisen sind, wie z.B. beim Muskeltonus zu beiden Messzeitpunkten (TP_1: $t_{(df=9)}$=2.801; p=.012; TP_6: $t_{(df=9)}$= 3.410; p=.004), bei der HRV zu TP_6 ($t_{(df=9)}$=-2.644; p=.014) oder Hauttemperatur (HT) zu TP_1 ($t_{(df=9)}$=-2.085; p=.034). Außerdem wird noch ein marginal-signifikanter Effekt bei der Herzrate (HR) zum zweiten Messzeitpunkt erzielt. Zur Indifferenz des BVP-Parameters ist anzumerken, dass zu beiden Messzeitpunkten nur leichte Veränderungen ersichtlich sind und die Werte – in Anlehnung an die Normwerte von Parker-Binder (2006, S. 14) – einem weit geöffneten Gefäßsystem und einem Entspannungszustand entsprechen.

Bei den HRV-Zeitbereichsindizes (Abb. 5.3-10 und 5.3-11) ist eine signifikante Verbesserung ausschließlich bei pNN50 (TP_6: $t_{(df=9)}$=-1.823; p=.05) erkennbar. In Bezug auf die indifferenten Ausgangslagen zu SDNN und RMSSD ist zu konstatieren, dass bei beiden deutliche Effekte vor allem gegen Ende des Treatments vorliegen. Die NN_MW-Werte unterstreichen ebenfalls die Wirksamkeit des AT-Programms; deutliche Entspannungseffekte zeichnen sich erneut gegen Ende des Entspannungstrainings (TP_6: $t_{(df=9)}$=-2.193; p=.028) ab und deuten wiederum auf einen Trainingseffekt hin.

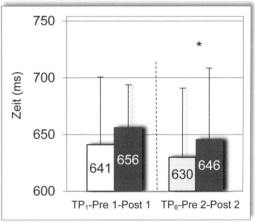

Abb. 5.3-10: AT-Ergebnisse (n=10) – Pre-Post-Total Scores zum Zeitbereichsindikator NN_MW zu TP_1 und TP_6; *p<.05, **p<.01, ***p<.001

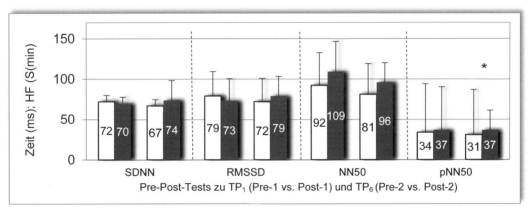

Abb. 5.3-11: AT-Ergebnisse (n=10) – Pre-Post-Total Scores zur HRV-Zeitbereichsanalyse zu TP_1 und TP_6; * p<.05, **p<.01, *** p<.001

Ergebnisse

HRV-Frequenzanalysen liefern in Bezug auf den HF-Bereich keine treatmentkonformen Resultate, denn zu beiden Messzeitpunkten ist eine leichte Reduktion ersichtlich (vgl. Tab. 5.3-4a, S. 255). Insgesamt sind die Werte jedoch dahingehend zu interpretieren, dass der HF-Bereich im Verhältnis zu den beiden anderen Frequenzbereichen (VLF und LF; vgl. Kap. 4.4.3.2, S. 173ff.) zum ersten Messzeitpunkt noch eine leichte Verschiebung zum parasympathischen HF-Bereich aufzeigt (Pre-1: MW=51.23±19.68 vs. Post-1: MW=50.24±11.02) und zum zweiten Messzeitpunkt fast identische Werte zwischen den einzelnen Frequenzbereichen vorherrschen, sodass von einem entspannten Organismus auszugehen ist.

Die treatmentkonformen Ergebnisse stehen in enger Verbindung zu den Zielen des AT-Programms (vgl. Kap. 3.2, S. 122): So stehen beispielsweise bei der ersten Messung aus inhaltlicher Perspektive „Schwereformeln" im Fokus, wodurch eine deutliche Tonusreduktion bewirkt wurde. Zusätzlich evozierten die Ruheformeln, die über den gesamten Messzeitraum eingesetzt wurden, dass trotz körperlich-passiver Position der Kinder neben einer Hautleitwertreduzierung auch eine Aktivierung des Parasympathikus mit einhergehender Erhöhung der Herzratenvariabilität und Herzfrequenzsenkung sowie einem Hauttemperaturanstieg von über 1 °C erfolgte. Auch führte die Atemschulung, die gegen Ende des Untersuchungszeitraums den Schwerpunkt bildete, zu einer Senkung der Atemfrequenz.

Aufgrund dieser Datenlage ist die Wirksamkeit des AT-Programms sowie H6$_{6.2}$ größtenteils zu bestätigen. Vor allem untermauern die Resultate am Ende des Treatments den angestrebten Trainingseffekt, denn neun der dreizehn Parameter (HR, HRV, NN_MW, SDNN, RMSSD, pNN50, RSP, EMG, BVP) erzielen hier ihren größten Entspannungseffekt (vgl. Tab. 5.3-4a, S. 255). Die Resultate belegen ebenso, dass ein körperlich-passiv durchgeführtes Kurz-Entspannungsprogramm entspannungsinduzierende Effekte im frühen Kindesalter hervorrufen kann.

Eutonie

Anhand der Daten aus Abb. 5.3-12 und 5.3-13 ist zu entnehmen, dass sechs Parameter (SC, HR, HRV, NN50, EMG, HT) zum Eutonie-Entspannungstraining hypothesenkonform ausgerichtet sind und sieben (NN_MW, SDNN, RMSSD, pNN50, HF, RSP, BVP) dagegen einer indifferenten Datenlage unterliegen.

Deutliche Effekte werden bei der HRV ($t_{(df=6)}$=-3.367; p=.008) zum ersten Messzeitpunkt und beim Muskeltonus (TP$_1$: $t_{(df=6)}$=2.097; p=.042; TP$_6$: $t_{(df=6)}$=5.372; p=.001) zu beiden Messzeitpunkten sichtbar. In Bezug auf die indifferenten Ausgangslagen ist festzustellen, dass der Pre-Post-Unterschied bei der Atmung nur marginal ausfällt, wodurch eine Reduzierung der Entspannungsfähigkeit nicht anzunehmen ist. Außerdem ist die Atemfrequenz von ca. 24 Atemzügen noch dem Normbereich eines kindlichen Entspannungszustands zuzuordnen (vgl. Berntson et al., 2004; Junginger, 2007, S. 133). Der steile Anstieg beim BVP zum letzten Messzeitpunkt zeugt (TP$_6$: Pre-2: MW=78.26±35.72; Post-2: MW=110.53±59.70) dagegen von einem deutlichen Trainingseffekt, der sich jedoch wegen der hohen Standardabweichung (SD=59.7) nicht signifikant abbilden lässt.

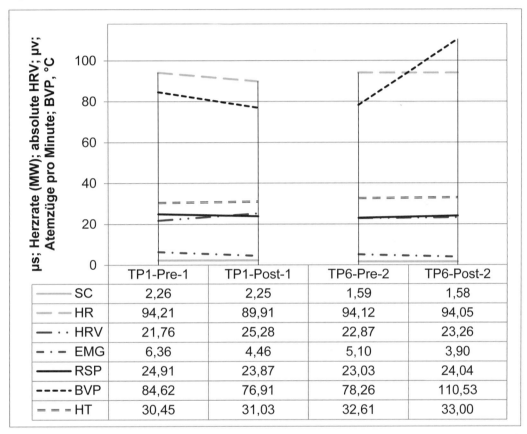

Abb. 5.3-12: Eutonie-Ergebnisse (n=7) zu TP$_1$ und TP$_6$

Bei den HRV-Zeitbereichsindizes in Abb. 5.3-13 können signifikante Verbesserungen bei NN50 (TP$_1$: $t_{(df=6)}$=-3.204; p=.01) und pNN50 (TP$_1$: $t_{(df=6)}$=-5.739; p<.001) verzeichnet werden. Hinsichtlich der indifferenten Werte ist darauf aufmerksam zu machen, dass die Pre-Post-Differenzen, die nicht treatmentkonform sind, nur als gering einzustufen sind, wie z.B. die Ergebnisse zur SDNN (TP$_6$: Pre-2: MW: 79.70±20.72; Post-2: MW: 77.59±20.70) zu erkennen geben. Ähnliche Tendenzen werden auch bei der HRV-Frequenzanalyse hinsichtlich des HF-Bereichs deutlich; denn zum ersten Messzeitpunkt nimmt der HF-Wert leicht ab und die Verteilung der einzelnen Frequenzbereiche ist damit ausgewogen, während zum zweiten Messzeitpunkt ein geringer Anstieg und damit eine Verschiebung zum parasympathischen HF-Bereich erfolgt (Pre-2: MW=50.87±9.29 vs. Post-2: MW=52.45±10.34; vgl. Tab. 5.3-4b, S. 256).

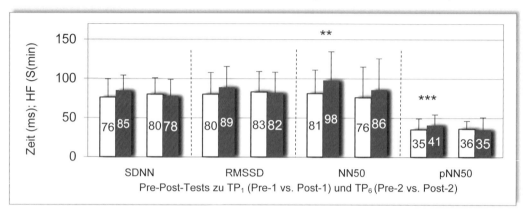

Abb. 5.3-13: *Eutonie-Ergebnisse (n=7) – Pre-Post-Total Scores zur HRV-Zeitbereichsanalyse zu TP$_1$ und TP$_6$; * p<.05, **p<.01, *** p<.001*

Die hypothesenkonformen Auswertungsergebnisse stehen in Einklang mit den Zielen der untersuchten Eutonie-Einheiten. So zeigen sich durch die Körperachtsamkeitsübungen in Präsenz zu beiden Messzeitpunkten Tonusreduzierungen, die u.a. durch das explizite Erfühlen und Entspannen der Rückenmuskulatur entstanden sind. Möglicherweise basiert diese Entspannungswirkung auch auf den gesammelten Erfahrungen der Kinder in Bezug auf die Hautoberflächensensibilisierungsübungen und die Schulung des Körperschemas. HRV-Steigerung und Herzfrequenzsenkung lassen sich ebenso mit dem entschleunigenden Umgang bei den Eutonie-Übungen begründen, der auf Achtsamkeit beruht, um den eignen Körper erforschen und erspüren zu können.

Die Wirksamkeit des Eutonie-Programms wird auch durch die Effektstärkenwerte gestützt, obwohl Eutonie nicht zu den ‚reinen' Entspannungsmethoden zuzuordnen ist; denn hier erreichen fünf Parameter (SC, NN_MW, HF, EMG, BVP) ihre ausgeprägteste Pre-Post-Differenz gegen Ende des Treatmentzeitraums (vgl. Tab. 5.3-4b, S. 256). Gemäß diesen Daten ruft das getestete Eutonie-Programm mithilfe seiner Körperachtsamkeitsthematik Entspannungseffekte hervor, womit H6$_{6.2}$ teilweise zu verifizieren ist.

Ergebnisse

Massage

Auf den ersten Blick (vgl. Abb. 5.3-14 bis 5.3-16) ergeben sich zehn (SC, HR, HRV, NN_MW, SDNN, RMSSD, NN50, pNN50, EMG, HT) treatmentkonforme Auswertungsergebnisse, während die Daten zur Atmung, zum HF-Bereich und BVP zu beiden Messzeitpunkten nicht hypothesenkonform sind.

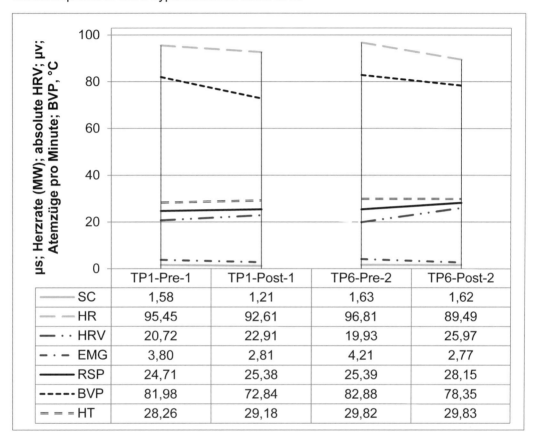

Abb. 5.3-14: Massage-Ergebnisse (n=8) zu TP_1 und TP_6

Die wirkungsvollsten Entspannungseffekte sind bei der Herzrate ($t_{(df=7)}$=1.899; p=.049; $t_{(df=7)}$=1.978; p=.044) und beim Muskeltonus (TP_1: $t_{(df=7)}$=2.396; p=.024; TP_6: $t_{(df=7)}$= 2.499; p=.022) zu beiden Messzeitpunkten sowie bei HRV zum letzten Messzeitpunkt ($t_{(df=7)}$=-3.731; p=.004) zu konstatieren (vgl. Abb. 5.3-14). Zu den Atmungs- und BVP-Ergebnissen ist zu erwähnen, dass die Atemfrequenz zu Beginn des Interventionszeitraums minimal zunimmt, sich aber gegen Ende „pre-post" deutlich – ohne jedoch signifikant ($t_{(df=7)}$=-1.325; p=.227) zu werden – um fast drei Atemzüge erhöht. Dieser Anstieg lässt sich mit dem inhaltlichen Konzept des Massage-Programms erklären: Beim letzten Messzeitpunkt wurde das Ende der Phantasiegeschichte offen gelassen, wodurch seitens der Kinder viele Fragen direkt im Anschluss an die Massagedurchführung erfolgten. Diese emotionale Unruhe könnte auch in Interdependenz zu der nur minimalen Hautleitwertreduktion (Post-2: MW=1.62±1.08) stehen. Beim BVP entsprechen die Werte trotz der eingeschränkten Vasomotorik zu beiden Messzeitpunkten (Post-1: MW=72.84±34.49; Post-2: MW=78.35±41.61) immer noch dem Normbereich eines entspannten Organismus (vgl. Parker-Binder, 2006, S. 14).

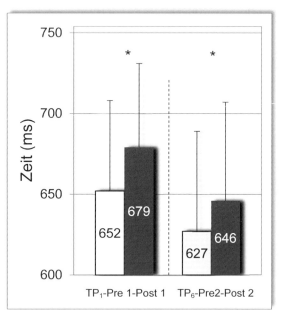

Im Hinblick auf die HRV-Zeitbereichsindizes ist zu bemerken (vgl. Abb. 5.3-15 und 5.3-16), dass signifikante Verbesserungen bei NN_MW (TP$_1$: t$_{(df=7)}$=-2.510; p=.02; TP$_6$: t$_{(df=7)}$=-2.27; p=.029), NN50 (TP$_1$: t$_{(df=7)}$=-2.16; p=.034; TP$_6$: t$_{(df=7)}$=-2.968; p=.012) und pNN50 (TP$_1$: t$_{(df=7)}$=-2.17; p=.033; TP$_6$: t$_{(df=7)}$=-2.73; p=.015) jeweils zu beiden Messzeitpunkten sowie bei SDNN zum ersten Messzeitpunkt (TP$_1$: t$_{(df=7)}$=-1.94; p=.047) festgestellt werden.

HRV-Frequenzanalysen zeigen zwar eine HF-Reduktion; trotzdem ist zum ersten Messzeitpunkt noch eine leichte Verschiebung zum parasympathischen HF-Bereich und damit eine Vagusdämpfung ersichtlich; die Verteilung der einzelnen Frequenzbereiche ändert sich jedoch zum zweiten

Abb. 5.3-15: Massage-Ergebnisse (n=8) – Pre-Post-Total Scores zum Zeitbereichsindikator NN_MW zu TP$_1$ und TP$_6$; *p<.05, **p<.01, ***p<.001

Messzeitpunkt dahingehend, dass die beiden anderen Anteile (VLF- und LF) stark zunehmen und von einer leichten Minderung der Entspannungsfähigkeit auszugehen ist, die jedoch in Diskrepanz zu den entspannungsinduzierenden HRV-Zeitbereichswerten steht.

Ergebnisse

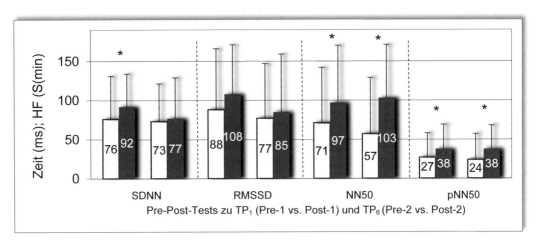

Abb. 5.3-16:   Massage-Ergebnisse (n=8) – Pre-Post-Total Scores zur HRV-Zeitbereichsanalyse zu TP_1 und TP_6; * $p<.05$, ** $p<.01$, *** $p<.001$

Die treatmentkonformen Resultate decken sich mit den anvisierten Massagezielen (vgl. Kap. 3.4, S. 128ff.). Denn durch die einzelnen Massagegriffe (Streichungen, Knetungen etc.) bei der Kind-Kind-Massage erfolgt neben einer deutlichen Muskeltonusreduktion auch eine Durchblutungsförderung der Haut von bis zu 0,93 °C (HT: Mittelwertdifferenz Pre-1 vs. Post-1). Die wirksamen Pre-Post-Diskrepanzen der vier Parameter Herzrate, HRV, NN50, pNN50 und Muskeltonus gegen Ende des Entspannungstrainings lassen zudem auf Transfereffekte schließen (vgl. Tab. 5.3-4c, S. 256). Angesicht dieser Auswertungsergebnisse ist $H6_{6.2}$ größtenteils zu bestätigen.

Progressive Muskelrelaxation

Aus psychophysiologischer Sicht kann zum PMR-Programm (vgl. Abb. 5.3-17 bis 5.3-19) festgestellt werden, dass bei zwölf Parametern – SC, HR, HRV, NN_MW, SDNN, RMSSD, NN50, pNN50, HF, EMG, RSP, HT – zu beiden Messzeitpunkten Entspannungswirkungen erfasst werden, während sich die BVP-Post-Werte jeweils verringern.

Deutliche Wirkungen erzielen vor allem die kardiovaskulären Indikatoren Herzrate (TP_1: $t_{(df=9)}=1.855$; $p=.049$; TP_6: $t_{(df=9)}=4.802$; $p<.001$) und HRV (TP_6: $t_{(df=9)}=-1.985$; $p=.039$) in Kombination mit der Atmung (TP_1: $t_{(df=9)}=2.628$; $p=.014$). Diese hohen Ausprägungsgrade können dem PMR-Anspannungs- und Entspannungszyklus zugrunde liegen, wodurch die Herztätigkeit und Atmung sowie das autonome Nervensystem parasympathisch aktiviert werden. Auch beim Muskeltonus (TP_1: $t_{(df=9)}=2.973$; $p=.008$; TP_6: $t_{(df=9)}=1.763$; $p=.05$) sind zu beiden Messzeitpunkten signifikante Tonusreduktionen ersichtlich.

Ergebnisse

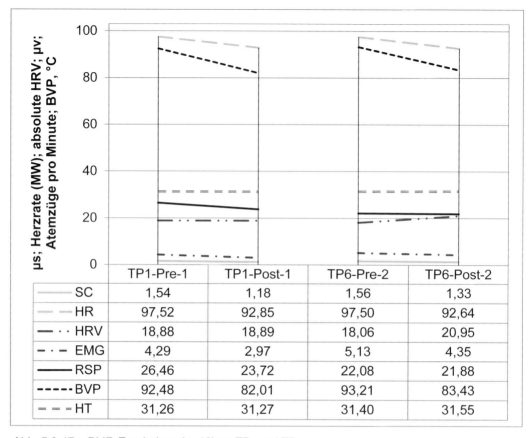

Abb. 5.3-17: PMR-Ergebnisse (n=10) zu TP$_1$ und TP$_6$

Diese Ergebnisse beruhen auf der methodischen Strukturierung der PMR-Sequenzen (vgl. Kap. 3.5, S. 130ff.), die eine Reduzierung muskulärer Fehlspannungen intendiert. Außerdem ist eine marginal-signifikante (vgl. Abb. 5.3-17) Entspannungswirkung beim Hautleitwert (TP$_1$: t$_{(df=9)}$=1.675; p= .064) zu erkennen, der die bereits erwähnten Effekte nochmals untermauert.

Bei den HRV-Zeitbereichsindizes sind signifikante Effekte bei NN_MW (TP$_6$: t$_{(df=9)}$=-4.507; p<.001) und pNN50 (TP$_6$:

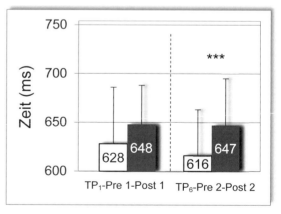

Abb. 5.3-18: PMR-Ergebnisse (n=10) – Pre-Post-Total Scores zum Zeitbereichsindikator NN_MW zu TP$_1$ und TP$_6$; *p<.05, **p<.01, ***p<.001

Ergebnisse

$t_{(df=9)}=-1.904$; p=.045) jeweils zum zweiten Messzeitpunkt ersichtlich (vgl. Abb. 5.3-18 und 5.3-19). HRV-Frequenzanalysen bestätigen die erfassten HRV-Zeitbereichswerte, denn zu beiden Messzeitpunkten nehmen die HF-Werte zu, und es ist eine Verschiebung der einzelnen Frequenzbereiche in Richtung des HF-Bereiches zu verzeichnen.

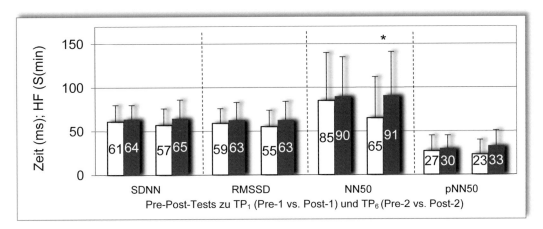

Abb. 5.3-19: PMR-Ergebnisse (n=10) – Pre-Post-Total Scores zur HRV-Zeitbereichsanalyse zu TP_1 und TP_6; * p<.05, **p<.01, *** p<.001

Im Gesamtüberblick wird offensichtlich, dass von den dreizehn psychophysiologischen Kennzeichen neun (HR, HRV, NN_MW, SDNN, RMSSD, NN50, pNN50, RSP, HT) wiederum gegen Treatmentende die höchsten entspannungsinduzierenden Reaktionen erwirkt haben und demzufolge von einem Trainingseffekt auszugehen ist (vgl. Tab. 5.3-4d, S. 257). In Anlehnung an diese Datenlage ist $H6_{6.2}$ größtenteils zu verifizieren.

Qigong

Auch aus den Ergebnissen zum Qigong-Entspannungsprogramm (vgl. Abb. 5.3-20 und 5.3-21) können eindeutige Entspannungsindizien abgeleitet werden; lediglich bei den Atmungs- und BVP-Daten liegen indifferente Auswertungsergebnisse vor.

Aussagekräftige Entspannungswirkungen werden beim Hautleitwert (TP_6: $t_{(df=9)}=2.825$; p=.010), beim Muskeltonus (TP_1: $t_{(df=9)}=2.836$; p=.010) und bei der Hauttemperatur (TP_6: $t_{(df=9)}=-5.832$; p<.001) erkennbar. Ein marginal-signifikanter Effekt zeigt sich darüber hinaus noch bei der HRV (TP_6: $t_{(df=9)}=-1.588$; p=.074). Angesichts der indifferenten Ergebnisse beim BVP und bei der Atmung ist festzuhalten, dass die Werte – trotz der eingetretenen Vasokonstriktion und Atemfrequenzerhöhung zu TP_6 – noch einem entspannten Organismus zuzuordnen sind (vgl. Berntson et al., 2004; Junginger, 2007, S. 133; Parker-Binder, 2006, S. 14).

Ergebnisse

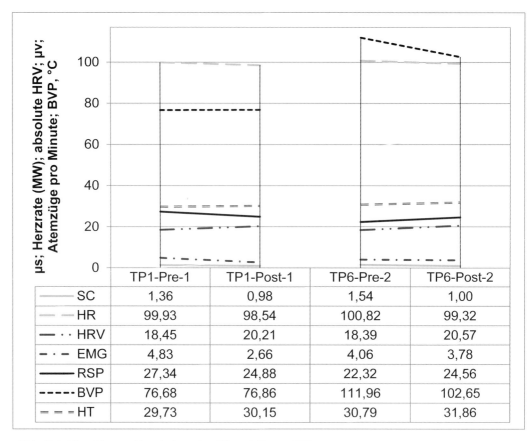

Abb. 5.3-20: *Qigong-Ergebnisse (n=10) zu TP$_1$ und TP$_6$*

HRV-Zeitbereichsanalysen dokumentieren signifikante Effekte bei NN50 (TP$_1$: $t_{(df=9)}$=-2.214; p=.027) und pNN50 (TP$_1$: $t_{(df=9)}$=-2.142; p=.032) jeweils zum ersten Messzeitpunkt (vgl. Abb. 5.3-21). Auch bei den HRV-Frequenzanalysen ist zu beiden Messzeitpunkten ein HF-Anstieg nachweisbar, wodurch eine Entspannungsreaktion über den Parasympathikus vermutet werden kann.

Die treatmentkonformen Ergebnisse bestätigen schließlich auch die angestrebten Ziele des Qigong-Programms (vgl. Kap. 3.6, S. 134). Das Erspüren von Wärme und die Durchblutungsförderung stehen im Einklang mit den Hauttemperaturanstiegen, während die Verbesserung des inneren Gleichgewichts sowie das Lösen von Anspannungen und Blockaden mit den Hautleitwert- und Tonusreduktionen in Verbindung zu bringen sind. Die Stärkung der Körpermitte bildet sich wiederum in den kardiovaskulären Werten ab, die vor allem parasympathisch beeinflusst werden.

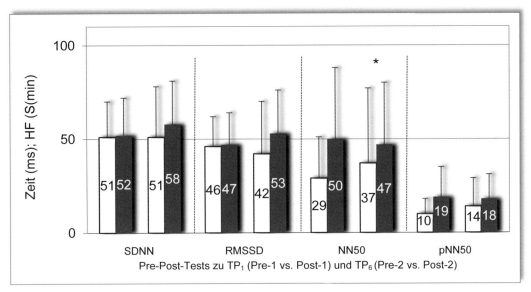

Abb. 5.3-21: Qigong-Ergebnisse (n=10) – Pre-Post-Total Scores zur HRV-Zeitbereichsanalyse zu TP_1 und TP_6; * $p<.05$, ** $p<.01$, *** $p<.001$

Im Ergebnis wird deutlich, dass bei sieben Indikatoren (SC, HR, NN_MW, RMSSD, pNN50, RSP, HT) gegen Ende der Programmdurchführung die größten Entspannungseffekte sichtbar werden (vgl. Tab. 5.3-4e, S. 257). Aufgrund dieser Ergebnisse kann die Wirksamkeit des Qigong-Trainings sowie $H6_{6.2}$ größtenteils bestätigt werden.

Yoga

Aus Abb. 5.3-22 bis 5.3-24 ist zu entnehmen, dass alle Parameter hypothesenkonforme Ergebnisse aufzeigen.

Signifikante Verbesserungen sind bei den Indikatoren Herzrate (TP_6: $t_{(df=7)}=2.829$; p=.013), Muskeltonus (TP_1: $t_{(df=7)}=2.058$; p=.040) und Atemrate (TP_1: $t_{(df=7)}=2.530$; p=.020) zu verzeichnen. HRV-Zeitbereichsanalysen liefern signifikante Effekte bei NN_MW (TP_6: $t_{(df=7)}=-2.853$; p=.013), NN50 (TP_6: $t_{(df=7)}=-1.854$; p=.05) sowie pNN50 (TP_6: $t_{(df=7)}=-1.832$; p=.05) jeweils zum zweiten Messzeitpunkt (vgl. Abb. 5.3-23 und 5.3-24), wodurch von einem Trainingseffekt ausgegangen werden kann.

Die Ergebnisse der HRV-Frequenzanalysen basieren auf den erfassten HRV-Zeitbereichswerten; zu beiden Messzeitpunkten nehmen die HF-Werte zu, und zugleich gibt es eine eindeutige Verschiebung der einzelnen Frequenzbereiche in Richtung des HF-Bereiches (vgl. Tab. 5.3-4f, S. 258)

Ergebnisse

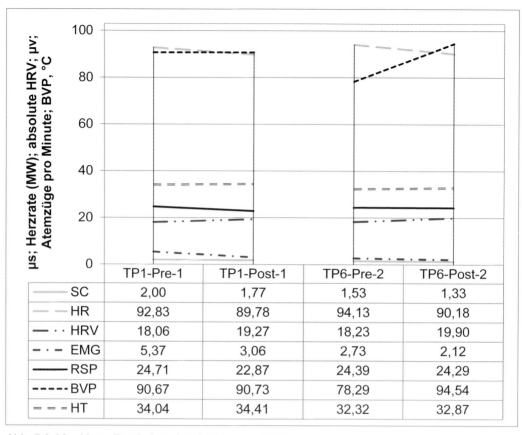

Abb. 5.3-22: Yoga-Ergebnisse (n=8) zu TP$_1$ und TP$_6$

Auswertungsergebnisse und Yoga-Ziele (vgl. Kap. 3.7, S. 137) stehen in Einklang zueinander: Beispielsweise lässt sich der Abbau von psychischen Blockaden mit den Hautleitwertreduktionen zu beiden Messzeitpunkten belegen, während sich die beabsichtigte sympathovagale Balance in den kardiovaskulären Indikatoren widerspiegelt. Dehnungen des Brustraums zeichnen sich dagegen in den Muskeltonuswerten ab.

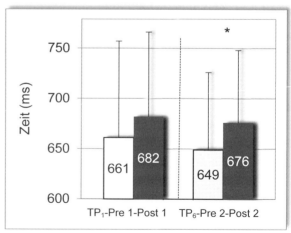

Abb. 5.3-23: Yoga-Ergebnisse (n=8) – Pre-Post-Total Scores zum Zeitbereichsindikator NN_MW zu TP$_1$ und TP$_6$; *$p<.05$, **$p<.01$,

Ergebnisse

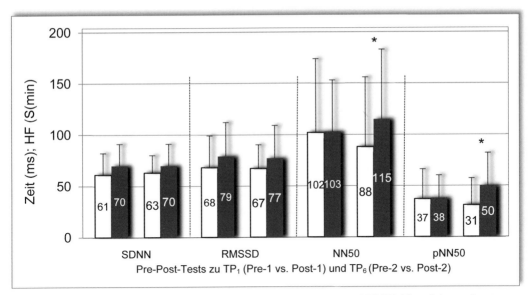

Abb. 5.3-24: *Yoga-Ergebnisse (n=8) – Pre-Post-Total Scores zur HRV-Zeitbereichsanalyse zu TP_1 und TP_6; * $p<.05$, ** $p<.01$, *** $p<.001$*

Im Gesamtüberblick können sechs Indikatoren (HR, HRV, NN_MW, NN50, pNN50, BVP) gegen Ende des Treatments die sichtbarsten Entspannungseffekte nachweisen (vgl. Tab. 5.3-4f, S. 258). Daher ist $H6_{6.2}$ größtenteils zu bestätigen.

Interpretationsansätze zu den Ergebnissen aus $H6_{6.2}$

Mit Blick auf die einzelnen Entspannungsmethoden ist festzuhalten (vgl. Tab. 5.3-3, S. 252), dass das Yoga-Programm, basierend auf den drei Yogahaltungen ‚Berg-Baum-Held', hinsichtlich der Treatmentkonformität im Vergleich zu den anderen Programmen am besten abschneidet. Das Eutonie-Programm kann diesbezüglich nur sechs treatmentkonforme Ergebnisse liefern, stellt aber einerseits auch keine ‚reine' Entspannungsmethode dar (vgl. Kap. 1.5, S. 45-50; Kap. 3.3, S. 125ff.); andererseits kann das methodische Vorgehen bei den Eutonie-Einheiten für diese Datenlage verantwortlich sein; denn im Gegensatz zu den anderen Verfahren, die auf Bewegungsanweisungen gründen, beruhen die Eutonie-Einheiten auf Bewegungsaufgaben. Demzufolge führt jedes Kind individuell die gestellten Bewegungsaufgaben durch, womit zeitliche Dauer der Körperfokussierung und Intensität der Übungsausführung deutlich differieren. Daher ist es nicht überraschend, dass sich diese Diskrepanz in der Treatmentkonformität widerspiegelt.

Ergebnisse

Gemäß der Mehrebenenanalyse lassen sich diese Auswertungsergebnisse wie folgt deuten: Die Programmwirksamkeitsnachweise der Experten aus H2 (vgl. S. 194-195) zu den drei Methoden AT, PMR und Yoga stehen in engem Bezug zu den psychophysiologischen Daten; denn aus Expertensicht erzielten die drei Programme – wie auch bei den psychophysiologischen Messungen u.a. in Form der Treatmentkonformität (AT: 9, PMR: 12 und Yoga: 13 Parameter) und Effektstärkenberechnungen (vgl. Tab. 5.3-4a/d/f, S. 255-258) – ihre Wirksamkeit vor allem gegen Ende des Treatments.

Tab. 5.3-3: Auswertungsergebnisse differenziert nach den einzelnen Entspannungsmethoden;

Überblick zu *Hypothese H6*$_{6.2}$: **Auswertungsergebnisse zu den psychophysiologischen *Total Scores* zu TP$_1$ und TP$_6$ differenziert nach Entspannungsmethoden** (Alter: 4-6 Jahre; n=53)					
Methoden	Psychophysiologische Parameter (SC, HR, HRV, NN_MW, SDNN, RMSSD, NN50, pNN50, HF, RSP, EMG, BVP, HT)				
	treatment-konform	indifferent	nicht treatment-konform	Anzahl der Effekte zu Post-2	größter Effekt nach Cohen d zu TP$_1$/TP$_6$
AT (n=10)	9	3	1	9	-
Eutonie (n=7)	6	7	-	5	NN50, pNN50, EMG, BVP
Massage (n=8)	10	-	3	4	HRV, SDNN, RMSSD
PMR (n=10)	12	-	1	8	HR, NN_MW, HF
Qigong (n=10)	11	2	-	7	SC, HT
Yoga (n=8)	13	-	-	6	RSP

Auch die Daten zur gesundheitsbezogenen Lebensqualität der Kinder und Eltern (H3-4; vgl. Kap. 5.1.3) lassen sich mit den psychophysiologischen Auswertungsergebnissen untermauern. Sowohl bei den Kindern wie auch Eltern war eine Zunahme der gesundheitsbezogenen Lebensqualität zu konstatieren. Deutliche Pre-Post-Unterschiede verzeichneten beim *Total Score* vor allem Massage ($t_{(df=9)}$=-4.985; p<.001) und Yoga ($t_{(df=121)}$=-4.782; p<.001). Auch diese Ergebnisse finden sich in den psychophysiologischen Daten wieder; hier erzielten Massage zehn und Yoga dreizehn treatmentkonforme Parameter. Außerdem konnten aus Elternsicht zu den zwei Dimensionen ‚Körper' und ‚Psyche' signifikante Verbesserungen bei den Kindern hervorgerufen werden (z.B. ‚körperliches Wohlbefinden': AT ($t_{(df=138)}$=-2.644; p=.005), Massage ($t_{(df=9)}$=-2.121; p=.032), PMR ($t_{(df=113)}$=-1.666; p=.049); ‚psychisches Wohlbefinden': AT ($t_{(df=140)}$=-3.256; p=.005), Massage ($t_{(df=9)}$=-2.586; p=.015) und PMR ($t_{(df=115)}$=-2.584; p=.006), die ebenfalls mit den psychophysiologischen Daten einhergehen.

Diskrepante Ergebnisse weisen wiederum differenzierte Analysen zu den Körper-Selbstbildern (H5) auf; hier zeigen sich, dass treatmentkonforme Datenlagen zur Körperwahrnehmung und zum sozial-emotionalen Verhalten nur bei Massage und Qigong (vgl. Tab. 5.2-1, S. 219) vorzufinden sind.

In einem weiteren Auswertungsschritt wird überprüft, welche Entspannungsmethode im Hinblick auf die einzelnen Parameter den deutlichsten Pre-Post-Unterschied und somit den wirksamsten Entspannungseffekt nachweisen kann (vgl. Tab. 5.3-3, S. 252):

Eutonie bewirkt bei NN50 (TP_1: d=-1.211) und pNN50 (TP_1: d=-2.169) sowie beim Muskeltonus (TP_6: d=2.030) und BVP (TP_6: d=-0.501) die deutlichsten Effekte. Die HRV-Zeitbereichsergebnisse sind aus der ersten Eutonie-Einheit „Bärentatzen wecken", bei der eine Behandlung der eigenen Füße mit einem Bambusstab im Mittelpunkt steht. Durch diese Fokussierung und Konzentration bei der Ausführung wird die Atmungsfrequenz reguliert bzw. gesenkt, die sich in den HRV-Zeitbereichswerten widerspiegelt. Letztere Daten – Muskeltonus und BVP – beruhen auf der Eutonie-Übung „Die Affenwippe". Bei dieser werden die drei Eutonie-Prinzipien ‚Berührung', ‚Kontakt' und ‚Transport' umgesetzt. Der Transport, der im Eutonie-Programm zuletzt eingeführt wird, lässt die Kinder funktionale Zusammenhänge des Bewegungsapparats in Bezug auf die Haltung erfahren. Durch das Aktivieren des Aufrichtereflexes der Sitzbeinhöcker und die daraus resultierende schwingende Haltung können die willkürlichen Muskeln in dem Moment, in dem die autochtone Muskulatur die Haltearbeit gegen die Schwerkraft übernimmt, entspannen. Mit dieser Muskeltonusreduktion gehen auch Spannungsregulationen anderer Strukturen, wie z.B. Anregung des Gefäßsystems in Form einer Vasodilatation beim BVP, einher. Zudem werden Streckreflexe aktiviert und Fehlspannungen abgebaut sowie die Rückenmuskeln entspannt.

Die Massage erreicht bei der Herzratenvariabilität (TP_6: d=-1.319), SDNN (TP_1: d=-0.688) und RMSSD (TP_1: d=-0.602) den deutlichsten Effekt. Hinweise zu diesen Wirkungen sind über die inhaltliche Konzeption des Programms zu finden: Das Massage-Programm beinhaltet Selbst- und Partnermassagen, wodurch von den Kindern gleichermaßen intra- und interpersonale Körperbezüge gefordert werden. Durch die Fokussierung und Konzentration bei der Ausführung der Massagegriffe auf den eigenen und fremden Körper wird eine Vagusdämpfung ermöglicht, die sich auch auf den Partner, der in einer körperlich-passiven Position verweilt und sich den entspannten Griffen hingeben kann, überträgt.

Beim PMR-Programm werden die aussagekräftigsten Werte bei den Parametern Herzrate (TP_6: d=1.519), NN_MW (TP_6: d=-1.425) und HF (TP_1: d=-0.490) ersichtlich. Dieser Trainingseffekt ist mit der Konzeption des Programms zu erklären; denn hier wird die Atmung beim Entspannungs- und Anspannungszyklus explizit angeleitet „*Ich atme*

Ergebnisse

mit geschlossenen Augen gaaanz tief ein und wieder aus und spüre, wie ...", die sich auf die Herzrate und HRV-Parameter auswirkt. Dieser Effekt wird auch möglicherweise dadurch verstärkt, dass die Lehrperson die Übungen vormacht und die Kinder diese nachahmen.

Qigong kann die wirkungsvollsten Unterschiede beim Hautleitwert (TP$_6$: d=0.893) und bei der Hauttemperatur (TP$_6$: d=-1.844) verzeichnen. Möglicherweise ist dieser Effekt mit den mehrmals zeitlupenartig ausgeführten Qigong-Bewegungen (*„Qigo spielt Indianerball"*) zu begründen, die zu einer Vasodilation und gleichzeitig einer Entschleunigung des Alltags führen.

Yoga weist zur Atemfrequenz (TP$_1$: d=0.894) die wirksamste Pre-Post-Diskrepanz auf. Dieses Resultat basiert auf der Tatsache, dass beim Yoga-Entspannungstraining die Lockerungsübungen während der Durchführung und die Nachspürphase gegen Ende des Treatments die Atmung beruhigen und einen entspannten Organismus hervorrufen.

Zwischenfazit zu H6$_{6.2}$

Wie die psychophysiologischen Ergebnisse zu **H6$_{6.2}$** zu erkennen geben, sind alle im Rahmen des *ket* entwickelten und durchgeführten Entspannungsprogramme im Elementarbereich wirksam. Dies verdeutlichen die größtenteils treatmentkonformen Auswertungsergebnisse in Tab. 5.3-4a-f (S. 255-258), die den postulierten Wirkungen der einzelnen Entspannungsprogramme entsprechen (vgl. Kap. 3.2-3.7, S. 122ff.). Im internen Vergleich wird ersichtlich, dass das Yoga-Programm die wirksamsten Entspannungseffekte erzielt, denn hier sind alle Parameter treatmentkonform ausgerichtet. Danach folgen PMR, Qigong, Massage, AT und Eutonie.

In Anbetracht der Effektstärken gegen Ende des Treatments (TP$_6$-Post-2) schneidet das AT-Programm mit neun deutlichen Verbesserungen am besten ab (vgl. Tab. 5.3-3), wodurch von Trainingseffekten auszugehen ist. Die größten Pre-Post-Unterschiede hinsichtlich der dreizehn psychophysiologischen Parameter zu beiden Messzeitpunkten TP$_1$ und TP$_6$ liefern folgende Methoden: Eutonie (NN50: TP$_1$: d=-1.211; pNN50: TP$_1$: d=-2.169; EMG: TP$_6$: d=2.030; BVP: TP$_6$: d=-0.501), Massage (HRV: TP$_6$: d=-1.319; SDNN: TP$_1$: d=-0.688; RMSSD: TP$_1$: d=-0.602), PMR-Programm (HR: TP$_6$: d=1.519; NN_MW: TP$_6$: d=-1.425; HF: TP$_1$: d=-0.490), Qigong (SC: TP$_6$: d=0.893; HT: TP$_6$: d=-1.844) und Yoga (RSP: TP$_1$: d=0.894). Diese Auswertungsergebnisse stehen sowohl im Einklang mit den didaktisch-methodischen Zielsetzungen der Programme, andererseits sind deutliche Parallelen – bis auf den methodischen Zugang der *Projektiven Verfahren* bzw. Körper-Selbstbilder (vgl. Testkritik S. 218) – mit den Expertenbeurteilungen zur *Programmdurchführbarkeit*

Ergebnisse

und *-wirksamkeit* aus H1-2 (vgl. Kap. 5.1, S. 194-195, 199, 201) sowie den Kinder- und Elterneinschätzungen aus H3-4 (vgl. Kap. 5.1.3) erkennbar. In diesem Zusammenhang ist vor allem die Kongruenz zwischen den Ergebnissen zur Programmwirksamkeit (H2) aus Expertensicht (vgl. Abb. 5.1.1-8, S. 195) zu den drei Methoden AT, PMR und Yoga und den psychophysiologischen Ergebnissen (vgl. Tab. 5.3-4a/d/f, S. 255-258) zu betonen; denn hier werden beide Zugänge – *Befragungsmethoden* und *Psychophysiologie* – vice versa bestätigt. Differenzierte Auswertungsschritte zu den einzelnen Entspannungsmethoden wie auch zu den zwei gesundheitsbezogenen Lebensqualitäts-Dimensionen ‚Körper' und ‚Psyche' verfestigen nochmals die treatmentkonformen Verbesserungen in allen Entspannungsmethoden; deutliche Verbesserungen wie auch Effektstärken weisen vor allem Massage ($t_{(df=9)}$=-4.985; p<.001; d=-1.576) und Yoga ($t_{(df=121)}$=-4.782; p<.001; d=-0.433) auf; diese stehen wiederum vor allem in Korrespondenz zu den hohen Werten der *Psychophysiologie* (vgl. Tab. 5.3-4a,f).

Tab. 5.3-4a: AT-Überblick zu den einzelnen Entspannungsmethoden zu TP_1 und TP_6

Überblick zu *Hypothese* $H6_{6.2}$
Auswertungsergebnisse zu den psychophysiologischen *Total Scores* zu TP_1 und TP_6 differenziert nach Entspannungsmethoden
(Alter: 4-6 Jahre; n=53)

	Psychophysiologische Parameter	TP_1				TP_6			
		Pre-1 (MW±SD)	Post-1 (MW±SD)	p-Wert	Effektstärke Cohens d	Pre-2 (MW±SD)	Post-2 (MW±SD)	p-Wert	Effektstärke Cohens d
AT (n=10)									
1	SC	2.08±1.76	1.95±1.67	p=.095	0.449	1.55±0.74	1.33±0.65	p=.176	0.311
2	HR	95.27±09.65	89.78±10.36	p=.093	0.454	96.70±09.52	95.11±08.81	p=.070	0.511
3	HRV	20.33±10.53	22.51±10.41	p=.245	-0.227	21.07±08.26	25.93±11.47	p=.014*	-0.836
4	NN_MW	641.30±59.68	655.92±37.85	p=.108	-0.420	630.06±60.84	645.58±62.46	p=.028*	-0.693
5	SDNN	71.73±34.26	69.88±25.39	p=.396	0.086	67.46±28.51	74.23±41.31	p=.174	-0.314
6	RMSSD	79.18±41.94	72.55±29.23	p=.222	0.255	71.97±37.70	78.90±49.33	p=.190	-0.292
7	NN50	91.60±72.24	108.70±59.01	p=.070	-0.513	80.60±61.67	95.60±62.31	p=.074	-0.501
8	pNN50	33.80±27.56	36.88±19.80	p=.292	-0.181	30.50±25.49	36.68±25.73	p=.050*	-0.579
9	HF	51.23±19.68	50.24±11.02	p=.426	0.061	46.58±18.27	44.94±12.63	p=.395	0.087
10	RSP	25.70±06.04	25.69±06.70	p=.500	0.001	25.76±03.65	24.53±04.37	p=.132	0.524
11	EMG	5.82±2.35	3.94±1.13	p=.012*	0.886	6.20±2.86	3.66±1.12	p=.004**	1.078
12	BVP	103.54±70.25	98.59±56.94	p=.257	0.215	104.34±66.96	106.43±73.27	p=.457	-0.035
13	HT	29.69±05.14	30.81±04.34	p=.034*	-0.659	29.11±5.08	29.35±03.06	p=.439	-0.490

Ergebnisse

Tab. 5.3-4b: Eutonie-Überblick zu den einzelnen Entspannungsmethoden zu TP_1 und TP_6

Psychophysiologische Parameter		TP_1				TP_6			
		Pre-1 (MW±SD)	Post-1 (MW±SD)	p-Wert	Effektstärke Cohens d	Pre-2 (MW±SD)	Post-2 (MW±SD)	p-Wert	Effektstärke Cohens d
Eutonie (n=7)									
1	SC	2.26±0.98	2.25±1.46	p=.317	0.190	1.59±0.38	1.58±1.35	p=.453	0.046
2	HR	94.21±09.68	89.81±13.46	p=.208	0.331	94.12±11.56	94.05±14.73	p=.449	0.051
3	HRV	21.76±04.78	25.28±05.57	p=.008**	-1.273	22.87±05.81	23.26±05.40	p=.432	-0.067
4	NN_MW	650.55±67.36	647.00±51.26	p=.351	0.152	651.44±78.43	653.47±98.09	p=.458	-0.042
5	SDNN	75.83±23.29	85.35±19.09	p=.060	-0.684	79.70±20.72	77.59±20.70	p=.400	0.100
6	RMSSD	80.48±27.70	88.62±26.27	p=.236	-0.464	83.24±26.14	82.18±26.14	p=.467	0.037
7	NN50	81.29±29.98	97.86±36.59	p=.010**	-1.211	76.29±38.99	85.86±39.70	p=.292	-0.219
8	pNN50	35.38±14.08	40.92±13.32	p<.001***	-2.169	35.54±10.23	34.77±15.73	p=.460	0.039
9	HF	53.95±10.93	48.71±12.03	p=.159	0.411	50.87±09.29	52.45±10.34	p=.292	-0.219
10	RSP	24.91±03.77	23.87±03.38	p=.314	0.193	23.03±02.82	24.04±02.91	p=.152	-0.426
11	EMG	6.36±1.90	4.46±1.10	p=.042*	0.792	5.10±1.95	3.90±1.46	p=.001***	2.030
12	BVP	84.62±26.76	76.91±36.14	p=.190	0.358	78.26±35.72	110.53±59.70	p=.117	-0.501
13	HT	30.45±03.46	31.03±02.72	p=.132	-0.465	32.61±01.90	33.00±01.87	p=.212	-0.326

Tab. 5.3-4c: Massage-Überblick zu den einzelnen Entspannungsmethoden zu TP_1 und TP_6

Psychophysiologische Parameter		TP_1				TP_6			
		Pre-1 (MW±SD)	Post-1 (MW±SD)	p-Wert	Effektstärke Cohens d	Pre-2 (MW±SD)	Post-2 (MW±SD)	p-Wert	Effektstärke Cohens d
Massage (n=8)									
1	SC	1.58±1.40	1.21±0.39	p=.182	0.346	1.63±0.78	1.62±1.08	p=.458	0.039
2	HR	95.45±07.59	92.61±08.30	p=.049*	0.671	96.81±07.07	89.49±14.76	p=.044*	0.699
3	HRV	20.72±12.33	22.91±10.33	p=.136	-0.422	19.93±11.47	25.97±11.63	p=.004**	-1.319
4	NN_MW	651.71±56.21	678.67±52.43	p=.020*	-0.887	626.72±61.57	646.42±60.64	p=.029*	-0.803
5	SDNN	76.18±54.65	92.22±42.21	p=.047*	-0.688	72.57±48.42	76.63±51.61	p=.162	-0.378
6	RMSSD	88.27±78.03	107.90±63.38	p=.066	-0.602	76.77±69.81	84.72±73.50	p=.168	-0.366
7	NN50	71.38±71.02	96.63±73.38	p=.034*	-0.765	57.38±71.92	103.38±67.82	p=.012*	-1.050
8	pNN50	27.49±31.46	38.08±31.16	p=.033*	-0.768	23.61±32.71	38.40±29.72	p=.015*	-0.965
9	HF	54.48±18.25	53.92±18.44	p=.466	0.032	39.72±22.54	36.54±22.44	p=.311	0.183
10	RSP	24.71±05.62	25.38±03.87	p=.265	-0.234	25.39±05.88	28.15±06.64	p=.227	-0.469
11	EMG	3.80±1.88	2.81±1.14	p=.024*	0.847	4.21±2.02	2.77±1.30	p=.022*	0.884
12	BVP	81.98±47.23	72.84±34.49	p=.676	0.154	82.88±44.66	78.35±41.61	p=.847	0.071
13	HT	28.26±04.88	29.18±04.04	p=.246	-0.256	29.82±04.83	29.83±03.45	p=.441	0.054

Ergebnisse

Tab. 5.3-4d: PMR-Überblick zu den einzelnen Entspannungsmethoden zu TP_1 und TP_6

	Psychophysiologische Parameter	TP₁				TP₆			
		Pre-1 (MW±SD)	Post-1 (MW±SD)	p-Wert	Effektstärke Cohens d	Pre-2 (MW±SD)	Post-2 (MW±SD)	p-Wert	Effektstärke Cohens d
PMR (n=10)									
1	SC	1.54±0.83	1.18±0.72	p=.064	0.530	1.56±0.50	1.33±0.29	p=.124	0.394
2	HR	97.52±08.56	92.85±05.47	p=.049*	0.587	97.50±07.28	92.64±07.20	p<.001***	1.519
3	HRV	18.88±05.49	18.89±05.20	p=.497	-0.002	18.06±05.20	20.95±05.68	p=.039*	-0.628
4	NN_MW	627.84±57.78	647.54±40.23	p=.139	-0.366	615.59±47.30	646.78±47.53	p<.001***	-1.425
5	SDNN	60.68±18.60	64.10±15.91	p=.299	-0.224	56.77±18.54	64.98±21.32	p=.066	-0.523
6	RMSSD	59.11±17.18	62.93±19.56	p=.291	-0.180	54.91±19.31	62.77±20.75	p=.093	-0.454
7	NN50	84.70±54.66	89.50±44.63	p=.418	-0.068	65.30±46.89	90.50±50.09	p=.061	-0.540
8	pNN50	27.49±18.06	30.32±15.11	p=.359	-0.118	22.82±16.89	32.90±18.42	p=.045*	-0.602
9	HF	51.10±25.10	61.67±17.51	p=.078	-0.490	49.53±15.50	50.82±21.63	p=.432	-0.057
10	RSP	26.46±05.96	23.72±07.27	p=.014*	0.831	22.08±04.43	21.88±04.88	p=.417	0.068
11	EMG	4.29±2.12	2.97±1.01	p=.008**	0.940	5.13±4.42	4.35±4.29	p=.050*	0.557
12	BVP	92.48±34.40	82.01±34.11	p=.196	-0.283	93.21±50.42	83.43±57.72	p=.204	-0.277
13	HT	31.26±04.64	31.27±04.76	p=.497	-0.002	31.40±03.68	31.55±03.57	p=.425	-0.062

Tab. 5.3-4e: Qigong-Überblick zu den einzelnen Entspannungsmethoden zu TP_1 und TP_6

	Psychophysiologische Parameter	TP₁				TP₆			
		Pre-1 (MW±SD)	Post-1 (MW±SD)	p-Wert	Effektstärke Cohens d	Pre-2 (MW±SD)	Post-2 (MW±SD)	p-Wert	Effektstärke Cohens d
Qigong (n=10)									
1	SC	1.36±1.01	0.98±0.52	p=.103	0.431	1.54±1.01	1.00±0.75	p=.010*	0.893
2	HR	99.93±06.71	98.54±10.99	p=.292	0.179	100.82±08.37	99.32±08.88	p=.166	0.324
3	HRV	18.45±07.27	20.21±07.31	p=.074	-0.502	18.39±08.22	20.57±05.79	p=.129	-0.381
4	NN_MW	605.22±40.40	617.95±71.49	p=.218	-0.258	601.22±53.00	611.99±54.22	p=.132	-0.380
5	SDNN	51.17±18.59	51.59±19.99	p=.302	-0.171	51.41±27.03	58.42±22.63	p=.110	-0.417
6	RMSSD	46.44±16.29	46.90±17.43	p=.469	0.026	41.54±27.79	53.09±22.60	p=.082	-0.479
7	NN50	29.10±21.61	50.10±37.71	p=.027*	-0.700	36.80±40.09	47.30±33.38	p=.130	-0.381
8	pNN50	10.40±08.02	18.55±15.67	p=.032*	-0.677	13.59±15.09	17.75±13.14	p=.103	-0.432
9	HF	39.56±15.90	43.47±16.81	p=.140	-0.364	38.92±16.99	42.50±16.48	p=.272	-0.201
10	EMG	4.83±2.65	2.66±0.69	p=.010*	0.897	4.06±2.74	3.78±2.22	p=.290	0.182
11	RSP	27.34±06.69	24.88±03.91	p=.120	0.398	22.32±03.12	24.56±01.48	p=.062	-0.675
12	BVP	76.68±55.18	76.86±20.47	p=.500	0.008	111.96±49.42	102.65±41.05	p=.289	0.187
13	HT	29.73±01.64	30.15±1.68	p=.122	-0.497	30.79±01.92	31.86±01.83	p<.001**	-1.844

Ergebnisse

Tab. 5.3-4f: Yoga-Überblick zu den einzelnen Entspannungsmethoden zu TP_1 und TP_6

	Psychophysiologische Parameter	TP_1				TP_6			
		Pre-1 (MW±SD)	Post-1 (MW±SD)	p-Wert	Effektstärke Cohens d	Pre-2 (MW±SD)	Post-2 (MW±SD)	p-Wert	Effektstärke Cohens d
Yoga (n=8)									
1	SC	2.00±2.37	1.77±2.14	p=.102	0.496	1.53±2.24	1.33±2.16	p=.176	0.353
2	HR	92.83±12.44	89.78±10.51	p=.080	0.552	94.13±11.04	90.18±09.83	p=.013*	1.000
3	HRV	18.06±04.15	19.27±03.92	p=.242	-0.262	18.23±05.49	19.90±05.67	p=.193	-0.327
4	NN_MW	660.97±95.87	681.55±83.61	p=.105	-0.488	648.61±77.21	676.40±72.10	p=.013*	-1.009
5	SDNN	61.11±21.00	70.01±21.15	p=.087	-0.536	62.96±16.66	69.54±20.58	p=.158	-0.383
6	RMSSD	67.62±31.25	79.48±32.69	p=.109	-0.480	67.27±23.16	76.91±31.78	p=.158	-0.383
7	NN50	102.48±72.34	102.89±49.63	p=.484	-0.015	87.75±67.65	115.25±67.62	p=.050*	-0.655
8	pNN50	37.45±28.51	37.67±21.85	p=.488	-0.011	31.28±26.45	49.69±32.11	p=.050*	-0.648
9	HF	56.43±18.98	60.97±15.12	p=.136	-0.421	53.65±21.36	57.62±14.08	p=.200	-0.317
10	EMG	5.37±5.14	3.06±2.28	p=.040*	0.728	2.73±1.41	2.12±0.99	p=.087	0.537
11	RSP	24.71±05.47	22.87±03.96	p=.020*	0.894	24.39±04.62	24.29±05.55	p=.440	0.055
12	BVP	90.67±43.22	90.73±32.65	p=.497	-0.003	78.29±34.64	94.54±34.05	p=.168	-0.365
13	HT	34.04±00.79	34.41±00.63	p=.059	-0.629	32.32±03.46	32.87±02.20	p=.373	-0.120

5.4 Weiterführende Ergebnisse

Diese Studie bietet vielfältige Auswertungsmöglichkeiten: So könnten beispielsweise Vergleiche zwischen deutschen Kindern vs. Migrantenkindern oder Stadt- vs. Landkitas vorgenommen werden. Zudem wären auch Analysen bzgl. der Wirksamkeit der implementierten *ket*-Programme zwischen den einzelnen Kindergartenkonzepten wie Waldorf- vs. Waldkitas vs. Kitas mit Situationsorientiertem Ansatz möglich.

In dieser Arbeit wird nachstehend der Fokus auf die Teilgruppe von n=60 aus Kap. 5.3 gelegt, da hier alle drei methodischen Zugänge und Perspektiven miteinander verglichen werden können und somit ein Abgleich der Treatmenteffekte gewährleistet ist. Das Ziel besteht darin, die Probanden in einem ersten Schritt (vgl. Kap. 5.4.1) anhand der psychophysiologischen Ergebnisse in drei Entspannungstypen (E-Typen) zu klassifizieren, um im Weiteren zu prüfen, ob sich diese Klassifizierung auch in den beiden anderen Zugängen (*Befragungsmethoden* und *Projektives Verfahren*) sowie Perspektiven (Kinder, Eltern und Experten) abbilden lässt. In den darauffolgenden Auswertungsschritten werden zusätzlich noch geschlechts- (vgl. Kap. 5.4.2) und altersspezifische Analysen (vgl. Kap. 5.4.3) durchgeführt.

Ergebnisse

5.4.1 Entspannungstypen

Entspannungstypen zu allen sechs Programmen

Die Einteilung der Probanden[17] (n=53) in E-Typen bzw. Phänotypen[18] basiert auf den psychophysiologischen Daten (vgl. Abb.5.4.1-1), die nach folgenden Kriterien beurteilt werden:

Entspannungstyp 1:
Die Kinder weisen bei der psychophysiologischen Diagnostik zu beiden Messzeitpunkten treatmentkonforme Effekte auf.
Entspannungstyp 2:
Die Kinder weisen bei der psychophysiologischen Diagnostik indifferente Ergebnisse auf, d.h. zu einem Messzeitpunkt treatmentkonforme und zum anderen Messzeitpunkt nicht-treatmentkonforme Ergebnisse.
Entspannungstyp 3:
Die Kinder weisen bei der psychophysiologischen Diagnostik zu beiden Messzeitpunkten nicht-treatmentkonforme Ergebnisse auf.

Abb.. 5.4.1-1: Kriterien zur Einteilung der Probanden in drei E-Typen

Der Nachteil dieser trennscharfen Phänotypeneinteilung liegt darin, dass z.B. Kinder mit marginal abweichenden psychophysiologischen Daten entweder dem E-Typ I oder III zugeordnet werden. Vor diesem Hintergrund werden die Daten mit denen aus den beiden anderen Zugängen gegenübergestellt.

Die Klassifizierung der Probanden in die drei generierten E-Typen findet anhand von zwei Schritten statt: Im ersten Schritt werden die Differenzen[19] der einzelnen psychophysiologischen Parameter zum ersten und zweiten Messzeitpunkt z-standardisiert;

---

[17] Die Reduktion der Probanden von n=60 auf n=53 ist mit den sieben psychophysiologischen Ausreißern zu begründen (vgl. Kap. 5.3, S. 224ff.).

[18] Der Ausdruck „Phänotyp" (auch „Erscheinungsbild") steht für die Gesamtheit morphologischer, physiologischer und behavioraler Merkmale, die ein Organismus aufgrund des Zusammenspiels von Erbanlagen und Umwelteinflüssen im Laufe der Ontogenese, d.h. der Individualentwicklung, ausbildet (Zugriff im Februar 2012 unter http://www.philosophy-online.de/pdf/genophaeno.pdf). Ob sich hier wirklich spezifische Phänotypen oder kontextspezifische Verhaltensweisen zeigen, kann hier nicht weiter diskutiert wird. Für eine die Ergebnisse der empirischen Psychologie aufnehmende, theoretisch gute Übersicht über den Diskussionsstand ist auf Doris (2002) zu verweisen.

[19] $E\_Typ=1$: IF $E\_Index\_diff\_a > 0$ AND $E\_Index\_diff\_b > 0$; $E\_Typ=2$: IF $E\_Index\_diff\_a > 0$ AND $E\_Index\_diff\_b < 0$ OR IF $E\_Index\_diff\_a < 0$ AND $E\_Index\_diff\_b > 0$; $E\_Typ=3$: IF $E\_Index\_diff\_a < 0$ AND $E\_Index\_diff\_b < 0$

Ergebnisse

hierbei sind Indikatoren zu unterscheiden, die einerseits bei einer Entspannungsphase zu einem Anstieg neigen, z.B. HRV oder BVP, woraus sich negative Differenzwerte ergeben; andererseits werden bei Indikatoren, wie z.B. Herzrate oder Atmung, im Entspannungszustand Reduktionen ersichtlich, mit der Folge von positiven Differenzwerten. Im nächsten Schritt wird aus den dreizehn Parametern ein Gesamtveränderungsindex[20] gebildet, um zu überprüfen, ob jeweils zu den beiden Messzeitpunkten treatmentkonforme, indifferente oder nicht-treatmentkonforme Ergebnisse vorliegen.

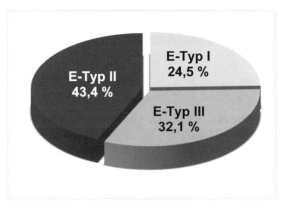

Abb. 5.4.1-2: Einteilung der Kinder (n=53) in die Entspannungstypen (E-Typ I-III)

Aus den prozentualen Ergebnissen (vgl. Abb. 5.4.1-2) ist abzuleiten, dass von den n=53 Kindern 13 Probanden (24,5 %) dem Entspannungstyp I, 23 (43,4 %) dem Entspannungstyp II und 17 (32,1 %) dem Entspannungstyp III zuzuweisen sind.

Befragungsmethoden: Entspannungsinterview

In einem weiteren Auswertungsdurchgang wird diese Einteilung mit den Programmbeurteilungen der Kinder (Entspannungsinterview: Zugang *Befragungsmethoden*) verglichen. Hier wird deutlich, dass die Programmbewertungen teilweise in gravierender Diskrepanz zur E-Typen-Einteilung stehen: Beispielsweise beurteilen insgesamt vier Probanden, die dem E-Typ I zugeordnet sind, die Programme indifferent, d.h. zum einen Messzeitpunkt mit „gut" und zum anderen mit „weniger gut" oder sogar „schlecht". Beim E-Typ II stimmen die Programmbeurteilungen bis auf sechs Ausnahmen mit den Wirkungsweisen der Parameter überein. Hingegen wird beim E-Typ III eine klare Widersprüchlichkeit sichtbar, denn zu beiden Messzeitpunkten – TP_1: 17 Bewertungen mit „gut"; TP_6: 15 Bewertungen mit „gut" und zwei Bewertungen mit „weniger gut" – stoßen die Programme auf große Resonanz bei den Probanden.

Die Ergebnisse lassen verschiedene Interpretationsansätze zu: Ein möglicher Grund dafür kann sein, dass das subjektiv erspürte Körperempfinden der Kinder nicht mit den *objektiv* psychophysiologisch gemessenen Daten konform ist, da eventuelle Messartefakte, die in den Kontrollen nicht ersichtlich wurden, in den Datensatz mitaufgenommen wurden. Zudem können Sympathie- oder Kompliancegründe seitens der Kinder

---

[20] Bei der Berechnung wurde darauf geachtet, dass bei den Indikatoren, bei denen ein Entspannungseffekt durch eine Reduzierung hervorgerufen wurde, eine Umpolung erfolgte.

zu den Programmbeurteilungen geführt haben. Des Weiteren könnte die trennscharfe Einteilung für diese uneinheitlichen Ergebnisse verantwortlich sein.

Befragungsmethoden: Gesundheitsbezogene Lebensqualität

Aufgrund dieser diskrepanten Ergebnisse wird im nächsten Auswertungsdurchgang die Überprüfung zwischen den drei E-Typen und den Kiddy-KINDL^R-Daten zur *gesundheitsbezogenen Lebensqualität* aus der Sicht der Kinder und Eltern (H3-4; vgl. Tab. 5.4.1-1) vorgenommen. Bei den Eltern werden zusätzlich noch die zwei Dimensionen ‚Körper' und ‚Psyche' analysiert.

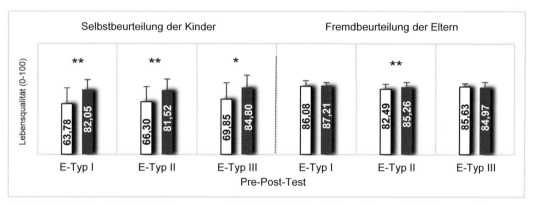

Abb. 5.4.1-3: Pre-Post-Total Scores zum Kiddy-KINDL^R – differenziert nach Selbst- und Fremdbeurteilung sowie den drei E-Typen; * p<.05, **p<.01, *** p<.001

Abb. 5.4.1-3 veranschaulicht, dass zu den Selbstbeurteilungen der Kinder alle Ergebnisse treatmentkonform und signifikant sind: E-Typ I ($t_{(df=12)}$=-3.167; p=.004), E-Typ II ($t_{(df=22)}$=-2.978; p=.004), E-Typ III ($t_{(df=16)}$=-2.307; p=.018).

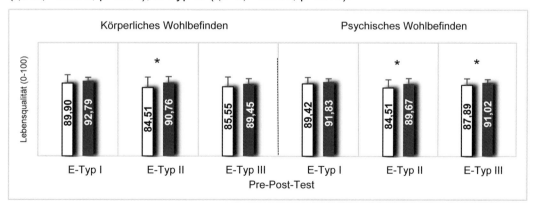

Abb. 5.4.1-4: Pre-Post-Total Scores der Eltern zum Kiddy-KINDL^R zu den Dimensionen ‚Körper' und ‚Psyche' – differenziert nach den drei E-Typen; * p<.05, **p<.01, *** p<.001

Ergebnisse

Aus den elterlichen Fremdbeurteilungen ist zu entnehmen, dass neben der Treatmentkonformität der E-Typen I und II ($t_{(df=22)}$=-2.821; p=.005) sowie der nur leichten „pre-post" Abnahme bei E-Typ III alle Post-Ergebnisse über denen anderer Studien liegen (vgl. z.B. Ravens-Sieberer, Ellert & Erhart, 2007: Alter: 3-6 Jahre; MW=80.0), womit die Daten als entspannungsaffin einzustufen sind.

Tab. 5.4.1-1: Überblick zu den Kiddy-KINDL^R-Daten der Kinder und Eltern – differenziert nach den drei E-Typen

Auswertungsergebnisse zur gesundheitsbezogenen Lebensqualität (Kiddy-KINDL^R-Verfahren) differenziert nach den drei E-Typen				
Kiddy-KINDL^R-Daten	TP$_1$			
	Pre (MW±SD)	Post (MW±SD)	p-Wert	Effektstärke Cohen d
Kinder (n=53)				
E-Typ I	63.78±20.08	82.05±12.31	p=.004**	-0.878
E-Typ II	66.30±19.30	81.52±13.69	p=.004**	-0.621
E-Typ III	69.85±20.70	84.80±15.31	p=.018*	-0.559
Eltern (n=53)				
E-Typ I (Total Score)	86.08±07.19	87.21±03.72	p=.152	-0.299
E-Typ II (Total Score)	82.49±06.32	85.26±05.90	p=.005**	-0.588
E-Typ III (Total Score)	85.63±04.05	84.97±06.32	p=.337	0.108
E-Typ I (Körper)	89.90±10.38	92.79±04.30	p=.194	-0.249
E-Typ II (Körper)	84.51±12.90	90.76±07.51	p=.037*	-0.391
E-Typ III (Körper)	85.55±12.23	89.45±06.34	p=.122	-0.303
E-Typ I (Psyche)	89.42±07.82	91.83±03.94	p=.134	-0.322
E-Typ II (Psyche)	84.51±10.13	89.67±06.42	p=.010*	-0.521
E-Typ III (Psyche)	87.89±08.06	91.02±03.93	p=.044*	-0.456

In engem Bezug zu den *Total Score*-Ergebnissen der Eltern aus Abb. 5.4.1-3 stehen die Daten zum ‚körperlichen' und ‚psychischen' Wohlbefinden der Kinder (vgl. Abb. 5.4.1-4). Pre-Post-Vergleiche dokumentieren, dass zu beiden Dimensionen ‚Körper' und ‚Psyche' treatmentkonforme Ergebnisse bei allen drei E-Typen zu verzeichnen sind (vgl. Tab. 5.4.1-1): Die höchsten Pre- und Post-Werte zum ‚Körper' und zur ‚Psyche' erzielt jeweils E-Typ I (vgl. Tab. 5.4.1-1); aufgrund der hohen Einstiegswerte sind die Pre-Post-Unterschiede zu gering, um inferenzstatistisch Signifikanz zu erreichen.

Ergebnisse

Demnach können signifikante Verbesserungen nur beim E-Typ II („Körper': $t_{(df=22)}$=-1.87; p=.037; ‚Psyche': $t_{(df=22)}$=-2.49; p=.01) und E-Typ III ($t_{(df=16)}$=-1.82; p=.044) nachgewiesen werden.

Bei den Effektstärkenberechnungen der Kinder weist E-Typ I den größten Effekt auf, während bei den Eltern die größten Wirkungen zum *Total Score* (d=-0.588), ‚körperlichen' (d=-0.391) und ‚psychischen' (d=-0.521) Wohlbefinden beim E-Typ II festgestellt werden. Bivariate Korrelationsanalysen belegen größtenteils den Zusammenhang zwischen den beiden Dimensionen ‚Körper' und ‚Psyche' innerhalb der E-Typen-Einteilung: E-Typ I (TP_1: r=.942), E-Typ II (TP_6: r=.657), E-Typ III (TP_1: r=.670; TP_6: r=.542).

Die Kiddy-KINDL^R-Ergebnisse können dahingehend interpretiert werden, dass die Wirksamkeit des Trainings auf die gesundheitsbezogene Lebensqualität größtenteils unabhängig der E-Typen-Klassifizierung erfolgt. Dies untermauern die *Total Score*-Ergebnisse der Kinder und Eltern, Dimensions-Berechnungen zum ‚Körper' und zur ‚Psyche' sowie Korrelationsanalysen. Insgesamt ist zu resümieren, dass die E-Typen-Einteilung – vor allem beim E-Typ III – nicht mit den Auswertungsergebnissen des Kiddy-KINDL^R-Verfahrens übereinstimmt. Ausschlaggebend dafür könnte, wie bereits an anderer Stelle erwähnt, die trennscharfe psychophysiologische Einteilung sein.

Projektive Verfahren: Körper-Selbstbilder

Im nächsten Auswertungsdurchgang wird der Frage nachgegangen, inwieweit ein Zusammenhang zwischen den Körper-Selbstbildern (Zugang: *Projektive Verfahren*) und den drei E-Typen besteht.

Tab. 5.4.1-2: Überblick zu den Körper-Selbstbildern (n=53) differenziert nach den drei Entspannungstypen

Überblick zu den Entspannungstypen I-III Körper-Selbstbild-Test zu TP_1 und TP_6 (Alter: 4-6 Jahre; n=53)								
ZEM-Kriterien	TP_1				TP_6			
	Pre-1 (MW±SD)	Post-1 (MW±SD)	p-Wert	Effektstärke Cohens d	Pre-2 (MW±SD)	Post-2 (MW±SD)	p-Wert	Effektstärke Cohens d
Entspannungstyp I (n=13)								
Kognitive Bewertung	17.54±06.10	21.31±06.85	p=.014*	-0.700	18.62±06.47	21.38±07.96	p=.047*	-0.507
Emotionale Bewertung	01.54±01.33	01.08±01.32	p=.070	0.440	01.15±01.57	00.77±01.01	p=.105	0.368
Entspannungstyp II (n=23)								
Kognitive Bewertung	20.57±06.87	22.74±08.66	p=.007**	-0.554	20.52±05.85	23.43±07.37	p=.007**	-0.555
Emotionale Bewertung	01.78±01.41	01.52±01.41	p=.157	0.215	01.61±01.27	01.39±01.23	p=.086	0.295
Entspannungstyp III (n=17)								
Kognitive Bewertung	18.94±06.99	20.24±08.86	p=.152	-0.258	19.06±08.74	19.65±09.60	p=.324	-0.113
Emotionale Bewertung	01.18±01.01	01.41±01.28	p=.194	-0.216	01.53±01.33	01.53±01.46	p=.500	0.000

Wie die Ergebnisse aus Tab. 5.4.1-2 veranschaulichen, liegen die Werte hinsichtlich der Körperwahrnehmung im Normbereich (17-23 Körperdetails; vgl. van de Vijfeijken,

Ergebnisse

2007) und sind bei allen drei Entspannungstypen treatmentkonform ausgerichtet: E-Typ I (TP$_1$: t$_{(12)}$=-2.523; p=.014; TP$_6$: t$_{(12)}$=-1.827; p=.047) und E-Typ II (TP$_1$: t$_{(22)}$=-2.655; p=.007; TP$_6$: t$_{(22)}$=-2.662; p=.007) erreichen sogar zu beiden Messzeitpunkten signifikante Ergebnisse. In Bezug auf das sozial-emotionale Verhalten zeigt sich wiederum, dass bei keiner Gruppe eine emotionale Störung zu erkennen ist und bei den E-Typen I und II Treatmentkonformität vorliegt, während beim E-Typ III eine indifferente Datenlage vorzufinden ist (vgl. Tab. 5.4.1-2). Diese beiden Auswertungsergebnisse zu E-Typ I und II stehen wiederum im Einklang mit den psychophysiologisch erhobenen Daten und lassen vermuten, dass vor allem bei Kindern, die über die Fähigkeit verfügen, sich psychophysiologisch zu entspannen, auch eine Zunahme der Körperwahrnehmungen festzustellen ist.

Insgesamt zeigen die Ergebnisse, dass die trennscharfe, phänomenologische E-Typen-Einteilung teilweise zu diskrepanten Resultaten führte. Berechnungen und Abgleiche von den E-Typen I und II mit den anderen methodischen Zugängen und Perspektiven stimmen größtenteils überein; lediglich bei E-Typ III sind eindeutige Missverhältnisse bzgl. der Ergebnisse zu erkennen.

Entspannungstypen differenziert nach den sechs Programmen

Bei diesem Auswertungsschritt interessiert, inwieweit die Kinder der unterschiedlichen Methoden den drei E-Typen zuordenbar sind.

Aus den Ergebnissen in Tab. 5.4.1-3 ist abzulesen, dass die Probanden, die das Massage-Programm durchgeführt haben, die größten Entspannungseffekte erzielen; denn von den acht Probanden sind drei dem E-Typ I („Die Kinder weisen bei der psychophysiologischen Diagnostik zu beiden Messzeitpunkten treatmentkonforme Effekte auf"), vier dem E-Typ II („Die Kinder weisen bei der psychophysiologischen Diagnostik indifferente Ergebnisse auf, d.h. zu einem Messzeitpunkt

Tab. 5.4.1-3: Einteilung der Kinder in E-Typ I-III differenziert nach Entspannungsmethoden

Einteilung der E-Typen differenziert nach den Methoden (n=53)			
Methoden	Entspannungstypen		
	Typ I	Typ II	Typ III
AT (n=10)	2	4	4
Eutonie (n=7)	1	2	4
Massage (n=8)	3	4	1
PMR (n=10)	2	5	3
Qigong (n=10)	2	5	3
Yoga (n=8)	3	3	2

treatmentkonforme und zum anderen Messzeitpunkt nicht-treatmentkonforme Ergebnisse") und einer dem E-Typ III („Die Kinder weisen bei der psychophysiologischen Diagnostik zu beiden Messzeitpunkten nicht-treatmentkonforme Ergebnisse auf") zuweisen (vgl. Abb. 5.4.1-5).

Diese Klassifizierung, die größtenteils E-Typ I und II beinhaltet, wird durch die Wirksamkeitsnachweise aus Tab. 5.3-1, S. 234, 255-258) gestützt; denn hier konnten bei der Massage einerseits zehn treatmentkonforme Veränderungen, andererseits vier deutliche Pre-Post-Effekte zu TP_6 und im Vergleich zu den anderen Entspannungsmethoden die größten Wirkungen zu HRV, SDNN und RMSSD nachgewiesen werden. Außerdem bewerten alle Kinder dieses Programm beim

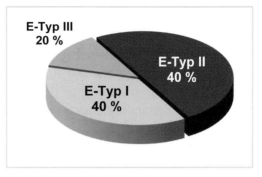

Abb. 5.4.1-5: Massage – Einteilung der Kinder in E-Typ I-III (n=8)

Entspannungsinterview (vgl. Kap. 5.1.2, S. 199 und 201) mit dem besten Beurteilungskriterium („gut"). Danach folgen die Programme Yoga, PMR, AT und schließlich Eutonie mit größtenteils übereinstimmenden Programmbeurteilungen. Dieses Ergebnis überrascht mit Blick auf die Bildungsplanrecherche im Elementarbereich (vgl. Kap. 2) nicht; denn die Kombination aus Massage (8 Treffer) und Phantasiereise (9 Treffer) nimmt die größte Trefferanzahl ein und ist auch aufgrund der einfachen Umsetzbarkeit ein präferiertes Entspannungsinstrument des Fachpersonals.

5.4.2   Geschlecht

Anhand der Ergebnisse aus Tab. 5.4.2-1 ist zu erkennen, dass die Jungen (n=24) von der Umsetzung der Entspannungsprogramme besonders profitieren, denn alle dreizehn psychophysiologischen Parameter sind treatmentkonform ausgerichtet. Signifikante Entspannungswirkungen sind vor allem bei den kardiovaskulären Indikatoren (HR, HRV, NN_MW, SDNN, RMSSD, NN50, pNN50) sowie bei der Atmung (RSP) und beim Muskeltonus (EMG) zu konstatieren. Zudem zeigen sich marginal-signifikante Effekte bei NN50 und der Hauttemperatur (HT).

Im Vergleich dazu können die weiblichen Probanden (n=29) aus psychophysiologischer Sicht nur bei acht Parametern – SC, HR, HRV, NN_MW, NN50, pNN50, EMG, HT – zu beiden Messzeitpunkten treatmentkonforme Entspannungswirkungen erwirken, während bei den Indikatoren SDNN, RMSSD, HF, Atmung und BVP eine indifferente Datenlage vorliegt (vgl. Abb. 5.4.2-2). Deutliche Verbesserungen resultieren beim Hautleitwert (SC), bei den kardiovaskulären Indikatoren (HR, HRV, NN_MW, SDNN, RMSSD, NN50, pNN50) sowie beim Muskeltonus. Ein marginal-signifikanter Effekt ist auch noch bei der Herzrate zu verzeichnen.

Effektstärkenberechnungen untermauern diese Datenlage, denn bei neun (HR, HRV, NN_MW, pNN50, HF, RSP, EMG, BVP, HT) der dreizehn Parametern erreichen die

Ergebnisse

Jungen gegen Ende des Treatments die größeren Effekte; die Mädchen im Vergleich dazu nur bei den vier Parametern SC, SDNN, RMSSD und NN50.

Ein Blick auf die unterschiedlichen E-Typen bestätigt erneut die hohe Wirksamkeit des Entspannungstrainings bei den Jungen (n=24), denn sie erzielen eine ausgewogene Verteilung auf alle drei E-Typen (E-Typ I: n=8; E-Typ II: n=8; E-Typ III: n=8). Im Gegensatz dazu dominiert bei den Mädchen (n=29; E-Typ I: n=5; E-Typ II: n=15; E-Typ III: n=9) E-Typ II.

Tab. 5.4.2-1: Total Scores zu den psychophysiologischen Parametern zu TP_1 und TP_6 – differenziert nach dem Geschlecht (hier: Jungen: n=24)

	Auswertungsergebnisse zu den männlichen Entspannungsreaktionen zu TP_1 und TP_6 (Alter: 4-6 Jahre; ♂: n=24)							
		TP_1				TP_6		
	Psychophysiologische Parameter	Pre-1 (MW±SD)	Post-1 (MW±SD)	p-Wert	Effektstärke Cohens d	Pre-2 (MW±SD)	Post-2 (MW±SD)	p-Wert	Effektstärke Cohens d
1	SC	1.66±1.48	1.65±1.41	p=.433	0.035	1.69±1.26	1.46±1.45	p=.126	0.240
2	HR	95.05±09.54	89.51±11.39	p=.006**	0.556	95.78±08.86	92.35±8.97	p<.001***	0.766
3	HRV	16.11±04.49	19.19±06.74	p=.001**	-0.699	16.97±05.38	19.81±06.85	p=.003*	-0.639
4	NN_MW	647.28±66.18	665.07±61.12	p=.004**	-0.598	631.00±62.34	653.11±66.13	p<.001***	-0.743
5	SDNN	59.27±21.19	69.45±23.57	p=.003**	-0.630	57.98±21.37	61.26±26.37	p=.148	-0.218
6	RMSSD	62.24±27.40	74.13±31.61	p=.006**	-0.566	57.22±27.47	62.14±31.58	p=.136	-0.230
7	NN50	72.83±61.52	87.13±48.35	p=.056	-0.338	62.88±56.17	80.25±55.80	p=.020*	-0.448
8	pNN50	27.00±23.81	33.63±20.18	p=.017*	-0.462	23.70±21.88	31.27±22.82	p=.008**	-0.532
9	HF	49.10±16.46	52.36±15.47	p=.159	-0.208	44.83±19.58	48.21±19.80	p=.173	-0.197
10	RSP	26.88±05.71	24.91±04.52	p=.009*	0.523	24.81±04.01	24.78±04.59	p=.484	0.008
11	EMG	5.03±3.27	3.12±1.31	p=.001**	0.741	4.07±2.27	2.95±1.74	p<.001***	1.073
12	BVP	81.16±46.69	83.88±36.54	p=.326	-0.094	97.39±50.64	102.88±51.37	p=.292	-0.114
13	HT	31.42±03.42	32.29±02.50	p=.066	-0.319	30.99±03.65	31.60±03.13	p=.149	-0.217

Tab. 5.4.2-2: Total Scores zu den psychophysiologischen Parametern zu TP_1 und TP_6 – differenziert nach dem Geschlecht (hier: Mädchen: n=29)

	Auswertungsergebnisse zu den weiblichen Entspannungsreaktionen zu TP_1 und TP_6 (Alter: 4-6 Jahre; ♀: n=29)							
		TP_1				TP_6		
	Psychophysiologische Parameter	Pre-1 (MW±SD)	Post-1 (MW±SD)	p-Wert	Effektstärke Cohens d	Pre-2 (MW±SD)	Post-2 (MW±SD)	p-Wert	Effektstärke Cohens d
1	SC	1.87±1.42	1.48±1.28	p=.027*	0.374	1.46±0.83	1.27±0.73	p=.042*	0.334
2	HR	96.95±01.61	94.87±01.51	p=.060	0.285	97.86±09.13	94.94±12.00	p=.017*	0.413
3	HRV	22.50±08.76	23.10±07.89	p=.303	-0.097	21.84±08.39	25.13±08.46	p=.004**	-0.541
4	NN_MW	629.82±61.07	643.56±56.73	p=.067	-0.286	623.70±62.62	638.82±64.88	p=.005**	-0.520
5	SDNN	72.15±35.25	71.86±30.43	p=.474	0.013	69.21±32.90	76.50±33.66	p=.022*	-0.393
6	RMSSD	74.76±48.71	74.38±42.48	p=.472	0.014	70.55±44.66	80.15±46.01	p=.018*	-0.409
7	NN50	78.24±59.55	92.03±57.44	p=.034*	-0.354	69.41±56.21	95.10±57.25	p=.001**	-0.648
8	pNN50	28.85±23.63	32.51±21.33	p=.114	-0.229	27.18±23.18	36.93±25.28	p=.007**	-0.024
9	HF	51.84±21.05	53.70±17.00	p=.272	-0.114	47.50±16.58	46.42±15.77	p=.363	0.066
10	RSP	24.81±05.39	24.08±05.58	p=.270	0.115	22.95±04.33	23.33±04.90	p=.098	-0.362
11	EMG	5.05±2.51	3.41±1.44	p<.001***	0.955	5.08±3.34	3.92±2.66	p=.003**	0.225
12	BVP	94.92±48.99	82.98±38.14	p=.121	0.297	89.48±50.64	90.09±53.23	p=.477	-0.011
13	HT	29.80±04.45	30.11±04.15	p=.154	-0.193	30.84±03.92	31.04±02.94	p=.382	-0.056

Ergebnisse

Die Ergebnisse aus Tab. 5.4.2-3 verdeutlichen, dass die Jungen vom AT-, PMR-, Qigong- und Yoga-Programm am deutlichsten profitieren.

Tab. 5.4.2-3: Total Scores zu den psychophysiologischen Parametern zu TP_1 und TP_6 – differenziert nach dem Geschlecht (Jungen: n=24; Mädchen: n=29)

Geschlechtsspezifische Ergebnisse zu TP_1 und TP_6 differenziert nach Entspannungsmethoden (Alter: 4-6 Jahre; n=53; ♂: n=24; ♀: n=29)						
Methoden	Psychophysiologische Parameter (SC, HR, HRV, NN_MW, SDNN, RMSSD, NN50, pNN50, HF, RSP, EMG, BVP, HT)					
	treatment-konform		indifferent		nicht-treatmentkonform	
	♂	♀	♂	♀	♂	♀
AT ♂: n=4 ♀: n=6	9	8	3 NN50; BVP; HT	4 SDNN; RMSSD; HF; RSP	1 HF	1 BVP
Eutonie ♂: n=4 ♀: n=3	8	4	4 HF; RSP; BVP; HT	6 SC; HRV; SDNN, RMSSD, pNN50, HF	1 SC	3 HR; NN_MW; RSP
Massage ♂: n=3 ♀: n=5	8	8	5 SC; SDNN; HF; RSP; BVP	3 SC; HF; BVP	-	2 RSP; HT
PMR ♂: n=4 ♀: n=6	9	9	2 SC; NN50*	3 HRV; HF; RSP	2 BVP; HT	1 BVP
Qigong ♂: n=4 ♀: n=6	10	7	3 SC; RSP; BVP	5 RSP; SDNN; RMSSD; HF; EMG	-	1 BVP
Yoga ♂: n=5 ♀: n=3	9	6	4 HRV; SDNN; RMSSD; BVP	7 SC; HRV; NN50; pNN50; RSP; BVP; HT	-	-

Die Werte bei den Mädchen lassen darauf schließen, dass AT, Massage und PMR die größten Entspannungseffekte bewirken. Diese Auswertungsergebnisse sind vor dem Hintergrund bedeutsam, dass die Programme auf unterschiedlicher körperlicher Aktivität basieren: Während beim AT trotz des körpererspürenden Charakters die körperliche Passivität im Vordergrund steht, fokussieren sich Qigong und Yoga auf körperlich aktive Prozesse, die Bewusstseinserfahrungen ermöglichen.

Im Ergebnis ist festzuhalten, dass die Programme, unabhängig des Geschlechts, bei den Kindern im Elementarbereich wirksam sind. Im differenzierten Vergleich werden bei den männlichen Probanden teilweise größere Entspannungswirkungen sichtbar als bei den Mädchen. Demzufolge ist es wichtig, frühzeitig Entspannungsprogramme zu

Ergebnisse

implementieren, damit Jungen möglichst früh für Entspannungsprogramme sensibilisiert werden. Dadurch wird die Chance ermöglicht, dass auch sie mit zunehmendem Alter diese Entspannungsprogramme durchführen.

5.4.3 Alter

Bei diesem Auswertungsschritt wird untersucht, ob das Alter bedeutend für die Wirksamkeit des Entspannungstrainings ist. Aus Tab. 5.4.3-1 wird offensichtlich, dass alle Kinder unabhängig des Alters von den Programmen profitieren.

Die 5-Jährigen (n=28) schneiden im Gegensatz zu den 4- (n=17) und 6-Jährigen (n=8) aus Sicht der Treatmentkonformität bei den psychophysiologischen Parametern am besten ab, nämlich von den dreizehn psychophysiologischen Parametern sind elf treatmentkonform. Diese Auswertungsergebnisse stehen im Einklang mit den Entspannungsinterview-Daten (Zugang *Befragungsmethoden*) der Kinder aus Kap. 5.1.2, denn auch hier erteilen die 5-jährigen Kinder (n=164; TP_1: 87,2 %; TP_6: 91,5 %) den Entspannungsprogrammen die größte Zustimmung, womit ein Rückschluss auf die psychophysiologische Wirksamkeit zu ziehen ist. Wie schon in Kap. 5.1.2 erwähnt, liegen bei den 5-Jährigen womöglich die günstigsten Ausgangsbedingungen mit Blick auf die entwicklungspsychologische Voraussetzungen (Kognition, Motorik- und Sensorikentwicklung sowie Selbstkontrolle) und der noch nicht bevorstehenden Einschulung vor.

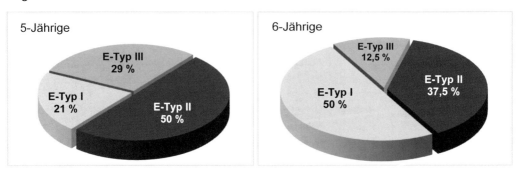

Abb. 5.4.3-1: Einteilung in E-Typ I-III bei 5- (n=28) und 6-Jährigen (n=8)

In einem weiteren Rechenvorgang kann hinsichtlich der E-Typen-Einteilung festgestellt werden, dass sich die 5- und 6-Jährigen innerhalb ihrer Phänotypen prozentual vor allem auf die beiden E-Typen I und II aufteilen (vgl. Abb. 5.4.3-1).

Tab. 5.4.3-1: Total Scores zu den psychophysiologischen Parametern zu TP_1 und TP_6 – differenziert nach dem Alter

Auswertungsergebnisse zu den psychophysiologischen *Total Scores* zu TP_1 und TP_6 differenziert nach den Altersstufen
(Alter: 4-6 Jahre; n=53)

	Psychophysiologische Parameter	TP_1				TP_6			
		Pre-1 (MW±SD)	Post-1 (MW±SD)	p-Wert	Effektstärke Cohens d	Pre-2 (MW±SD)	Post-2 (MW±SD)	p-Wert	Effektstärke Cohens d
4-Jährige (n=17)									
1	SC	1.95±1.46	1.87±1.57	p=.382	0.075	1.37±0.67	1.39±1.04	p=.468	-0.023
2	HR	95.69±10.51	93.22±07.48	p=.090	0.326	97.41±09.89	94.26±09.26	p=.005**	0.720
3	HRV	21.01±07.71	23.02±08.43	p=.145	-0.265	22.00±06.30	25.09±08.83	p=.016*	-0.568
4	NN_MW	639.65±71.41	654.84±58.08	p=.104	-0.318	626.37±65.78	650.01±66.31	p=.002**	-0.827
5	SDNN	69.59±31.00	73.52±27.15	p=.218	-0.194	69.09±25.19	75.28±33.07	p=.097	-0.329
6	RMSSD	74.72±39.44	76.66±34.01	p=.383	-0.074	71.73±32.74	81.45±38.88	p=.062	-0.397
7	NN50	91.06±68.58	101.41±51.93	p=.185	-0.224	84.29±60.43	102.59±58.25	p=.016*	-0.571
8	pNN50	34.57±26.68	36.64±19.87	p=.326	-0.112	33.48±23.08	39.11±23.30	p=.038*	-0.462
9	HF	56.24±20.27	57.17±16.30	p=.383	-0.074	50.53±19.81	48.86±14.83	p=.382	0.074
10	RSP	25.49±06.91	24.58±06.54	p=.284	0.142	23.50±05.00	23.03±04.18	p=.304	0.127
11	EMG	5.10±3.21	3.63±1.58	p=.009**	0.637	5.59±4.07	4.06±3.40	p=.006**	0.699
12	BVP	100.48±57.91	97.71±47.55	p=.360	0.089	93.87±62.12	103.90±72.32	p=.258	-0.161
13	HT	30.26±05.10	30.69±04.45	p=.399	-0.131	30.02±04.78	30.04±03.44	p=.489	-0.006
5-Jährige (n=28)									
1	SC	1.80±1.56	1.45±1.30	p=.015*	0.436	1.77±1.29	1.34±1.24	p=.001**	0.704
2	HR	96.11±08.28	92.03±11.73	p=.024*	0.392	96.97±08.96	94.43±12.43	p=.039*	0.348
3	HRV	19.95±08.49	21.90±07.25	p=.008**	-0.486	19.57±08.55	22.45±08.17	p=.007**	-0.494
4	NN_MW	636.45±62.33	647.55±61.49	p=.070	-0.288	628.68±62.47	641.07±67.96	p=.025*	-0.387
5	SDNN	68.33±32.35	69.93±29.68	p=.344	-0.077	63.96±33.12	69.54±32.87	p=.048*	-0.326
6	RMSSD	69.16±45.71	72.43±42.57	p=.239	-0.136	63.13±44.99	70.96±44.98	p=.037*	-0.351
7	NN50	66.68±54.22	86.11±55.72	p=.002**	-0.615	58.04±53.53	78.96±57.03	p=.006**	-0.512
8	pNN50	24.77±21.93	31.72±21.73	p=.002**	-0.588	22.20±22.38	31.74±26.01	p=.010**	-0.469
9	HF	47.72±18.75	51.45±16.36	p=.116	-0.231	45.54±16.92	48.24±17.70	p=.168	-0.186
10	RSP	25.71±05.03	24.15±04.63	p=.065	0.296	23.22±03.72	23.68±04.56	p=.053	-0.402
11	EMG	4.98±2.86	3.10±1.33	p<.001***	0.884	4.11±2.11	3.38±1.69	p=.004**	0.555
12	BVP	85.48±46.89	75.65±29.31	p=.112	0.237	94.49±44.99	95.94±38.16	p=.437	-0.030
13	HT	30.31±03.71	30.77±03.29	p=.034*	-0.360	31.45±03.00	32.03±02.30	p=.131	-0.217
6-Jährige (n=8)									
1	SC	1.33±0.92	1.28±0.82	p=.345	0.147	1.24±0.48	1.35±1.35	p=.321	-0.171
2	HR	96.89±09.33	92.24±09.17	p=.002**	1.541	95.69±08.03	90.34±06.76	p=.001**	1.676
3	HRV	15.42±03.27	15.37±03.42	p=.479	0.019	14.81±02.95	18.61±04.92	p=.012*	-1.014
4	NN_MW	638.11±56.81	670.17±57.10	p=.008**	-1.122	622.50±59.78	650.01±59.74	p=.001**	-1.736
5	SDNN	52.32±16.04	67.87±20.61	p=.032*	-0.781	54.14±14.55	57.73±15.76	p=.251	-0.250
6	RMSSD	56.91±19.78	75.63±28.97	p=.042*	-0.714	54.03±16.56	55.56±23.70	p=.419	-0.075
7	NN50	75.25±60.72	78.13±47.41	p=.443	-0.053	58.00±50.50	91.13±50.99	p=.049*	-0.678
8	pNN50	25.45±21.57	29.87±19.68	p=.261	-0.238	20.80±19.32	33.45±19.84	p=.037*	-0.747
9	HF	48.71±16.35	50.19±15.66	p=.427	-0.067	39.91±16.71	40.22±22.59	p=.465	-0.033
10	RSP	26.42±04.88	25.27±03.39	p=.151	0.394	26.43±03.77	27.21±05.61	p=.297	-0.198
11	EMG	5.13±2.30	3.15±1.06	p=.012*	1.010	4.34±2.25	2.61±0.96	p=.005**	1.238
12	BVP	74.85±19.33	80.05±31.25	p=.275	-0.223	86.35±32.39	78.66±47.39	p=.339	0.153
13	HT	31.89±02.74	33.14±02.37	p=.074	-0.577	30.91±03.89	31.39±03.74	p=.271	-0.227

Ergebnisse

Die E-Typen-Aufteilung bei den 4-Jährigen ist hingegen diskrepant zu den psychophysiologischen Daten; denn hier sind die meisten Kinder dem E-Typ III zugeordnet (E-Typ I: ca. 18 %; E-Typ II: ca. 35 %; E-Typ III: ca. 47 %). Dies kann allerdings der bereits erläuterten trennscharfen E-Typen-Klassifizierung zuzuschreiben sein. Effektstärkenberechnungen belegen wiederum, dass die 6-Jährigen im Vergleich zu den beiden anderen Altersstufen die größten Effekte vor allem gegen Ende des Treatmentzeitraums erzielen, wodurch von einem Trainingseffekt der Programme ausgegangen werden kann. Insgesamt zeigen die Ergebnisse, dass bei allen Altersgruppierungen Entspannungswirkungen durch die *ket*-Programme nachgewiesen werden, die 5- und 6-Jährigen aufgrund der vorliegenden Auswertungsdaten jedoch die größten Wirkungen verzeichnen.

6 Perspektiven

Kindertagesstätten sind seit Einführung der elementarpädagogischen Erziehungs- und Bildungspläne Bestandteil des deutschen Bildungssystems (vgl. Kap. 2), denn die frühe Kindheit wird nicht mehr nur als eigenständige Lebensphase gesehen, sondern als substanzielle Bildungsphase (vgl. Cunha & Heckmann, 2007). Dieser Paradigmenwechsel von der Betreuungs- zur Bildungsinstitution postuliert jedoch zahlreiche neue organisatorische und inhaltliche Herausforderungen an das System Kita sowie an dessen pädagogische Fachkräfte (vgl. Neuß[1], 2012): Hierzu zählen vor allem die Umsetzung der Bildungspläne, Sprachförderung, Qualitätsentwicklung, fachwissenschaftlichen Fundierung der Arbeit, Inklusion, Transitionsgestaltung und Elternberatung. Zentrale Herausforderungen des frühpädagogischen Bildungssystems stellen ebenfalls die veränderten Lebensumstände und die damit einhergehenden teils risikobehafteten Lern- und Entwicklungsvoraussetzungen bei Kindern dar (vgl. Kap. 1.1), denen durch individuelle Fachkompetenzen und institutionelle Lösungsansätze entgegengewirkt werden soll. Auf institutioneller Ebene entwickeln sich Kitas immer häufiger zu Familienzentren, weshalb vielfältige Kompetenzen von externen Experten in Kindertagesstätten integriert werden müssen, um diesen entwicklungs- und bildungshemmenden Faktoren systemisch zu begegnen. Außerdem müssen individuelle Fachkompetenzen des pädagogischen Personals stärker spezifisch auf die genannten Aufgaben ausgerichtet werden. Dies begründet insbesondere den Weiterbildungsbedarf und eine erhöhte fachliche Ausbildung frühpädagogischer Fachkräfte. In diesem Zusammenhang gilt es, die Akademisierung[2] des fachpädagogischen Personals voranzutreiben, um die Bildungsqualität der Kinder durch einen beruflich spezifischen Studiengang zu steigern: Hierbei wäre ein „Nationaler Qualifikationsplan Frühpädagogik", wie ihn Neuß[26] (2012) fordert, wichtig, um Regelungen zum Ausbau grundständiger und berufsbegleitender Studiengänge und Weiterbildungsprogramme vorzulegen.

Wie bereits in Kap. 1 angedeutet, wird dem elementarpädagogischen Setting – auch mit dem in den kommenden Jahren weiteren Anstieg der Kinder in Tagespflegen – zukünftig eine Schlüsselrolle bei der Gesundheitsförderung zukommen, da nach der Statuskonferenz „Guter und gesunder Kindergarten"[3] (2010) die Bildungschancen abhängig von der Gesundheitsförderung sind. Daher muss diese als selbstverständlicher

---

[1] Zugriff im Mai 2012 unter http://www.dr-neuss.de/.
[2] In diesem Zusammenhang ist die Pädagogische Hochschule Karlsruhe zu nennen, die bspw. seit dem Jahr 2007 Kindheitspädagogen im Bachelor-Studiengang „Pädagogik der Kindheit" (seit 2011) ausbildet.
[3] Pressemitteilung der Statuskonferenz „Guter und gesunder Kindergarten" Zugriff im Mai 2013 unter http://www.bvpraevention.de/cms/index.asp?inst=bvpg&snr=8155.

Teil des Erziehungs- und Bildungsauftrages und nicht als Zusatzaufgabe verstanden werden.

Als zentrale Impulsgeber und Entwickler von Konzepten für die Gesundheitsförderung im Elementarbereich sieht beispielsweise Altgeld[4] (2010) die Landesvereinigungen für Gesundheit und Prävention, Unfallversicherer und Arbeitswissenschaften. Bisher seien die vorgelegten Konzepte allerdings sehr heterogen, weil es bislang keine nationalen, sondern vorwiegend landesbezogene und kommunale Netzwerke gesundheitsfördernder Kitas gebe. Zum anderen sei bislang noch kein Expertenkonsens ersichtlich, was eine „gute und gesunde" Kindertagesstätte auszeichne. Nach Altgeld legte 2002 die Landesvereinigung für Gesundheit und Akademie für Sozialmedizin Niedersachsen eine erste konzeptionelle Grundlage für das Setting „gesundheitsfördernder Kindergarten" vor. Im Anschluss wurde mit dem Gesundheitsziele-Prozess[5] ein breit gefächertes Fundament gelegt. Demnach sollen alle am Kindergarten Beteiligten für das Thema Gesundheit sensibilisiert werden; zudem solle eine Steuerungsgruppe ins Leben gerufen werden, die den Umsetzungsprozess plane und lenke. Der eigentliche Prozess stelle sich dann als Kreislauf dar und beginne mit der Ermittlung des Handlungsbedarfs. Im Anschluss daran solle die Entwicklung von Maßnahmen mit Hilfe von Experten- und Zielgruppenbeteiligung erfolgen. Im Weiteren weist Altgeld darauf hin, dass der Spitzenverband der gesetzlichen Krankenkassen (GKV-Spitzenverband) die Kitas erst 2008 im Leitfaden „Prävention" als eigenes Handlungsfeld aufgenommen habe. Seit jenem Jahr habe es einen richtigen Boom in der Erstellung von Handlungsleitfäden, Netzwerkgründungen und Projektinitiativen gegeben.

Richtet man den Blick jedoch z.B. auf Gesundheitsprojekte im Elementarbereich (vgl. Kliche et al., 2008; Lasson et al., 2009; vgl. Kap. 1.4), so fällt auf, dass die Praxis stärker als bisher einer systematischen und der Situation angemessenen Evaluation bedarf. Denn Erfolgs- und Wirksamkeitsmessungen von Konzepten und Maßnahmen liegen bislang nur rudimentär vor. An dieser Stelle sollen bei Bedarf auch externe Partner, wie z.B. Koordinierungsstellen oder universitäre Forschungsgruppen, bei der Entwicklung zum guten und gesunden Kindergarten von den Kitas konsultiert werden, z.B. zum Zwecke der Evaluation eingeführter Maßnahmen. Zusätzlich sind in den Kitas Unterstützungsangebote anzubieten, um einen Erfahrungsaustausch der Praktiker/innen untereinander zu ermöglichen.

---

[4] Zugriff im Mai 2013 unter http://www.bvpraevention.de/bvpg/images/publikationen/bvpg_statusbericht_3_web.pdf.
[5] Zugriff im Mai 2013 unter www.gesundheitsziele.de.

Perspektiven

Mit Blick auf den Statusbericht der Bundesvereinigung Prävention und Gesundheitsförderung[6] (2010) werden Ansätze der Gesundheitsförderung dahingehend erschwert, dass derzeit eine nicht zu vernachlässigende Abwanderung von kompetenten pädagogischen Fachkräften in andere Branchen erkennbar ist. Eine quantitative Aufstockung von pädagogischem Personal alleine würde außerdem nicht ausreichen, um die Qualität der Kinderbetreuung hinsichtlich der Gesundheitsförderung zu verbessern. Zusätzlich sind einerseits Ausbildungen, Studiengänge sowie Fort- und Weiterbildungen zu adaptieren, um der Qualifizierung eine Struktur zu geben; andererseits müssen die Zuständigkeiten und Verantwortlichkeiten zwischen Bund, Ländern, Kommunen und privaten Trägern beim Thema „Gesundheit" im Handlungsfeld Kita deutlicher sichtbar gemacht werden.

Auf dieser Folie können Entspannungsthemen aufgrund der Ergebnisse aus Kap. 1.3 und 1.4 sowie der curricularen Verankerungen (vgl. Kap. 2) als eigenständiges Projekt oder auch als Modulbaustein von Gesundheitsprojekten angeboten werden. Um *Entspannung* jedoch prinzipiell zu implementieren, benötigen Kindertageseinrichtungen strukturierte und ggf. längerfristige Unterstützung, um einer Überforderung des Personals entgegenzuwirken. Möglich wäre es z.B., externe Partner in Gestalt von Entspannungspädagogen oder auch Eltern mit entsprechenden Qualifikationen im Kontext *Entspannung* damit zu beauftragen, Entspannungsübungen mit den Kindern durchzuführen. Eine kindergarteninterne Lösung wäre hierzu, dass innerhalb der Personalstrukturen ‚Entspannungs-Tandems' gebildet werden, sodass eine Lehrperson mit einer Gruppe von max. zehn Kindern die Entspannungsprogramme durchführt, während eine andere die Kindergruppe beaufsichtigt.

Die hier vorgestellten Entspannungsprogramme (vgl. Kap. 3) mit didaktischen Leitideen und methodischen Grundlagen sind als Leitfaden zu verstehen, die explizit für das pädagogische Fachpersonal, das über keine spezifische Qualifikation im Kontext *Entspannung* verfügt, konzipiert worden sind. Zudem gewährleisten diese „researched based" Programme aufgrund des geringen Materialaufwands eine hohe Praxistauglichkeit mit nachgewiesener Wirksamkeit (vgl. Kap. 5). Dies zeigen in erster Linie die objektiv gemessenen psychophysiologischen Ergebnisse aus Hypothese $6_{6.1}$, denn elf der dreizehn eingesetzten Parametern (Elektrodermale Aktivität, Herzrate, Herzratenvariabilität[7], Atmung, Muskeltonus, BVP und Hauttemperatur) sind hypothesenkonform ausgerichtet (vgl. Tab. 5.3-1, S. 234). Zu den treatmentwirksamen Indikatoren zählen neuromuskuläre (EMG), kardiovaskuläre (HR, HRV, NN_MW, SDNN, RMSSD,

---

[6] Zugriff im Mai 2013 unter www.bvpraevention.de/bvpg/images/publikationen/bvpg_statusbericht_1_web.pdf.
[7] Die Herzratenvariabilität (HRV) untergliedert sich noch in HRV-Zeit- (NN_MW, SDNN, RMSSD; NN50, pNN50) und Frequenzbereichsparameter (HF), die in Kap. 4.4.3.2 (S. 172ff.) erläutert sind.

NN50, pNN50, HF) und elektrodermale (SC) Kennzeichen. Lediglich bei den zwei Parametern BVP und Atmung liegt eine indifferente Datenlage vor: Die Pre-Post-Daten beider Parameter sind allerdings einem entspannten Organismus zuzuordnen und die Mittelwertunterschiede differieren nicht signifikant. Des Weiteren können die Ergebnisse der Kontrollgruppe (KG; n=20) zur Verifizierung der psychophysiologischen Treatmenteffekte beitragen (vgl. Tab. 5.3-2, S. 235). Weitere Indizes für die psychophysiologische Wirksamkeit des Entspannungstrainings liefern zum einen zu beiden Messzeitpunkten jeweils neun signifikante Verbesserungen der eingesetzten Indikatoren; zum anderen dokumentieren Effektstärkenberechnungen, dass neun Parameter (SC, HR, HRV, NN_MW, SDNN, RMSSD, NN50, pNN50, O-EMG) gegen Ende des Treatments (TP_6) den größten Effekt erwirkt haben, wodurch von einem Trainingseffekt auszugehen ist. Korrelative Berechnungen zwischen Herzrate und Atmung sowie zwischen den einzelnen HRV-Parametern, die bereits in verschiedenen Forschungsarbeiten (vgl. z.B. Aikele, 1998) im Entspannungskontext belegt wurden, bestärken erneut die Wirksamkeit des Treatments. Mehrebenenanalysen, bei denen die drei methodischen Zugänge *Befragungsmethoden*, *Projektive Verfahren* und *Psychophysiologie* sowie die unterschiedlichen Perspektiven (Experten, Kinder und Eltern) angewandt wurden, machen deutlich, dass die erzielten psychophysiologischen Daten mit den drei Perspektiven größtenteils übereinstimmen. Vor allem ist in diesem Zusammenhang auf die Wirkungsanstiege gegen Ende des Treatments aus Sicht der Experten (Hypothesen 1-2), Kinder (Hypothesen 3-4) und Eltern (Hypothese 4) hinzuweisen. Eine Ausnahme bildet das *Projektive Verfahren*, denn hier liegt eine indifferente Datenlage vor; als Gründe sind die in bereits Hypothese 5 beschriebenen Testkritiken anzuführen.

Ebenso lässt sich aus den Ergebnissen, aufgefächert nach den einzelnen Methoden, von $H6_{6.2}$ ableiten, dass alle im Rahmen des *ket* entwickelten und durchgeführten Entspannungsprogramme im Elementarbereich wirksam sind. Dies verdeutlichen die treatmentkonformen Auswertungsergebnisse in Tab. 5.3-4a-f (S. 255-258). Zudem stehen die Resultate im Einklang mit den didaktisch-methodischen Zielsetzungen der Programme (vgl. Kap. 3.2-3.7, ab S. 122ff.). Überdies zeigen sich deutliche Parallelen – bis auf den methodischen Zugang der *Projektiven Verfahren* bzw. Körper-Selbstbilder – mit den Expertenbeurteilungen zur Programmdurchführbarkeit und -wirksamkeit (vgl. H 1-2; Kap. 5.1.) sowie den Kinder- und Elterneinschätzungen (vgl. H 3-4; Kap. 5.1.3). In diesem Zusammenhang ist vor allem die Kongruenz zwischen den Ergebnissen zur Programmwirksamkeit (Hypothese 2) aus Expertensicht (vgl. Kap. 5.1-1, S. 194-195) zu den drei Methoden AT, PMR und Yoga und den psychophysiologischen Ergebnissen (vgl. Tab. 5.3-4a/d/f, S. 255-258) zu betonen; denn hier werden beide Zugänge – *Befragungsmethoden* und *Psychophysiologie* – vice versa bestätigt.

Mit Blick auf die in der vorliegenden Studie im *ket* entwickelten Erhebungsmethoden – Entspannungsinterview (Kinder) und Expertenfragebogen (Kita-Leitungen und Erzieherinnen) – ist letztlich festzuhalten, dass sich nur der Expertenfragebogen für derartige Forschungsarbeiten als empfehlenswert herausgestellt hat. Beim Entspannungsinterview hat sich gezeigt, dass die körperlichen Items „schwer", „warm", „leicht" und „kribbelig" aus semantischem Gesichtspunkt zwar dem kognitiven Entwicklungsstand der Kinder entsprachen, sie sich für differenzierte Analysen in Bezug auf die einzelnen Entspannungsmethoden jedoch als zu unpräzise herausstellten. So kann sich ein Kinderkörper beispielsweise nach einem PMR- – durch den ständigen Anspannungs- und Entspannungszyklus – oder Yoga-Training leicht, schwer, warm und sogar kribblig anfühlen. Anhand dieser Datenlage sind Interpretationsansätze zwischen den einzelnen Methoden nur wenig sinnträchtig. Des Weiteren hat das differenzierte Wahrnehmen und explizite Nennen der körperlichen Pre-Post-Veränderungen die Kinder teilweise überfordert.

Der Grund für die erzielten Wirksamkeitsnachweise ist insbesondere mit dem inhaltlichen Aufbau der Entspannungsprogramme zu begründen. Neben den Treatmenteffekten bieten die Programme durch ihre Struktur noch folgenden Vorteil: Die Phantasiegeschichten/-reisen lassen sich ohne großen Aufwand erweitern und erlauben den pädagogischen Fachkräften Freiräume zur individuellen Gestaltung. Ebenso können die ‚tierischen' Kontexte mit wenigen kreativen Federstrichen abgeändert werden.

Auch mit Blick auf die pädagogischen Konzepte und didaktischen Ansätze[8] lassen sich Entspannungsthemen einbinden: Jede Kindertageseinrichtung muss nach §22a des Kinderförderungsgesetzes (KifoeG) eine pädagogische Konzeption für die jeweilige

---

[8] Didaktische Ansätze wurden durch die empirische Lern- und die Curriculumforschung geprägt; ihnen fehlt im Gegensatz zu den pädagogischen Konzepten ein übergeordnetes Menschenbild; stattdessen steht die Professionalisierung der Berufsrolle im Mittelpunkt (Retter, 1978, S. 137 zitiert von Müller, 2006, S. 52). Zu diesen Ansätzen zählen z.B. der „Lebensbezogene Ansatz", „Projekt-Ansatz", „Entwicklungsgemäße Ansatz" oder „Funktionsorientierte Ansatz". Verknüpfungspunkte zur *Entspannung* sind beispielsweise beim „Lebensbezogenen Ansatz" von Huppertz (2008) darin zu sehen, dass bei diesem das Kind in seinen Bedürfnissen als Person ernst genommen wird, d.h. hier stehen vor allem Zuwendung und Bindung, Bewegung, Erziehung und Bildung im Mittelpunkt des Kindergartenalltags; in diese Bedürfnissen lässt sich Entspannung in Zeiten einer „Stressgesellschaft" und einer entstehenden Gesundheitsproblematik im frühen Kindesalter (vgl. Kap. 1) mühelos einspuren. Dadurch wird auch dem „Er-leben" als Methode und Prinzip, dem in diesem Ansatz einen hohen Stellenwert zukommt, besondere Beachtung entgegengebracht. Ferner ist das pädagogische Fachpersonal in Zusammenarbeit mit den Eltern als verantwortlicher pädagogischer Begleiter zu sehen. In Bezug zur *Entspannung* soll eine Atmosphäre geschaffen werden, um entspannungsinduzierende Effekte zu bewirken. Zu den pädagogisch-didaktischen Leitsätzen dieses Ansatzes gehören u.a.: (1) ‚*Beachtung der Befindlichkeit der Kinder*', genauer gesagt sollte jedes einzelne Kind Primärerfahrungen erleben gemäß seinem Bedarf gefördert werden; (2) ‚*Kompensatorische Bildung und Erziehung*': Hier gilt es, sich vorrangig benachteiligten Kindern zuzuwenden, die bspw. unter vielfältigen Stressoren leiden; (3) ‚*Ausgewogenheit von sozialer, emotionaler, motorischer und kognitiver Bildung*' in den didaktischen Einheiten und Projekten, die auch durch Entspannungseinheiten gezielt gefördert werden kann.

Einrichtung generieren, die sich in der pädagogischen Grundorientierung der Institution widerspiegelt und die Qualität der Förderung sicherstellt. In dieser Konzeption werden pädagogische Schwerpunkte, wie z.B. Ziele, Zusammenarbeit mit Eltern/Erwachsenen, Qualitätssicherung und Öffentlichkeitsarbeit dokumentiert. Pädagogische Ansätze stellen in der Arbeit von Kindertageseinrichtungen ein zentrales Qualitätsmerkmal dar. Entsprechend ihrem Ansatz basieren sie auf Menschen- und Weltbildern, gehen von einem ganzheitlichen Verständnis von Erziehung aus und beinhalten spezifische wertgebundene Grundüberzeugungen: Hierzu zählen z.B. ältere Ansätze wie von der Fröbel-, Montessori-, Waldorf- und Freinet-Pädagogik oder neuere Konzepte zum Situationsansatz, zur Reggio-Pädagogik, zum Offenen Kindergarten oder Waldkindergarten.

Exemplarisch sollen zur Waldorf- und Waldpädagogik sowie am Situationsansatz die Verzahnungen zur *Entspannung* hergestellt werden.

Bei der Waldpädagogik steht wie auch bei einem körperbasierten Entspannungstraining die motorische Förderung durch natürliche, differenzierte, lustvolle Bewegungsanlässe und -möglichkeiten im Mittelpunkt. Auch angestrebte Zielsetzungen der Waldpädagogik wie Schulung der Sinneswahrnehmung, ganzheitliches Lernen, körperliche Grenzerfahrungen, Aushalten von Stille und Sensibilisierung für das gesprochene Wort sind konform zu den anvisierten Zielen der Entspannungsprogramme aus Kap. 3 (vgl. Miklitz, 2011, S. 18f.). Zudem ist der Wald als Ort der Lebendigkeit und Entspannung – insbesondere aufgrund des geringen Lärmpegels und Einklangs mit der Natur – für Entspannungstraining prädestiniert.

Auch zur Waldorfpädagogik sind Bezüge zu erkennen. In Anlehnung an das von Rudolf Steiner generierte „anthroposophische Menschenbild" wird – wie beim körperbasierten Entspannungstraining – die Bedeutung von Rhythmus und Wiederholung im alltäglichen Leben betont (vgl. Richter, 2010). Nach Compani und Lang (2011, S. 39ff.) gilt die Waldorfpädagogik deswegen auch als „gesund machender Erziehungsansatz", der die Salutogenese und Kompetenzbildung im Kontext Gesundheit berücksichtigt. Darüber hinaus kommt es bei der Waldorfpädagogik im Elementarbereich, d.h. in der ersten Phase des Sieben-Jahres-Rhythmus, vorwiegend auf die spielerische Ausbildung des Körpers an (vgl. Brückner & Friauf, 1997, S. 92ff.). Hierbei spielen Elemente wie Bewegungsübungen zur Verbesserung der aufrechten Haltung, das richtige Atmen, die Eurythmie als expressionistische Tanzkunst, durch die der Bewegungssinn geschult wird, eine wichtige Rolle, die auch bei der Umsetzung von Körperachtsamkeitsübungen eine besondere Rolle spielen (vgl. Steiner, 1972, S. 24ff.; Steiner, 1998, S. 163f.). Weitere Zusammenhänge zwischen Waldorfpädagogik und Entspannungs-

Perspektiven

training bestehen in der Schulung der Nachahmungskräfte und Förderung der Kreativität (vgl. Compani & Lang, 2011, S. 178f.), die bei allen Entspannungsprogrammen berücksichtigt werden.

Aber auch beim Situationsansatz können Brücken zur *Entspannung* geschlagen werden. Denn wie aus den Rahmenrichtlinien dieses Ansatzes ersichtlich ist, wird dort explizit auf Bewegungsangebote verwiesen, die die Kinder neugierig auf neue Bewegungsformen machen sollen; dadurch soll jedes Kind sein individuell geprägtes Bewegungspotential auf freiwilliger Basis spielerisch entdecken. Neben den Bewegungsangeboten berücksichtigt dieser Ansatz bei den Räumlichkeiten auch Erholungs- und Rückzugsmöglichkeiten zum Ausruhen und Schlafen (vgl. Kappesz, 1994, S. 115). Diese Verankerungspunkte obliegen der strukturellen Konzeption der hier vorgestellten und implementierten Entspannungsprogramme. Außerdem können die Kinder aufgrund der erheblich zunehmenden gesellschaftlichen Stressfaktoren durch die Entspannungsprogramme eigene Erfahrungen im Umgang mit Stress sammeln und diese individuell situationsgerecht einsetzen (vgl. Krenz & Raue, 1996, S. 23).

Letztlich ist zu resümieren, dass das Thema *Entspannung* bereits curricular in verschiedenen Bundesländern (vgl. Kap. 2) mit hohen Trefferzahlen vertreten ist und Entspannungsprogramme in vielfältigen pädagogischen Konzepten und didaktischen Ansätzen im Elementarbereich integrierbar sind. Zudem eignen sich – wie aus den Wirksamkeitsnachweisen aus Kap. 5 ersichtlich ist – die didaktisch-methodisch aufbereiteten Entspannungsprogramme aus Kap. 3 für die Implementierung im Elementarbereich; allerdings ist deren Nachhaltigkeit noch zu prüfen. Dies könnte durch eine repräsentativ ausgerichtete Studie gewährleistet werden, in der Treatmentdauer und Stichprobengröße quantifiziert werden und das fachpädagogische Personal nach vorheriger Instruktion selbst die Programme, z.B. über eine mehrmonatige, tägliche Intervention, in den Kindertagesstätten durchführt sowie die Wirksamkeit der Programme mithilfe von Frage- und Beobachtungsbogen bewertet. Mit endokrinologischen Untersuchungen (z.B. Salivetten®), die z.B. durch Forschungsinstitutionen wie dem *ket* umgesetzt werden könnten, sind auch in Bezug auf psychophysiologische Messungen repräsentative Fallzahlen zu erreichen. Perspektivisch wäre auch als Implementierungsmöglichkeit der Setting-Ansatz zu nennen. Ziel wäre hierbei, nicht länger nur auf Individuen und deren Verhalten einzuwirken, sondern auch die sozialen Systeme und Organisationen miteinzubinden, in denen diese sich aufhalten, um wirkungsvoll und nachhaltig auf die Gesundheit der Kinder, der Eltern und des fachpädagogischen Personals gleichermaßen Einfluss zu nehmen (vgl. Engelmann & Halkow, 2008).

Literatur

Abele, A. E. (2005). Ziele, Selbstkonzept und Work-Life-Balance bei der längerfristigen Lebensgestaltung. *Zeitschrift für Arbeit- und Organisationspsychologie, 49* (4), 176-186.

Abele-Brehm, A. & Brehm, W. (1986). Zur Konzeptualisierung und Messung von Befindlichkeit. Die Entwicklung der „Befindlichkeitsskalen" (BFS). *Diagnostica, 32*, 209-228.

Aikele, P. (1998). *Untersuchungen zur Entwicklung der kardiorespiratorischen Interaktion anhand gemeinsamer Rhythmen von Atmung und Herzaktion. Longitudinalstudie der ersten sechs Lebensmonate gesunder Säuglinge*. Dissertation an der Humboldt-Universität Berlin.

Alexander, G. (1992). *Eutonie: ein Weg der körperlichen Selbsterfahrung* (6. Aufl.). München: Kösel.

Alexander, G. (2012). *Eutonie: ein Weg der körperlichen Selbsterfahrung* (10., ergänzte Aufl.). Bern: Huber.

American Academy of Pediatrics (1993). Committee on Psychosocial Aspects of Child and Family Health. The Pediatrician and the "New Morbidity". *Pediatrics, 92*, 731-733.

Anders, W. (1985). Eutonie und autogenes Training bei verhaltensauffälligen Kindern. *Motorik, 8* (2), 58-66.

Antonovsky, A. (1979). *Health, stress and coping.*San Francisco: Jossey Bass.

Antonovsky, A. (1987). *Unraveling the mystery of health. How people manage stress and stay well.*San Francisco: Jossey Bass.

Antonovsky, A. (1997). *Salutogenese. Zur Entmystifizierung der Gesundheit*. Dt. erweiterte Herausgabe von A. Franke. Tübingen: dgvt.

Aubert, A. et al. (2003). Heart Rate Variability in Athletes. *Sports Med., 33* (12), 889-919.

Augenstein, S. (2002). *Auswirkungen eines Kurzzeitprogramms mit Yogaübungen auf die Konzentrationsleistung bei Grundschulkindern. Möglichkeiten und Grenzen der Integration von Yogaelementen in den Schulunterricht*. Dissertation an der Universität Essen.

Augenstein, S. (2003). *Yoga und Konzentration: Theoretische Überlegungen und empirische Untersuchungsergebnisse*. Kassel: Prolog.

Axnix, K. (1983). *Lehrplan aus Lehrersicht*. Frankfurt am Main: Fischer.

Balz, E. (1995). *Gesundheitserziehung im Schulsport. Grundlagen und Möglichkeiten einer diätetischen Praxis*. Schorndorf: Hofmann.

Balz, E. (1997). Gesundheitserziehung: Sport als Element der Lebensführung. In E. Balz & P. Neumann (Hrsg.), *Wie pädagogisch soll der Schulsport sein?* (S. 111-126). Schorndorf: Hofmann.

Balster, K. (1995). Motorische Mängelbilder 3: Schüler, die verkrampft sind. *Förderschulmagazin, 17* (10), 27-29.

Balster, K. (2003). *Kinder mit mangelnden Bewegungserfahrungen. Teil 2 – Praktische Hilfen zur Förderung der Wahrnehmung und Bewegungsentwicklung*. Duisburg: Sportjugend im LandesSportBund Nordrhein-Westfalen e. V.

Bannenberg, T. (2005). *Yoga für Kinder*. München: Gräfe und Unzer.
Barthelmes, J. & Vontz, S. (2007). Editorial. *Bulletin 80, 3* (4), 33-4.
Becker, M. (2002). *Duft-Qigongunterricht für Schulkinder. Eine kontrollierte Pilotstudie zur Evaluation von Durchführbarkeit und Nutzen.* Dissertation an der Medizinischen Fakultät Charité in Berlin.
Becker, P. (1988). Skalen für Verlaufsstudien der emotionalen Befindlichkeit. *Zeitschrift für Experimentelle und Angewandte Psychologie, 35*, 345-369.
Becker, P. (1991). Theoretische Grundlagen. In A. Abele & P. Becker (Hrsg.), *Wohlbefinden. Theorie – Empirie – Diagnostik* (S. 13-50). Weinheim, München: Juventa.
Becker, P. (1992). Seelische Gesundheit als protektive Persönlichkeitseigenschaft. *Zeitschrift für Klinische Psychologie, 21,* 64-75.
Becker, P., Bös, K. & Woll, A. (1994). Ein Anforderungs-Ressourcen-Modell der körperlichen Gesundheit. *Zeitschrift für Gesundheitspsychologie, 2,* 25-48.
Behnk-Müller, N. (2007). Entspannungsverfahren. In F. Resch & M. Schulte-Markwort (Hrsg.), *Kursbuch für integrative Kinder- und Jugendpsychotherapie. Schwerpunkt: Familie* (S. 38-47). Weinheim: Beltz.
Bengel, J., Meinders-Lücking, F. & Rottmann, N. (2009). *Schutzfaktoren bei Kindern und Jugendlichen – Stand der Forschung zu psychosozialen Schutzfaktoren für Gesundheit.* Köln: Bundeszentrale für gesundheitliche Aufklärung.
Bensel, J. & Haug-Schnabel, G. (2011). *Vom Säugling zum Schulkind – Entwicklungspsychologische Grundlagen.* Freiburg: Herder.
Bergmann, K. E. & Bergmann, R. L. (2004). Prävention und Gesundheitsförderung im Kindesalter. In K. Hurrelmann, T. Klotz & J. Haisch (Hrsg.), *Lehrbuch Prävention und Gesundheitsförderung* (S. 55-62). Bern: Hans Huber.
Bernhardt, A. (1995). Wir machen eine Phantasiereise. Schüler machen Erfahrungen mit einer Möglichkeit der Entspannung. *Förderschulmagazin, 17* (7-8), 35-37.
Bernstein, D. (2004). Evaluation of the cardiovascular system. In R. E. Behrman, R. M. Kliegman & H. B. Jenson (eds.), *Nelson. Textbook of Pediatrics, ed. 17* (p. 1481-1488). Philadelphia: Saunders Elsevier.
Bernstein, D. A. & Borkovec, T. D. (1973). *Progressive relaxation training.* Champaign: Research Press.
Berntson, G. G., Bigger, T. J., Eckberg, D. L., Grossman, P., Kaufmann, P. G. & Malik, M. (1997). Heart rate variability: Origins, methods, and interpretive caveats. *Psychophysiology, 34,* 623–648.
Bertelsmann Stiftung (2008). *Kitas bewegen-für die gesunde Kita.* Gütersloh: Bertelsmann Stiftung.
Bichl, S. (2009). *Einfluss von ätherischen Ölen auf psychophysiologische Parameter und Speichelcortisol.* Diplomarbeit an der Universität Wien.
Biehl, B., Dangel, S. & Reiser, A. (1986). Profile of Mood States. In Collegium *Internationale* Psychiatriae Scalarum (Hrsg.), *Internationale Skalen für Psychiatrie.* Weinheim: Beltz.
Biermann, I. (1996). *In der Stille spür' ich mich- in der Stille find' ich mich: Eutonien für Kinder im Grund- und Vorschulalter. Reihe Bausteine Kindergarten/ Grundschule. Sonderheft.* Aachen: Bergmoser und Höller.

Literatur

Bildungsplankommission NRW (1995). *Zukunft der Bildung – Schule der Zukunft. Denkschrift der Kommission "Zukunft der Bildung – Schule der Zukunft" beim Ministerpräsidenten des Landes Nordrhein-Westfalen*. Neuwied, Kriftel, Berlin: Luchterhand.

Bischof-Köhler, D. (2008). Geschlechtstypisches Verhalten von Jungen aus entwicklungspsychologischer Perspektive. In M. Matzner & W. Tischner (Hrsg.), *Handbuch Jungenpädagogik* (S. 18-33). Weinheim: Beltz.

Bläsius, J. (2009). *3 Minuten Entspannung: Spiele für zwischendurch in Kita und Schule*. München: Don Bosco.

Bobinger, E. (1998). *Eutonie – Kinder finden zu sich selbst: Anleitung und Übungen zur Entfaltung der schöpferischen Kraft*. München: Don Bosco.

Bock-Famulla, K. & Lange, J. (2013). *Länderreport Frühkindliche Bildung – Bildungssysteme 2013 (1. Aufl.)*. Gütersloh: Bertelsmann Stiftung.

Bock-Möbius, I. (1993). *Qigong: Meditation in Bewegung*. Heidelberg: Haug.

Bölts, J. (2003). *Lernziel Gesundheitskompetenz. Der Beitrag des Qigong zur zukunftsfähigen Gesundheitsbildung in der Schule*. Oldenburg: BIS-Verlag.

Bolz, M., Wetter, M. & Wustmann, C. (2010). *Grundlagenpapier. Bildungspläne für die familien- und schulergänzende Kinderbetreuung*. Zofingen: Netzwerk Kinderbetreuung.

Borth-Bruhns, T. & Eichler, A. (2004). *Pädiatrische Kardiologie*. Berlin, Heidelberg, New York: Springer.

Bortz, J. & Döring, N. (2009). *Forschungsmethoden und Evaluation: für Human- und Sozialwissenschaftler* (4. Aufl.). Heidelberg: Springer.

Bös, K. & Opper, E. (2011).*Tiger Kids Kindergarten aktiv. Heft 6: Entspannung (1. Aufl.)*. Remagen: AOK-Verlag.

Bös, K., Worth, A., Opper, E., Oberger, J. & Woll, A. (2009). *Das Motorik-Modul: Motorische Leistungsfähigkeit und körperlich-sportliche Aktivität von Kindern und Jugendlichen in Deutschland*. Baden-Baden: Nomos Verlag.

Boucsein, W. (1992). *Electrodermal activity*. New York: Plenum Press.

Boucsein, W. (2006). Psychophysiologische Methoden in der Ingenieurpsychologie. In B. Zimolong & U. Konradt (eds.), *Enzyklopädie der Psychologie. Themenbereich D: Praxisgebiete, Serie III: Wirtschafts-, Organisations- und Arbeitspsychologie, Band 2: Ingenieurpsychologie* (S. 317-358). Göttingen: Hogrefe.

Bradburn, N. M. (1969). *The structure of psychological well-being*. Chicago: Aldine

Braun, A. (2007). *Diagnosepotenzial von Yoga im pädagogischen Kontext*. Magisterarbeit an der Universität Düsseldorf.

Breitenöder-Wehrung, A., Kuhn, G. & Günter, M. (1998). Vergleich des Körperbildes bei gesunden und psychisch bzw. chronisch körperlich kranken Kindern mit Hilfe des KBMT-K. *Psychother. Psychosom. Med. Psychol., 48*, 483-90.

Brenner, H. (2004). *Autogenes Training. Der Weg zur inneren Ruhe*. Lengerich: Pabst Science Publ.

Brinkmann, D. (2008). *Kinderyoga an der Grundschule. Pilotstudie zur Evaluation von Auswirkungen auf die Persönlichkeitsentwicklung*. Projektbericht am Institut für Freizeitwissenschaft und Kulturarbeit e.V..

Bronfenbrenner, U. (1981). *Die Ökologie der menschlichen Entwicklung. Natürliche und geplante Experimente.* Münster: Klett-Cotta.

Brückner, U. & Friauf, H. (1997). *Der richtige Kindergarten für mein Kind. Alles Wichtige über Montessori- und Waldorf-Kindergarten, städtische und kirchliche Einrichtungen, Kitas, Kinderläden, Waldkindergarten.* Zürich: Kreuz.

Bruns, T. & Praun, N. (2002). *Biofeedback: Ein Handbuch für die therapeutische Praxis.* Göttingen: Vandenhoeck & Ruprecht.

Buchmann, K. E. (1974). Tiefmuskelentspannung (TME) – Ein Verfahren für die Selbstentspannung. *sportunterricht, 23,* 85-90.

Bullinger, M. & Kirchberger, I. (1998). *SF-36 Fragebogen zum Gesundheitszustand.* Göttingen: Hogrefe.

Bullinger, M., Schmidt, S. & Petersen, C. (2002). The DISABKIDS Group. Assessing quality of life of children with chronic health conditions and disabilities: a European approach. *Int. Journal Rehabil. Res., 25* (3), 197-206.

Bundesministerium für Familie, Senioren, Frauen und Jugend (2005). *Bericht über die Lebenssituation junger Menschen und die Leistungen der Kinder- Jugendhilfe in Deutschland. Zwölfter Kinder- und Jugendbericht und Stellungnahme der Bundesregierung.* Berlin: Deutscher Bundestag Drucksache 15/6014, 15. Wahlperiode, 10-10.2005.

Bundesministerium für Familie, Senioren, Frauen und Jugend (2009). *13. Kinder- und Jugendbericht. Bericht über die Lebenssituation junger Menschen und die Leistungen der Kinder- und Jugendhilfe in Deutschland. Deutscher Bundestag, 16. Wahlperiode, Drucksache 16/12860.* Zugriff am 22.07.2012 unter http://www.bmfsfj.de/BMFSFJ/Service/Publikationen/publikationen,did= 128950.html.

Bundesvereinigung Prävention und Gesundheitsförderung e.V. (2011). *Statusbericht 3 – Dokumentation der Statuskonferenz 2010 »Guter und gesunder Kindergarten«.* Bonn: Bundesvereinigung Prävention und Gesundheitsförderung e.V. (BVPG).

Bundeszentrale für gesundheitliche Aufklärung (BZgA) (2005). *Qualitätskriterien für Programme zur Prävention und Therapie von Übergewicht und Adipositas bei Kindern und Jugendlichen. Qualitätsraster für Präventionsmaßnahmen. Konsensuspapier Patientenschulungsprogramme.* Köln: BZgA.

Burchardt, S. (1997). *Babymassage.* Stuttgart: Enke.

Burk, C. L. (2005). *Phasische elektrodermale Aktivität als Persönlichkeitsindikator.* Dissertation an der Justus-Liebig Universität Gießen.

Bürmann, G. (1976). *Yoga in der Schule.* Diplomarbeit an der Universität Tübingen.

Byrne, E. A. & Parasuraman, R. (1996). Psychophysiology and adaptive automation. *Biological Psychology, 42,* 249-268.

Camus, J. L. (1983). Praxis der Psychomotorik in Frankreich: Geburt, Wiedergeburt und differenzierte Auseinandersetzung mit dem Körper. *Motorik, 6* (1), 1-10, 25.

Chancani, R. & Chancani, S. (2002). *Yoga for children* (11. Aufl.). New Dehli: UBSPD.

Chang, Z.-S. (2010). *Die Frühförderung durch das Programm Kleine Schritte und Yoga in Familien mit Kindern mit Autismus Spektrum Störungen (ASS) – eine Interventionsstudie in Taiwan und Deutschland.* Dissertation an der Universität Dortmund.

Christiansen, A. (2008). *Mut und Stärke durch Fantasiereisen.* Stuttgart: Urania.

Clark, S. C. (2000). Work/family border theory: A new theory of work/family balance. *Human Relations, 53,* 747-770.

Cohen, J. (1988). *Statistical power analysis for the behavioral sciences.* Hillsdale, NY: Erlbaum.

Compani, M.-L. & Lang, P. (2011). *Waldorfkindergarten heute. Eine Einführung.* Stuttgart: Verlag Freies Geistesleben.

Cremeens, J., Eiser, C. & Blades, M. (2006). Characteristics of health-related self-report measures for children aged three to eight years: a review of the literature. *Quality of Life Research, 15,* 739-754.

Crevenna, R. (2010). *Biofeedback. Basics und Anwendungen.* Wien: Maudrich.

Crowley, A. (2002). *The psychological and physiological effects of yoga on children.* Thesis (Psychology) University of Technology Hawthorn.

Cullen-Powell, L. A., Barlow, J. H. & Cushway, D. (2005). Exploring a massage intervention for parents and their children with autism: the implications for bonding and attachment. *J. Child Health Care, 9* (4), 245-55.

Cunha, F. & Heckmann, J. (2007). The Technology of Skill Formation. *American Economic Review, 2,* 31-47.

De Luca, C. (1997). The use of surface electromyography in biomechanics. *Journal of Applied Biomechanics, 13,* 135-163.

De-Roiste, A. & Bushnell, I. W. R. (1996). Tactile stimulation: short and long-term benefits for preterm infants. *British Journal of Developmental Psychology, 41,* 41-53.

Desikachar, T. K. V. (1997). *Yoga – Tradition und Erfahrung.* Petersberg: Via Nova.

Deusinger, I. M. (1986). *Frankfurter Selbstkonzeptskalen (FSKN). Handanweisung.* Göttingen: Hogrefe.

Diego, M., Field, T. & Hernandez-Reif, M. (2005). Vagal activity, gastric motility, and weight gain in massaged preterm neonates. *J. Pediatrics, 147,* 50-55.

Dieter, J. N., Field, T., Hernandez-Reif, M., Emory, E. K. & Redzepi, M. (2003). Stable preterm infants gain more weight and sleep less after five days of massage therapy. *J. Pediatric Psychology, 28,* 403-11.

Dittrich, C. (2008). *Yoga und psycho-physisches Erleben. Eine empirische Studie über das psycho-physische Erleben im Yoga.* Immenhausen bei Kassel: Prolog.

Doris, J. M. (2002). *Lack of Character, Personality and Moral Behavior.* Cambridge: Cambridge University Press.

Dornes, M. (2001). *Die emotionale Welt des Kindes.* Frankfurt a.M.: Fischer.

Dubey, A.-D. (1987). *Fibrosite: à propos de 30 cas traités par l'eutonie.* Thèse, méd. Lausanne.

Duckstein, J. (2010). *Tai Chi Chuan: Stressreduzierende Effekte und ihre Nachhaltigkeit. Untersuchung in einem Anfängerkurs.* Dissertation an der Universität Berlin.

Dunemann-Gulde, A. (2003). Kinderyoga aus der ressourcenorientierte Sicht. *Praxis der Psychomotorik, 28* (3), 168-176.

Dunemann-Gulde, A. (2005). *Yoga und Bewegungsspiele für Kinder. Für 4- bis 10- Jährige* (3. Aufl.). München: Kösel.

Eberlein, G. (1985). *Autogenes Training für Kinder.* Heidelberg: Springer.

Eberlein, M. (1991). *Autogenes Training und Randaktivitäten als psycho-vegetatives Entspannungsverfahren bei verhaltensauffälligen, psychosomatisch Erkrankten sowie lern- und leistungsgestörten Kindern. Eine empirische Untersuchung.* Dissertation an der Universität Mainz.

Eby, L., Casper, W., Lookwood, A., Bourdeaux, C. & Bringley, A. (2005). Work and family in IO/OB: Cotent analysis and review of the literature (1980-2002). *Journal of Vocational Behavior, 66,* 124-197.

Eckberg, D. L. (1997). Sympathovagal balance: A critical appraisal. *Circulation, 96,* 3224-3232.

Eckert, A. (2004). *Das heilende TAO* (10. Aufl.). München: Müller & Steinicke.

Eiser, C., Eiser, J. R. & Stride, C. B. (2005). Quality of life in children newly diagnosed with cancer and their mothers. *Health and Quality of Life Outcomes, 4* (58), 1-8.

Eiser, C. & Morse, R. (2001). Can parents rate their child's health-related quality of life? Results of a systematic review. *Quality of Life Research, 10,* 347-357.

Ellert, U., Ravens-Sieberer, U., Erhart, M. & Kurth, B.-M. (2011). Determinants of agreement between self-reported and parent-assessed quality of life for children in Germany - Results of the German Health Interview and Examination Survey for Children and Adolescents (KiGGS). *Health and Quality of Life Outcomes, 9,* 102.

Engel, J. M. & Rapoff, M. A. (1990). A component analysis of relaxation training for children with vascular, muscle contraction and mixed-headache disorders. In D. C. Tyler & E. J. Krane (eds), *Pediatric pain* (pp. 273-290). New York: Raven Press.

Engel, S. & Chen, D. (2008). *Qi Gong für mein Kind.* München: blv.

Engel, U. & Hurrelmann, K. (1989). *Psychosoziale Belastung im Jugendalter.* Berlin: de Gruyter.

Engelbrecht, S. (2000). *Möglichkeiten der Progressiven Muskelrelaxation bei der Stressbewältigung von Grundschulkindern.* Diplomarbeit an der Deutschen Sporthochschule Köln.

Engelmann, F. & Halkow, A. (2008). Der *Setting-Ansatz in der Gesundheitsförderung Genealogie, Konzeption, Praxis, Evidenzbasierung. Veröffentlichungsreihe der Forschungsgruppe Public Health Schwerpunkt Bildung, Arbeit und Lebenschancen.* Berlin: Wissenschaftszentrum Berlin für Sozialforschung (WZB).

Escalona, A., Field, T., Singer-Strunck, R., Cullen, C. & Hartshorn, K. (2001). Brief report: improvements in the behavior of children with autism following massage therapy. *J. Autism Dev. Disord., 31* (5), 513-6.

European Child Care and Education (ECCE)-Study Team (1997). *Cross national analyses of the quality and effects of different types of early childhood programs on children's development. Report submitted to: European Union DG XII:*

Science, Research and Development. RTD Action: Targeted Socio-Economic Research. Brüssel: EU.

European Child Care and Education (ECCE)-Study Group (1999). *School-age assessment of child development: Long-term impact of pre-school experiences on school success, and family-school relationships*. Report written by W. Tietze, J. Hundertmark-Mayser and H.-G. Roßbach. Report submitted to: European Union DG XII: *Science, Research and Development. RTD Action: Targeted Socio-Economic Research*. Brüssel: EU.

Falk, H. (2002). *Entspannung als Element der Gesundheitsförderung im Schulsport. Ein Vergleich westlicher und fernöstlicher Entspannungsverfahren*. Dissertation an der Universität Regensburg.

Fasthoff, C., Petermann, F. & Hampel, P. (2003). Eine Reise mit Kapitän Nemo. *Reportpsychologie, 28* (2), 87-95.

Faust-Siehl, G. u.a. (1996). *Die Zukunft beginnt in der Grundschule. Empfehlungen zur Neugestaltung der Primarstufe*. Reinbek: Rowohlt.

Fegeler, U. & Jäger-Roman, E. (2013). Prävention der „neuen Morbidität" in der Ambulanten Allgemeinen Pädiatrie, *Kinderärztliche Praxis, 84* (2), 90-93.

Feijo, L., Hernandez-Reif, M., Field, T., Burns, W., Valley-Gray, S. & Simco, E. (2006). Mothers' depressed mood and anxiety levels are reduced after massaging their preterm infants. *Infant Behavior and Development, 29*, 476-80.

Fentress, D. W., Masek, B. J., Mehegan, J. E. & Benson, H. (1986). Biofeedback and relaxation-response training in the treatment of pediatric migraine. *Developmental Medicine and Child Neurology, 28*, 273-290.

Fessler, N. (2006). Entspannungsfähigkeit. In K. Bös & W. Brehm (Hrsg.), *Handbuch Gesundheitssport* (S. 290-306). Schorndorf: Hofmann.

Fessler, N. (2013). Körperliche Dimensionen der Entspannungsfähigkeit. In N. Fessler (Hrsg.), *Entspannung lehren und lernen in der Grundschule* (S. 21-28). Aachen: Meyer & Meyer.

Fessler, N. & Knoll, M. (2013). Bewegungszentrierte Gesundheitsförderung. In H. Aschebrock & G. Stibbe (Hrsg.), *Didaktische Konzepte für den Schulsport* (S. 176-184). Aachen: Meyer & Meyer.

Fessler, N., Knoll, M., Müller, M. & Weiler, A. (2012). Entspannungsfähigkeit entwickeln. *Praxis der Psychomotorik, 37* (4), 184-189.

Fessler, N. & Müller, M. (2013a). Fantasiereisen – aus der Ruhe Kraft schöpfen. In N. Fessler (Hrsg.), *Entspannung lehren und lernen in der Grundschule* (S. 85-99). Aachen: Meyer & Meyer.

Fessler, N. & Müller, M. (2013b). Integratives Entspannungstraining für Stillephasen, *KiTa BW, 1*, 15-18.

Fessler, N. & Müller, M. (2013c). Entspannung durch Anspannung: Progressive Muskelrelaxation für Kinder. *KiTa BW, 1*, 19-22.

Fessler, N., Müller, M. & Knoll, M. (2012). Entspannungstraining in Kindertageseinrichtungen: Modellierung, Implementierung und Evaluation. *karlsruher pädagogische Beiträge, 81,* 120-138.

Fessler, N., Müller, M., Salbert, U. & Weiler, A. (2013). Yoga – Haltung bewahren. In N. Fessler (Hrsg.), *Entspannung lehren und lernen in der Grundschule* (S. 193-227). Aachen: Meyer & Meyer.

Fessler, N., Müller, M. & Standop, E. (2013). Progressive Muskelrelaxation – Anspannung und Entspannung erfühlen. In N. Fessler (Hrsg.), *Entspannung lehren und lernen in der Grundschule* (S. 101-116). Aachen: Meyer & Meyer.

Fessler, N. & Weiler, A. (2013). Didaktisch-methodische Grundlegung eines Basis-Entspannungsprogramms. In N. Fessler (Hrsg.), *Entspannung lehren und lernen in der Grundschule* (S. 39-56). Aachen: Meyer & Meyer.

Feuerstein, G. (1979). *The Yoga-Sutra of Patañjali.* Folkstone, Kent: Dawson.

Field, T. (2010). Massage therapy facilitates weight gain in preterm infants. *Current Directions in Psychological Science, 10,* 51-54.

Field, T., Kilmer, T., Hernandez-Reif, M. & Burman, I. (1996). Preschool children's sleep and wake behavior: Effects of massage therapy. *Early Child Development and Care, 120,* 39-44.

Field, T., Schanberg, S. M., Scafidi, F., Bauer, C. R., Vega-Lahr, N. et al. (1986). Tactile/kinesthetic stimulation effects on preterm neonates. *Pediatrics, 77,* 654-658.

Field, T., Schanberg, S., Davalos, M. & Malphurs, J. (1996). Massage with oil has more positive effects on newborn infants. *Perinatal Psychology J., 11,* 73-78.

Findeisen, D. G. R., Linke, P.-G. & Pickenhain, L. (1980). *Grundlagen der Sportmedizin für Studenten, Sportlehrer und Trainer.* Leipzig: Johann Ambrosius Barth.

Fischer, K. (2009). *Einführung in die Psychomotorik* (3., überarb. und erw. Aufl.). Stuttgart: Reinhardt.

Flor, H., Behle, D. & Hermanns, C. (1992). Psychophysiologische Verfahren in der Behandlung chronischer Schmerzsyndrome. In E. Geissner & G. Jungnitsch (Hrsg.), *Psychologie des Schmerzes- Diagnose und Therapie* (S. 171-187). Weinheim: Psychologie Verlags Union.

Freudenberg, H. J. (1974). Staff burnout. *J. Soc. Issues, 30,* 159-64.

Friebel, V., Erkert, A. & Friedrich, S. (1998). *Kreative Entspannung im Kindergarten* (3., überarb. Aufl.). Freiburg: Lambertus.

Friedrich, S. & Friebel, V. (1999). *Entspannung für Kinder. Übungen zur Konzentration und gegen Ängste* (2. Aufl.). Reinbek bei Hamburg: Rowohlt.

Fuchs, C. (1990). *Yoga in Deutschland.* Stuttgart: Kohlhammer.

Fuchs, C. (2009). Die Geschichte des Yoga. In Berufsverband Deutscher Yogalehrer (BDY) (Hrsg.), *Der Weg des Yoga. Handbuch für Übende und Lehrende* (S. 3-16). Petersberg: Via Nova.

Garcia, R. M., Horta, A. L. & Farias, F. (1997). The effect of massage before venipuncture on the reaction of pre-school and school children. *Rev. Esc. Enferm USP, 31* (1), 119-28.

Gauthier, C. (2009). *La rééducation post-natale du périnée: comparaison entre deux méthodes, la CMP ("Connaissance et Maîtrise du Périnée") et l'Eutonie.* Mémoire de sage-femme, Médecine, Grenoble Université Joseph Fourier.

Gerhardt, C. (2010). *Eutonie – Körperbewusstsein und Tonusregulierung für Kinder.* Unveröffentlichte Bachelorarbeiten an der Pädagogischen Hochschule Karlsruhe.

Gerhardt, C. & Müller, M. (2013). Eutonie – Körperwahrnehmung üben. In N. Fessler (Hrsg.), *Entspannung lehren und lernen in der Grundschule* (S. 117-134). Aachen: Meyer & Meyer.

Gertsch, M. (2004). *Das EKG* (2. Aufl.). Berlin, Heidelberg: Springer.

Gesundheitsberichterstattung des Bundes (2009). *Bevölkerungsbezogene Verteilungswerte ausgewählter Laborparameter aus der Studie zur Gesundheit von Kindern und Jugendlichen in Deutschland (KiGGS)*. Berlin: Robert Koch-Institut.

Giese, M. & Sass-Bayer, R. (2008). An- und Entspannen: Balance finden im Sportunterricht und im Schulalltag. Sportpraxis, 49 (2), 25-29.

Gies-Gross, M. (2003). Progressive Muskelentspannung (PM) nach Jacobson – ein Weg zur Stressbewältigung und Körperwahrnehmung. turnen und sport, 77 (4), 19-22.

Göhr, M. G. (1994). *Autogenes Training bei Kindern und Jugendlichen mit Diabetes mellitus Typ I*. Dissertation an der Universität Essen.

Goldstein, N. (2002). *Körperorientierte Übungen des klassischen Hatha-Yogs als Interventionsmaßnahme bei Grundschulkindern mit expansiven Störungen*. Dissertation an der Pädagogischen Hochschule Heidelberg.

Goldstein, N., Hermann-Gorzolka, M. & Quast, M. (2010). *Entspannungswerkstatt für die Grundschule*. Basel: Borgmann.

Goldstein-Ferber, S., Kuint, J., Weller, A., Feldman, R., Dollberg, S., Arbel, E. & Kohelet, D. (2002). Massage therapy by mothers and trained professionals enhances weight gain in preterm infants. *Early Human Development*, 67, 37-45.

Görbing, S. & Ludwig, C. (2011). *Evaluierung des Entspannungstrainings mit Yogaelementen (EMYK) in Kindertagesstätten*. Unveröffentlichte Diplomarbeit an der Universität Leipzig.

Görbing, S., Ludwig, C. & Stück, M. (2011). *Evaluation eines Gewaltpräventionsprojektes unter Verwendung des Entspannungstrainings mit Yogaelementen*. Eigenverlag.

Gramann, K. & Schandry, R. (2009). *Psychophysiologie. Körperliche Indikatoren psychischen Geschehens* (4., komplett überarb. Aufl.). Weinheim: Beltz PVU.

Gröller, B. (1991). Zur Effektivität von kombinierten Entspannungsübungen für Kinder mit Asthma bronchiale. *Rehabilitation*, 30, 85-89.

Günther, U. (1999). *Die interindividuelle und intraindividuelle Vergleichbarkeit und klinische Bedeutung der verschiedenen Parameter der Herzfrequenzvariabilität in der Langzeitanalyse*. Dissertation an der Universität Leipzig.

Guorui, J. (2006). *Qigong Yangsheng. Chinesische Übungen zur Stärkung der Lebenskraft*. (8. Aufl.). Stuttgart: Fischer.

Haarmann, A. (2007). *Der Einsatz psychophysiologischer Variablen bei der adaptiven Automatisierung am Beispiel einer Flugsimulationsaufgabe*. Dissertation an der Bergischen Universität Wuppertal.

Haas, N. & Köher-Holle, S. (2009). Tierisches Vergnügen – Entspannungs- und Massagegeschichten. Teil 1: Ameisen krabbeln... *Turnen und Sport*, 1, 9-10.

Habersetzer, R. & Schuth, W. (1976). Experimentelle Untersuchungen zum autogenen Training bei Kindern. *Therapiewoche*, 26, 4617-4623.

Hanefeld, E. (1976). *Philosophische Haupttexte der älteren Upanisaden. Band 9: Freiburger Beiträge zur Indologie.* Wiesbaden: Harrassowitz.

Hänisch, H. (1985): *Lehrer und Lehrplan – Ergebnisse empirischer Studien zur Lehrplanrezeption.* Soest: Arbeitsberichte zur Curriculumentwicklung, Schul- und Unterrichtsforschung.

Hannsz, B. & Schlecht, J. (1992). *Kinder mögen Yoga.* Reinbek: Rowohlt.

Hari, H. P. (2002). *Massage macht Schule* (2. Aufl.). Bern: Zytglogge.

Hari-Dass, B. (1989). *Kinder im Garten Yoga - Eine spielerische Anleitung.* Zürich: Tanner.

Hartinger, A., Bauer, R. & Hitzler, R. (2008). *Veränderte Kindheit: Konsequenzen für die Lehrerbildung.* Bad Heilbrunn: Klinkhardt.

Hartmann, A. (2010). *Fantasiereisen für Kinder* (2. Aufl.). Mühlheim an der Ruhr: FeelGood.

Henry-Hutmacher (2005). *Kinderbetreuung in Deutschland – Ein Überblick.* Zugriff im Februar 2012 unter http://www.kas.de/db_files/dokumente/arbeitspapiere/7_dokument_dok_pdf_6753_1.pdf.

Hernandez-Reif, M., Field, T., Largie, S., Hart, S., Redzepi, M., Nierenberg, B. & Peck, T. M. (2001). Childrens' distress during burn treatment is reduced by massage therapy. *J. Burn Care Rehabil., 22* (2), 191-5.

Hildebrand, G., Geißler, M. & Stein, S. (1998). *Das Qi kultivieren. Die Lebenskraft nähren.* Uelzen: Medizinische Literarische Verlagsgesellschaft.

Hildebrandt-Stramann, R. (1999). *Bewegte Schulkultur. Schulentwicklung in Bewegung.* Butzbach-Griedel: Afra.

Hochmuth, M. (1992). *Autogenes Training und Progressive Muskelrelaxation für Eltern-Kind-Gruppen, Untersuchung, Erfahrungsbericht, Anleitung zum Handeln.* Dissertation an der Universität Leipzig.

Hoffmann, U., Bergmann, K. E., Brecht, J. G., Schäfer, T. H., Schneider, M., Schräder, W. F. & Thiele, W. (1998). *Gesundheitsbericht für Deutschland. Arbeitskreis Gesundheitsberichterstattung beim Statistischen Bundesamt.* Stuttgart: Metzler-Poeschel.

Hoffmeister, U., Bullinger, M., van Egmond-Fröhlich, A., Goldapp, C., Mann, R., Ravens-Sieberer, U., Reinehr, T., Westenhöfer J. & Holl, R. W. (2010). Beobachtungsstudie der BZgA zur Adipositastherapie bei Kindern und Jugendlichen in Deutschland: Anthropometrie, Komorbidität und Sozialstatus. Treatment of Obesity in Pediatric Patients in Germany: Anthropometry, Comorbidity and Socioeconomic Gradients Based on the BZgA Observational Study. *Klinische Pädiatrie, 222,* 274-278.

Hofmann, H. (1998). Qigong im Schulalltag – eine Konkretisierung des notwendigen Schulwandels. *Zeitschrift für Qigong Yangsheng,* (1), 55-62.

Hofmann, H. (2001). Mit John Wayne Karussellfahren. *Taijiquan & Qigong Journal, 2* (3), 36-42.

Hölling, H., Schlack, R. & Kurth, B. M. (2010). Kinder – Familien – Gesundheit: Fakten und Zahlen aus dem bundesweit repräsentativen Kinder- und Jugendgesundheitssurvey (KiGGS). In J. Collatz (Hrsg.), *Familienmedizin in Deutschland* (S. 97-131). Lengerich: Papst Science.

Hollmann, W. (2004). Körperliche Aktivität und Gesundheit in Kindheit und Jugend. In R. Zimmer & I. Hunger (Hrsg.), *Wahrnehmen, Bewegen, Lernen – Kindheit in Bewegung* (S. 32-43). Schorndorf: Hoffmann.

Hopkins, L. J. & Hopkins, J. T. (1976). Yoga in psychomotor training. *Academic Therapy, 11* (4), 461-465.

Horstmann, D. (2005). *Die Bedeutung spürsamer Körperarbeit im Lehrerberuf: Wirkungen der Grundprinzipien der Eutonie Gerda Alexander.* Unveröffentl. Wissenschaftl. Arbeit an der Universität Hannover.

Hotte, M. (1999). Entspannungsförderung bei verhaltensauffälligen Schülern. Fünf Unterrichtseinheiten aus der Schule für praktisch Bildbare. *Förderschulmagazin, 21* (9), 5-8.

Hottenrott, K. (2002a). Grundlagen zur Herzfrequenzvariabilität und Anwendungsmöglichkeiten im Sport. In K. Hottenrott (Hrsg.), *Herzfrequenzvariabilität im Sport. Prävention – Rehabilitation – Training (Schriften der Deutschen Vereinigung für Sportwissenschaft, 129* (S. 9-26). Hamburg: Czwalina.

Hottenrott, K. (2002b). *Herzfrequenzvariabilität im Sport - Prävention, Rehabilitation und Training.* Hamburg: Czwalina.

Hottenrott, K., Hoos, O. & Esperer, H. D. (2006). Herzfrequenzvariabilität im Sport. *Herz, 31*, 544-552.

Hume, W. I. (1979). *Biofeedback: Forschung und Therapie.* Bern, Stuttgart, Wien: Huber.

Huppertz, N. (2008). *Der lebensbezogene Ansatz im Kindergarten (2. Aufl.).* Norderstedt: Books on Demand GmbH.

Hurrelmann, K. (1994): *Sozialisation und Gesundheit. Somatische, psychische und soziale Risikofaktoren im Lebenslauf* (3. Aufl.). Weinheim, München: Juventa.

Hüter-Becker, A. & Dölken, M. (2007). *Physikalische Therapie, Massage, Elektrotherapie und Lymphdrainage.* Stuttgart: Thieme.

Hüther, G. (2007). Sich zu bewegen lernen, heißt fürs Leben lernen! In I. Hunger & R. Zimmer (Hrsg.), *Bewegte Kindheit, Bewegung, Bildung, Gesundheit, Entwicklung fördern von Anfang an* (S. 12-22). Schorndorf: Hofmann.

Hüther, G. (2011). *Was wir sind und was wir sein könnten: Ein neurobiologischer Mutmacher.* Frankfurt a.M.: Fischer.

Iyengar, B. K. S. (2009). *Licht auf Yoga* (4. Aufl.). Frankfurt a. M.: Fischer.

Jacobson, E. (1934/2006). *Entspannung als Therapie – Progressive Relaxation in Theorie und Praxis.* (Amerik. Originalausgabe 1934: You Must Relax. New York: McGraw-Hill Publishing; 6. Aufl. 2006). München: Pfeiffer.

Jensen, P. S. & Kenny, D. T. (2004). The Effects of Yoga on the Attention and Behavior of Boys with Attention-Deficit/Hyperactivity Disorder (ADHD). *Journal of Attention Disorders, 7* (4), 205-216.

Joraschky, P., Loew, T. & Röhricht, F. (2009). *Körpererleben und Körperbild. Ein Handbuch zur Diagnostik* (1. Aufl.). Stuttgart: Schattauer.

Jozefiak, T., Larsson, B., Wichstrom, L., Mattejat, F. & Ravens-Sieberer, U. (2008). Quality of life as reported by school children and their parents: a cross-sectional survey. *Health and Quality of Life Outcomes, 6* (34), 1-11.

Jugendministerkonferenz & Kultusministerkonferenz (2004). Gemeinsamer Rahmen der Länder für die frühe Bildung in Kindertageseinrichtungen. *KitaDebatte, 1,* 39-47.

Junginger, C. (2007). *Gesundheits- und Krankenpflege: Prüfungsvorbereitung für Pflegeberufe* (4. Aufl.). München: Urban & Fischer.

Jürgensen, M. (2008). *Geschlechtstypisches Verhalten, gesundheitsbezogene Lebensqualität und besondere Belastungen von Kindern mit Störungen der körperlichen Geschlechtsentwicklung (DSD) bei 46, XY-Karyotyp.* Dissertation an der Universität Lübeck.

Kahle, W. & Fortscher, M. (2009). *Taschenatlas Anatomie 3: Nervensystem* (10. Aufl.). Thieme: Stuttgart.

Kallus, K. W. (1995). *Der Erholungs-/Belastungs-Fragebogen (EBF).* Frankfurt: Swets & Zeitlinger.

Kaltwasser, V. (2008). *Achtsamkeit in der Schule. Stille-Inseln im Unterricht: Entspannung und Konzentration.* Weinheim: Beltz.

Kappesz, H. (1994). *Kreatives Lernen mit Kindern. Der Situationsansatz im Kindergartenalltag.* Freiburg: Herder.

Kasten, H. (2003). *Weiblich - Männlich. Geschlechterrollen durchschauen.* München: Reinhardt.

Katschnig, H., Wanschura, T. B. & Wurst, E. (1979). Erfahrungen mit dem Autogenen Training bei einer Kinder- und Elterngruppe. *Pädiatrie & Pädologie, 14* (2), 125-133.

Kavanagh, W. (2006). *Sanfte Berührung für Ihr Baby. Wohltuende Heil- und Reflexzonenmassage.* Freiburg: Urania.

Kelmanson, I. A. & Adulas, E. (2006). Massage therapy and sleep behavior in infants born with low birth weight. *Complement Ther. Clin. Pract., 12* (3), 200-5.

Kent, M. (1998). *Wörterbuch Sportwissenschaft und Sportmedizin.* Wiesbaden: Limpert.

King, L. A. & Nappa, C. K. (1998). What makes a good life? *Journal of Personality and Social Psychology, 75,* 156-165.

Kiphard, E. J. (1989). Die psychohygienische Bedeutung der Entspannungsfähigkeit im Erwachsenen- und Kindesalter. *Praxis der Psychomotorik, 14* (4), 182-189.

Kirchberg, F. (1926). *Handbuch der Massage und Heilgymnastik.* Leipzig: Thieme.

Kirkcaldy, B. & Thomé, E. (1984). Möglichkeiten des progressiven Entspannungstrainings im Sportunterricht. Progressive Relaxation nach Jacobson. *sportunterricht, 33* (11), 420-424.

Kirkpatrick, D. L. & Kirkpatrick, J. D. (2006). *Evaluating training programs: The four levels.* San Francisco: Berrett -Koehler Publishers.

Kjellrup, M. (2000). Eutonie Gerda Alexander. *Krankengymnastik, 52* (10), 1679-1684.

Kjellrup, M. (2006). *Eutonie: bewusst mit dem Körper leben: Verspannungen, Blockaden lösen – Fehlhaltungen verhindern – der bewährte Weg zu mehr Ausgeglichenheit.* Stuttgart: Haug.

Kjellrup, M. & Koenen, A. (1995). Eutonie – eine neue Methode? *Praxis der Psychomotorik, 20* (2), 78-81.

Klasse2000 (2010). *Theoretischer Hintergrund und Evaluationsergebnisse* (2. Aufl.). Nürnberg: Klasse2000 e.V.

Klein-Heßling, J. & Lohaus, A. (2000). *Streßpräventionstraining für Kinder im Grundschulalter*. Göttingen: Hogrefe.

Klein-Heßling, J. & Lohaus, A. (2002). Benefits and interindividual differences in children's responses to extend and intensified relaxation training. *Anxiety, Stress and Coping, 15*, 275-288.

Kliche, T., Gesell, S., Nyenhuis, N., Bodansky, A., Deu, A., Linde, K., Neuhaus, M., Post, M., Weitkamp, K., Töppich, J. & Koch, U. (2008). *Prävention und Gesundheitsförderung in Kitas. Eine Studie zu Determinanten, Verbreitung und Methoden für Kinder und Mitarbeiterinnen*. Weinheim, München: Juventa.

Kliche, T., Töppich, J., Kawski, S., Koch, U. & Lehmann, H. (2004). Die Beurteilung der Struktur-, Konzept- und Prozessqualität von Prävention und Gesundheitsförderung: Anforderungen und Lösungen. *Bundesgesundheitsblatt – Gesundheitsforschung - Gesundheitsschutz, 47*, 125-132.

Kliche, T., Töppich, J., Lehmann, H. & Koch, U. (2007). *QIP: Erfahrungen mit einem getesteten Qualitätsentwicklungsverfahren für Gesundheitsförderung und Prävention. 12. bundesweiter Kongress Armut und Gesundheit am 1./2. Dezember 2006 in Berlin*. Berlin: Eigenverlag.

Klose, C. (2007). *Bewegungs- und Wahrnehmungsförderung durch Eutonie: Entwicklung einer Konzeption für die Primarstufe*. Wissenschaftliche Hausarbeit an der Pädagogischen Hochschule Karlsruhe.

Kohl, F. (1997). Die „Progressive Muskelrelaxation" nach Jacobson – methodischer Ansatz, konzeptionelle Entwicklung und Grundzüge der gegenwärtigen Anwendungspraxis. *Krankenhauspsychiatrie, 8*, 189-193.

Kolster, B. C. (2003). *Massage. Klassische Massage, Querfriktionen, Funktionsmassage*. Berlin: Springer.

Kömhoff, M. (1995). *Konzentrationsförderung bei Lernbehinderung durch Yoga*. Wissenschaftliche Arbeit an der Universität Köln.

Konrad, P. (2005). *EMG-Fibel. Eine praxisorientierte Einführung in die kinesiologische Elektromyographie*. Köln: Velamed.

Konrad, P. & Freiwald, J. (1997). Einführung in das kinesiologische EMG. In H. Binkowski, M. Hoster, & H. U. Nepper (Hrsg.), *Medizinische Trainingstherapie in der ambulanten Rehabilitation* (S. 138-161). Sport Waldenburg: Consult-Verlag.

Koppitz, E. M. (1968). *Psychological Evaluation of Children's Human Figure Drawings*. New York: Grune & Stratton.

Krämer, A. (1994). *Autogenes Training als Hilfe bei Schul- und Lernschwierigkeiten*. Dissertation an der Universität Mainz.

Krampen, G. (2006). *Änderungssensitive Symptomliste zu Entspannungserleben, Wohlbefinden, Beschwerden- und Problembelastungen (ASS-SYM). Testhandbuch*. Göttingen: Hogrefe.

Krampen, G. (2008). Zum Einfluss pädagogisch-psychologischer Interventionen auf die Konzentrationsleistungen von Vor- und Grundschulkindern mit Konzentrationsschwächen: Ergebnisse aus zehn experimentellen Studien. *Psychologie in Erziehung und Unterricht, 55*, 196-210.

Krampen, G. (2012). *Autogenes Training: Ein alltagsnahes Übungsprogramm zum Erlernen der AT-Grundstufe*. Göttingen: Hogrefe.

Krause, C. (2009). *Das Ich-bin-ich-Programm. Selbstwertstärkung im Kindergarten mit Pauline und Emil (1. Aufl.)*. Berlin, Düsseldorf: Cornelsen.

Krenz, A. & Raue, R. (1996). *Bewegung im „Situationsorientierten Ansatz". Neue Impulse für Theorie und Praxis* (3. Aufl.). Freiburg: Herder.

Kröner, B. & Langenbruch, B. (1982). Untersuchung zur Frage der Indikation von Autogenem Training bei kindlichen Konzentrationsstörungen. *Zeitschrift für Klinische Psychotherapie und Med. Psychologie, 32*, 157-161.

Kröner, B. & Steinacker, I. (1980). Autogenes Training bei Kindern. Auswirkung auf verschiedene persönlichkeitsvariablen. *Psychotherapie, Psychosomatik, medizinische Psychologie, 30* (4), 180-184.

Kröner-Herwig, B. & Ehlert, U. (1992). Relaxation und Biofeedback in der Behandlung von chronischem Kopfschmerz bei Kindern und Jugendlichen. *Der Schmerz, 6* (3), 171-181.

Kröner-Herwig, B., Mohn, U. & Pothmann, R. (1992). Comparison of biofeedback and relaxation in the treatment of pediatric headache and the influence of parent involvement on outcome. *Appl. Psychophysiol Biofeedback, 23* (3), 143-57.

Kröner-Herwig, B., Plump, U. & Pothmann, R. (1992). Progressive Relaxation und EMG-Biofeedback in der Therapie von chronischem Kopfschmerz bei Kindern. Ergebnisse einer explorativen Studie. *Der Schmerz, 6* (2), 121-127.

Kröner-Herwig, B. & Sachse, R. (1988). *Biofeedbacktherapie*, (2., erw. Aufl.). Stuttgart: Kohlhammer

Kruse, W. (1978). Der formelhafte Vorsatz und seine Bedeutung in der Therapie mit dem Autogenen Training bei Kindern. *Zeitschrift für Klinische Psychotherapie und Med. Psychologie, 28* (5), 171-173.

Kruse, W. (1980). *Einführung in das Autogene Training mit Kindern. Ein Leitfaden für die Praxis*. Köln-Lövenich: Deutscher Ärzte Verlag.

Kunert, K. (1983): Wie Lehrer *mit dem Lehrplan umgehen. Bericht über eine Befragung von Grund- und Hauptschullehrern - Interpretationen - Folgerungen*. Weinheim: Beltz.

Kurth, B.-M. (2006). Informationen für Teilnehmer der KiGGS-Studie. *Bundesgesundheitsblatt – Gesundheitsforschung – Gesundheitsschutz, 46*, 1225-1232.

Kurth, B.-M. & Schaffrath Rosario, A. (2010). Übergewicht und Adipositas bei Kindern und Jugendlichen in Deutschland. *Bundesgesundheitsblatt – Gesundheitsforschung – Gesundheitsschutz, 53* (7), 643-652.

Labbe E. E. (1995). Treatment of childhood migraine with autogenic training and skin temperature biofeedback; a component analysis. *Headache, 35*, 10-13.

Laewen, H.-J. & Andres, B. (2002). *Bildung und Erziehung in der frühen Kindheit. Bausteine zum Bildungsauftrag von Kindertageseinrichtungen*. Weinheim: Beltz.

Lahm, B., Stück, M., Neumann, D., Pörschmann, N. & Mietzsch, B. (2009). *„Fair sein". Ansätze zur Förderung von wechselseitiger Anerkennung und Gewaltprävention in Kindertagesstätten*. Messdruck Leipzig.

Landgraf, J. M., Abetz, L. & Ware, J. E. (1999). *Child Health Questionnaire (CHQ): A User's Manual*. Boston, MA: HealthAct.

Landolt, M. A., Valsangiacomo Buechel, E. R. & Latal, B. (2008). Health-related quality of life in children and adolescents after open heart surgery. *Journal of Pediatrics, 152*, 349-355.

Lange, K., Ziegler, C., Aschemeier, B., Tewes, A., Marquardt, E., Sadeghian, E. & Danne, T. (2009). *Gesunde Kindergärten in Niedersachsen – Fit von klein auf. Primärprävention von Adipositas bei Vorschulkindern. Projektbericht.* Hannover: Eigenverlag.

Lange, R. (1992). *Entspannung, Körpererfahrung, Meditation. Ein Beitrag zu einer ganzheitlichen Gesundheitserziehung in Theorie und Praxis.* Sankt Augustin: Academia.

Langenkamp, B., Steinacker, I. & Kröner, B. (1981). Autogenes Training bei 10-jährigen Kindern-Beschreibung des Kursprogramms und des kindlichen Verhaltens während der Übungsstunden. *Praxis der Kinderpsychologie und Kinderpsychiatrie, 31* (2), 238-243.

Largo, R. (2010). *Lernen geht anders: Bildung und Erziehung vom Kind her denken.* Hamburg: Edition Körber-Stiftung.

Lasson, A., Ulbrich, C. & Tietze, W. (2009). *Evaluierung des Pilotprojektes gesunde kitas • starke kinder. Abschlussbericht.* Berlin: Pädquis GmbH.

Lee, H. K. (2006). The effects of infant massage on weight, height, and mother-infant interaction. *Taehan Kanho Hakkhoe Chi, 36* (8), 1331-9.

Lehrer, P. M., Batey, D. M., Woolfolk, R. L., Remde, A. & Garlick, T. (1988). The effect of repeated tense-release sequences on EMG and self-report of muscle tension: An evaluation of Jacobsonian and Post-Jacobsonian assumptions about progressive relaxation. *Psychology, 25* (5), 562-569.

Leibold, G. (1989). *Autogenes Training. Gesundheit für Körper und Seele* (2. Aufl.). Wiesbaden: Englisch-Verlag.

Lendner-Fischer, S. (2002). *Bewegte Stille. Wie Kinder ihre Lebendigkeit ausdrücken und zur Ruhe finden können. Ein Praxisbuch* (2. Aufl.). München: Kösel.

Lenninger, I. (1995). *Entspannung und Konzentration. Grundlagen; Ruhe-, Atem- und Körperübungen; Praxishilfen für die Klassen 1 bis 4.* Frankfurt am Main: Cornelsen.

Leu, H. R., Fläming, K., Frankenstein, Y., Koch, S., Pack, I., Schneider, K., & Schweiger, M. (2007). *Bildungs- und Lerngeschichten: Bildungsprozesse in früher Kindheit beobachten, dokumentieren und unterstützen.* Berlin: verlag das netz.

Leypold, H. (2013). *Das Resilienzmodell als bestimmender Einflussfaktor für erfolgreiche Organisations- und Personalentwicklung (Soziale Arbeit)* (2., überarb. Aufl.). Berlin: Logos Berlin.

Lischke-Naumann, G., Lorenz-Weiss, A. & Sandock, B. (1981). Das autogene Training in der therapeutischen Kindergruppe: Darstellung eines Konzepts. *Praxis der Kinderpsychologie und Kinderpsychiatrie, 30* (4), 109-117.

Loganathan, P. (2006). *Moral Values According to Yoga and Spiritual Lore. Effect of Integrated Yoga on Moral Values in School Going Children – A Control Study.* Dissertation at the Swami Vivekananda Yoga university.

Lohaus, A., Domsch, H. & Fridrici, M. (2007). *Stressbewältigung für Kinder und Jugendliche.* Heidelberg: Springer.

Lohaus, A. & Klein-Heßling, J. (2003). Problemlösungen sind erlernbar. Zur Evaluation von Stressbewältigungs- und Entspannungstrainings für Kinder im Grundschulalter. *Report Psychologie, 28* (2), 96-102.

Lohaus, A., Klein-Heßling, J., Vögele, C. & Kuhn-Hennighausen, C. (2001). Relaxation in children: Effects on physiological measures. *Brithish Journal of Health Psychology, 6,* 197-206.

Löwe, B. & Clement, U. (1996). Der Fragebogen zum Körperbild (FKB-20). Literaturüberblick, Beschreibung und Prüfung eines Meßinstrumentes. *Diagnostica, 42,* 352-76.

Luchs, E. M. (1970). *Yoga für Kinder* (1. Aufl.). München: Goldmann.

Maaß, E. & Ritschl, K. (2006). *Phantasiereisen leicht gemacht: die Macht der Phantasie.* Paderborn: Junfermann.

Maheswarananda, S. (1992). *Yoga mit Kindern.* München: Hugendubel.

Malliani, A., Pagani, M., Lombardi, F. & Cerutti, S. (1991). Cardiovascular neural regulation explored in the frequency domain. *Circulation, 84,* 482-492.

Manzey, D. (1998). Psychophysiologie mentaler Beanspruchung. In F. Rösler (Hrsg.), *Enzyklopädie der Psychologie. Themenbereich C: Theorie und Forschung. Serie I: Biologische Psychologie, Bd. 5: Ergebnisse und Anwendungen der Psychophysiologie* (S. 799-864). Göttingen: Hogrefe.

Markgraf, S. (2011). *Diagnostische Ansätze zur Überprüfung eines Trainings im Kontext von Entspannungsprogrammen in der Grundschule.* Unveröffentlichte wissenschaftliche Hausarbeit an der Pädagogischen Hochschule Karlsruhe.

Maschwitz, R. (2001). *Hellwach und entspannt. Eutoniegeschichten für Kinder.* München: Kösel.

Masek B. J., Russo D. C. & Varni. J. W. (1984). Behavioral approaches to the management of chronic pain in children. *Pediatr. Clin. North Am., 31,* 113-131.

Maslach, C. (1976). Burned-out. *Hum Behav., 5,* 16-22.

Maslach, C. & Jackson, S. E. (1981). The measurement of experienced burnout. *J. Occupat Behav., 2,* 99-113.

Massaro, A. N., Hammad, T. A., Jazzo, B. & Aly, H. (2009). Massage with kinesthetic stimulation improves weight gain in preterm infants. *J. Perinatol., 29* (5), 352-7.

Mathai, S., Fernandez, A., Mondkar, J. & Kanbur, W. (2001). Effects of tactile-kinesthetic stimulation in preterms: a controlled trial. *Indian Pediatrics, 38,* 1091-1098.

Mattejat, F. & Remschmidt, H. (2006). *ILK. Inventar zur Erfassung der Lebensqualität bei Kindern und Jugendlichen. Manual.* Bern: Huber.

Maxwell-Hudson, C. (2007). *Massagepraxis. Klassische Techniken aus Europa und Asien.* München: Dorling Kindersley.

McGrath, P. J., Humphreys, P., Goodman, J. T., Keene, D., Firestone, P., Jacob, B. & Cunnigham, S. J. (1988). Relaxation prophylaxis for childhood migraine: a randomized placebo-controlled trial. *Developmental Medicine and Child Neurology, 30,* 626-631.

McNair, D. M., Lorr, M. & Doppleman, L. F. (1971). *EITS manual for the Profile of Mood States.* San Diego: Educational and industrial testing service.

Meindl, D. (2007). *Gesundheit und Qigong. Die Formen des internationalen Qigong-Standards des chinesischen Sport-Ministeriums.* München: Verlag allsense GmbH.

Melanson, E. L. (2002). Resting heart rate variability in men varying in habitual physical activity. *Med. Science Sports Exerc*ises, *32*, 1894-1901.

Mendelson, T., Greenberg, M. T., Dariotis, J. K., Gould, L. F., Rhoades, B. L. & Leaf, P. J. (2010). Feasibility and preliminary outcomes of a school-based mindfulness intervention for urban youth. *J. Abnorm Child Psychol.*, *38* (7), 985-94.

Miklitz, I. (2011). *Der Waldkindergarten – Dimension eines pädagogischen Ansatzes* (4. Aufl.). Berlin: Cornelsen.

Mittermeier, R. (2005). *Biblische Fantasiereisen für Kinder und Jugendliche.* München: Don Bosco Medien.

Mobasseri, R. M. (2006). *Sahaja Yoga im Vergleich mit der Progressiven Muskelrelaxation nach Jacobson: Komplementäre Behandlung von Patienten mit lokalisiertem Mamma- oder Prostatakarzinom im Rahmen einer stationären Anschlussheilbehandlung – eine Pilotstudie.* Dissertation an der Johannes Gutenberg-Universität Mainz.

Moegling, K. (2006). *Untersuchungen zur Gesundheitswirkung des Tai Chi Chuan. Reihe Bewegungslehre & Bewegungsforschung. Band: 6.* Kassel: Prolog.

Moegling, K. (2009). *Tai Chi im Test der Wissenschaft. Internationale biomedizinische Studien zur Gesundheitswirkung des Tai Chi Chuan (Taijiquan).* Kassel: Prolog.

Mohanty, S. (2004). *Concept of Vastu according to Texts of Yoga and Spiritual Lore. Efficacy of Three Different Integrated Yoga Modules on Creativity in School Children (9-12 year).* Dissertation at the Swami Vivekananda Yoga university.

Montagu, A. (2004). *Körperkontakt. Die Bedeutung der Haut für die Entwicklung des Menschen* (11. Aufl.). Stuttgart: Klett-Cotta.

Moorthy, A. M. (1982). Survey of minimum muscular fitness of the school children of age group 6 to 11 years and comparison of the influence of selected yogic exercises and physical exercises on them. *Yoga Mimamsa, 21* (12), 59-64.

Moorthy, A. M. (1983). Muscular fitness Survey and the influence of Selected Yogic Exercices on school children. *Yoga Mimamsa, Vol. XXXI, 3/4*, 55-62.

Morien, A., Garrison, D. & Smith, N. K. (2008). Range of motion improves after massage in children with burns: a pilot study. *J. Bodyw. Mov. Ther.*, *12* (1), 67-71.

Moyer-Mileur, L. J., Brunstetter, V., McNaugh, T. P., Gill, G. & Chan, G. M. (2000). Daily physical activity program increases bone mineralization and growth in preterm very low birth weight infants. *Pediatrics, 106*, 1088-92.

Mück-Weymann, M. (2002). Die Herzratenvariabilität als globaler Adaptivitätsfaktor in psycho-neuro-kardialen Funktionskreisen. In D. Mattke (Hrsg.), *Vom Allgemeinen zum Besonderen: Störungsspezifische Konzepte und Behandlung in der Psychosomatik* (S. 322-327): Frankfurt a.M.: Verlag für Akademische Schriften.

Muhr, T. (1994). ATLAS/ti. Ein Werkzeug für die Textinterpretation. In A. Boehm, A. Mengel & T. Muhr (Hrsg.), *Texte verstehen. Konzepte, Methoden, Werkzeuge* (S. 317-324). Konstanz: Universitätsverlag.

Müller, B. & Basler, H. D. (1993). *Kurzfragebogen zur aktuellen Beanspruchung. Manual.* Weinheim: Beltz.

Müller, D. (2004). *Phantasiereisen im Unterricht.* Braunschweig: Westermann.

Müller, E. (1984). *Hilfe gegen Schulstress. Übungsanleitung zu autogenem Training, Atemgymnastik und Meditation; Übungen zum Abbau von Aggressionen, Wut und Spannung; für Kinder und Jugendliche.* Reinbeck: Rowohlt.

Müller, M. (2009). *Selbst- und Partnermassage in der Schule- Formen, Funktionen und Implementationsmöglichkeiten.* Unveröffentlichte Diplomarbeit an der Pädagogischen Hochschule Karlsruhe.

Müller, M. (2013). Massage – Spirit and Freshness für Kids. In N. Fessler (Hrsg.), *Entspannung lehren und lernen in der Grundschule* (S. 149-162). Aachen: Meyer & Meyer.

Müller, M. & Müllerschön, K. (2011). Die Kunst der Berührung – Massagetechniken für Schülerhände im Sportunterricht. *sportunterricht, 60* (6), 7-11.

Müller, S. (2006). *Theoretische und praktische Implementierung der bilingualen Bildung im Kindergarten – Konzeption einer lebensbezogenen bilingualen Didaktik.* Dissertation an der Pädagogischen Hochschule Freiburg.

Muschinsky, B. (1992). *Massagelehre in Theorie und Praxis. Klassische Massage, Bindegewebsmassage, Unterwasserdruckstrahlmassage* (3., bearb. Aufl.). Stuttgart: Fischer.

Naglieri, J. A. (1988). *Draw A Person: A Quantitative Scoring System.* San Antonio: The Psychological Corporation.

Naglieri, J. A., McNeish, T. J. & Bardos, A. N. (1991). *DAP: SPED Draw a Person: Screening Procedure for Emotional Disturbance, Examiner´s Manual.* Austin: PRO-ED.

Nemet, D., Dolfin, T., Litmanowitz, I., Shainkin-Kestenbaum, R., Lis, M. & Eliakim, A. (2002). Evidence for exercise-induced bone formation in premature infants. *Intern. J. of Sports Med., 23*, 82-85.

Neroev, V. V., Chuvilina, M. V., Tarutta, E. P. & Ivanov, A. N. (2006). Reflex therapy, massage, and manual therapy in the treatment of progressive myopia in children and adolescents. *Vestn. Oftalmol., 122* (4), 20-4.

Neuburger, S. (1998). Entspannung für Kinder und Jugendliche. Entspannungstechniken in der Praxis. *Turnen und Sport, 72* (2), 14-15.

Niesel, R. & Griebel, W. (2007). Transitionen. In R. Pousset (Hrsg.). *Handwörterbuch für Erzieherinnen und Erzieher* (2. Aufl.) (S. 447-450). Berlin: Cornelsen.

Nil, R., Jacobshagen, N., Schächinger, H., Baumann, P., Höck, P., Hättenschwiller, J. Ramseier, F., Seifritz, E. & Holsboer-Trachsler, E. (2010). Burnout – eine Standortbestimmung. *Schweizer Archiv für Neurologie und Psychiatrie, 161 (2)*, 72-7.

Nilsson, S., Johansson, G., Enskär, K. & Himmelmann, K. (2011). Massage therapy in post-operative rehabilitation of children and adolescents with cerebral palsy - a pilot study. *Complement Ther. Clin. Pract., 17* (3), 127-31.

Noeker, M. & Petermann, F. (2008). Resilienz: Funktionale Adaptation an widrige Umgebungsbedingungen. *Zeitschrift für Psychiatrie, Psychologie und Psychotherapie*, 56 (4), 255-263.

Obermann, I. (2003). Autogenes Training für Kinder. *Entspannungsverfahren, 20*, 23-27.

Oczenski, W. (2012). *Atmen – Atemhilfe: Atemphysiologie und Beatmungstechnik* (9., überarb. und erw. Aufl.). Stuttgart: Thieme.

OECD (2001). *Starting Strong: Early Childhood Education and Care*. Paris: OECD.

OECD (2006). *Starting Strong II: Early Childhood Education and Care*. Paris: OECD

Ohm, D. (2001). Progressive Relaxation bei Kindern und Jugendlichen. *Entspannungsverfahren, 18*, 9-18.

Oles, M. (1956). Autogenes Training bei Kindern und Jugendlichen. *Zeitschrift für Psychiatrie, Neurologie und Med. Psychologie, 2-3*, 76-78.

Opper, E. (2013). Qigong – Bewegungsabenteuer mit dem Indianerkind Qigo. In N. Fessler (Hrsg.), *Entspannung lehren und lernen in der Grundschule* (S. 163-192). Aachen: Meyer & Meyer.

Opper, E. & Schreiner, S. (2009). *Qigong im Kindergarten im Rahmen des Motorik-Moduls*. Abschlussarbeit der Ausbildung Qigong mit Kindern an der Universität Karlsruhe.

Opper, E. & Schreiner, S. (2010). Qigong im Kindergarten im Rahmen des Motorik-Moduls. *Haltung und Bewegung, 30* (2/3), 5-21.

Opper, E. & Schreiner, S. (2011). Koordination und Konzentration fördern. Studie über die Wirkung von Qigong auf die Motorik und Konzentration bei Kindergartenkindern. *Taijiquan & Qigong Journal, 1*, 18-25.

Oswalt, K. & Biasini, F. (2011). Effects of infant massage on HIV-infected mothers and their infants. *J. Spec. Pediatr. Nurs, 16* (3), 169-78.

Parker-Binder, I. (2006). *Biofeedback in der Praxis. Band 1: Kinder*. Wien, New York: Springer.

Pavitschitz, N. (2010). *Das Kohärenzgefühl, die Lebensqualität und die Partnerschaftsqualität von Müttern herzerkrankter Kinder und deren Einfluss auf das kindliche Befinden*. Diplomarbeit an der Universität Wien.

Peck, H. L., Kehle, T. J., Bray, M. A., & Theodore, L. A. (2005). Yoga as an intervention for children with attention problems. *School Psychology Review, 34* (3), 415-424.

Petermann, F., Kusch, M. & Niebank, K. (1998). *Entwicklungspsychopathologie. Ein Lehrbuch*. Weinheim: Beltz.

Petermann, F. & Vaitl, D. (2009). *Entspannungsverfahren – Das Praxishandbuch* (4., vollständig überarb. Aufl.). Weinheim: Beltz.

Petermann, U. (2007). *Entspannungstechniken für Kinder und Jugendliche. Ein Praxisbuch* (5., veränderte Aufl.). Weinheim, Basel: Beltz.

Petermann, U. (2010). *Die Kapitän-Nemo-Geschichten. Geschichten gegen Angst und Stress* (10. Aufl.). Freiburg: Herder.

Petermann, U. & Menzel, S. (1997). Kindangemessene Entspannungsverfahren. *Praxis der Psychomotorik, 22* (4), 242-249.

Pichon, A. P., Roulaud, M., Denjean, A. & Papelier, Y. (2004). Spectral analysis of heart rate variability during exercise in trained subjects. *Med. Sci. Sports Exerc., 36*, 1702-1708.

Pilguj, S. (2002). *Yoga mit Kindern.* Freiburg: Urania.
Piravej, K., Tangtrongchitr, P., Chandarasiri, P., Paothong, L. & Sukprasong, S. (2009). Effects of Thai traditional massage on autistic children's behavior. *J. Altern Complement Med., 15* (12), 1355-61.
Platania Solazzo, A., Field, T., Blank, J., Seligman, F., Kuhn, C., Schanberg, S. & Saab, P. (1992). Relaxation therapy reduces anxiety in child and adolescent psychiatric patients. *Acta Paedopsychiatrica, 55,* 115-120.
Polender, A. (1982a). Entspannungs-Übungen. Eine Modifikation des Autogenen Trainings für geistig behinderte Kinder. *Praxis der Kinderpsychologie und Kinderpsychiatrie, 31* (2), 50-56.
Polender, A. (1982b). Entspannungs-Übungen. Eine Modifikation des Autogenen Trainings für Kleinkinder. *Praxis der Kinderpsychologie und Kinderpsychiatrie, 31* (1), 15-19.
Post-White, J., Fitzgerald, M., Savik, K., Hooke, M. C., Hannahan, A. B. & Sencer, S. F. (2009). Massage therapy for children with cancer. *J. Pediatr. Oncol. Nurs, 26* (1), 16-28.
Pribram, K. H. & McGuinness, D. (1975). Arousal, activation, and effort in the control of attention. *Psychological Review, 82,* 116-149.
Quante, S. (1999). Entspannung mit Kindern. *Haltung und Bewegung, 19* (4), 22-27.
Radhakrishna, S. (2010). Application of integrated yoga therapy to increase imitation skills in children with autism spectrum disorder. *International Journal of Yoga, 3* (1), 26-30.
Raudszus-Nothdurfter, I. (1992). Der formelhafte Vorsatz im Autogenen Training mit Kindern. *Autogenes Training & Progressive Relaxation, 9,* 5-10.
Ravens-Sieberer, U. (2000). Verfahren zur Erfassung der gesundheitsbezogenen Lebensqualität bei Kindern und Jugendlichen – Ein Überblick. *Bundesgesundheitsblatt – Gesundheitsforschung – Gesundheitsschutz, 43,* 198-209.
Ravens-Sieberer, U. & Bullinger, M. (2003). KINDL-Fragebogen zur Erfassung der gesundheitsbezogenen Lebensqualität bei Kindern und Jugendlichen – Revidierte Form. In J. Schumacher, A. Klaiberg & E. Brähler (Hrsg.), *Diagnostische Verfahren zur Lebensqualität und Wohlbefinden* (S. 184-188). Göttingen: Hogrefe.
Ravens-Sieberer, U., Ellert, U. & Erhart, M. (2007). Gesundheitsbezogene Lebensqualität von Kindern und Jugendlichen in Deutschland. Eine Normstichprobe für Deutschland aus dem Kinder- und Jugendsurvey (KIGGS). *Bundesgesundheitsblatt – Gesundheitsforschung – Gesundheitsschutz, 5/6,* 810-818.
Reik, B. (2007). *Tai Chi für Kinder: Mit Tiger und Bär zu mehr Körperbewusstsein, Bewegung und Ruhe.* Murnau a. Staffelsee: Mankau.
Reno-Schiffel, E. (1981). Yoga mit Kindern. *Lobo, 81.*
Retter, H. (1978) Typen pädagogischer und didaktischer Ansätze im Elementarbereich. In R. Dollase (Hrsg.), *Handbuch der Früh- und Vorschulpädagogik.* Band: 2 (S. 135-150). Düsseldorf: Schwann.
Richter, I. L., McGrath, P. J., Humphreys, P. J., Goodman J. T., Firestone, P. & Keene, D. (1986). Cognitive and relaxation treatment of pediatric migrainc. *Pain, 25,* 195-203.

Richter, T. (2010). *Pädagogischer Auftrag und Unterrichtsziele. Vom Lehrplan der Waldorfschule* (4. Aufl.) Stuttgart: Freies Geistesleben.

Riebe, U. (1988). *Autogenes Training und Biofeedback zur Behandlung des kindlichen funktionellen Kopfschmerzes.* Dissertation an der Humboldt-Universität Berlin.

Rohrmoser, E. (1993). Qigong in der Arbeit mit lerngestörten Kindern. *Zeitschrift für Qigong Yangsheng, Jahresheft 1993*, 29-30.

Rohrmoser, E. (1996). Die Wirkung von Qigong Yangsheng, insbesondere des „Spiels der 5 Tiere", bei Kindern, die unter Lernblockaden und Verhaltensstörungen leiden. *Zeitschrift für Qigong Yangsheng, 3*, 70-73.

Rohrmoser, E. (1998). Qigong Yangsheng mit Kindern in Einzel- und Gruppenarbeit. In G. Hildenbrand, M. Geißler & S. Stein (Hrsg.). *Das Qi kultivieren. Die Lebenskraft nähren* (S. 202-204). Uelzen: Medizinische Literarische Verlagsgesellschaft.

Rolff, H. G. (2006). Unterrichtsentwicklung als Schulentwicklung. In W. Bos, H. G. Holtappels, H. Pfeiffer, H. G. Rolff & R. Schulz-Zander (Hrsg.), *Jahrbuch der Schulentwicklung, Band 14: Daten, Beispiele und Perspektiven* (S. 221-245). Weinheim, München: Juventa.

Rösch, N. & Behringer, K. H. (2005). *Autogenes Training mit Kindern*. Filderstadt: Weinmann.

Roscoe, A. H. (1992). Assessing pilot workload. Why measure heart rate, HRV and respiration? *Biological Psychology, 34,* 259-287.

Rosenblatt, L. E., Gorantla S., Torres, J. A., Yarmush, R. S., Rao, S., Park, E. R., Denninger, J. W., Benson, H., Fricchione, G. L., Bernstein, B., Levine, J. B. (2011). Relaxation response-based yoga improves functioning in young children with autism: a pilot study. *Journal Altern. Complement Med., 17* (11), 1029-35.

Ruben, W. (1955). *Beginn der Philosophie in Indien. Aus den Veden, Band 1: Texte der indischen Philosophie.* Berlin: Akademie-Verlag.

Rücker-Vogler, U. (2001). *Yoga und Autogenes Training mit Kindern* (6. Aufl.). München: Don Bosco.

Ryan, R. M., & Deci, E. L. (2001). On happiness and human potentials: A review of research on hedonic and eudaimonic well-being. *Annual review of psychology, 52,* 141-166.

Ryff, C. D., & Singer, B. (2008). Know thyself and become what you are: A eudaimonic approach to psychological well-being. *Journal of Happiness Studies, 9* (1), 13-39.

Sachse, J. (1987). *Massage in Bild und Wort. Grundlagen und Durchführung der Heilmassage.* Stuttgart: Fischer.

Sagheri, D., Ravens-Sieberer, U., Braumann, B. & von Mackensen, S. (2009). An Evaluation of Health-Related Quality of Life (HRQoL) in a Group of 4-7 Year-Old Children with Cleft Lip and Palate. Eine Untersuchung der gesundheitsbezogenen Lebensqualität in einer Gruppe von 4- bis 7-jährigen Kindern mit Lippen-Liefer-Gaumen-Segelspalten. *Journal of Orofacial Orthopedics, 70* (4), 274-84.

Saile, G. (1968). Physiologische Grundlagen. In E. Helmrich & G. Quilitzsch (Hrsg.), *Taschenbuch der Physiotherapie*. Heidelberg: Haug.

Sajedi, F., Kashaninia, Z., Hoseinzadeh, S. & Abedinipoor, A. (2011). How effective is Swedish massage on blood glucose level in children with diabetes mellitus? *Acta Med. Iran, 49* (9), 592-7.

Salbert, S. (2006). *Ganzheitliche Entspannungstechniken für Kinder. Bewegungs- und Ruheübungen, Geschichten und Wahrnehmungsspiele aus dem Yoga, dem autogenen Training und der progressiven Muskelentspannung.* Münster: Ökotpia.

Sammons, P. (2007). *School effectiveness and equity: making connections. Executive Summary.* Berkshire: cfbt.

Sandleben, W. I. & Schläpfer, R. (1997). Die Wirkung des Qigong Yangsheng nach kurzer Übungspraxis. Befragungsergebnisse aus 44 Qigong Yangsheng-Kursen. *Zeitschrift für Qigong Yangsheng, 1*, 108-117.

Sankara, A. & Riemann, G. (Hrsg.) (1989). *Bhagavadgita* (übersetzt von: J. Dünnebier). München: Drömer Knaur.

Sankaranarayanan, K., Mondkar, J. A., Chauhan, M. M., Mascarenhas, B. M., Mainkar, A. R. & Salvi, R. Y. (2005). Oil massage in neonates: an open randomized controlled study of coconut versus mineral oil. *Indian Pediatrics, 42*, 877-84.

Santini, B. (1971). *Das Curriculum im Urteil der Lehrer. Eine empirische Untersuchung.* Basel: Beltz.

Sartory, G., Müller, B., Metsch, J. & Pothmann, R. (1998). A comparison of psychological and pharmacological treatment of pediatric migraine. *Behavior Research and Therapy, 36* (12), 55-70.

Satchell, P. M. (1993). *Cockpit monitoring and alerting systems.* Aldershot, Hants: Ashgate.

Satyananda, S. (1985). *Yoga Education for Children.* Munger: Bihar School of Yoga.

Sauer, R. (2004). *Der goldene Hahn steht auf einem Bein.* Norderstedt: Books on Demand GmbH.

Savic, K., Pfau, J., Skoric, S. & Spasojevic, N. (1990). The effect of Hatha-Yoga on poor posture in children and the psychophysical condition in adults. *Med.-Pregl., 43* (5-6), 268-272.

Scafidi, F. & Field, T. M. (1996). Massage therapy improves behavior in neonates born to HIV-positive mothers. *J. Pediatr. Psychol., 21* (6), 889-97.

Scafidi, F., Field, T. M., Schanberg, S. M., Bauer, C. & Tucci, K. (1990). Massage stimulates growth in preterm infants: A replication. *Infant Behavior and Development, 13*, 167-188.

Scafidi, F., Field, T. M., Schanberg, S. M., Bauer, C., Vega-Lahr, N. et al. (1986). Effects of tactile/kinesthetic stimulation on the clinical course and sleep/wake behavior of preterm neonates. *Infant Behavior and Development, 9*, 91-105.

Schachner, L., Field, T., Hernandez-Reif, M., Duarte, A. M. & Krasnegor, J. (1998). Atopic dermatitis symptoms decreased in children following massage therapy. *Pediatr. Dermatol., 15* (5), 390-5.

Schaefer, K. (2005). Somatisches Lernen. Eutonie Gerda Alexander. In F. van den Berg (Hrsg.), *Angewandte Physiologie, Band 5: Komplementäre Therapien verstehen und integrieren* (S. 604-629). Stuttgart: Thieme.

Schaefer, K. (2009). Die Eutonie Gerda Alexander. In W. Steinmüller, K. Schaefer & M. Fortwängler (Hrsg.), *Gesundheit – Lernen – Kreativität: Alexander-Technik, Eutonie Gerda Alexander und Feldenkrais als Methoden zur Gestaltung somatopsychischer Lernprozesse* (2. Aufl.) (S. 47-91). Bern: Huber.

Schaefer, K. (2010). Die Wirklichkeit des Augenblicks. Gerda Alexander und die Eutonie. *GuL [Geist und Leben. Zeitschrift für christliche Spiritualität], 83* (2), 92-113.

Schaffner, K. (2009). *Auf dem Rücken tut sich was.* Celle: Pohl-Verlag.

Schandry, R. (1998). *Lehrbuch der Psychophysiologie* (3., korr. Aufl.). Weinheim: Psychologie Verlags Union.

Schenk, M. (1984). *Grenzen des Autogenen Trainings und der Biofeedbackmethode bei der Behandlung des Stotterns.* Dissertation an der Technischen Hochschule Aachen.

Schirle, P. (2007). Monitoring in der Kinderanästhesie. In F.-J. Kretz & K. Becke (Hrsg.), *Anästhesie und Intensivmedizin bei Kindern* (2., vollst. überarb. und aktual. Aufl.) (S. 55-70). Stuttgart: Thieme.

Schlack, H. G. (2004). Neue Morbidität im Kindesalter. Aufgaben für die Sozialpädiatrie. *Kinderärztliche Praxis, 75*, 292-299.

Schlack, R. & H. Hölling (2009). Psychische Auffälligkeiten und Schutzfaktoren für die psychische Gesundheit von Kindern und Jugendlichen - Aktuelle Zahlen aus dem Kinder- und Jugendgesundheitssurvey KiGGS. *Die Kerbe. Forum für Sozialpsychiatrie, 27* (2), 5-9.

Schlack, R., Hölling, H. & Petermann, F. (2009). Psychosoziale Risiko- und Schutzfaktoren bei Kindern und Jugendlichen mit Gewalterfahrungen. Ergebnisse aus der KiGGS-Studie. *Psychologische Rundschau, 60*, 137-151.

Schlack, R., Kurth, B.-M. & Hölling, H. (2008). Die Gesundheit von Kindern und Jugendlichen in Deutschland – Daten aus dem bundesweit repräsentativen Kinder- und Jugendgesundheitssurvey. *Umweltmed. Forsch. Prax., 14* (4), 245-260.

Schlaud, M., Atzpodien, K. & Thierfelder, W. (2007). Allergische Erkrankungen. Ergebnisse aus dem Kinder- und Jugendgesundheitssurvey (KiGGS). *Bundesgesundheitsblatt – Gesundheitsforschung – Gesundheitsschutz, 50* (5/6), 701-710.

Schmitt, P. (2005). Entspannung Teil 6. *turnen und sport, 79* (12), 11-12.

Schmook, R. & Konradt, U. (2000). Telearbeit, Freizeit und Familie. Analyse des Zeitbudgets und der erlebten Beanspruchung. *Familienforschung, 12* (3), 39-57.

Schneider, M. (2010). *Das „Berliner Bildungsprogramm" und die „Qualitätsvereinbarung Tageseinrichtungen" in der Berliner ErzieherInnenausbildung".* Masterarbeit an der Freien Universität Berlin.

Schneider, M. & Schneider, R. (1999). *Horizonte erweitern.* Münster: Ökotopia.

Scholz, B. (1993). Entspannung. In A. Schorr (Hrsg.), *Handwörterbuch der Angewandten Psychologie* (S. 178-182). Bonn: Deutscher Psychologen Verlag.

Schultz, J. H. (1932/2003). *Das Autogene Training: Konzentrative Selbstentspannung. Versuch einer klinisch-praktischen Darstellung* (1. Aufl. 1932; 20. Auflage 2003). Stuttgart: Thieme.

Schuster, M. (2001). *Kinderzeichnungen – Wie sie entstehen, was sie bedeuten?* (2., neu bearb. Aufl.). München: Reinhardt.

Schuth, W. (1977). *Therapeutische Erfolge des Autogenen Trainings mit Kindern. Eine experimentelle Studie.* Dissertation an der Universität Mainz.

Sebková-Thaller, Z. (1998a). *Wurm im Apfel und andere Erzählungen. Qigong für Kinder ab dem Kindergartenalter.* Markt-Berolzheim: Hernoul-le-Fin.

Sebková-Thaller, Z. (1998b). *Der Maulwurf kommt ans Tageslicht. Qigong für Kinder ab dem Grundschulalter.* Markt-Berolzheim: Hernoul-le-Fin.

Sebková-Thaller, Z. (2000). Qigong: Kinder fürs Leben stark machen. *Baby und die ersten Lebensjahre, 8*, 28-29.

Sebková-Thaller, Z. (2002). Lebensqualität und Leistungsfähigkeit - Qigong und MS. *Taijiquan & Qigong Journal, 2* (8), 28-33.

Seidel, C. (2007). *Leitlinien zur Interpretation der Kinderzeichnung.* Lienz: Journal Verlag.

Seyffert, S. (2010). Heute *Regen, morgen Sonne: Entspannungsgeschichten für Kinder.* Würzburg: Arena.

Shor-Posner, G., Hernandez-Reif, M., Miguez, M. J., Fletcher, M., Quintero, N., Baez, J., Perez-Then, E., Soto S., Mendoza, R., Castillo, R. & Zhang, G. (2006). Impact of a massage therapy clinical trial on immune status in young Dominican children infected with HIV-1. *J. Altern Complement Med., 12* (6), 511-6.

Silva, L., Ayres, R. & Schalock, M. (2008). Outcomes of a pilot training program in a qigong massage intervention for young children with autism. *American Journal of Occupational Therapy, 62* (5), 530-538.

Silva, L. & Cignolini, A. (2005). A medical qigong methodology for early intervention in autism spectrum disorder: A case series. *American Journal of Chinese Medicine, 26* (2), 315-327.

Silva, L., Cignolini, A., Warren, R., Skowron-Gooch, A. & Budden, S. (2007). Improvement in sensory impairment and social interaction in young children with autism following treatment with an original qigong massage methodology. *American Journal of Chinese Medicine, 35* (3), 393-406.

Silva, L., Schalock, M., Ayres, R., Bunse, C. & Budden, S. (2009). Treatment of Sensory and Self-Regulation Problems in Young Children with Autism: A Randomized Controlled Trial. *American Journal of Occupational Therapy, 63* (4), 423-32.

Silva, L., Schalock, M., Garberg, J. & Lammers Smith, C. (2012). *American Journal of Occupational Therapy, 66* (3), 348-55.

Simonton, O. C., Simonton, S. M. & Creighton, J. (2001). *Wieder gesund werden: Eine Anleitung zur Aktivierung der Selbstheilungskräfte für Krebspatienten und ihre Angehörigen.* Berlin: rororo.

Smith, S. L., Lux, R., Haley, S., Slater, H., Beechy, J. & Moyer-Mileur, L. J. (2012). The effect of massage on heart rate variability in preterm infants. *J. Perinatol., 10*, 47.

Smith, T. P. (1984). An evaluation of the psychological effects of physical exercise on children. *Dissertation International Abstracts, 44*, 2260.

Solanki, K., Matnani, M., Kale, M., Joshi, K., Bavdekar, A., Bhave, S. & Pandit, A. (2005). Transcutaneous absorption of topically massaged oil in neonates. *Indian Pediatrics, 42*, 998-1005.

Speck, V. (2005). *Training progressiver Muskelentspannung für Kinder*. Göttingen: Hogrefe.
Steiner, R. (1972). Das Prinzip der Eurythmie und wie sie entstanden ist. In E. Froböse & E. Froböse (Hrsg.), *Eurythmie. Die Offenbarung der sprechenden Seele. Eine Fortbildung der Goetheschen Metamorphosenanschauung im Bereich der menschlichen Bewegung* (S. 23-26). Dornach: Steiner Verlag.
Steiner, R. (1998). Vom richtigen Atemlernen. In M. Glöckner (Hrsg.), *Gesundheit und Schule. Schulärztliche Tätigkeit an Waldorf- und Rudolf Steiner Schulen. Berufsbild – Perspektiven – praktische Erfahrungen. Erziehung als präventivmedizinische Aufgabenstellung* (S. 163-166). Dornach: Verlag am Goetheanum.
Steinmüller, W., Schaefer, K. & Fortwängler, M. (2009). *Gesundheit – Lernen – Kreativität: Alexander-Technik, Eutonie Gerda Alexander und Feldenkrais als Methoden zur Gestaltung somatopsychischer Lernprozesse* (2. Aufl.). Bern: Huber.
Steyer, R., Schwenkmezger, P., Eid, M. & Notz, P. (1991). *Befindlichkeitsmessung und Latent-State-Trait-Modelle*. Zugriff im September 2010 unter http://www.metheval.uni-jena.de/materialien/ges7/ZwischenberichtStufe1.php.
Stibbe, G. (2004). *Schulsport und Schulprogrammentwicklung*. Aachen: Meyer & Meyer.
Stibbe, G. (2013). Zum Spektrum sportdidaktischer Positionen – ein konzeptioneller Trendbericht. In H. Aschebrock & G. Stibbe (Hrsg.), *Didaktische Konzepte für den Schulsport* (S. 10-31). Aachen: Meyer & Meyer.
Stibbe, G. & Aschebrock, H. (2007). *Lehrpläne Sport – Grundzüge der sportdidaktischen Lehrplanforschung*. Baltmannsweiler: Schneider.
Stoltenberg, U. (2008). *Bildungspläne im Elementarbereich. Ein Beitrag zur Bildung für nachhaltige Entwicklung?* Bonn: MediaCompany-Berlin GmbH.
Strauß B. & Richter-Appelt H. (1996). *Fragebogen zur Beurteilung des eigenen Körpers (FBeK)*. Göttingen: Hogrefe.
Strehlow, K. (1995). *Untersuchungen zum Autogenen Training bei 8- bis 13-jährigen Kindern mit atopischem Ekzem*. Dissertation an der Georg-August-Universität Göttingen.
Struck, P. (1996). *Die Schule der Zukunft. Von der Belehrungsanstalt zur Lernwerkstatt*. Darmstadt: Wissenschaftliche Buchgesellschaft.
Stück, M. (1998). *Entspannungstrainings mit Yogaelementen in der Schule. Wie man Belastungen abbauen kann*. Donauwörth: Auer.
Stück, M. (2009). *Bilinguale Entspannungs- und Bewegungsförderung in der Kita: Das Entspannungstraining mit Yogaelementen (EMYK) für 3-6-jährige Kinder. Band 2: Beiträge zur Bildungsgesundheit*. Strasburg: Schibri.
Stück, M. (2011). W*issenschaftliche Grundlagen zum Yoga mit Kindern und Jugendlichen. Band: 3. Neue Wege in Psychologie und Pädagogik*. Strasburg: Schibri.
Sühling, N. (2004). *Anwendung des Autogenen Trainings im Kindesalter*. Dissertation an der Technischen Hochschule Aachen.
Sumar, S. (1998). *Yoga for the Special Child - a Therapeutic Approach for Infants and Children with Down Syndrome, Cerebral Palsy, Learning Disabilities*. Buckhingham: Special Yoga Publications.

Sylva, K., Melhuish, E., Sammons, P., Siraj-Blatchford, I. & Taggart, B. (2004). *The Effective Provision of Pre-School Education (EPPE) Project: Technical Paper 12 - The final report*. London: DfES / Institute of Education, University of London.

Task Force of the European Society of Cardiology and the North American Society of Pacing and Electrophysiology (1996). Guidelines – Heart rate variability: Standards of measurement, physiological interpretation, and clinical use. *European Heart Journal, 17*, 354-381.

Taucher, P. (1982). *Der Einfluß von Entspannungs- und Meditationstechniken auf das Lernvermögen von Schulkindern*. Dissertation an der Universität Wien.

Telles, S., Hanumanthaiah, B., Nagarathna, R. & Nagendra, H. R. (1994). Improvement in static motor performance following yoga training of school children. *Perception-Motoric-Skills, 76*, 1264-1266.

Teml, H. & Teml, H. (1999). *Komm mit zum Regenbogen. Phantasiereisen für Kinder und Jugendliche. Entspannung, Lernförderung, Persönlichkeitsentwicklung* (5. Aufl.). Linz: Veritas.

Textor, M. R. (2004). *Verhaltensauffällige Kinder fördern. Praktische Hilfen für Kindergärten und Hort*. Weinheim: Beltz.

Textor, M. R. (2007). *Erziehungs-und Bildungspläne*. Zugriff im Februar 20012 unter http://www.kindergartenpaedagogik.de/1951.html.

Theunissen, N. C., Vogels, T. G., Koopman, H. M., Verrips, G. H., Zwinderman, K. A., Verloove-Vanhorick, S. P. & Wit, J. M. (1998). The proxy problem: Child report versus parent report in health-related quality of life research. *Quality of Life Research, 7*, 387-397.

Thews, G., Mutschler E. & Vaupel, P. (2007). *Anatomie, Physiologie, Pathophysiologie des Menschen* (6., völlig überarb. Aufl.). Berlin: Wissenschaftliche Verlagsgesellschaft.

Thomas, K. (2006). *Praxis des Autogenen Trainings – Selbsthypnose nach J. H. Schultz. Grundstufe, Formelhafte Vorsätze, Oberstufe*. Stuttgart: Thieme.

Thurnstone, L. L. (1947). *Multiple-factor analysis*. Chicago: University of Chicago Press.

Thygeson M. V., Hooke M. C., Clapsaddle J., Robbins A. & Moquist, K. (2010). Peaceful play yoga: serenity and balance for children with cancer and their parents. *Journal Pediatric Oncol. Nurs., 7* (5), 276-84.

Tietze, W. (1998). *Wie gut sind unsere Kindergärten? Eine Untersuchung zur pädagogischen Qualität in deutschen Kindergärten*. Weinheim: Beltz.

Tietze, W., Schuster, K.-M., Rossbach, H.-G. & Grenner, K. (2005). *Einschätzskalen: Kindergarten-Skala (KES-R)* (3., überarb. Aufl.). Berlin: Cornelsen.

Uma, K., Nagendra, H. R., Nagarathna, R., Vaidehi, S. & Seethalakshmi, R. (1989). The Integrated approach of yoga: a therapeutic tool for mentally retarded children: a one-year controlled study. *Journal of Mental Deficit Research, 33*, 415-421.

Unger, C. & Hofmann, K. (1984). *Yoga mit Jugendlichen - Erlebnisse einer Schülergruppe*. Diplomarbeit an der Universität Hamburg.

Unzner, L. (2009). Neuere Testverfahren. *Prax. Kinderpsychol. Kinderpsychiat, 58*, 554-556.

Upledger, J. E. (2003). *Die Entwicklung des menschlichen Gehirns und ZNS – A Brain is Born. Grundlagen zur CranioSacralen Therapie beim Kind*. Stuttgart: Haug.

Upton, P., Eiser, C., Cheung, I., Hutchings, H. A., Jenney, M., Maddocks, A., Russel, I. T. & Williams, J. G. (2005). Measurement properties of the UK-English version of the Pediatric Quality of Life Inventory 4.0 (PedsQL) generic core scales. *Health and Quality of Life Outcomes, 3* (22), 1-7.

Upton, P., Lawford, J. & Eiser, C. (2008). Parent-child agreement across child health-related quality of life instruments: a review of the literature. *Quality of Life Research, 17*, 895-913.

Uzark, K., Jones, K., Slusher, J., Limbers, C. A., Burwinkle, T. M. & Varni, J. W. (2008). Quality of life in children with heart disease as perceived by children and parents. *Pediatrics, 121*, 1060-1067.

Vaitl, D. (1993). Psychophysiologie der Entspannung. In D. Vaitl & F. Petermann (Hrsg.), *Handbuch der Entspannungsverfahren. Band: 1: Grundlagen und Methoden* (S. 25-64). Weinheim: Psychologie Verlags Union.

Vaitl, D. (2000). Psychophysiologie der Entspannung. In D. Vaitl & F. Petermann (Hrsg.), *Handbuch der Entspannungsverfahren: Band 1: Grundlagen und Methoden* (2., überarb. Aufl.) (S. 26-76). Weinheim: Beltz.

Vaivre-Douret, L., Oriot, D., Blossier, P., Py, A., Kasolter-Péré, M. & Zwang, J. (2009). The effect of multimodal stimulation and cutaneous application of vegetable oils on neonatal development in preterm infants: a randomized controlled trial. *Child Care Health Dev., 35* (1), 96-105.

Van de Vijfeijken, K. (2007). *Zeichne einen Menschen: Die Zeichnungen eines Menschen als Screeningverfahren zur Erfassung der kognitiven Entwicklung und sozial-emotionalen Problematik*. Leiden: PITS.

Van der Berg, F. (2007). *Angewandte Physiologie 3: Therapie, Training, Tests* (2., aktual. Aufl.). Stuttgart: Thieme.

Vaskovics, L. & Mattstedt, S. (2001). *Work-Life-Balance – neue Aufgaben für eine zukunftsorientierte Personalpolitik*. Bamberg: Staatsinstitut für Familienforschung.

Velten, H. & Walter, B. (2007). *Die Harmonische Babymassage*. Freiburg: Urania.

Venables, P. H. & Christie, M. J. (1973). Mechanisms, instrumentation, recording techniques and quantification of response. In W. F. Prokasy & D. C. Raskin *(eds.), Electrodermal Activity in Psychological Research* (pp. 1-124). New York: Academic Press.

Vögele, C. (2008). Elektrodermale Aktivität. In S. Gauggel & M. Herrmann (Hrsg.), *Handbuch der Neuro- Biopsychologie* (S. 157-163). Göttingen: Hogrefe.

Vogels, T., Verrips, G. H., Verloove-Vanhorich, S. P., Fekkes, M., Kamphuis, R. P., Koopman, H. M., Theunissen, N. C. & Wit, J. M. (1998). Measuring health-related quality of life in children: The development of the TACQOL parent form. *Quality of Life Research, 7,* 457-465.

Vollstädt, W. u.a. (1999). *Lehrpläne im Schulalltag*. Opladen: Leske & Budrich.

Von Hentig, H. (1993). *Die Schule neu denken*. München, Wien: Hanser.

von Knorring, A. L., Söderberg, A., Austin, L. & Uvnäs-Moberg, K. (2008). Massage decreases aggression in preschool children: a long-term study. *Acta Paediatr., 97* (9), 1265-9.
von Walstijn, P. & Hering, A. (2003). *Chi Neng Qi Gong – Eine Meditation in Bewegung für die westliche Welt* (1. Aufl.). Norderstedt: Books on Demand GmbH.
Vopel, K. (1994). *Kinder ohne Streß. Im Wunderland der Phantasie. Band: 2* (3. Aufl.). Salzhausen: iskopress.
Vossel, G. & Zimmer, H. (1998). *Psychophysiologie.* Stuttgart: Kohlhammer.
Walker, P. (1989). *Das entspannte Baby: mehr Wohlbefinden für Ihr Kind durch Massage und Gymnastik.* München: Klösel-Verlag.
Wallin, B. G. (1981). Sympathetic nerve activity underlying electrodermal and cardiovascular reactions in man. *Psychophysiology, 18*, 470-476.
Wang, Y., Zhu, W. L. & Dong, Y. F. (2008). Massage manipulation of supplementing marrow and kneading tendon in treating 30 children with spastic cerebral palsy. *Zhongguo Zhong Xi Yi Jie He Za Zhi, 28* (4), 363-5.
Weber, A. (2011). *Mehr Matsch! Kinder brauchen Natur.* Berlin: Ullstein.
Weber, G. (2010). *Bewegungserziehung in NRW – ErzieherInnenorientierungen im Vergleich.* Dissertation an der Technischen Universität Dortmund.
Weber, S. (2009). *Mit allen Sinnen genießen. AD(H)S und Sinneswahrnehmung. Einflussmöglichkeiten durch Qi Gong.* Aachen: Shaker Media.
Wehrmann, I. (2006). *Bildungspläne als Steuerungsinstrumente der frühkindlichen Erziehung, Bildung und Betreuung. Zur Rolle der Bildungspläne im Rahmen des Reformbedarfs.* Dissertation an der Universität Bremen.
Weippert, M. (2009). *Frequenzanalyse der Herzratenvariabilität in der Präventivmedizin.* Dissertation an der Medizinischen Fakultät der Universität Rostock.
Weishaupt, S. & Dinges, S. (2008). Ein Überblick über die Entwicklung der Kinderyoga Forschung in Deutschland. *Yoga Vidya Journal, 19*, 18-19.
Werder, D. S. & Sargent, J. D. (1984). A study of childhood headache using biofeedback as a treatment alternativc. *Headache, 24*, 122-126.
Werner, E. & Smith, R. S. (1982). *Vulnerable but invincible. A study of resilient children.* New York: Mc Graw Hill.
Werner, E. & Smith, R. S. (1992). *Overcoming the odds. High risk children from birth to adulthood.* Itaca: Cornell University Press.
Werner, E. & Smith, R. S. (2001). *Journeys from childhood to midlife. Risk, resilience and recovery.* Itaca: Cornell University Press.
Wheeden, A., Scafidi, F. A., Field, T., Ironson, G., Valdeon, C. et al. (1993). Massage effects on cocaine-exposed preterm neonates. *Developmental and Behavioral Pediatrics, 14*, 318-322.
Wiedemann, M. (2013). Peripheres Biofeedback. In K.-M. Haus, C. Held, A. Kowalski, A. Krombholz, M. Nowak, E. Schneider, G. Strauß & M. Wiedermann (Hrsg.), *Praxisbuch Biofeedback und Neurofeedback* (S. 23-44). Berlin: Springer.
Wiese, B. S. & Freund, A. M. (2000). The interplay of work and family in young und middle adulthood. In J. Heckhausen (eds.), *Motivational psychology of human development* (pp. 233-249). New York: Elsevier.

Wilke, E. & Leuner, H. (2004). *Katathym-Imaginative Psychotherapie* (6., neu bearb. Aufl.). Stuttgart: Thieme.

Windels, J. (1984). *Eutonie mit Kindern*. München: Kösel.

Winkler, B. (1993). *Yoga mit Kindern und Jugendlichen unter erschwerten Lebensbedingungen unter besonderer Berücksichtigung von Verhaltensauffälligkeiten und geistiger Behinderung*. Diplomarbeit an der Universität Würzburg.

Winkler, U. (1998). *Entspannungssequenzen im Unterricht: Psychohygiene in der Schule* (1. Aufl.). Bad Heilbrunn: Klinkhardt.

Witt, C., Becker, M., Bandelin, K., Soellner, R. & Willich, S. N. (2005). QiGong for schoolchildren, A pilot study. *Journal of Alternative and Complementary Medicine, 11* (1), 41-47.

Wolpe, J. (1958). *Psychotherapy by reciprocal inhibition*. Stanford: Stanford University Press.

Womack, W. M., Smith, M. S. & Chen, C. (1988). Behavioral management of childhood headache: A pilot study and case history report. *Pain, 32*, 279-284.

Wulfhorst, B. & Hurrelmann, K. (2009). Gesundheitserziehung: Konzeptionelle und disziplinäre Grundlagen. In B. Wulfhorst & K. Hurrelmann (Hrsg.), *Handbuch Gesundheitserziehung* (S. 9-34). Bern: Huber.

Wustmann, C. (2005). Die Blickrichtung der neueren Resilienzforschung – Wie Kinder Lebensbelastungen bewältigen. *Zeitschrift für Pädagogik, 51 (2)*, 192-206.

Wustmann, C. (2011). Resilienz in der Frühpädagogik – Verlässliche Beziehungen, Selbstwirksamkeit erfahren. In M. Zander (Hrsg.), *Handbuch Resilienzförderung* (S.350-359). Wiesbaden: VS-Verlag für Sozialwissenschaften.

Yellin, D. (1983). Left brain, right brain, super brain: The holistic model. *Reading Research and Instruction, 23* (1), 36-44.

Zerssen, D. v. & Koeller, D. M. (1976a). *Die Befindlichkeitsskala. Manual*. Weinheim: Beltz.

Zerssen, D. v. & Koeller, D. M. (1976b). *Beschwerdenliste*. Weinheim: Beltz.

Zhang, R., Iwasaki. K., Zuckerman. J. H., Behbehani, K., Crandall, C. G. & Levine, B. D. (2002). Mechanism of blood pressure and R-R variability: insights from ganglion blockade in humans. *J. Physiol., 543*, 337-348.

Zimmer, R. (2002). *Bewegung und Entspannung. Anregungen für die praktische Arbeit mit Kindern* (4. Aufl.). Freiburg: Herder.

Zimmer, R. (2008). Bildung durch Bewegung in der frühen Kindheit. In W. Schmidt, R. Zimmer & K. Völker (Hrsg.), *Zweiter Kinder- und Jugendsportbericht* (S. 211-236). Schorndorf: Hofmann.

Zimmer, R. (2010). *Handbuch Psychomotorik: Theorie und Praxis der psycho-motorischen Förderung von Kindern*. Freiburg: Herder.

Zimmermann, M. (2011). *Implementierung und Evaluation eines Kurzentspannungsprogramms im Setting Kindergarten anhand ausgewählter Diagnostikinstrumentarien*. Unveröffentlichte wissenschaftliche Hausarbeit an der Pädagogischen Hochschule Karlsruhe.

Zipkin, D. (1985). Relaxation techniques for handicapped children: A review of the literature. *The Journal of Special Education, 19* (3), 283-289.

Literatur

Übersicht zu den Bildungsplänen

[Bayern] Bayerisches Staatsministerium für Arbeit und Sozialordnung, Familie und Frauen & Staatsinstitut für Frühpädagogik (2012). *Der Bayerische Bildungs- und Erziehungsplan für Kinder in Tageseinrichtungen bis zur Einschulung (5., erweiterte Aufl.).* Berlin: Cornelsen.

[Bayern] Bayerisches Staatsministerium für Unterricht und Kultus (2000). *Lehrplan für die bayerische Grundschule.*

[Brandenburg] Ministerium für Bildung, Jugend und Sport Brandenburg (2006). *Grundsätze elementarer Bildung in Einrichtungen der Kindertagesbetreuung im Land Brandenburg.* Zugriff im März 2012 unter http://www.mbjs.brandenburg.de/media_fast/lbm1.a.3973.de/Sonderdruck-Grundsaetze-Grenzsteine.pdf.

[Hamburg] Freie und Hansestadt Hamburg: Behörde für Schule und Berufsbildung (2011). *Bildungsplan Grundschule Sport.*

[Hessen] Hessisches Kultusministerium (1995). *Rahmenplan Grundschule.*

[Mecklenburg-Vorpommern] Ministerium für Bildung, Wissenschaft und Kultur Mecklenburg-Vorpommern (2010). *Bildungskonzeption für 0- bis 10-jährige Kinder in Mecklenburg-Vorpommern zur Arbeit in Kindertageseinrichtungen und Kindertagespflege.* Zugriff im Februar 2012 unter http://www.bildung-mv.de/export/sites/lisa/de/Fruehkindliche_Bildung/Bildungskonzeption_fuer_0-_bis_10-jaehrige_Kinder_in_M-V/Endfassung_Bildungskonzeption_0bis10jaehrige.pdf.

[Mecklenburg-Vorpommern] Ministerium für Bildung, Wissenschaft und Kultur Mecklenburg-Vorpommern (2004). *Rahmenplan Grundschule.*

[Nordrhein-Westfalen] *Ministerium für Schule, Jugend und Kinder des Landes Nordrhein-Westfalen (2003). Bildungsvereinbarungen NRW. Fundament stärken und erfolgreich starten.* Zugriff im Februar 2012 unter https://services.Nordrheinwestfalendirekt.de/broschuerenservice/download/1343/bildungsvereinbarung.pdf.

[Saarland] Ministerium für Bildung (2011). *Lehrplan Sport Grundschule.*

[Sachsen] Sächsisches Staatsministerium für Kultus (2004). *Lehrplan Grundschule Sport.*

[Sachsen] Sächsisches Staatsministerium für Soziales (2007). *Der Sächsische Bildungsplan: Ein Leitfaden für pädagogische Fachkräfte in Krippen, Kindergärten und Horten sowie für Kindertagespflege.* Berlin: verlag das netz.

[Sachsen-Anhalt] Kultusministerium Sachsen-Anhalt (2007). *Fachlehrplan Grundschule Sport.*

[Schleswig-Holstein] *Ministerium für Bildung und Kultur des Landes Schleswig-Holstein (2009). Erfolgreich starten. Leitlinien zum Bildungsauftrag in Kindertageseinrichtungen (3. Aufl.).* Zugriff im März 2012 unter http://www.schleswigholstein.de/cae/servlet/contentblob/669508/publicationFile/BildungsauftragLeitlinien.pdf.

[Thüringen] Kultusministerium des Freistaates Thüringen (2010). *Thüringer Bildungsplan für Kinder bis 10 Jahre* (1. Aufl.). Berlin: verlag das netz.

Abbildungsverzeichnis

Kapitel 1

Abb. 1.4-1:	Prozentuale Übersicht zu den Treffern Entspannung in allen Lebensspannen im Vergleich zu den Treffern speziell für das Kindesalter
Abb. 1.4-2:	Vergleich der qualitativen Entspannungstreffer: alle Lebensspannen vs. Kindesalter
Abb. 1.4-3:	Anzahl der gesamten qualitativen Treffer im Kindesalter vs. Treffer im Kindesalter in Bezug auf empirische Studien
Abb. 1.5-1:	Systematischer Aufbau der Eutonie-Prinzipien
Abb. 1.6-1:	Klassifikationsmodell zur schematischen Verortung von Entspannungsmethoden

Kapitel 2

Abb. 2.2.1-1:	Vorkommen von Entspannungsthemen in den Bildungsbereichen
Abb. 2.2.3-1:	Vorkommen von Entspannungsthemen in den Lehrplänen Sport vs. andere Fächer (Primarstufe)
Abb. 2.2.3-2:	Vorkommen von Entspannungsmethoden im Bildungsbereich ‚Körper, Bewegung, Gesundheit' vs. andere Bildungsbereiche (Elementarbereich)
Abb. 2.2.3-3:	Vorkommen von Entspannungsmethoden in den Lehrplänen Sport vs. andere Fächer

Kapitel 3

Abb. 3.1.2-1:	Struktur einer Übungseinheit
Abb. 3.2-1:	Ziele des AT-Programms
Abb. 3.2-2:	Regeln für das AT-Programm
Abb. 3.3-1:	Ziele des Eutonie-Programms
Abb. 3.3-2:	Regeln für das Eutonie-Programm
Abb. 3.4-1:	Ziele des Massage-Programms
Abb. 3.4-2:	Regeln für das Massage-Programm
Abb. 3.5-1:	Ziele des PMR-Programms
Abb. 3.5-2:	Regeln für das PMR-Programm
Abb. 3.5-3:	Methodische Strukturierung der PMR-Sequenzen
Abb. 3.6-1:	Ziele des Qigong-Programms
Abb. 3.6-2:	Regeln für das Qigong-Programm
Abb. 3.7-1:	Ziele des Yoga-Programms
Abb. 3.7-2:	Regeln für das Yoga-Programm

Kapitel 4

Abb. 4.1-1:	Verschiedene Zugänge zur Auswertung der Studie
Abb. 4.2-1:	Untersuchungsdesign zur Studie
Abb. 4.4.3-1:	Neuro- und Biofeedbackgerät Nexus-10
Abb. 4.4.3-2:	Auswertungssoftware Biotrace+ - editierter Monitor zur Datenüberprüfung
Abb. 4.4.3.1-1:	Motorische Einheiten in einem angespannten (oben) und entspannten (unten) Trapeziusmuskel
Abb. 4.4.3.1-2:	Nexus-EXG2-2A©-Sensor
Abb. 4.4.3.1-3:	EL-ARBO-EXG-Elektroden
Abb. 4.4.3.1-4:	Referenzelektrode Nexus-Ref1-SNP©
Abb. 4.4.3.1-5:	Ableitungsorte am Trapezius
Abb. 4.4.3.1-6:	EMG-Messung – hohe Amplitudenspitzen aufgrund von Bewegungsartefakten (z.B. Husten)
Abb. 4.4.3.2-1:	vereinfachte Darstellung der Blutregulation
Abb. 4.4.3.2-2:	Nexus-Thermistor
Abb. 4.4.3.2-3	Kleiner Finger als Ableitungsort
Abb. 4.4.3.2-4:	Artefakt – Wärmestaubildung unter Thermistor
Abb. 4.4.3.2-5:	Nexus-BVP-Fingersensor
Abb. 4.4.3.2-6:	Zeigefinger als Ableitungsort
Abb. 4.4.3.2-7:	Defekte Aufnahme des BVP-Sensors (Wert über 500)
Abb. 4.4.3.2-8:	Frequenzanalyse (FA), Herzrate (HR) & HRV bei Sympathikus- (oben) und Parasympathikusaktivierung (unten)
Abb. 4.4.3.2-9:	Nexus-BVP-Fingersensor
Abb. 4.4.3.2-10:	Ableitungsort zur Messung der HR & HRV
Abb. 4.4.3.2-11:	Bewegungsartefakte bei einer Herzratenmessung
Abb. 4.4.3.3-1:	Nexus-Atem-Sensor
Abb. 4.4.3.3-2	Brustansatz als Ableitungsort (A)
Abb. 4.4.3.4-1:	Phasen der elektrodermalen Aktivität
Abb. 4.4.3.4-2:	Mittel- und Ringfinger als Ableitungsorte
Abb. 4.4.3.4-3:	Nexus-GSR Sensor
Abb. 4.4.3.4-4:	Klettverschlüsse
Abb. 4.4.3.4-5:	Artefakte bei der EDA-Messung durch externe Störgeräusche
Abb. 4.4.3.5-1:	kindgemäße, standardisierte Körperposition

Kapitel 5

Abb. 5.1.1-1:	Übersicht über die Programmbewertungen (Mittelwertindex aus Item 1-12) aus Expertensicht (n=84 aus 25 Kitas) –Total Scores zu TP_1-TP_6 zu allen drei Programmen sowie Mittelwertindexe zu AT: n=36; PMR: n=22; Yoga: n=26

Abbildungsverzeichnis

Abb. 5.1.1-2: Beurteilungen zur Programmweiterempfehlung (Item 1) aus Expertensicht (n=84) – Total Scores zu TP_1-TP_6 sowie Mittelwertindexe zu AT: n=36; PMR: n=22; Yoga: n=26)

Abb. 5.1.1-3: Beurteilungen zur selbstständigen Durchführung (Item 12) aus Expertensicht (n=84) – Total Scores zu TP_1-TP_6 sowie Mittelwertindexe zu den drei Methoden (AT: n=36; PMR: n=22; Yoga: n=26)

Abb. 5.1.1-4: AT – Übersicht zu den Übungsbewertungen aus Expertensicht (n=36) zu den TP_1-TP_6

Abb. 5.1.1-5: PMR – Übersicht zu den Übungsbewertungen aus Expertensicht (n=22) zu den TP_1-TP_6

Abb. 5.1.1-6: Yoga – Übersicht zu den Übungsbewertungen aus Expertensicht (n=26) zu den TP_1-TP_6

Abb. 5.1.1-7: Total Score-Ergebnisse zur Programmwirksamkeit hinsichtlich des Wohlbefindens der Kinder aus Expertensicht (n=84 aus 25 Kitas; TP_1-TP_6 – Mittelwertsvergleiche

Abb. 5.1.1-8: Ergebnisse zur Wirksamkeit der drei Entspannungsprogramme zum Wohlbefinden der Kinder aus Expertensicht (n=84 aus 25 Kitas; TP_1-TP_6 – Mittelwertsvergleiche)

Abb. 5.1.2-1: Gesamtprogrammbewertung aus Sicht der Kinder (n=411) zu TP_1 und TP_6

Abb. 5.1.3.1-1: Kinderperspektive: Pre-Post-Total Scores zum Kiddy-KINDL^R (TG: n=411, KG: n=20)

Abb. 5.1.3.1-2: Kinderperspektive: Pre-Post-Total Scores zum Kiddy-KINDL^R – differenziert nach den Entspannungsmethoden (AT: n=143; PMR: n=116; Yoga: n=122; Eutonie, Massage, Qigong: jeweils n=10); * p<.05, **p<.01, *** p<.001

Abb. 5.1.3.2-1: Elternperspektive: Pre-Post- Kiddy-KINDL^R-Total Scores zur Treatmentgruppe (TG; n=408) und Kontrollgruppe (KG; n=20); * p<.05, **p<.01, *** p<.001

Abb. 5.1.3.2-2: Elternperspektive: Pre-Post-Total Scores zum Kiddy-KINDL^R – differenziert nach Treatment- (n=408) und Kontrollgruppe (n=20); * p<.05, **p<.01, *** p<.001

Abb. 5.1.3.2-3: Elternperspektive: Pre-Post-Total Scores zum Kiddy-KINDL^R – differenziert nach den Entspannungsmethoden (AT: n=141; PMR: n=116; Yoga: n=122; Eutonie, Massage, Qigong: jeweils n=10); * p<.05, **p<.01, *** p<.001

Abb. 5.2-1: Körper-Selbstbilder („kognitives" Bewertungsschema): Pre-Post-Vergleich

Abb. 5.2-2: Körper-Selbstbilder („sozial-emotionales" Bewertungsschema): Pre-Post-Vergleich

Abb. 5.2-3: Körper-Selbstbilder („kognitives" Bewertungsschema): Pre-Post-Total Score-Vergleiche (n=411) zu TP_1 und TP_6; *p<.05, **p<.01, *** p<.001

Abb. 5.2-4:	Körper-Selbstbilder („kognitives" Bewertungsschema): Beispiel für ein schwer interpretierbares Bild
Abb. 5.2-5:	Körper-Selbstbilder („sozial-emotionales" Bewertungsschema): Pre-Post-Total Score-Vergleiche (n=411) zu TP_1 und TP_6; *p<.05, **p<.01, *** p<.001
Abb. 5.3-1:	Pre-Post-Total Scores zum Hautleitwert (SC) zu allen Entspannungsmethoden (n=53) zu TP_1 und TP_6; * p<.05, ** p<.01, *** p<.001
Abb. 5.3-2:	Pre-Post-Total Scores zur Herzrate (HR) zu allen Entspannungsmethoden (n=53) zu TP_1 und TP_6; * p<.05, **p<.01, *** p<.001
Abb. 5.3-3:	Pre-Post-Total Scores zur HRV-Zeitbereichsanalyse zu allen Entspannungsmethoden (n=53) sowie zu TP_1 und TP_6; * p<.05, **p<.01, *** p<.001; die Werte werden hier – wie auch bei den folgenden Abb. zur HRV-Zeitbereichsanalyse – aus Gründen der Übersichtlichkeit gerundet dargestellt; die absoluten Werte sind in Tab. 5.3-1 vorzufinden.
Abb. 5.3-4:	Pre-Post-Total Scores zum Zeitbereichsindikator NN_MW zu allen Entspannungsmethoden (n=53) sowie zu TP_1 und TP_6; *p<.05, **p<.01, ***p<.001
Abb. 5.3-5:	Pre-Post-Total Scores zur Atmung (RSP) zu allen Entspannungsmethoden (n=53) sowie zu TP_1 und TP_6; *p<.05, **p<.01, ***p<.001
Abb. 5.3-6:	Pre-Post-Total Scores zum Muskeltonus (EMG) zu allen Entspannungsmethoden (n=53) sowie zu TP_1 und TP_6; *p<.05, **p<.01, ***p<.001
Abb. 5.3-7:	Pre-Post-Total Scores zum BVP zu allen Entspannungsmethoden (n=53) sowie zu TP_1 und TP_6; *p<.05, **p<.01, ***p<.001
Abb. 5.3-8:	Pre-Post-Total Scores zur Hauttemperatur (HT) zu allen Entspannungsmethoden (n=53) sowie zu TP_1 und TP_6; *p<.05, **p<.01, ***p<.001
Abb. 5.3-9:	AT-Ergebnisse (n=10) zu TP_1 und TP_6 Hinweis: Hier und bei den folgenden Abb. werden die Einheiten zu den sieben Parametern aus Übersichtsgründen nicht mehr explizit angegeben.
Abb. 5.3-10:	AT-Ergebnisse (n=10) – Pre-Post-Total Scores zum Zeitbereichsindikator NN_MW zu TP_1 und TP_6; *p<.05, **p<.01, ***p<.001
Abb. 5.3-11:	AT-Ergebnisse (n=10) – Pre-Post-Total Scores zur HRV-Zeitbereichsanalyse zu TP_1 und TP_6; * p<.05, **p<.01, *** p<.001
Abb. 5.3-12:	Eutonie-Ergebnisse (n=7) zu TP_1 und TP_6
Abb. 5.3-13:	Eutonie-Ergebnisse (n=7) – Pre-Post-Total Scores zur HRV-Zeitbereichsanalyse zu TP_1 und TP_6; * p<.05, **p<.01, *** p<.001
Abb. 5.3-14:	Massage-Ergebnisse (n=8) zu TP_1 und TP_6
Abb. 5.3-15:	Massage-Ergebnisse (n=8) Pre-Post-Total Scores zum Zeitbereichsindikator NN_MW zu TP_1 und TP_6; *p<.05, **p<.01, ***p<.001
Abb. 5.3-16:	Massage-Ergebnisse (n=8) – Pre-Post-Total Scores zur HRV-Zeitbereichsanalyse zu TP_1 und TP_6; * p<.05, **p<.01, *** p<.001

Abbildungsverzeichnis

Abb. 5.3-17:	PMR-Ergebnisse (n=10) zu TP_1 und TP_6
Abb. 5.3-18:	PMR-Ergebnisse (n=10) Pre-Post-Total Scores zum Zeitbereichsindikator NN_MW zu TP_1 und TP_6; *p<.05, **p<.01, ***p<.001
Abb. 5.3-19:	PMR-Ergebnisse (n=10) – Pre-Post-Total Scores zur HRV-Zeitbereichsanalyse zu TP_1 und TP_6; * p<.05, **p<.01, *** p<.001
Abb. 5.3-20:	Qigong-Ergebnisse (n=10) zu TP_1 und TP_6
Abb. 5.3-21:	Qigong-Ergebnisse (n=10) – Pre-Post-Total Scores zur HRV-Zeitbereichsanalyse zu TP_1 und TP_6; * p<.05, **p<.01, *** p<.001
Abb. 5.3-22:	Yoga-Ergebnisse (n=8) zu TP_1 und TP_6
Abb. 5.3-23:	Yoga-Ergebnisse (n=8) Pre-Post-Total Scores zum Zeitbereichsindikator NN_MW zu TP_1 und TP_6; *p<.05, **p<.01, ***p<.001
Abb. 5.3-24:	Yoga-Ergebnisse (n=8) – Pre-Post-Total Scores zur HRV-Zeitbereichsanalyse zu TP_1 und TP_6; * p<.05, **p<.01, *** p<.001
Abb. 5.4.1-1:	Kriterien zur Einteilung der Probanden in drei E-Typen
Abb. 5.4.1-2:	Einteilung der Kinder (n=53) in die Entspannungstypen (E-Typ I-III)
Abb. 5.4.1-3:	Pre-Post-Total Scores zum Kiddy-KINDL^R – differenziert nach Selbst- und Fremdbeurteilung sowie den drei E-Typen; * p<.05, **p<.01, *** p<.001
Abb. 5.4.1-4:	Pre-Post-Total Scores der Eltern zum Kiddy-KINDL^R zu den Dimensionen „Körper" und „Psyche" – differenziert nach den drei E-Typen; * p<.05, **p<.01, *** p<.001
Abb. 5.4.1-5:	Massage – Einteilung der Kinder in E-Typ I-III (n=8)
Abb. 5.4.3-1:	Einteilung in E-Typ I-III bei 5- (n=28) und 6-Jährige (n=8)

Tabellenverzeichnis

Kapitel 1

Tab. 1.3-1:	Überblick zu Gesundheitsprojekten mit dem Schwerpunkt Entspannung im Elementarbereich
Tab. 1.3-2:	Kategoriensystem zur Bewertung von elementarpädagogischen Präventionsprogrammen
Tab. 1.4-1:	Anzahl und Auswahl der Datenbanken in Abhängigkeit der Fachgebiete
Tab. 1.4-2a:	Ergebnisse zu den westlichen Entspannungsmethoden innerhalb der ausgewählten Datenbanken
Tab. 1.4-2b:	Ergebnisse zu den fernöstlichen Entspannungsmethoden innerhalb der ausgewählten Datenbanken
Tab. 1.4-3:	Schlagwortkategorie ‚Form des Beitrags' mit jeweiligen Subkategorien
Tab. 1.4-4a:	Qualitative Ergebnisse zu den westlichen Entspannungsmethoden innerhalb der ausgewählten Datenbanken
Tab. 1.4-4b:	Qualitative Ergebnisse zu den fernöstlichen Entspannungsmethoden innerhalb der ausgewählten Datenbanken
Tab. 1.4-5a:	Qualitative Ergebnisse zu den westlichen Entspannungsmethoden in Bezug auf die Schlagwortkategorie ‚Form des Beitrags'
Tab. 1.4-5b:	Qualitative Ergebnisse zu den fernöstlichen Entspannungsmethoden in Bezug auf die Schlagwortkategorie ‚Form des Beitrags'
Tab. 1.5-1:	Forschungslage zu den sechs kindgemäßen Entspannungsmethoden im Elementarbereich im Alter von 3-6 Jahren; *die in der Klammer angegebene Zahl stellt die Studien dar, die dem Alter 0-3 Jahre (Frühchen/Neugeborene) zuzuordnen sind

Kapitel 2

Tab. 2.2.1-1:	Deskriptoren zu allgemeinen Entspannungsbegriffen
Tab. 2.2.1-2:	Quantitative/qualitative Zählung von allgemeinen Entspannungsbegriffen innerhalb der Bildungsbereiche der elementarpädagogischen Pläne mit quantitativen Angaben in Klammern
Tab. 2.2.2-1:	Deskriptoren zu den Entspannungsmethoden
Tab. 2.2.2-2:	Vorkommen von Entspannungsmethoden in den Erziehungs- und Bildungsplänen im Elementarbereich in allen Bereichen und im Bildungsbereich ‚Körper, Bewegung, Gesundheit' (Angaben in Klammern); AT=Autogenes Training; PhR=Phantasiereise; PMR= Progressive Muskelrelaxation

Tabellenverzeichnis

Tab. 2.2.3-1: Entspannungsthemen in den elementarpädagogischen Plänen (E) in allen Bereichen und im Bildungsbereich ‚Körper, Bewegung, Gesundheit' (Angaben in Klammern) und in den Gesamtlehrplänen der Primarstufe (P) und Sportlehrplänen (Angaben in Klammern)

Tab. 2.2.3-2: Treffer von Entspannungsmethoden in den elementarpädagogischen Plänen (E) und in den Gesamtlehrplänen der Primarstufe (P); AT=Autogenes Training, PhR=Phantasiereise, PMR=Progressive Muskelrelaxation

Kapitel 3

Tab. 3.2-1: Überblick zum AT-Programm
Tab. 3.3-1: Überblick zum Eutonie-Programm
Tab. 3.4-1 Überblick zum Massage-Programm
Tab. 3.5-1: Überblick zum PMR-Programm
Tab. 3.6-1: Überblick zum Qigong-Programm
Tab. 3.7-1: Überblick zum Yoga-Programm

Kapitel 4

Tab. 4.2-1: Zeitlicher Ablauf des methodischen Inventars zu Teilprogramm TP_1 und TP_6

Tab. 4.3-1: Übersicht zur Stichprobe der Kinder (n=431): Treatment-Kontrollgruppe, Kindergartenkonzepte, Migrationshintergrund, Stadt/Land, sozioökonomisches Umfeld

Tab. 4.4.1.1-1: Auswahl an Items zur Überprüfung des Entspannungstrainings
Tab. 4.4.1.1-2-: Auswahl an Items zur Überprüfung des Entspannungstrainings für den Elementarbereich
Tab. 4.4.3.2-1: Übersicht über die HRV-Parameter der Zeitbereichsanalyse
Tab. 4.4.3.2-2: Übersicht über die HRV-Frequenzbänder der Frequenzbereichsanalyse
Tab. 4.4.3.5-1: Kriterien einer kindgemäßen, standardisierten Körperposition
Tab. 4.4.3.6-1: Zeitlicher Ablauf der einzelnen Testverfahren (TP=Teilprogramm)

Kapitel 5

Tab. 5.1.2-1: Rotierte Komponentenmatrix nach Variamaxrotation (Werte mit einem Eigenwert von <.30 wurden nicht dargestellt)
Tab. 5.1.2-2: Programmevaluation aus Sicht der Kinder (n=411) zu TP_1 und TP_6
Tab. 5.1.2-3: Programmevaluation aus Sicht der Kinder (n=411) zu TP_1 und TP_6 – altersspezifische Unterschiede
Tab. 5.1.3.1-1: Überblick Kiddy-KINDL – Selbsteinschätzung der Kinder (n=431)
Tab. 5.1.3.2-1: Überblick Kiddy-KINDL-Ergebnisse – Fremdeinschätzung der Eltern: Total Scores zu TG: n=408 und KG: n=20 sowie differenziert nach den sechs Programmen

Tabellenverzeichnis

Tab. 5.2-1:	Überblick zu den Körper-Selbstbildern zur Treatmentgruppe (TG; n=411) und Kontrollgruppe (KG; n=20) sowie differenziert nach den sechs Programmen
Tab. 5.3-1:	Übersicht zu $H6_{6.1}$ – Total Scores (n=53) aller psychophysiologischen Parameter zu TP_1 und TP_6
Tab. 5.3-2:	Kontrollgruppe: Übersicht zu den Total Scores (n=20) aller psychophysiologischen Parameter zu TP_1 und TP_6
Tab. 5.3-3:	Auswertungsergebnisse differenziert nach den einzelnen Entspannungsmethoden
Tab. 5.3-4a:	AT-Überblick zu den einzelnen Entspannungsmethoden zu TP_1 und TP_6
Tab. 5.3-4b:	Eutonie-Überblick zu den einzelnen Entspannungsmethoden zu TP_1 und TP_6
Tab. 5.3-4c:	Massage-Überblick zu den einzelnen Entspannungsmethoden zu TP_1 und TP_6
Tab. 5.3-4d:	PMR-Überblick zu den einzelnen Entspannungsmethoden zu TP_1 und TP_6
Tab. 5.3-4e:	Qigong-Überblick zu den einzelnen Entspannungsmethoden zu TP_1 und TP_6
Tab. 5.3-4f:	Yoga-Überblick zu den einzelnen Entspannungsmethoden zu TP_1 und TP_6
Tab. 5.4.1-1:	Überblick zu den Kiddy-KINDL^R-Daten der Kinder und Eltern – differenziert nach den drei E-Typen
Tab. 5.4.1-2:	Überblick zu den Körper-Selbstbildern (n=53) differenziert nach den drei Entspannungstypen
Tab. 5.4.1-3:	Einteilung der Kinder in E-Typ I-III differenziert nach Entspannungsmethoden
Tab. 5.4.2-1:	Total Scores zu den psychophysiologischen Parametern zu TP_1 und TP_6 – differenziert nach dem Geschlecht (hier: Jungen: n=24)
Tab. 5.4.2-2:	Total Scores zu den psychophysiologischen Parametern zu TP_1 und TP_6 – differenziert nach dem Geschlecht (hier: Mädchen: n=29)
Tab. 5.4.2-3:	Total Scores zu den psychophysiologischen Parametern zu TP_1 und TP_6 – differenziert nach dem Geschlecht (Jungen: n=24; Mädchen: n=29)
Tab. 5.4.3-1:	Total Scores zu den psychophysiologischen Parametern zu TP_1 und TP_6 – differenziert nach dem Alter

www.sportfachbuch.de